DISCURSOS TRANSVIADOS
POR UMA LINGUÍSTICA QUEER

Comitê Editorial de Linguagem
Anna Christina Bentes
Cláudia Lemos Vóvio
Edwiges Maria Morato
Maria Cecilia P. Souza e Silva
Sandoval Nonato Gomes-Santos
Sebastião Carlos Leite Gonçalves

Conselho Editorial de Linguagem
Adair Bonini (UFSC)
Arnaldo Cortina (UNESP – Araraquara)
Heliana Ribeiro de Mello (UFMG)
Heronides Melo Moura (UFSC)
Ingedore Grunfeld Villaça Koch (*in memoriam*)
Luiz Carlos Travaglia (UFU)
Maria da Conceição A. de Paiva (UFRJ)
Maria das Graças Soares Rodrigues (UFRN)
Maria Eduarda Giering (UNISINOS)
Maria Helena Moura Neves (UPM/UNESP)
Mariângela Rios de Oliveira (UFF)
Marli Quadros Leite (USP)
Mônica Magalhães Cavalcante (UFC)
Regina Célia Fernandes Cruz (UFPA)

Dados Internacionais de Catalogação na Publicação (CIP)
(Câmara Brasileira do Livro, SP, Brasil)

Discursos transviados : por uma linguística queer / organização Rodrigo Borba. — 1. ed. — São Paulo : Cortez, 2020.

Vários autores.
ISBN 978-65-5555-011-5

1. Homossexualidade e educação 2. Identidade de gênero 3. Linguagem e línguas 4. Linguística Queer 5. Teoria Queer 6. Sexo - Diferenças I. Borba, Rodrigo.

20-40519   CDD-305.42

Índices para catálogo sistemático:
1. Estudo de gênero : Linguística queer : Sociologia   305.42

Maria Alice Ferreira - Bibliotecária - CRB-8/7964

Rodrigo Borba (org.)

São Paulo – SP

2020

DISCURSOS TRANSVIADOS: por uma linguística *queer*
Rodrigo Borba (Org.)

Capa: aeroestúdio
Preparação de originais: Elizabeth Matar
Revisão: Agnaldo Alves
Diagramação: Fernando Laino | Linea Editora
Coordenação editorial: Danilo A. Q. Morales
Editora-assistente: Priscila F. Augusto

Nenhuma parte desta obra pode ser reproduzida ou duplicada sem autorização expressa do organizador e do editor.

© 2020 by Rodrigo Borba

Direitos para esta edição
CORTEZ EDITORA
R. Monte Alegre, 1074 — Perdizes
05014-001 — São Paulo-SP
Tel.: +55 11 3864 0111 | 3611 9616
cortez@cortezeditora.com.br
www.cortezeditora.com.br

Impresso no Brasil — abril de 2021

SUMÁRIO

INTRODUÇÃO Linguística *queer*: algumas desorientações 9
Rodrigo Borba

Parte 1
INDEXICALIDADES PERFORMATIVAS

CAPÍTULO 1 Seria a teoria *queer* importante para a teoria sociolinguística? 47
Rusty Barrett

CAPÍTULO 2 Ordens de indexicalidade mobilizadas nas performances discursivas de um garoto de programa: ser negro e homoerótico 67
Glenda Cristina Valim de Melo
Luiz Paulo da Moita Lopes

| CAPÍTULO 3 | Porno-heterotopias: a (re)construção discursiva do espaço público e a (des)regulação de gêneros e sexualidades | 95 |

Rafael de Vasconcelos Barboza
Rodrigo Borba

| CAPÍTULO 4 | Desfazendo o privilégio cis-heteronormativo no ensino de inglês na escola pública | 121 |

Luciana Lins Rocha

Parte 2
MANTENDO E DESAFIANDO A HEGEMONIA

| CAPÍTULO 5 | Características e princípios da linguística *queer*: carões e lacrações nos estudos da linguagem | 155 |

Iran Ferreira de Melo

| CAPÍTULO 6 | Linguística *queer* a partir de apontamentos discursivos e transfeministas | 185 |

Beatriz Pagliarini Bagagli

| CAPÍTULO 7 | Ideologia homofóbica e referenciação: análise de uma pregação neopentecostal | 213 |

Matheus Odorisi Marques

| CAPÍTULO 8 | (Re)fazendo a tradição, (des)construindo gênero: aproximações entre análise da conversa e linguística *queer*
Alexandre do Nascimento Almeida | 243 |

Parte 3
CORPOS, PRAZERES E (DES)IDENTIFICAÇÕES

CAPÍTULO 9	Sexualidade intertextual: paródias de classe, identidade e desejo nas fronteiras de Deli *Kira Hall*	283
CAPÍTULO 10	Da sufixação à corporificação: a estilização linguística do corpo na performance do desejo *bareback* *Gleiton Matheus Bonfante*	317
CAPÍTULO 11	Discursos, dildos e a produção de sujeitos *Elizabeth Sara Lewis*	347
CAPÍTULO 12	O corpo em cenas de (re)construção da sexualidade: uma perspectiva *queer* de leitura *Ismar Inácio dos Santos Filho*	375

| REFERÊNCIAS | 395 |
| UM COLETIVO DE LINGUISTAS *QUEER* | 433 |

INTRODUÇÃO

LINGUÍSTICA *QUEER*: ALGUMAS DESORIENTAÇÕES

Rodrigo Borba*

Desorientando sentidos e práticas estáveis

Em visita ao Brasil, Judith Butler, uma das principais vozes da teoria *queer*, foi surpreendida com uma cena inquietante: enquanto ela e um conjunto de pensadores discutiam, em um seminário que aconteceu na capital paulista em novembro de 2017, os desafios que o recente recrudescimento de ideologias reacionárias e violentas apresenta para a democracia, em frente ao auditório um grupo de manifestantes queimava uma efígie que representava a filósofa norte-americana. Reavivando a Inquisição, gritos de "fora, Butler", "queima a bruxa" e "*go to hell*" (i.e., "vá para o inferno") protestavam contra a presença da acadêmica em solo brasileiro. Em um comentário sobre o ocorrido, Butler explica que esses protestos de ódio são produto do medo "de mudança", "de

---

* Sou grato à Coordenação de Aperfeiçoamento de Pessoal de Nível Superior (CAPES) pela bolsa de pós-doutorado no exterior (processo BEX00000.61/2017-04), que possibilitou a realização desta pesquisa e a organização deste livro.

deixar que as outras pessoas vivam de maneiras diferentes da sua".[1] A preocupação e o desconforto que sua presença causou derivam do fato de ela ter popularizado uma teoria que desessencializa e desontologiza gênero e sexualidade, desvinculando-os da biologia e desnaturalizando as relações de poder que os constituem. Mas o que há de tão assustador nos chamados estudos *queer*? Por que incomodam tanto? E como os incômodos político-epistemológicos *queer* podem contribuir para o campo dos estudos da linguagem, tão afeito que é à essencialização da identidade e à ontologização da língua?

O desconforto causado pelo termo *queer* tem longo *pedigree*, o que mudou, historicamente, foram os sujeitos do incômodo. De acordo com o *Oxford English Dictionary*, o primeiro registro da palavra na língua inglesa data do século XVI, quando passou a carregar significados como "estranho", "peculiar" e "excêntrico". Contudo, na Inglaterra do século XIX, John Douglas, o 9º Marquês de *Queensbury*, enfurecido pela relação amorosa entre seu filho Alfred e Oscar Wilde, utilizou o termo no processo judicial que levou o escritor para prisão: *snob queers*, dizia ele em referência a Wilde. A repercussão desse caso na mídia ajudou que o termo fosse popularizado como uma forma de insulto homofóbico no mundo anglo-saxão, uso que ficou bastante consolidado.

Com efeito, na década de 1960, segundo a linguista Julia Penelope (1970), as lésbicas e gays que entrevistou para sua pesquisa sobre gírias homossexuais reconheciam *queer* como uma ofensa utilizada por pessoas heterossexuais para expressar desdém e desprezo, algo como "bicha", "viado" e "sapatão" em português. Constituía/constitui um xingamento contra pessoas que mostram fissuras nos sistemas de reconhecimento disponíveis. Muitos desses sistemas, que Butler (2003) chama de matriz de inteligibilidade, têm a ver com sexualidade. Mas gênero não pode ser visto como apartado desse processo. Por exemplo, os gritos de "bruxa" entoados em frente ao auditório onde Butler estava reencenam, no século XXI, uma história na qual mulheres foram mortas por questionarem o poder (masculino) da igreja e o controle sobre seus corpos. *Queer*, assim, funciona(va) como uma injúria cuja função

---

1. Disponível em: http://cultura.estadao.com.br/noticias/geral,odio-e-censura-sao-baseados-no-medo--diz-judith-butler,70002072944. Acesso em: 20 jul. 2020.

é (era) alocar os sujeitos que questionam as hierarquias produzidas pela heterossexualidade "em uma posição de subordinação" (Butler, 1997, p. 18) e em um "circuito de abjeção" (p. 5) no qual sua agência e subjetividade são (eram) social e politicamente obliterados.

Esse lugar abjeto provocou desconforto e insatisfação de grupos ativistas norte-americanos, como o *Queer Nation* e o *Act Up*, que, em finais da década de 1980 e meados da de 1990, criticaram políticas LGBT correntes à época. Tais políticas pregavam a necessidade de assimilação da homossexualidade à cultura heterossexual sem, contudo, desafiar estruturas mais profundas de poder que relegavam certos sujeitos às margens da sociedade, da política e do direito.[2] Tais grupos reivindicaram o termo *queer* para si e, assim, inverteram o desconforto político e subjetivo que o termo provocava.

O ativismo *queer* não visa à aceitação. O que se pretende é construir resistência a regimes de normalidade (Warner, 1993). À época, esse projeto de ação política se materializava, por exemplo, nas palavras de ordem como *"we're queer, we're here, get fucking used to it!"* (i.e., "somos bichas, estamos aqui, e vocês vão ter que nos engolir!", em tradução livre) entoadas por ativistas nas ruas de Nova York, forjando um processo que Butler (1997) denomina de "inversão performativa da injúria" — uma estratégia de ressignificação que vira a ofensa do avesso, dobra-a sobre si e se apropria de seu poder político para produzir lugares de identificação e aliança.[3] Essas reapropriações de sentido são uma das principais estratégias de contestação

---

2. No Brasil, como ilustra Colling (2015), tanto ativismo LGBT quanto *queer* coexistem e, de fato, compartilham espaços simbólicos e geográficos de atuação apesar de suas diferenças teóricas, ideológicas e práticas. Para uma discussão mais detalhada sobre as diferenças entre esses ativismos, ver Miskolci (2012) e Colling (2015).

3. Não obstante, um sentido não substitui o outro. Em países de língua inglesa, atualmente *queer* pode ser usado como um termo guarda-chuva para se referir a indivíduos não heterossexuais e para evitar as diferentes — e cada vez mais complicadas — formas do acrônimo LGBT (em alguns contextos tem-se usado, por exemplo, LGBTQQICAPF2K+, i.e., *lesbian, gay, bisexual, transgender, queer, questioning, intersex, asexual, agender, ally, curious, pansexual, polysexual, friends and family, two-spirit, kink, and others*). Contudo, o termo ainda mantém sua força de ofensa. Como mostra uma pesquisa informal on-line realizada em 2017 pelo website *The Gay UK*, 60% da amostra (200 pessoas participaram) afirma achar *queer* uma palavra ofensiva e preferem não usá-la para sua autoidentificação (disponível em https://bit.ly/2sz4X7o). Esses fatos mostram que *queer* está revestido de várias camadas de significado que só podem ser apreendidas pelo contexto de uso e não aprioristicamente, como discutirei adiante ao argumentar que a performatividade é um fenômeno indexical (seção 4 desta Introdução).

queer, i.e., mostram que embora o discurso de ódio "pareça fixar ou paralisar as pessoas que interpela" (Butler, 1997, p. 2), ele possibilita "respostas que nunca previu, perdendo seu sentido de soberania [...] perante uma resistência que inadvertidamente ajudou a produzir" (Butler, 1997, p. 12). O barulho foi tão grande que as vozes das ruas atravessaram os muros das universidades. Pensadores de diversas áreas do conhecimento perceberam a força de contestação epistemológica e política desse movimento e trouxeram o desconforto *queer* para a academia.

Se, outrora, *queer* não passava de uma ofensa, sua apropriação por ativistas e pesquisadores alargou seu campo semântico e, de fato, tem desafiado os limites linguísticos do processo de significação que, segundo Saussure, requer uma associação sólida entre um significante e um significado (ver Barrett, neste volume). Por exemplo, consoante Halperin (1995, p. 62),

> *queer* é [...] aquilo que está em desacordo com o normal, o legítimo, o dominante. Não há nada em particular ao que o termo necessariamente se refira. É uma identidade sem uma essência. '*Queer*' então não demarca uma positividade, mas um posicionamento vis-à-vis o normal".

Guacira Lopes Louro (2004) entende *queer* como um significante cujo referente é muito escorregadio para ser facilmente capturado. A autora explica que

> *Queer* é um jeito de pensar e de ser que não aspira ao centro e nem o quer como referência; um jeito de pensar e de ser que desafia as normas regulatórias da sociedade, que assume o desconforto da ambiguidade, do "entre lugares", do indecidível. *Queer* é um corpo estranho que incomoda, perturba, provoca e fascina (Louro, 2004, p. 7-8).

Mais recentemente, com base em críticas sobre a geopolítica do saber e do poder, a introdução do termo *queer* no contexto brasileiro tem sido problematizada (ver Lugarinho, 2010; Pereira, 2012; Miskolci, 2014; Miskolci e Pelúcio, 2017). Pelúcio (2014), por exemplo, afirma que a palavra perde sua potência de provocar desconforto no público brasileiro porque, nas bandas de cá, soa estrangeira e, por isso, adquire uma aura de sofisticação. A autora, então, propõe que pensemos em uma "teoria cu", que, segundo ela, por suas ligações com o dejeto, o impuro, o repulsivo, estaria mais próxima do incômodo que *queer* provoca em falantes de inglês. Lewis *et al.* (2017), com base em propostas do ativismo latino-americano, sugerem o termo "cuir", um neologismo que não propõe simplesmente "'espanholizar' a palavra anglófona [...], mas romper com o discurso colonial anglo-americano e destacar a deslocalização geopolítica" (p. 5). A partir de uma crítica semelhante, Bento (2017, p. 131) prefere o termo "estudos transviados" como forma de produzir inteligibilidade local e evitar um "pensamento colonizado".

Essas propostas não são meras trivialidades terminológicas. Indicam que a perspectiva *queer* é retorcida e até mesmo desorientada por pensadores do Sul global e, assim, adaptada, expandida e reinterpretada para poder dar conta de vicissitudes locais (ver, nesse sentido, Lim [2008], que discute a emergência de *ku'er* na Ilha de Formosa). Não obstante, no Brasil, como em outros contextos abaixo da linha do equador, tem-se mantido o uso do termo inglês de forma a provocar debates interdisciplinares e interculturais que possam promover trocas de conhecimento *horizontais* (Borba *et al.*, 2014) e desestabilizar certa geopolítica do conhecimento na qual "o Norte produz teoria e o Sul, supostamente, deve sempre importá-la e aplicá-la" (Miskolci e Pelúcio, 2017, p. 72). O título desta coletânea tenta capturar essa história de reapropriações ao aproximar "transviados" de "*queer*" com o intuito de contribuir para esse debate epistemológico e reconhecer as especificidades que essa teoria tem adquirido pelas bandas de cá.

Nesse cenário, a teoria *queer* se configura como um campo de estudos que se lança ao desafio de desenvolver uma analítica da normalização (Miskolci, 2009) e, com base nisso, uma crítica aos processos de legislação não voluntária do gênero e da sexualidade (Butler, 2004). Seu principal foco de intervenção e crítica é a cis-heteronormatividade[4], que é definida como um conjunto de "estruturas, instituições, relações e ações que promovem e

---
4. A grafia mais comum do termo é "heterocisnormatividade". Ao deslocar o prefixo cis- à frente, pretende-se aqui chamar atenção para o fato de que a cisgeneridade serve como pilar da heteronormatividade, merecendo, assim, atenção analítica de forma central, assim como propõe o transfeminismo.

produzem a heterossexualidade [e a cisgeneridade] como natural, autoevidente, desejável, privilegiada e necessária" (Cameron e Kulick, 2003, p. 55). Ou seja, não basta ser um tipo específico de heterossexual, é necessário ser cisgênero,[5] mantendo relações lineares entre corpo-gênero-desejo: vagina-mulher-heterossexual; pênis-homem-heterossexual (Colling e Nogueira, 2015; Vergueiro, 2015; ver, neste volume, os capítulos de Bagagli e Rocha). Assim, os estudos *queer* questionam estruturas sociais, sistemas de significação e relações de poder extremamente naturalizados. Com base nisso, objetiva-se reverter desigualdades de gênero e sexualidade ao desestabilizar estruturas que as subjazem. Em termos mais crus, quer-se desconstruir a dicotomia hetero/homo e derrubar a fachada de naturalidade e estabilidade de *todas* as identidades. Pretende-se, com isso, reconfigurar as dinâmicas de hierarquização e valoração que esse par movimenta. É justamente aqui onde reside o seu perigo e é esse objetivo que causa tanto medo e insegurança, como demonstra o ato contra Butler em São Paulo.

Contudo, é justamente esse sentimento de incômodo que dá à perspectiva *queer* seu potencial de crítica. Se nos voltarmos à etimologia da palavra, vemos que o termo deriva do prefixo protoindo-europeu *terkw-* que, acredita-se, deu origem ao verbo latino *torquere,* ou seja, "torcer" ou "girar". Nesse sentido, ao questionar a cis-heteronormatividade e os processos que a sustentam (como, por exemplo, o essencialismo, a matriz de inteligibilidade e binarismos estabilizadores do tipo homem/mulher, dentro/fora, natureza/cultura, competência/desempenho), a perspectiva *queer* nos faz desconfiar de relações naturalizadas entre desejos e práticas sexuais (e.g., um homem que deseja/faz sexo com outro), de um lado, e identidade (e.g., homossexual), de outro. Argumenta-se, com isso, que desejos e práticas sexuais são forças dinâmicas e as identidades supostamente ligadas a elas são, na verdade, sentidos sedimentados no tempo e no discurso. Por ter adquirido uma aparência de coisa perene e inabalável, isso que chamamos de identidade (homem,

---

5. Consoante Bagagli (neste volume, p. 186), cisgeneridade "designa identidades e formas subjetivas que [...] se apresentam em relação de conformidade com as expectativas de gênero socialmente consolidadas" para um sexo. Pessoas trans (i.e., travestis, transexuais, não binárias etc.) são aquelas que não se conformam a essas expectativas e, por essa razão, sofrem todo tipo de sanção.

mulher, homo, hetero, trans, cis etc.) funciona como ponto de orientação que nos guia socialmente e, por conta disso, "tende a ser instrumento de regimes regulatórios" (Butler, 1991, p.13), i.e., homem é isso; mulher é aquilo; homem fala assim; mulher fala assado etc.ao abalar o chão (cis-heteronormativo) pretensamente sólido onde pisamos, o *queer* pretende nos tirar do eixo, pois mostra que as identidades não são portos tão seguros como pensávamos. Nesse sentido, uma perspectiva *queer* desorienta.

Momentos de desorientação, sugere Merleau-Ponty (2002), abarcam não só "a experiência intelectual de desordem, mas também a experiência vital da vertigem [...]" (p. 296) que nos desafiam com a contingência intrínseca do social. Implícita na etimologia do termo, a desorientação provocada pela abordagem *queer* nos obriga a desconfiar daquilo que, à primeira vista, parece normal e a questionar os processos (culturais, políticos, legais, metodológicos, epistemológicos) que produzem essa fachada de normalidade. Portanto, uma perspectiva *queer* implica perturbar a ordem natural das coisas e desorientar sentidos e práticas excludentes. Se pensarmos *queer* como verbo, uma possível tradução seria, então, desorientar — ação que implica investir na vertigem, repensar sentidos estáveis, despraticar normas familiares (Fabrício, 2017), desaprender a ser quem somos e, com isso, retraçar caminhos. É nesse sentido que as provocações *queer* se alastraram por diversas áreas do fazer científico, tais como a fenomenologia (Ahmed, 2006), a geografia (Johnston e Longhurst, 2010), a sociologia (Miskolci, 2017), a psicologia (Clarke e Peel, 2007) etc. e têm provocado um questionamento radical de seus pressupostos teóricos e metodológicos.

As palavras de ordem bradadas contra Butler em São Paulo sugerem que a linguagem tem papel central nas tentativas de manutenção da ordem estabelecida e de pontos de orientação naturalizados. Porém, como ilustram as transformações semânticas do termo *queer* (i.e., de ofensa homofóbica à política de contestação), a linguagem "é [também] o único material que temos disponível com o qual podemos trabalhar na melhoria de nossas vidas e das vidas de outras pessoas" (Hall, 2003, p. 2). Tendo isso em perspectiva, os capítulos reunidos neste livro visam discutir as potencialidades (e os limites) de uma linguística *queer* (LQ, daqui em diante). Perguntamos: como a teoria *queer* pode contribuir para as investigações sobre as relações entre língua e sociedade e, *inter alia*, como os estudos linguísticos podem contribuir para a teoria *queer*? É nessa encruzilhada que as desorientações provocadas pelos capítulos aqui reunidos se encontram.

Linguística *queer*: linguagens, gêneros e sexualidades

Afinal, como a linguística, disciplina tida como a "mãe" do estruturalismo, se relaciona com a "filha" mais rebelde do pós-estruturalismo? Não seria a LQ um paradoxo epistemológico? Desde a década de 1990, linguistas e analistas do discurso no contexto anglo-saxão têm se debruçado sobre a questão de como o foco em estruturas linguísticas pode dialogar com as desorientações políticas e epistemológicas *queer*. Os capítulos aqui reunidos argumentam que LQ não é um paradoxo, mas sim um oxímoro: ao sobrepor campos de pesquisa aparentemente excludentes, cada um dos termos do par retroalimenta o outro e oferece um poderoso aparato analítico para a investigação empírica da construção da cis-hetcronormatividade e seus efeitos materiais nos corpos e nas subjetividades interpelados nesse processo. *Grosso modo*, a LQ se configura como o estudo das relações entre língua, gênero, sexualidade e as dinâmicas de manutenção e/ou contestação de normatividades (linguísticas e sociais) a partir de um posicionamento político que desessencializa identidades e desontologiza a língua, problematizando, assim, a relação supostamente sólida entre aquilo que falamos/escrevemos e aquilo que somos.

A história do campo já está bem documentada (ver, por exemplo, Borba, 2015; Motschenbacher, 2011; Lewis, 2018; Santos Filho, 2020). Importa salientar aqui que a primeira publicação a pensar a LQ foi a coletânea *Queerly phrased: language, gender, and sexuality,* organizada por Anna Livia e Kira Hall em 1997.[6] Em mais de duas décadas, a área se expandiu e foi (re)definida de variadas formas que se complementam. Livia e Hall (2010, p. 113), por

---

6. O capítulo introdutório de *Queerly phrased* foi traduzido para o português em 2010 sob o título "É uma menina! A volta da performatividade à linguística" e publicado na coletânea *Linguagem. Gênero. Sexualidade. Clássicos traduzidos* (Ostermann e Fontana, 2010).

exemplo, afirmam que a LQ investiga "a linguagem com base nas perspectivas combinadas de gênero e sexualidade, consideradas como categorias separadas, mas intrinsecamente ligadas". Barrett (2002, p. 26) explica que é o "estudo da língua ampliado a partir de ideias da teoria *queer*" (ver também Barrett, neste volume). À medida que a teoria *queer* se ampliava como campo de investigação e refinava seus conceitos e métodos, a LQ também se repensava. Assim, Bucholtz e Hall (2004, p. 471) explicam que a aproximação entre estudos da linguagem e a teoria *queer* "coloca no centro da análise linguística a regulação da sexualidade pela heterossexualidade hegemônica e as formas pelas quais sexualidades não normativas são negociadas em sua relação com essas estruturas regulatórias". Motschenbacher (2011, p. 149) argumenta que é "o estudo crítico da heteronormatividade a partir de um ponto de vista linguístico".

Em outras palavras, a LQ não se resume ao estudo de como pessoas LGBT falam/escrevem com o intuito de descrever uma suposta linguagem gay, lésbica, trans etc., como se isso de fato existisse. O objetivo é muito mais ambicioso. Já que a cis-heteronormatividade, como regime político de (subjetiv)ação, tem efeitos sobre a sociedade como um todo, a LQ se lança ao desafio de investigar o papel da linguagem em conferir ou retirar sentidos das múltiplas formas de vivenciar a sexualidade e desejos sexuais, incluindo aí a heterossexualidade (ver Lewis, neste volume). Com base nessa perspectiva, eu venho argumentando que a LQ

> É uma área de investigação que estuda o espaço semântico-pragmático entre os discursos dominantes (i.e., a [cis]heteronormatividade) e a performance linguística situada e [mostra-se] assim como um campo promissor para o estudo de como fenômenos macrossociológicos que produzem certos indivíduos como seres abjetos, inferiores ou patológicos são sustentados e/ou desafiados nos detalhes mais ínfimos de nossa vida social, i.e., a linguagem em uso (Borba, 2015, p. 94).

Nesse sentido, como os capítulos reunidos nesta coletânea demonstram, a LQ produz pesquisas que, a partir de um ponto de vista linguístico, são críticas a regimes do normal (Warner, 1993), que questionam a naturalização da cis-heteronormatividade, de binarismos orientadores da vida social e das relações de poder que os sustentam e, com isso, pretendem desorientar o *status quo* que exclui, marginaliza e, simbólica ou literalmente, queima certos indivíduos na fogueira. Não devemos esquecer que o Brasil é um dos países mais violentos para indivíduos que desafiam normas reguladoras de gênero e sexualidade. Gays, lésbicas, travestis e pessoas transexuais e/ou não binárias sofrem toda sorte de violência diariamente em nosso país, como mostra o relatório *Violência Homofóbica no Brasil* publicado em 2013 pela Comissão de Direitos Humanos do Governo Federal.[7] Além disso, a ONG Transgender Europe, em relatório recente, classificou o Brasil como o país mais transfóbico do mundo.[8] Perante os efeitos nocivos dos discursos que justificam esses dados alarmantes, a investigação dos processos discursivos que os subjazem e como podem ser desafiados se faz necessária.

No contexto anglo-saxão, o campo se encontra já bem estabelecido. Desde a publicação da obra de Livia e Hall (1997), a LQ cresceu exponencialmente e conta, hoje, com publicações em periódicos internacionais de grande impacto (Kulick, 1999, 2000; Bucholtz e Hall, 2004; Hall, 2005; Motschenbacher, 2011, 2013; Milani, 2013; Leap, 2013; Corwin, 2017), livros publicados por editoras importantes (Livia e Hall, 1997; Campbel-Kibler *et al.*, 2002; Cameron e Kulick, 2003; Motschenbacher, 2010; Abe, 2010; Morrish e Sauntson, 2007; Zimman *et al.*, 2014; Barrett, 2017; Milani, 2018; Hall e Barrett, no prelo), um periódico, *Journal of Language and Sexuality* (Leap e Motschenbacher, 2012) e um congresso internacional anual, o *Lavander Languages and Linguistics*.

No Brasil, a primeira discussão sistemática dessa literatura foi feita por mim em um artigo de 2006 (Borba, 2015).[9] A partir da publicação desse texto, alguns trabalhos que se engajam com as propostas da LQ foram desenvolvidos e incluem dissertações (Lewis, 2012; Lopes, 2013; Perez, 2017;

---

7. Disponível em: http://www.sdh.gov.br/assuntos/lgbt/dados-estatisticos/Relatorio2013.pdf. Acesso em: 17 maio 2018.
8. Disponível em: http://transrespect.org/wp-content/uploads/2015/08/TvT_research-report.pdf. Acesso em: 17 maio 2018.
9. O texto foi originalmente publicado em 2006 e reeditado em 2015.

Gonzalez, 2017; Barboza, 2018), teses (Santos Filho, 2012; Rocha, 2013; Borba, 2014b; Lewis, 2016) assim como artigos e capítulos de livro (Borba e Ostermann, 2007, 2008; Borba, 2009, 2011, 2014b, 2017; Santos Filho, 2015, 2017b; Lewis, 2010, 2013, 2016b, 2017, 2018). Ainda outros trabalhos discutem as relações entre linguagem, gênero e sexualidade a partir de uma abordagem *queer* (ver, por exemplo, Moita Lopes, 2006a, 2006b, 2006c; Fabrício e Moita Lopes, 2008; Moita Lopes e Fabrício, 2013; Santos Filho, 2017a; Silva *et al.*, 2017) sem, contudo, se vincular explicitamente à LQ. Embora no Brasil o campo ainda seja jovem, estes estudos contribuem para a investigação das relações entre linguagem, gênero e sexualidade com vistas a fazer uma crítica sociocultural e sociolinguística aos efeitos excludentes e violentos da cis-heteronormatividade.

Apesar do interesse que a área tem gerado no Brasil, falta ainda um espaço que reúna pesquisas em língua portuguesa a partir de uma perspectiva *queer* e contestem o anglocentrismo característico da área. Nesse cenário, esta coletânea se propõe a ser um fórum para colocar em diálogo pesquisadores de renome, que têm contribuído para a desorientação de certos pressupostos dos estudos da linguagem no Brasil e no exterior, e jovens investigadores, que vêm desaprendendo práticas teórico-metodológicas bem estabelecidas de nossa área e retraçando caminhos para a pesquisa a partir de seus interesses políticos. Os capítulos aqui reunidos mostram que o estudo de práticas linguísticas a partir de uma perspectiva *queer* traz ganhos epistemológicos e metodológicos para diversas áreas dos estudos da linguagem, tais como a sociolinguística (Barrett; Hall), a análise do discurso (Bagagli; Santos Filho), a linguística aplicada (Rocha; Melo e Moita Lopes), a linguística textual (Marques), a análise da conversa (Almeida), a análise crítica do discurso (Melo), a paisagem linguística (Barboza e Borba), o estudo de narrativas (Lewis) e a morfologia (Bonfante).

No que segue, então, discuto algumas das desorientações epistemológicas e metodológicas que a LQ traz para os estudos da linguagem e para a teoria *queer*. Veremos que a linguística tem muito a aprender com a teoria *queer* e esta tem muito a aprender com aquela. A partir desse debate, termino esta introdução com uma descrição dos capítulos que compõem esta coletânea.

A língua e o corpo são elementos centrais para a crítica sociocultural *queer*

Embora as transformações semânticas e as reapropriações de significados do termo *queer* tenham servido de estopim para as inquietações político-epistemológicas de ativistas e pesquisadores, a língua, no contexto brasileiro, tem sido deixada em segundo plano (quando não é esquecida completamente) em estudos que se lançam ao desafio de analisar os processos de normalização de gêneros, sexualidades, corpos e subjetividades (ver, contudo, Lucas Lima, 2017). Isso soa curioso por pelo menos três motivos. Primeiro: as inquietações *queer* foram inicialmente introduzidas no mundo acadêmico via áreas como crítica literária, estudos culturais, retórica e educação que, de diferentes formas, se preocupam com a linguagem (ver, por exemplo, Sedgwick, 1990; Halperin, 1990; Butler, 1990; Berlant, 1997; Louro, 2001). Segundo: um dos objetivos das análises *queer* é fomentar a ressignificação de estruturas, instituições e sistemas de reconhecimento excludentes (Louro, 2016), um processo no qual a língua tem papel importante. Terceiro: os conceitos de performance e performatividade, centrais na teoria *queer* para analisar essas dinâmicas de ressignificação de normatividades assim como os processos que as sustentam, têm a língua como um de seus principais instrumentos de atualização.

Em contrapartida, a linguística tem se mantido fiel à sua tradição logocêntrica e tem deixado de lado o corpo que, na teoria *queer*, tem cada vez mais assumido um lugar analítico central (ver, por exemplo, Bento, 2006; Pelúcio, 2009; Allan, 2016). Como mostram Bucholtz e Hall (2016), os estudos linguísticos tomam o corpo como simples suporte da língua e não em uma relação constitutiva na qual o corpo que fala/escreve se produz ao (se) falar/escrever, dá-se a ver e a ouvir ao falar/escrever, faz-se corpo ao fazer linguagem. Como os capítulos reunidos neste livro ilustram, é a atenção empírica minuciosa à performance (linguística e corporal) e à performatividade (dos discursos) que a LQ oferece como ferramenta para problematizarmos a (re)produção e a ressignificação de sistemas de reconhecimento que conferem o *status* de humano a determinados indivíduos — i.e., aqueles que mantêm relações retilíneas entre corpo, sexo, gênero e desejo — e retira outros dessa categoria.

Em trecho bastante citado de sua obra, Butler (2003, p. 53) explica que gênero (e a identidade em geral) "é a estilização repetida do corpo, um conjunto de atos repetidos no interior de uma estrutura reguladora altamente rígida, a qual se cristaliza no tempo para produzir a aparência de substância, de uma classe natural de ser". Nesta definição, a autora deixa ver como isso que chamamos de identidade não pode ser entendido sem levar em conta duas dimensões simultâneas de sua existência: a performance (i.e., estilização repetida do corpo, conjunto de atos repetidos) e a performatividade (i.e., uma estrutura altamente rígida...). Enquanto performance é aquilo que um sujeito faz (i.e., fala, escreve, gesticula, anda, namora, beija, transa, casa etc.), a performatividade é o sistema de regulações que impõem limites para os contornos dessas (estiliz)ações. A partir desse entendimento, Butler desestabiliza visões cartesianas da identidade que a compreendem como uma propriedade essencial dos indivíduos, um fenômeno interno anterior à ação e que é por ela expresso. Em grande medida, a sociolinguística variacionista é tributária dessa visão e, de fato, a reforça ao estudar a linguagem como expressão de categorias demográficas bem definidas (i.e., homens falam assim; mulheres falam assado).

A teoria de Butler mostra, pelo contrário, que a ação (e.g., uso de diminutivos) gera certos efeitos de identidade (e.g., mulher, gay) que se cristalizam no tempo pela repetição e aparecem como essência. Ou seja, não se fala/escreve A, B ou C porque se *é* X, Y ou Z. Pelo contrário, X, Y ou Z são *efeitos* de sentido produzidos ao falarmos/escrevermos A, B ou C. Ao inverter os termos dessa equação, a LQ, a partir da teoria da performatividade, não entende a língua como um instrumento para externalizar um eu que lhe é anterior e lhe serve de origem — uma perspectiva que desorienta tanto o senso comum quanto teorias linguísticas altamente complexas baseadas no modelo cartesiano da identidade. A língua é vista como um fenômeno sócio--histórico-cultural exterior ao indivíduo que, por repetição, acaba ganhando uma fachada de coisa natural. Para que entendamos melhor as implicações dessa posição, é necessário destrinchar com mais cuidado os conceitos de performance e performatividade, que são velhos conhecidos dos estudos da linguagem. O que a teoria *queer* faz é dar-lhes contornos necessários para a contestação política.

Na linguística proposta por Chomsky (1965), por exemplo, a divisão hierárquica entre competência (i.e., o conhecimento "inato" da língua) e desempenho (i.e., o uso em performances situadas) foi central para que várias áreas da ciência da linguagem excluíssem fenômenos constituintes da segunda parte do par como supérfluos e, assim, passassem a considerar a língua como um fenômeno independente de fatores sociais que, não obstante, (in)formam seu uso (Barrett, 2014).[10] Contudo, se, por um lado, Chomsky (1965) descarta a performance como sendo de interesse para a linguística por conter muitos desvios da norma, por outro, Goffman (1959) a considera como dimensão central para o desenvolvimento da vida social em nossa interação com outros indivíduos. É a partir desta última acepção do conceito que devemos entender as "estilizações" do corpo como produtoras do gênero e da sexualidade. Com base nisso, a identidade não pode ser vista como uma essência, mas como uma "prática significante" da qual emergem "sujeitos culturalmente inteligíveis como efeitos resultantes de um discurso amarrado por regras e que se insere nos atos disseminados e corriqueiros da vida linguística" (Butler, 2003, p. 208).

Essas práticas significantes (estilizações, nos termos de Butler) não acontecem num vácuo social. São, na verdade, amarradas por regras que as constrangem, mas que, não obstante, fornecem as bases para sua ressignificação. É isso que se chama de performatividade, um conceito igualmente bem conhecido nos estudos da linguagem através da obra de Austin (1990). Para este filósofo, enunciados do tipo "Eu vos declaro marido e mulher", "eu acho que devemos abrir nossa relação" e "sou lésbica" não descrevem um estado de coisas preexistente à enunciação que pode ser classificado como

---

10. As proposições da linguística teórica são, dessa forma, performativas, pois constroem um certo entendimento de língua como inata e apartada do social. Barrett (2014, p. 196) explica que "embora o trabalho teórico da linguística formal tente descobrir princípios universais da língua, esses princípios são construídos através da língua por linguistas. A pesquisa em linguística formal é performativa no sentido de que a linguagem usada por teorias formais serve para estabelecer e reforçar ideologias normativas sobre a língua, tanto na pesquisa acadêmica quanto fora dela".

verdadeiro ou falso. Ao contrário, são atos de fala que produzem uma nova realidade, operam mudanças no mundo e transformam nossa relação com o social e as pessoas que o constituem. Essa visão de linguagem é basilar para a filosofia butleriana e para a teoria *queer*. Butler (2003) afirma que o ato de fala "É uma menina", proferido ao nascimento ou na sala de ultrassom, não descreve aquele corpo, mas o insere em uma cadeia de regras e normas sociais sedimentadas que lhe impõem uma série de restrições baseadas em diferenças percebidas entre homens e mulheres para que esse corpo se torne socialmente inteligível, ganhando, assim, certas prerrogativas legais, políticas, linguísticas etc. e perdendo outras. O ato de fala não é descritivo; ele é prescritivo, mas seus efeitos podem ser contestados. Com isso, Butler complexifica a teoria austiniana ao trazer para o centro do debate a repetição e o corpo.

Gênero (e a identidade de forma mais abrangente), como vimos acima, é a estilização repetida do corpo que se dá através de atos de fala performativos. A repetição é um aspecto central desse processo. De fato, como Butler (1993) explica, "a performatividade deve ser compreendida não como um 'ato' singular ou deliberado, mas [...] como a prática reiterativa e citacional pela qual o discurso produz os efeitos que ele nomeia" (p. 2). É reiterativa, pois repete convenções que dão ao ato de fala seu significado e sua força de subjetivação. É citacional, pois, para ter efeitos, cita discursos anteriores que o fazem culturalmente reconhecível. Essa repetição tem pelo menos duas funções. Primeiro, é através da reiteração de atos (de fala) que uma aparência de coisa natural, de essência, se estabelece. Segundo, como nos ensinou Derrida (1997), a repetição nunca nos dá uma cópia tal e qual e, assim, oferece possibilidade de mudança. Um bom exemplo disso é o termo *queer*: uma ofensa homofóbica que adquiriu sentidos de identificação e contestação na boca de ativistas na década de 1990. Em outras palavras, embora as normas sociais sejam altamente rígidas e naturalizadas, sua repetição em outros contextos geográficos e temporais abre a possibilidade de se criar condições linguísticas de ação social e de alianças políticas apesar dos mecanismos violentos de interpelação (ver os capítulos de Almeida, Rocha e Hall, neste volume). Já que atos de fala podem tanto manter realidades excludentes e opressoras quanto ressignificá-las, seu caráter reiterativo e citacional constitui um dos principais focos de interesse da LQ.

Se o ato de fala, em sua repetição, insere um corpo em normas de gênero (e raça, classe, nacionalidade, sexualidade etc.), ele institui formas corporificadas de se viver socialmente. Embora, a partir de leituras um tanto apressadas, a teoria butleriana tenha recebido críticas por dar centralidade à linguagem e deixar o corpo em segundo plano (Preciado, 2014), ambos são igualmente importantes para a performatividade. Ou seja, o entendimento de que nossa experiência do real é construída pela linguagem não implica num determinismo linguístico (i.e., nada existe além da linguagem). Não devemos entender a força performativa da língua como apagando a materialidade de nossas vidas em sociedade. O que a teoria da performatividade enfatiza é que o mundo material só pode ser entendido pelas escolhas lexicais, sintáticas, semânticas, discursivas etc. que fazemos para significá-lo. Por um lado, o ato de fala, como fenômeno linguístico, necessita do corpo para acontecer (i.e., voz, mãos, traqueia, língua, pulmões etc.). Por outro, como performativo, produz sentidos para o corpo no momento da enunciação. Ou seja, de acordo com Pinto (2009), o corpo é o sujeito e o objeto do ato de fala. A partir dessa perspectiva, Pinto (2012) explica que "o sujeito de fala é aquele que produz um ato corporalmente; o ato de fala *exige* o corpo. O agir do ato de fala é o agir do corpo, e definir esse agir é justamente discutir a relação entre linguagem e corpo" (p. 105).

É importante frisar, contudo, que a performatividade da língua e a performatividade do corpo não são idênticas embora sejam interdependentes, como argumenta Butler (2015a). O silêncio, que não necessita da língua para sua efetivação, pode ser tão performativo quanto a fala. Veja, por exemplo, a força política das vigílias ao redor do mundo em protesto contra o assassinato, em 2018, de Marielle Franco, vereadora carioca ("negra, lésbica e favelada", como gostava de se identificar). Esse tipo de performance não linguística, explica Butler (2015a), nos força a "repensar o ato de fala de forma a entender os efeitos de certos tipos de ação corporificada: os corpos reunidos ali 'dizem' nós não somos descartáveis, mesmo se permanecem em silêncio" (p. 18). Ou seja, ao não falar, os corpos podem coletivamente performar sua força de indignação, aliança e contestação. O que esse exemplo indica é que o corpo significa e, por isso, deve ser levado em conta em nossas análises.

Por outro lado, a imbricação entre a performatividade linguística e corporal é enfatizada por tecnologias sexuais como dildos, vibradores etc. (ver Lewis, neste volume). Essas tecnologias nos forçam a criar formas de falar sobre e sentir o corpo, o prazer sexual e a sexualidade pelas quais sentidos para essas esferas da vida social são forjados (ver, nesse sentido, Preciado, 2018). Essas tecnologias não só produzem formas de subjetivação, prazer e usos do corpo, mas também discursos que os (re)significam, o que pode reforçar a cis-heteronormatividade ou contestá-la. Ou seja, a teoria da performatividade, ao trazer o foco para a língua e para o corpo, nos obriga a prestar atenção à materialidade dos significados e das estruturas reguladoras pelas quais sujeitos corporificados atingem inteligibilidade social (ou não).

Aqui nos defrontamos com outra desorientação que a teoria *queer* provoca na linguística, área que, em geral, vê o corpo como "secundário à língua ao invés de entendê-lo como sua condição *sine qua non*" (Bucholtz e Hall, 2016, p. 174). Uma aproximação entre a linguística e a perspectiva *queer* implica, como salientei em outra ocasião (Borba, 2014a), entender a fala e a escrita (assim como os sinais no caso da LIBRAS) como instâncias de estilização corporal que em sua repetição (re)produzem o que somos, mas também nos dão a possibilidade de traçarmos futuros alternativos e redesenharmos os campos semântico-pragmáticos de reconhecimento social (ver os capítulos de Hall, Bonfante e Santos Filho neste volume). Nesse sentido, interessa para uma LQ tanto o estudo do corpo que fala quanto daquilo que se fala sobre o corpo (Zimman, 2014; Bonfante e Borba, 2018), i.e., o foco recai na imbricação entre nossas ações situadas em contextos de interação específicos e o arcabouço de sentidos sócio-histórico-culturais que possibilita e constrange essas ações ao mesmo tempo em que fornece subsídios para sua transformação.

A visão do ato de fala performativo como fenômeno linguístico-corporal, assim, insere nossas ações locais (i.e., fala, escrita, sinal — enfim, a performance) em uma relação constitutiva com processos sociológicos e discursivos mais amplos (i.e., a performatividade), o que me leva a discutir, na próxima secção, uma desorientação importante que a LQ provoca na teoria *queer* para o estudo da constituição e da contestação de regimes do normal.

A performatividade é um fenômeno indexical

Na teorização de Butler, como vimos, o uso da linguagem tem papel fundamental na constituição disso que chamamos de real. Porém, algumas interpretações que teóricas e teóricos *queer* têm feito do trabalho dessa autora parecem tomar a relação entre ato de fala e seu efeito como direta. Diz-se "É uma menina!" e, como num passe de mágica, disso se seguem processos de generificação, inserindo aquele corpo num conjunto de regulações e sanções que lhe conferem sentido e circunscrevem seu campo de subjetivação. As dinâmicas que ligam o ato de fala a seu efeito são tomadas como dadas ou como exteriores à sua enunciação ao invés de serem tratadas analiticamente. Em outras palavras, há uma teleologia implícita nessas interpretações na qual a mera produção do ato de fala parece levar inequivocamente à realidade que produz. Essa leitura é possível, pois Butler não descreve mecanismos concretos pelos quais o ato de fala forja entendimentos do real (nesse sentido, ver Barrett, 2017). Como efeito dessa lacuna, a teoria *queer*, no Brasil e alhures, parece considerar a normatividade e sua subversão como anteriores à ação social, traindo, assim, um de seus fundamentos ao "projetar uma identidade estável tanto para o opressor quanto para sua nêmese", já que "a classificação de atos como normativos ou subversivos é baseada nessa dicotomia" (Hall, 2013, p. 639).

Com feito, como observa Hall (2013), parte-se do pressuposto, por exemplo, de que a *drag queen* é por si só subversiva (Butler, 2003), enquanto o casamento entre dois homens brancos de classe média iguala-se ao assujeitamento à norma (Duggan, 2002). Por conta disso, Barrett (2017) argumenta que a teoria *queer* não consegue capturar o alto nível de complexidade envolvido na construção social disso que entendemos por identidades e, conscientemente ou não, atenua (ou, em alguns casos, estrategicamente ignora) o fato sociológico de que até mesmo os indivíduos mais antinormativos (incluem-se aí teóricas, teóricos e ativistas *queer*) estão sempre envolvidos no estabelecimento e manutenção de suas próprias normas e hierarquias (ver, nesse sentido, Wiegman e Wilson, 2015). Da mesma forma, pessoas heterossexuais podem estar na norma, mas modificá-la por dentro (ver Nogueira, 2013). Nenhum desses fenômenos deve escapar de nossas lentes analíticas. Nesse cenário, linguistas *queer* têm argumentado que qualquer análise social deve se guiar pelo pressuposto de que o sentido de práticas discursivas e das ações nelas implicadas não é fixo e por causa disso não podemos classificá-lo como cis-heteronormativo ou subversivo sem antes olhar para os detalhes contextuais de sua produção. A LQ, assim, parte do princípio de que tanto a manutenção das normas quanto sua contestação não podem ser vistas aprioristicamente como propriedades de certos tipos de ação ou de indivíduos específicos, mas sim como emergentes do contexto social em seu lugar e tempo de atualização.

Para ilustrar essa desorientação que a LQ provoca nos estudos *queer*, retomemos, então, a *drag queen* que, para Butler (2003), é um exemplo paradigmático da performatividade, já que em sua performance (hiper) feminina no palco há uma dissonância entre sexo (i.e., pênis), gênero (i.e., feminilidade) e desejo sexual (i.e., homossexualidade). Em suas ações, a *drag*, segundo Butler, gera fissuras nas estruturas cis-heteronormativas de reconhecimento disponíveis. Ela corporifica repetições que rompem com os contextos normativos de produção de identidades e suas convenções, explicitando os mecanismos de sua produção. Contudo, as repetições que a *drag* elabora também reiteram sentidos bastante sedimentados sobre feminilidade, masculinidade, raça e classe.

Isso é o que se vê nos estudos feitos por Barrett (2017) sobre a performance linguística de *drag queens* afro-americanas. Em seus shows, essas artistas fazem uso de recursos linguísticos convencionalmente vinculados a mulheres brancas heterossexuais de classe média (entonação, escolha lexical etc.) assim como descritos por Lakoff (2010) e os sobrepõem a formas e estruturas linguísticas associadas ao registro de fala de homens afro-americanos heterossexuais de Nova York estudados por Labov (1966) e às gírias e padrões entonacionais do grupo de gays afro-americanos do sul dos EUA. A subversão, claro, está no desencontro entre o corpo que fala e os estilos linguísticos utilizados, mostrando que categorias demográficas estanques não determinam o que/como se fala. Contudo, há manutenção de sentidos quando esses estilos são amarrados a certos contextos da performance. Por exemplo, as *drags* do estudo de Barrett (2017) tendem a utilizar itens lexicais e padrões prosódicos estereotípicos de mulheres brancas para salientar uma performance de classe média perante o público frequentador do bar, que é, predominantemente, de classe trabalhadora (assim como as próprias *performers*). Com isso, elas se diferenciam da audiência e produzem uma hierarquia com base na projeção de uma classe econômica à qual elas mesmas não pertencem. Em contextos nos quais comparam sua performance de feminilidade com mulheres, essas *drags* fazem uso de registros convencionalmente associados a homens heterossexuais e reciclam enunciados misóginos. Ou seja, sentidos paradoxais emergem localmente a partir do uso de diferentes recursos linguísticos e ilustram, empiricamente, que "as performances das *drags* não podem ser entendidas simplesmente como 'subversivas' ou 'submissas' no que tange à cultura hegemônica" (Barrett, 2017, p. 54). Há tanto reiteração quanto contestação de relações de poder, e isso só pode ser vislumbrado se atentarmos para detalhes quase imperceptíveis da ação local.

Esse exemplo ilustra que, para dar conta da complexidade da vida social, devemos levar em consideração que subversão e normatividade andam lado a lado (ver os capítulos de Melo e Moita Lopes, Almeida, Barboza e Borba, Hall, e Santos Filho neste volume) e não podem ser consideradas como fenômenos que precedem a ação social. Nesse contexto, os capítulos aqui reunidos demonstram que a atenção empírica minuciosa aos microdetalhes da língua em uso em determinadas práticas sociais nos oferece ferramentas para que possamos criar inteligibilidade sobre as idiossincrasias locais da intricada relação entre assujeitamento e desafio às normas. As travestis nos fornecem um exemplo mais próximo do contexto brasileiro sobre a relação complexa entre manutenção e subversão da cis-heteronormatividade. Pessoas que se identificam como travestis passam por longos e dolorosos processos de modificação corporal (hormônios, silicone etc.), produzindo um corpo que mistura formas femininas e uma biologia masculina. Já aí mostram fissuras nas normas de gênero social (ver, nesse sentido, Pelúcio, 2009). Linguisticamente, utilizam desinências femininas para falar de si e exigem que qualquer pessoa ao falar sobre elas faça as flexões de palavras nesse sentido, inclusive com o substantivo "travesti", que é gramaticalmente masculino. Subvertem, assim, a norma gramatical. Contudo, como ilustram Borba e Ostermann (2007, 2008), em determinados contextos interacionais tendem a usar o masculino gramatical, o que mostra como se dá sua relação com a cultura hegemônica. O masculino tende a ser utilizado, por exemplo, em narrativas nas quais descrevem as relações com suas famílias biológicas e funciona, nesse contexto, como uma estratégia de preservação de face (i.e., evita sentidos negativos sobre suas identificações) e deferência (i.e., usar o masculino seria uma forma de respeitar suas mães, por exemplo). A fluidez contextual entre o feminino e o masculino gramatical, assim, reaviva certas normas sociais que colocam a masculinidade e a feminilidade em relações assimétricas.

As *drags* e as travestis desmantelam associações fáceis entre biologia e gênero e entre língua e identidade. Mostram, dessa forma, que a relação entre o ato de fala performativo e a realidade que produz ao descrevê-lo não é direta, mas sim mediada por processos culturais e semióticos mais amplos que sustentam certas relações de poder. Ou seja, para entendermos a construção performativa da realidade, não basta atentarmos somente para categorias identitárias em seu nível denotativo (e.g., "É uma menina!"), que, segundo Hall (2013), têm sido o esteio da teoria *queer* (ver, também, Hall, neste volume). Isso porque a associação entre um significante e um significado não é unívoca. O significado, como bem mostra Derrida (1997), não tem uma relação estável com o significante e, assim, depende do contexto e de uma história citacional de usos anteriores que o reveste de uma camada multifacetada e imprevisível de sentidos. Como os capítulos reunidos neste livro mostram, a performatividade é um fenômeno indexical por excelência.

Em linguística formal, signos indexicais (ou dêiticos) incluem palavras como "aqui", "lá", "agora", "eu", "você" etc. que têm como função apontar para o contexto situacional de enunciação (i.e., seu local, tempo e a relação entre participantes da interação). Contudo, áreas como a antropologia linguística e a LQ, cujo interesse cai sobre o uso e a função social da língua, se preocupam com signos não denotativos, i.e., aqueles que apontam para aspectos macrossociológicos e, assim, pressupõem um sentido social que não está diretamente vinculado ao signo, mas é a ele associado por causa de sua história de uso em determinados contextos. Segundo Ochs (1996),

Um índice linguístico é geralmente uma estrutura (e.g., voz passiva ou ativa, tonicidade silábica, afixo diminutivo) que é variavelmente usada de uma situação a outra e se torna convencionalmente associada a determinadas dimensões situacionais, tanto que, quando a estrutura é usada, a forma invoca essas dimensões situacionais (p. 411).

Nesse sentido, a relação entre signo e seu significado e entre o ato de fala e seu efeito não é direta, mas sim mediada por uma história de uso que o vincula a vários sentidos possíveis que só poderão ser determinados contextualmente. A partir dessa compreensão, Ochs (1992) argumenta que a relação entre língua e identidade (ou a realidade de forma mais abrangente) não implica "um mapeamento direto entre uma forma linguística e um significado social" (p. 336). A autora explica que essa relação "é constituída e mediada pela relação da língua com posicionamentos, ações, atividades e outros construtos sociais" (p. 337), tais como gênero, classe, sexualidade, filiação política etc. A construção da identidade, assim, envolve a produção de links indexicais indiretos que vinculam determinada estrutura linguística a certo sentido social contextualmente. Ou seja, a produção disso que chamamos de identidade não está restrita ao uso explícito de categorias identitárias, mas ocorre por meio de diversos recursos linguísticos (sons, morfemas, estruturas sintáticas etc.). Ao serem usados em uma prática discursiva específica, esses signos retomam uma história que movimenta certos arcabouços interpretativos disponíveis socioculturalmente e lhes confere sentido no aqui e agora da enunciação (ver, nesse sentido, os capítulos de Barboza e Borba; Marques; Melo e Moita Lopes, neste volume). Devido a essa situacionalidade radical dos signos indexicais, sentidos de normatividade e subversão emergem contextualmente de ações locais e não podem ser compreendidos como anteriores ao engajamento discursivo. Portanto, como explica Barrett (2017),

os sentidos indexicais determinam as maneiras pelas quais indivíduos podem construir suas identidades performativamente como tipos específicos de participantes em certos contextos sociais. A natureza performativa do gênero [e da identidade em geral] é assim inteiramente dependente da capacidade de um conjunto de signos indexarem uma identidade de gênero (p. 11-12).

O uso fluido do gênero gramatical por travestis é um bom exemplo de como a indexicalidade funciona. Ao exigir que outras pessoas se refiram a elas com o feminino, elas não só reforçam sua identificação com a feminilidade, mas revestem o gênero gramatical com camadas de sentido que o vinculam a respeito por sua identidade de gênero e/ou filiação política à sua causa. Contudo, a tendência em usar o masculino gramatical em contextos nos quais falam sobre suas relações familiares, por exemplo, retoma dinâmicas sociais que produzem a masculinidade como detentora de respeitabilidade. O gênero gramatical, via indexicalidade, passa a ser vinculado não só à masculinidade ou à feminilidade, mas também a outros sentidos que não estão diretamente ligados a ele. Com base nesse preceito, a LQ entende a identidade de gênero, sexualidade, raça etc. como fenômenos intertextuais (Hall, neste volume), já que, para fazer sentido, signos usados localmente sempre reavivam conexões com práticas, relações, grupos sociais e instituições que o usaram anteriormente.

O conceito de indexicalidade, portanto, ilustra que (1) o significado não antecede o uso e (2) fenômenos linguísticos locais estão sempre (in)formados por discursos mais amplos. Em outras palavras, para investigarmos a relação entre cis-heteronormatividade e sua contestação não devemos tomar esses fenômenos como anteriores à prática social ou como propriedades de certos indivíduos, mas sim como emergentes de um contexto discursivo específico. A indexicalidade é o mecanismo cultural que movimenta a performatividade ao vincular nossas ações linguísticas situadas a outras "práticas que sistematicamente formam os objetos dos quais falam" (Foucault, 1972, p. 64), ou seja, a discursos. É nessa relação entre língua e discurso que a cis-heteronormatividade e sua contestação se materializam em nossas ações diárias. E é justamente o vínculo indissociável entre língua (i.e., nossas performances linguísticas no aqui e agora) e discurso (i.e., que reveste nossas ações locais de diversos sentidos extralinguísticos) que os capítulos reunidos nesta coletânea investigam.

Os capítulos — investigando a materialização linguístico-discursiva da cis-heteronormatividade

Como um conjunto de estruturas, instituições e ações que promovem e naturalizam a heterossexualidade e a cisgeneridade, a cis-heteronormatividade se manifesta tanto na trama da língua (e.g., a imposição prescritiva de masculinos genéricos)[11] quanto nos usos que podemos fazer dela (e.g., quem pode falar o que e como) e na definição do acesso a determinadas práticas discursivas (e.g., quem pode falar em certas instituições), projetando, dessa forma, modelos de ação social que podem ter efeitos excludentes e, por vezes, violentos (ver, por exemplo, o protesto contra Butler e o assassinato da vereadora Marielle Franco que mencionei anteriormente). Essa materialização linguístico-discursiva da cis-heteronormatividade e as possibilidades de sua subversão são o foco analítico da LQ. A partir de uma ampla variedade de abordagens metodológicas, os capítulos aqui reunidos se lançam ao desafio de investigar teórica e empiricamente esse espaço semântico-pragmático entre os discursos dominantes (i.e., a cis-heteronormatividade) e a performance linguística situada em diferentes contextos de sua atualização.

Os doze capítulos desta coletânea estão divididos em três partes que dialogam entre si e (in)formam-se mutuamente, quais sejam, "Indexicalidades performativas", "Mantendo e desafiando a hegemonia" e "Corpos, prazeres e (des)identificações". A primeira parte agrega textos que analisam teórica e empiricamente os mecanismos indexicais de funcionamento de

---

11. Como explica Bagno (2011), "se uma mulher e seu cachorro estão atravessando a rua e um motorista embriagado atinge essa senhora e seu cão, o que vamos encontrar no noticiário é o seguinte: 'Mulher e cachorro são atropelados por motorista bêbado'. Não é impressionante? Basta um cachorro para fazer sumir a especificidade feminina de uma mulher e jogá-la dentro da forma supostamente 'neutra' do masculino. Se alguém tem um filho e oito filhas, vai dizer que tem nove filhos". Com base em uma abordagem cognitivo-funcionalista, Mäder e Moura (2015) afirmam que o masculino gramatical é mais que simplesmente genérico; ele assume a função de gênero prototípico. Por esse motivo, os textos reunidos aqui evitam o masculino como gênero gramatical não marcado com base em estratégias como o uso de substantivos sobrecomuns (i.e., indivíduos, pessoas etc.) e a marcação do feminino gramatical em generalizações (i.e., teóricos e teóricas *queer*). Essas e outras estratégias podem ser encontradas no *Manual para o uso não sexista da linguagem* que foi preparado pelo governo do Rio Grande do Sul em 2014, disponível em: https://bit.ly/2szgnrB.

performatividades de gênero, sexualidade, raça, nacionalidade, língua etc. e seu potencial de contestação. Esses capítulos nos fornecem subsídios para entendermos como a língua em uso produz certos entendimentos sobre gênero e sexualidade em contextos diversos como a teoria sociolinguística (Barrett), a Web 2.0 (Melo e Moita Lopes), grafitos de banheiro (Barboza e Borba) e a sala de aula (Rocha). Por sua vez, os capítulos reunidos na segunda parte mostram como a manifestação linguístico-discursiva da cis--heteronormatividade segue alguns padrões de estruturação (mais ou menos como numa gramática) que se materializam insidiosamente em nossas práticas linguísticas, mas que podem igualmente ser contestadas nos microdetalhes da ação social. Esses trabalhos descrevem os efeitos materiais de (subjetiv) ação da cis-heteronormatividade, assim como formas de ruptura a partir de diálogos com a análise do discurso (Melo e Bagagli), a linguística textual (Marques) e a análise da conversa etnometodológica (Almeida). O caráter indexical da performatividade e o funcionamento relativamente estruturado da cis-heteronormatividade constituem a base das análises apresentadas pelos capítulos reunidos na terceira parte, que trazem à baila a relação entre línguas, corpos, discursos e seu papel na (re)significação de identidades e práticas sexuais. Esses capítulos discutem a complicada relação entre a reiteração e a contestação de sentidos para corpos e prazeres produzidos como abjetos por discursos dominantes em contextos como performances rituais elaboradas por pessoas trans indianas que questionam o binarismo de gênero e a organização social por castas (Hall), interações entre praticantes de sexo *bareback* (Bonfante), narrativas de mulheres bissexuais e homens heterossexuais sobre o uso de acessórios sexuais como dildos (Lewis) e as telenovelas (Santos Filho).

O primeiro capítulo, de Rusty Barrett, apresenta ao público brasileiro a tradução para o português de um texto teórico central da LQ, publicado originalmente em 2002. O autor se pergunta: "seria a teoria *queer* importante para a sociolinguística?". Para responder essa indagação, Barrett revisita alguns pressupostos teóricos *queer* como, por exemplo, a desconfiança em categorias identitárias e a performatividade para problematizar o fato de que na teoria sociolinguística a relação entre língua e identidade é, por vezes, tomada como direta e estanque (homens falam assim; mulheres falam assado; heteros falam dessa maneira; gays falam daquela) — um efeito da cis-heteronormatividade que produz o uso de língua como expressão de uma ligação "natural" e linear entre sexo, gênero e desejo. A partir de uma perspectiva *queer*, o linguista argumenta que categorias identitárias não podem ser consideradas fenômenos inerentes aos indivíduos, mas sim efeitos que emergem das dinâmicas performativas da indexicalidade e do caráter indexical da performatividade (ver, também, Barrett, 2017). Assim, signos linguísticos são tratados enquanto índices que apontam indiretamente para múltiplos sentidos identitários ao invés de simplesmente descrevê-los. Barrett discorre sobre os problemas associados à projetação de categorias identitárias pré-concebidas antes mesmo de desenvolver análises ou até mesmo durante entrevistas de pesquisa. O autor conclui afirmando que a teoria *queer* é sim importante para a teoria sociolinguística, pois essa aproximação possibilita modos de produção de conhecimento que estejam mais atentos ao papel da língua na reprodução e na contestação de ideologias assim como na configuração de relações intersubjetivas.

A compreensão da performatividade como um fenômeno indexical é radicalizada no segundo capítulo, cuja autoria é de Glenda Cristina Valim de Melo e Luiz Paulo da Moita Lopes. Aqui, autora e autor não só consideram a construção do gênero e da sexualidade como performativa, mas também discutem como a raça e a classe social estão intimamente imbricadas nos processos linguísticos (i.e., a performance) e discursivos (i.e., a performatividade) de produção e valoração de identidades (ver, também, Melo e Moita Lopes, 2015). Analisando uma entrevista feita on-line com um profissional do sexo e blogueiro, Melo e Moita Lopes discutem como múltiplos sentidos para gênero, sexualidade, raça e classe são indexicalmente movimentados em sua prática discursiva local e reavivam ordens de sentido disponíveis culturalmente nas quais diferentes formas de valorar a masculinidade do homem negro são hierarquizadas. Autora e autor mostram como o blogueiro mobiliza sentidos disponíveis macrossociologicamente em sua performance linguística situada, estratificando-os em escala pessoal. Tais sentidos envolvem, por exemplo, o racismo, a ascensão socioeconômica, a relação conflituosa entre branquitude e negritude, a hipersexualização da raça negra, o imperativo da masculinidade do homem negro e seus efeitos nos processos de subjetivação de homens negros gays etc. Assim, Melo e Moita Lopes descrevem como o participante de sua pesquisa se apropria dessas ordens de sentido macrossociológicas (e das dinâmicas de valoração ligadas a elas) por meio de associações indexicais mobilizadas pelos atos de fala utilizados localmente. Com isso, ilustram que performances de gênero, sexualidade, raça e classe nunca são homogêneas, mas, ao emergir de contextos discursivos em seu local e tempo, são sempre híbridas, contraditórias e instáveis.

É a fricção entre a manutenção de sentidos violentos já cristalizados na cultura, sua instabilidade e subversão em práticas discursivas locais que o terceiro capítulo, escrito por Rafael de Vasconcelos Barboza e Rodrigo Borba, investiga. Os autores discutem como a cis-heteronormatividade se manifesta discursivamente no espaço público e tenta limitar a circulação dos indivíduos que a desafiam em instituições de poder, tais como a universidade. Para tanto, Barboza e Borba analisam os efeitos performativos de inscrições homofóbicas, misóginas e racistas nas paredes dos banheiros da Faculdade de Letras da UFRJ a partir das indexicalidades que mobilizam, assim como sua transformação no tempo. Com base na análise multimodal desses grafitos, os autores descrevem como sujeitos e o espaço público são simultaneamente produzidos e (re)construídos em interações com a materialidade e a historicidade da língua e do lugar onde está inscrita. A análise se centra nas múltiplas indexicalidades projetadas por essa paisagem linguística e as maneiras pelas quais elas performativamente (in)formam nossa compreensão e acesso a espaços públicos que são marcados por certas compreensões estanques de gênero e sexualidade. Os autores descrevem as mudanças sofridas pelos grafitos no tempo à medida que múltiplas (por vezes contraditórias) camadas de sentidos são sobrepostas. Essas diversas camadas não só justapõem sentidos cis-heteronormativos bastante sedimentados como também oferecem possibilidades para a transformação de como esse espaço e os indivíduos que nele circulam são entendidos. Barboza e Borba argumentam que, por meio dessa sobreposição de sentidos conflitantes, os grafitos contribuem para a desorientação (ou "*queerização*") das formas pelas quais entendemos o espaço do banheiro (e da universidade como um todo), um processo discursivo no qual as dissidências sexuais e de gênero são constantemente (des)reguladas.

Os efeitos nocivos da cis-heteronormatividade em instituições de ensino também são o foco de atenção de Luciana Lins Rocha, no quarto capítulo. Em uma época na qual o recrudescimento de ideias reacionárias vem, cada vez mais, atacando a inclusão de temas relacionados a gênero e diversidade sexual nas escolas (ver, por exemplo, o projeto Escola sem Partido e o nefasto conceito de "ideologia de gênero"), o estudo de Rocha mostra como a discussão desses temas em eventos de letramento escolar pode ter resultados transformadores no que tange à construção de respeito pela diferença e à produção de contextos de ensino mais inclusivos e menos hierarquizados. A partir de uma pesquisa-ação, Rocha discute a necessidade de transformar os sentidos privilegiados pelo currículo tradicional escolar que contribuem para a manutenção da matriz cis-heterossexual como a única legitimadora de certos corpos e afetos (ver, nesse sentido, Moita Lopes, 2013). Para tanto, ela nos apresenta uma atividade pedagógica para o ensino de inglês como língua adicional que, dentre outras coisas, buscou mobilizar novos sentidos indexicais para gênero e sexualidade na sala de aula, transformando indexicalidades já cristalizadas. Com isso, a autora ilustra como uma perspectiva *queer* no ensino de línguas pode problematizar uma tradição curricular excludente e, por assim dizer, tirar corpos do armário, fazendo da escola um ambiente onde estudantes, independentemente de suas diferenças, possam se sentir pessoas legítimas e respeitadas.

As reflexões propostas nos capítulos que compõem a primeira parte desta coletânea sugerem que a cis-heteronormatividade se manifesta de forma mais ou menos estruturada em nossas práticas locais através da repetição de certos signos indexicais. Essa repetição reaviva performativamente discursos sobre gênero e sexualidade (e raça e classe etc.) disponíveis no âmbito macrossociológico, que constrangem nossas ações discursivas e corporais localmente. Porém, suas regras de atualização podem ser quebradas e desorientadas. É à análise da relação conflituosa entre a manutenção e a contestação da hegemonia que se lançam os capítulos reunidos na segunda parte do livro. No capítulo cinco, Iran Ferreira de Melo investe justamente nas possibilidades de transformação dessas normas excludentes. Para tanto, o autor delineia algumas feições para uma LQ produzida no Brasil. Consoante Melo, a LQ deve se configurar como uma área de conhecimento com viés claramente ativista e intervencionista cujo intuito é transformar os arcabouços de sentido disponíveis atualmente que relegam indivíduos não heterossexuais e não cisgêneros às margens da arena social, limitando, assim, seu campo de significação e (subjetiv)ação. Para salientar o caráter ativista da LQ, o autor propõe uma aproximação entre essa área e o letramento escolar. De acordo com Melo, uma abordagem *queer* para o letramento oferece a oportunidade de mostrar como a linguagem exerce papel central nos processos de insubordinação às regras excludentes da cis-heteronormatividade e tem como alvo munir as pessoas de estratégias reflexivas sobre o uso de recursos semióticos no combate às agruras promovidas pela violência contra corpos que desafiam regimes de reconhecimento correntes.

Esse tipo de violência se manifesta de forma particularmente insidiosa por conta da naturalização da cisgeneridade, que acaba a transformando na única forma legítima de identificação de gênero. No sexto capítulo, Beatriz Pagliarini Bagagli se lança ao desafio de investigar, a partir da análise do discurso, os mecanismos sub-reptícios de sedimentação linguística da aparência natural e ontológica da cis-heteronormatividade. A autora nos oferece uma apreciação teórica na qual descreve a cisgeneridade como modelo de ação discursiva que permeia e sustenta a exclusão de pessoas transexuais dos regimes de inteligibilidade disponíveis na sociedade brasileira. A partir de um diálogo profícuo entre a LQ, os estudos do discurso de viés pecheuxtiano e o transfeminismo — uma área de conhecimento e ativismo que problematiza os feminismos a partir das experiências de pessoas trans —, a autora mapeia desenvolvimentos teóricos estruturalistas sobre a noção de língua enquanto sistema e as relações de poder que sustentam na produção de sentidos para identidades de gênero e abjeção social (ver, nesse sentido, Borba e Milani, 2017). Com base nisso, Bagagli argumenta que as identidades de gênero (cis e trans) se dão no interior de um sistema (i.e., a língua) de significação e exclusão que outorga representatividade social a algumas pessoas (cis) e oblitera a existência de outras (trans). A autora mostra como a cisgeneridade funciona como um pressuposto de nossos sistemas de reconhecimento. Isso se dá por causa de sua naturalização discursiva. A língua tem papel central nesse processo e funciona, assim, não só como um sistema de signos, mas também como um "cistema" de relações de significação e poder que toma a cisgeneridade como base da vida em sociedade, tendo, assim, efeitos materiais para a existência linguística, política e cultural de pessoas trans.

Outro mecanismo de exclusão (e significação) de pessoas que desafiam os regimes de inteligibilidade disponíveis é a homofobia, que é entendida por Matheus Odorisi Marques, no sétimo capítulo, como um tipo de ideologia que regula a sexualidade de indivíduos e os relega (às vezes violentamente) às margens da sociedade. Em seu texto, Marques investiga como a homofobia é textualmente construída e projeta redes de sentido que apagam a subjetividade e a agência de indivíduos homossexuais, produzindo, assim, a cis-heteronormatividade como o único ponto de referência legítimo para a organização do social. O autor analisa como a ideologia homofóbica é (re)produzida em uma pregação evangélica neopentecostal de autoria do pastor Silas Malafaia. Marques traça cuidadosamente os processos de referenciação que permeiam o texto da pregação e lhe conferem coesão e sentidos. Através dessa análise, o autor demonstra como as redes referenciais construídas por Malafaia em seu texto têm uma base ideológica clara que projeta uma imagem negativa ao indivíduo homossexual.

Em seu capítulo, Marques ilustra como a cis-heteronormatividade e seus mecanismos de sustentação, tais como a homofobia, adentram insidiosamente nossas ações discursivas. O caráter melindroso desses regimes de reconhecimento é também o foco de atenção de Alexandre do Nascimento Almeida no oitavo capítulo. Aqui, o autor promove um diálogo entre análise da conversa etnometodológica e a LQ para investigar como gênero e sexualidade se tornam relevantes para participantes na fala-em-interação institucional. Através de uma minuciosa análise sequencial do turno a turno de interações em uma turma de ensino fundamental de uma escola pública, o autor demonstra que há uma orientação êmica a questões de gênero e sexualidade na qual procedimentos adequados a meninos e meninas para a realização de atividades pedagógicas são construídos localmente. Almeida ilustra como essas ações, em seus microdetalhes interacionais, reavivam concepções cis-heteronormativas de mundo (ver, nesse sentido, Ostermann, 2017). Em sua atualização situada, essas indexicalidades pressupõem uma divisão dicotômica rígida de corpos em posições binárias como masculino/feminino e homem/mulher, bem como constrange associações àquilo que se considera ser adequado a essas possibilidades de construção de gênero, limitando o escopo de (subjetiv)ação das crianças.

Com efeito, a manutenção (ou a contestação) da cis-heteronormatividade e os mecanismos linguístico-discursivos de sua atualização têm o corpo como um local de atualização. Como vimos anteriormente, o corpo tanto produz esses discursos como é por eles produzido. Nesse sentido, a cis-heteronormatividade delineia os contornos de corpos socialmente inteligíveis. Esses limites, contudo, são porosos e oferecem alternativas para subversão desses discursos. É a essa dinâmica entre língua, discurso, corpo e possibilidades de (des)identificação que os textos reunidos na terceira parte desta coletânea se dedicam. O nono capítulo apresenta para o público brasileiro a tradução de um artigo central para a LQ, de autoria de Kira Hall. A autora retoma os conceitos de performatividade, indexicalidade e cis-heteronormatividade para discutir as conflituosas relações políticas, linguísticas, identitárias e de classe entre dois grupos de pessoas trans na Índia, nomeadamente as *hijras* e os *kotis*. Embora compartilhem espaços simbólicos e geográficos, esses grupos têm diferenças históricas e sociais entre si. Enquanto as *hijras* são popularmente conhecidas por não possuírem genitais masculinos nem femininos, o que lhes confere um lugar fora dos sistemas reprodutivos da sociedade indiana, os *kotis* mantêm relações heterossexuais maritais, mas, não obstante, vestem-se como *hijras* e, de fato, as imitam em performances rituais nas quais criticam ideologias que conferem a elas uma posição religiosa de prestígio como benzedeiras de casamentos e nascimentos. Nesse contexto, Hall investiga interseções entre classe, identidade e desejo sexual em uma performance pública conhecida entre *kotis* como "*hijra-acting*", ou "personificação *hijra*", na qual indexicalidades conflitantes para o inglês, o hindi e o farsi são projetadas. Nessa performance, *kotis* criticam, através de uma paródia linguística e corporal de *hijras*, a oposição de classe entre sexualidades *hijra* (ligadas ao hindi) e *gay* (associadas ao inglês) na Índia contemporânea, satirizando os desejos sexuais referentes a ambos os grupos como inferiores aos seus próprios desejos e à sua própria língua (i.e., o farsi). A análise revela que *identidade* e *desejo* são mais bem compreendidos como fenômenos indexicais, intertextuais e corporificados que se constituem mutuamente e emergem localmente de práticas discursivas específicas. Com base nisso, a autora argumenta que a LQ, com sua atenção empírica para os detalhes de interações situadas, nos oferece uma perspectiva analítica que permite vislumbrar como gênero e sexualidade se tornam interligados, através de conexões ideológicas cis-heteronormativas, à língua e à classe socioeconômica e dependem dessas ligações indexicais tanto para sua manutenção quanto para sua contestação.

No décimo capítulo, Gleiton Matheus Bonfante investiga interações em grupos de *Whatsapp*® cujo objetivo é reunir homens interessados em sexo sem preservativos, ou *bareback*, com outros homens. Nessas interações, partes específicas do corpo, tais como o pênis e o ânus, têm centralidade na construção de relações intersubjetivas entre os participantes. Bonfante analisa justamente a linguagem utilizada para falar sobre o corpo e produzi-lo como desejável (ou não). O foco de análise recai nos processos de sufixação pelos quais os interagentes se produzem como seres hipercorporificados (e hipermasculinos). Isso permite que o autor investigue as congruências entre os mecanismos linguísticos de sufixação e seus usos (e abusos) na produção de corpos, desejos e subjetividades específicos. Ao examinar a construção semiótica do corpo e do desejo *bareback* através de sufixação, Bonfante relaciona aspectos morfológicos da língua com a criação performativa do corpo on-line e, mostra, convincentemente, como a performatividade da língua e a performatividade do corpo, embora distintas, se sobrepõem em práticas discursivas locais.

Por sua vez, Lewis, no capítulo onze, investiga o arcabouço de sentidos cis-heteronormativos sobre práticas sexuais (mais especificamente, a penetração) e seus efeitos de subjetivação e legitimação de prazeres corporais. A autora analisa narrativas contadas por mulheres bissexuais e homens heterossexuais que gostam de ser penetrados por suas parceiras, nas quais discutem o uso de acessórios sexuais, tais como dildos. Lewis traça os processos narrativos pelos quais a penetração por dildos tem efeitos identitários e subjetivos. Com base nisso, a autora mostra como esses discursos produzem sujeitos generificados e sexualizados de formas específicas. Nas narrativas que analisa, Lewis ilustra que a penetração por dildos pode tanto "masculinizar" mulheres que a praticam quanto "femininizar" homens heterossexuais que sentem prazer em ser penetrados por suas parceiras. Esses são efeitos locais derivados de discursos cis-heteronormativos mais amplos que, disseminados na cultura, circunscrevem a passividade e a atividade sexual a determinados corpos e sedimentam uma hierarquia de poder na qual o homem é aquele que penetra e a mulher é quem deve ser penetrada. Com base nessa perspectiva, Lewis argumenta que o foco de análise *queer* deve recair sobre práticas sexuais e a negociação de sentidos para essas práticas que podem tanto reforçar a cis-heteronormatividade quanto contestá-la.

No capítulo doze, Ismar Inácio dos Santos Filho lança seu olhar a uma tecnologia de subjetivação bastante conhecida, notadamente a telenovela. O autor situa seu estudo no contexto das tensões discursivas acerca de sentidos sobre gênero e sexualidade, tensões essas que colocam sentidos mais estáveis e intransitivos em fricção com novas configurações afetivo-sexuais disponíveis hoje em dia. Mais precisamente, Santos Filho investiga como essa fricção semântico-pragmática se efetua em cenas de uma telenovela nas quais dois personagens homens produzem realinhamentos de suas identificações sexuais. O autor analisa os detalhes dos recursos semióticos utilizados para indexicalizar e legitimar a fluidez sexual desses personagens e defende que devemos prestar atenção às enunciações corporificadas pelas quais novos sentidos, afetos, prazeres e desejos são sutilmente produzidos nas cenas analisadas. Segundo Santos Filho, uma perspectiva *queer* de leitura da grande mídia nos auxilia a produzir compreensões mais nuançadas sobre o corpo que fala e sobre aquilo que se fala sobre o corpo de forma a entender como (des)identificações, resistências, derivas de significados e trânsitos semânticos podem ocorrer no momento a momento, no turno a turno e no corpo a corpo de interações cotidianas.

No seu conjunto, estes capítulos ilustram as potencialidades de crítica sociocultural que a aproximação da teoria *queer* à linguística oferece. A LQ se configura aqui como uma área de pesquisa que se propõe a fazer análises de regimes de normalização (Miskolci, 2009) e dos processos de legislação não voluntária do gênero e da sexualidade (Butler, 2004) que engendram a partir de um foco empírico aos detalhes mais ínfimos de nossas ações sociais, i.e., a língua em uso. Em outras palavras, a LQ se dedica à microanálise dos regimes do normal e, com isso, visa problematizar como discursos macrossociológicos (i.e., cis-heteronormatividade) constituem (e são constituídos por) nossas práticas linguísticas locais e podem ser por elas transformados.

Reorientando perspectivas

Esta introdução teve como intuito ilustrar algumas das desorientações epistemológicas e metodológicas que a aproximação da teoria *queer* aos estudos linguísticos movimenta. No bojo desse debate, está uma reconceituralização radical do que entendemos por língua e por identidade, de um lado, e das relações que entretêm, de outro. Para a LQ, a língua não é um sistema, no sentido estruturalista do termo, mas sim o "produto de processos de materialização discursiva" (Motschenbacher, 2011, p. 162) que, na repetição de links indexais, produzem uma aparência de coisa natural que antecede à ação social. A partir dessa compreensão, entende-se que as estruturas gramaticais atingiram seu status de substância (i.e., de coisa essencial) "através de um processo contínuo de recitação que acontece no uso da língua" (Motschenbacher, 2011, p. 163).[12] Através dessas repetições naturalizadas, algumas associações indexicais se tornam altamente sedimentadas na cultura e estabilizam certos sentidos para o que é ser homem, mulher, heterossexual, homossexual, travesti, trans, bissexual etc. Esses sentidos assumem uma aparência de inevitabilidade que limita o campo de (subjetiv)ação desses indivíduos e determina o quê, como, quando, com quem podem falar/escrever/existir. Como esta coletânea ilustra, é na relação entre performance linguística local e a performatividade dos discursos (de gênero, sexualidade, raça etc.) que certas prerrogativas de existência social são conferidas a algumas pessoas e não a outras. Contudo, a repetição incessante dessas dinâmicas indexicais também fornece possibilidades de abrir fissuras nos sistemas de reconhecimento disponíveis e, assim, contestar esses sentidos, inaugurando novas formas de inserção social (e linguística).

Os capítulos desta coletânea, assim, convidam linguistas a saírem de seus eixos estáticos de orientação epistemológica e metodológica. O convite se estende a teóricas e teóricos *queer* para que atentem não só a discursos, no sentido amplo do termo, mas também à vida linguística de indivíduos,

---

12. Nesse sentido, seria essa substância que o estudo da gramática tenta, performativamente, descrever e, por vezes, prescrever (Motschenbacher, 2011).

pois é nos detalhes quase imperceptíveis de nossas ações que a cis-heteronormatividade é (re)produzida e desafiada.

Se, como afirma Butler (2015a), devemos entender o termo *queer* não como uma identidade, mas como uma relação "entre pensamentos, língua e ação que se move em direções contrárias àquelas explicitamente reconhecidas" (p. 62), a desorientação produzida por esse movimento é o que lhe confere força de crítica e intervenção. A perda de pontos de orientação bem estabelecidos nos impele a investir "nos momentos de desconhecimento, quando aquilo que nos forma diverge do que está diante de nós, quando nossa disposição para nos desfazer em relação aos outros constitui nossa chance de nos tornarmos humanos" (Butler, 2015b, p. 171). Desorientar possibilita, assim, repensar sentidos e práticas naturalizados. Nesse sentido, espero que as desorientações provocadas pelos capítulos reunidos aqui nos ajudem a estranhar sentidos estáveis, a investir no desconhecido, a desfazer normas familiares, a desaprender a ser quem somos e, assim, retraçar caminhos de pesquisa para o estudo da língua em sociedade.

Parte 1

INDEXICALIDADES PERFORMATIVAS

CAPÍTULO 1

SERIA A TEORIA *QUEER* IMPORTANTE PARA A TEORIA SOCIOLINGUÍSTICA?*

Rusty Barrett

> Não há judeu nem grego; não há escravo nem livre; não há homem nem mulher; porque todos vós sois um em Cristo Jesus.
>
> Carta de Paulo aos Gálatas 3:28

---

* Tradução: **Eduardo Espíndola** a partir do texto original, "Is Queer Theory important for Sociolinguistic Theory?", publicado na coletânea *Language and sexuality: contesting meaning in theory and practice* (p. 25-43) e editado em 2001 por Kathryn Campbell-Kibler, Robert Podesva, Sarah J. Roberts e Andrew Wong. Aparece aqui sob permissão do autor e da CSLI Publications. Fica vedada a reprodução. Revisão: **Rodrigo Borba**.

Introdução — *queerizando* a linguística

Começo este capítulo com uma epígrafe da Bíblia para destacar dois pontos básicos sobre categorias identitárias. Primeiro, o desejo de nos libertarmos da natureza limitadora e opressora de categorias identitárias não tem origem na teoria *queer* (e nem é restrito a ela). Segundo, a postura teórica *queer* de desconstruir tais categorias e mostrar seus papéis em discursos dominantes tem implicações que vão muito além da compreensão do comportamento de indivíduos que podem ser vistos de alguma forma como "*queer*". Este é um ponto básico para a teoria *queer*: o propósito da área não é simplesmente aumentar nossa compreensão sobre o comportamento "*queer*", mas sobre o comportamento humano em geral e questionar premissas teóricas excludentes de diferentes disciplinas acadêmicas. Se aceitarmos essa desconstrução de rótulos identitários, tão comum à teoria *queer*, nos restarão duas opções básicas ao transferirmos essa questão para a pesquisa sociolinguística. A primeira alternativa seria simplesmente desistir da noção de identidade como um todo e tentar focar em outra coisa (como propõe Kulick, 2000). A segunda seria tentar modificar a visão tradicional de identidade predominante na pesquisa sociolinguística e buscar uma compreensão da relação entre linguagem e identidade que não reproduza categorias excludentes.

A atitude de questionar a normatividade (e a normalidade) de determinadas interpretações sobre o comportamento é a base mais fundamental das disciplinas nas ciências sociais. Como escreve Michael Warner, "se pessoas *queer*, incessantemente cobradas a alterarem seus 'comportamentos', são aquelas que questionam não somente o comportamento normal do social como também a própria ideia de normalidade, elas podem lançar dúvidas em relação às metodologias fundamentadas sobre esse pensamento" (Warner, 1993, p. xxvii). Isso é o que se entende comumente por *queerizar* uma disciplina acadêmica ou metodologia específica. A discussão a seguir pode ser compreendida como uma *queerização* da sociolinguística, uma vez que utiliza um ponto de vista elaborado pela teoria *queer* para questionar as premissas que constituem a base da sociolinguística enquanto disciplina. Como tal, não se limita à interpretação da relação entre linguagem e sexualidade, mas busca melhorar nossa compreensão sobre o papel da linguagem na sociedade em geral. Assim, o objetivo aqui não é tanto definir a linguística *queer* (ou os estudos sobre linguagem e sexualidade),[1] mas propor um redirecionamento *queer* das premissas que permeiam a própria linguística. Desse modo, este capítulo não se propõe a criticar o trabalho de pesquisadoras e pesquisadores ou paradigmas de pesquisa em particular, e sim a levantar questões sobre a disciplina em si. De fato, muitos dos tópicos aqui tratados já estão começando a surgir em diversas pesquisas em sociolinguística e em antropologia linguística.

Linguística *queer*

Um erro comum é a ideia de que a linguística *queer* (LQ, doravante) equivale de alguma forma ao estudo do uso da língua por um grupo "*queer*" específico, como a linguagem usada por gays e lésbicas. Essa pressuposição equivale a dizer que a linguística feminista é de certa forma o estudo da língua falada por feministas. Assim como a linguística feminista propõe o estudo da língua (como um *todo*) acrescida de pensamentos advindos da teoria feminista, a linguística *queer* é o estudo da língua ampliado a partir de ideias da teoria *queer*. Dessa forma, a LQ tem o potencial de contribuir para o nosso entendimento sobre o uso da língua em termos gerais (o objeto específico da linguística) e sua aplicação não pode se limitar a uma categoria identitária específica. Aliás, tal atitude seria contrária a muitas das ideias fundamentais da teoria *queer*. Um dos seus pontos principais é demonstrar como ideias (heteronormativas) sobre categorias identitárias fixas são parte de um discurso social[2] de dominação mais amplo. Se o foco da LQ estivesse em tais categorias predeterminadas, ela estaria simplesmente reforçando essa dominação.

O uso do termo "*queer*" pode ser entendido como um experimento linguístico que busca reivindicar (e, consequentemente, redefinir) uma palavra pejorativa, eliminando seu referente e transformando-o em um signo puramente indexical em sua forma e uso. Em outras palavras, a tentativa é

---

1. N de T. Para uma proposta de definição do campo, veja Borba (2015), assim como a Introdução deste volume.
2. Uso "discurso social" no sentido mais amplo e sociológico do termo "discurso", assim como é utilizado pela teoria crítica e em contraste à forma que este conceito é entendido na linguística, como se referindo à estrutura específica de textos ou interações.

deixar o significante *"queer"* sem nenhum significado que o correlacione ao mundo real para que assim ele aponte para um conjunto imaginado e indefinido de práticas sexuais (e indivíduos associados a elas) que fogem das concepções heteronormativas do discurso social dominante. Por meio de uma ideologia de dominação, a noção de "diferença" é usada para delimitar normas de aceitabilidade pelas quais qualquer categoria identitária irá, por si só, excluir possíveis participantes. O desejo de denominar um grupo social específico como *queer* é o desejo de "preencher" esse significado em aberto, sendo também um desejo guiado por uma ideologia dominante que impõe limites a práticas e identidades consideradas aceitáveis.

O sucesso desse experimento linguístico é incerto (e muitas pessoas afirmam que ele já falhou), dadas as dificuldades em manter um signo puramente indexical na mente de falantes, que geralmente precisam de conexões diretas entre significantes linguísticos e um significado instituído. Sem possuir um significado correspondente, o significante *"queer"* está destinado a ser definido como se referindo a um universo de possibilidades. Segundo David Halperin, o termo *queer* "não designa uma classe de patologias ou perversões previamente definidas", mas "descreve um horizonte de possibilidades cuja extensão exata ou escopo heterogêneo teoricamente não podem ser delimitados de antemão" (Halperin, 1995, p. 62). O poder desse termo vem diretamente da ausência de um significado. Os desafios que o termo nos coloca derivam de sua resistência a uma ideologia de "diferença" da qual depende a construção de categorias identitárias que, uma vez definidas, restringem os indivíduos que podem ser nelas incluídos e excluem quem não pode (ou se recusa a) se posicionar em alguma categoria predefinida. Da forma como é utilizado na teoria *queer*, o termo só terá êxito se for usado como um signo puramente indexical, e sua utilidade é destruída quando o associam a um significado externamente definido. Como argumenta Judith Butler:

> Se o termo *"queer"* se refere a um lugar de contestação coletiva, o ponto de partida para um conjunto de reflexões históricas e imaginações futuras, ele deverá permanecer dessa forma, a qual, no presente, nunca é totalmente definida, mas sempre e somente reformulada, retorcida e *queerizada* a partir de um uso anterior e na direção de questões políticas urgentes e progressivas. Isso também significa, sem dúvida, que ele deverá ser elaborado em prol de termos que executem um trabalho político de forma mais efetiva (Butler, 1993, p. 228).

Portanto, o objetivo da LQ não pode ser o estudo da língua falada por um grupo *"queer"* preestabelecido (uma vez que tal grupo não pode ser definido), e sim uma linguística que não considera categorias identitárias como entidades a priori, mas que as reconhece como construtos ideológicos produzidos por discursos sociais. A distinção aqui é entre uma abordagem tradicional, que considera a identidade como uma característica inerente (apesar de construída) de um indivíduo e uma abordagem na qual consideramos que a identidade é algo que pesquisadoras e pesquisadores geralmente atribuem a determinados indivíduos a fim de colocá-los em categorias bem delimitadas. Se reconhecermos que categorias identitárias servem para construir e delimitar comportamentos considerados aceitáveis para certos indivíduos, devemos também reconhecer que essas categorias sempre serão excludentes em relação à descrição de pessoas e ao exercício de "explicar" um dado linguístico com base no comportamento atribuído a participantes de uma categoria identitária. Qualquer explicação baseada no pertencimento a uma categoria predefinida não somente excluirá as pessoas que não se "encaixam" nos pressupostos normativos que determinam quem pertence a determinado grupo identitário, como também servirá para perpetuar ideologias dominantes de normatividade e aceitabilidade ao reiterar e delimitar as normas de comportamento associadas a essas próprias categorias, que são inerentemente excludentes. Ao invés de estudar como a linguagem *reflete* categorias identitárias, nosso foco deve recair nas formas pelas quais a linguagem as *constrói*. Com essa mudança de foco, seria possível desenvolver uma compreensão mais diversificada da relação entre linguagem e identidade e evitar suposições arbitrárias e excludentes. Nesse sentido, a sociolinguística tem uma oportunidade rara de enriquecer a teoria social, especialmente aquelas teorias que se embasam na ideia de que as identidades e os comportamentos são delimitados pela força performativa da linguagem.

Identidade, performatividade e indexicalidade

Para a teoria *queer*, o conceito de performatividade desenvolvido por Austin (1975) se aplica ao conceito de identidade (cf. Butler, 1990, 1993, 1997). Além de performativos como "Eu vos declaro marido e mulher" ou

"Aposto cinco dólares", há um conjunto deles relacionados a categorias identitárias. Declarações como "É uma menina!" ou "Eu sou lésbica" têm um efeito performativo ilocucionário, pois imediatamente causam uma mudança ao inserir uma pessoa em uma dada categoria. Outros usos de rótulos ("Patinadores são todos gays", "Asiáticos são legais", "Mulheres não podem trabalhar em construções" etc.) são muitas vezes interpretados como performativos, já que também ajudam a construir um referente imaginário para um determinado rótulo identitário. Esse segundo tipo de performativos pode ser visto como atos de fala perlocucionários, uma vez que a mudança que ocasionam, embora não seja imediata, pode iniciar uma série de consequências, pois associam estereótipos a categorias identitárias específicas.[3] Assim, todos os enunciados que fazem uso de rótulos funcionam através da citacionalidade. A repetição desses enunciados constrói um referente específico para categorias identitárias tanto nas mentes de falantes quanto no discurso social mais amplo. Em outras palavras, categorias identitárias são criadas pela repetição de enunciados que atribuem determinadas categorias a certos indivíduos e delimitam os atributos e as práticas típicas de uma categoria qualquer.

Além de entender categorias identitárias como produzidas por atos de fala performativos, a teoria *queer* também considera outros aspectos da prática social como performativos, pois eles criam associações similares através da citacionalidade. Butler (1990) afirma que o gênero é uma performance sem um original. Seu significado (ou de qualquer outra categoria social) existe somente pelo caráter citacional de sua performatividade. Esse processo de citação não apenas constrói a categoria identitária por si mesma, mas também estabelece limites para sua aceitabilidade, delimitando um indivíduo ao impor fronteiras entre possíveis categorias identitárias e práticas associadas a elas. Segundo Butler,

> A performatividade não pode ser entendida fora de um processo de iterabilidade, de uma repetição de normas determinantes e restritivas. Essa repetição não é

---

3. Há um debate sobre as condições de felicidade possíveis para performativos desse tipo, principalmente quando são vistos como "discurso de ódio". Butler (1997) discute essa questão a partir da distinção entre a visão de Derrida (1978) sobre o papel da iterabilidade em citações e a visão de Bourdieu (1991) sobre a autoridade que falantes têm ou não para realizar tais citações.

realizada por alguém, é ela que possibilita a existência de um sujeito e constitui sua condição temporal. Tal iterabilidade sugere que a "performance" não é um "ato" ou evento específico, mas uma produção ritualizada, um ritual reiterado por meio de coerção, de proibições e tabus, com a ameaça de ostracismo e até mesmo de morte controlando e obrigando a forma da produção, mas não, eu ressalto, determinando-a previamente por completo (Butler, 1993, p. 95).

Assim, a natureza citacional dos atos performativos constrói os conceitos de "diferença" que são associados a categorias identitárias específicas. Essas noções de diferença simultaneamente constituem e restringem a identidade. Esse é o motivo pelo qual o *"queer"* foi considerado como um signo puramente indexical. A ideia por trás desse termo foi demonstrar que todos os estereótipos relacionados a categorias identitárias são significantes sem um significado. Eles funcionam como signos indexicais: apontam para práticas e declarações performativas específicas que, por meio de citações que se repetem, são associadas a categorias particulares. Escolher denominar alguém como *queer* ou *lésbica*; *estadunidense de descendência mexicana* ou *chicano*; *branca* ou *estadunidense de descendência europeia* significa escolher entre signos que apontam para conjuntos distintos de associações construídas por citações e por sua historicidade. Essas escolhas podem ser marcadas ou não marcadas (Myers-Scotton, 1993; Barrett, 1998) a depender de quando e onde categorias identitárias específicas são usadas para se referir a si mesmo já que certas citações parecem mais adequadas a determinados contextos sociais.

Nesse sentido, os usos de categorias identitárias nas ciências sociais podem ser vistos como um grupo de performativos que também serve para constituir e delimitar seus sujeitos de pesquisa. Em grande parte da pesquisa em sociolinguística, o número de identidades possíveis a serem analisadas tem sido bastante limitado. Isso é mais característico da pesquisa quantitativa, já que o uso de análises estatísticas obriga a criação de distinções bem claras entre categorias (cf. Eckert, 1989). Geralmente, pesquisas em sociolinguística analisam uma categoria identitária específica baseada em um único traço diferencial que atravessa classe, gênero ou etnia. Estudos que focam em um único traço distintivo são excludentes em sua própria natureza, permitindo, por exemplo, que pesquisas sobre "conversas entre mulheres" transformem as mulheres utilizadas na pesquisa (geralmente brancas e de classe média) em representantes de toda a multiplicidade possível de mulheres. Foi assim que o campo de estudos sobre as relações entre linguagem e gênero (assim como a maioria das outras áreas das ciências sociais) caiu na heteronormatividade, já que a ideia de comunicação entre pessoas de determinados gêneros se tornou um ponto de partida para reconstruir a heterossexualidade como central para um paradigma de pesquisa. Ainda que tais estudos possam fornecer uma compreensão de como os gêneros são imaginados (tanto por falantes como por linguistas), eles se mantêm excludentes. Pesquisas em sociolinguística com foco em dois traços distintivos aparecem somente quando seus sujeitos não são homens ou brancos (como pesquisas sobre a "fala de mulheres estadunidenses de descendência mexicana"). Dessa forma, ao se determinar um foco de pesquisa, certas identidades são normalmente abstraídas exceto quando apontam para algum desafio a uma norma implícita. O número de traços distintivos encontrados no título de um estudo sociolinguístico corresponde geralmente aos níveis de afastamento de uma norma heterossexual, branca e masculina. Assim, raramente vemos pesquisas que dizem olhar para a fala de homens estadunidenses héteros e brancos (já que isso é tratado como a "sintaxe da língua inglesa"),[4] ao passo que estudos sobre mulheres estadunidenses heterossexuais e brancas são chamados de "fala de mulheres", estudos sobre mulheres estadunidenses de descendência africana são denominados "fala de mulheres estadunidenses de descendência africana" e estudos de lésbicas estadunidenses de descendência mexicana são nomeados seguindo essa mesma lógica. Essa relação entre traços distintivos na descrição do foco de uma pesquisa e seu distanciamento de uma norma branca, heterossexual e masculina serve para reforçar o papel de categorias identitárias na construção de representações da branquitude e da heterossexualidade e, além disso, exclui categorias que já são marginalizadas.

Recentemente, sociolinguistas começaram a reconhecer as formas pelas quais suas pesquisas constroem e limitam concepções acerca de categorias

---

4. O surgimento de estudos sociolinguísticos sobre a fala de homens (assim como o campo de estudos sobre masculinidade como um todo) é, em geral, uma reação à pesquisa feminista e segue uma tendência etnocêntrica e heteronormativa que também marcou os estudos iniciais sobre a fala das mulheres.

identitárias. Consideremos, por exemplo, o trabalho de Morgan (1999) sobre como pesquisas acerca do inglês vernáculo afro-americano (IVAA) são construídas de modo que excluem mulheres, ou a pesquisa de Mufwene (1992) sobre o papel da ideologia no estudo da história do IVAA, e também a investigação de Walters (1995), que demonstra como estudos sobre o IVAA constroem representações de branquitude e categorizações excludentes para indivíduos afro-americanos. Outro movimento positivo nessa direção pode ser visto em trabalhos que consideram o lugar do indivíduo (Johnstone, 1996) em pesquisas que se debruçaram sobre categorias identitárias êmicas emergentes das práticas locais ao invés de considerarem rótulos identitários tradicionais definidos externamente (Eckert e McConnell-Ginet, 1995; Eckert, 2000; Bucholtz, 1999). O foco em categorias êmicas abre a porta para um universo no qual as identidades não se restringem às pressuposições de pesquisadoras e pesquisadores, já que a análise deve recair sobre a construção situada de identidades específicas. Contudo, devemos ter cautela ao fazer uso de categorias êmicas, pois elas podem construir participantes de pesquisas como o "Outro" ("não temos uma palavra para definir essas pessoas, mas elas se denominam como X"). Como aponta Kath Weston, isso é bastante visível nas referências a "categorias nativas" (como *hijra* ou travesti), nas quais "o uso de 'nomes' estrangeiros já constrói o sujeito da pesquisa como um Outro" e "reforça as diferenças e a autoridade etnográfica" (Wetson, 1993, p. 348).

Apesar de o foco estar se movendo para as categorias êmicas, sociolinguistas não têm questionado as formas pelas quais a própria disciplina constrói e estabelece limites para determinadas categorias identitárias. Como notou Eckert (1989, p. 247), sociolinguistas tendem a recorrer a "noções não exploradas" de categorias básicas, como o sexo (tido como externamente definido), e não levam em consideração aspectos de identidade que não têm correlações diretas com os dados em questão. Na pesquisa de Tannen (1999) sobre gênero no local de trabalho, por exemplo, a pesquisadora utiliza a perspectiva goffmaniana para a análise de dados a partir de categorias "relacionadas a grupos sexuais", reconhecendo, assim, que o "grupo" dos homens e o "grupo" das mulheres são construídos socialmente. Tannen (1999, p. 223) também reconhece a natureza excludente de tais classes ao argumentar que essa abordagem "não sugere que todo indivíduo de determinado grupo exibirá os comportamentos" associados à categoria. Porém, mesmo tendo avançado nessa compreensão, ela observa que não devemos negligenciar a importância da biologia, pois a distinção entre sexo e gênero "serve para reforçar uma falsa ideologia de que fatores biológicos e culturais podem ser diferenciados" (1999, p. 223). Embora eu concorde com o argumento de que fatores biológicos e culturais não podem ser completamente diferenciados, isso não significa que categorias construídas socialmente são baseadas em diferenças biológicas e naturais que podem ser mensuradas (i.e., o biológico influencia o cultural), e sim que nossa compreensão de diferenças biológicas é baseada em conceitos socialmente construídos sobre o próprio sexo (i.e., o cultural influencia o biológico). Reduzir um *continuum* biológico a uma oposição binária exclui quem não se encaixa em qualquer um dos dois extremos.

A distinção entre sexo e gênero, na qual o sexo é natural e biológico e o gênero é socialmente construído, faz com que linguistas "recorram" a "noções não exploradas sobre gênero" (Eckert, 1989, p. 247) justamente porque o temos considerado como intrinsecamente ligado ao sexo e, assim, não questionamos a categoria sexo. No caso de outras oposições biológico-culturais, tais como raça/etnia, tais dicotomias foram abolidas há muito tempo. É de esperar que qualquer sociolinguista se espante com pesquisas que afirmam que na análise das relações entre etnia e linguagem não devemos nos esquecer das correlações entre biologia e raça. É importante reconhecer que, assim como a raça, o conceito de sexo biológico é, por si só, amplamente construído no social. O movimento trans nos ensina que a construção social do sexo biológico é claramente excludente. Isso é evidente tanto no caso de pessoas trans (cuja identidade de gênero diverge do sexo designado em seu nascimento) quanto no caso de indivíduos intersexo (que nascem com uma combinação de genitália masculina e feminina), assim como aquelas pessoas que são simultaneamente trans e intersexo.

Devor (1989) discute as limitações de se tratar sexo (e gênero) como uma oposição dual e binária. Ela demonstra que essas limitações derivam do erro de considerar que a diferença entre os sexos está localizada nos cromossomos XY e XX. As muitas crianças que nascem com conjuntos de cromossomos XXX ou XXY são (assim como todas as crianças estadunidenses) designadas a um determinado sexo de acordo com a aparência física de suas genitálias. Aquelas crianças com cromossomos XXX são geralmente denominadas como pertencendo ao sexo masculino e costumam apresentar um gênero hipermasculino, incluindo comportamento violento, o que deixa claro que a posse de um cromossomo Y não é a base da masculinidade. Da mesma forma, crianças nascidas com "genitália ambígua" (pessoas intersexo) nas sociedades ocidentais comumente passam por uma cirurgia cujo objetivo é fazê-las homem ou mulher, sem ambiguidades. Assim, quando a questão biológica não condiz com a ideologia de uma cultura, ela é modificada (cirurgicamente) para satisfazer tais expectativas. Como notou Geertz (1983), essa atitude para com crianças intersexo é um traço cultural das sociedades ocidentais (e, portanto, é guiada por uma ideologia de gênero ao invés de uma oposição biológica natural). A existência de categorias de "terceiro gênero" em outras culturas, como é o caso de *hijras* (Hall, 1997, neste volume) e *'yan daudu* (Gaudio, 1998), deveria nos mostrar que a oposição entre macho e fêmea é um binarismo de base cultural. Em outras palavras, o conceito "biológico" de sexo é baseado na oposição culturalmente criada entre macho e fêmea e imposta a corpos a partir de determinadas características físicas que vão muito além de uma distinção binária básica entre tais elementos. Logo, o próprio conceito de sexo é uma categoria desenvolvida através de expectativas culturais de gênero. Citando Butler mais uma vez,

> Não faz sentido, assim, definir gênero como a interpretação cultural do sexo, se o sexo é, por si só, uma categoria generificada. O gênero não deve ser simplesmente imaginado como a inscrição cultural de significado sobre um sexo predeterminado (uma concepção jurídica); gênero deve designar também o próprio aparato de produção por meio do qual o sexo é instituído (Butler, 1990, p. 7).

Desse modo, até mesmo as formas mais básicas de diferença (macho vs. fêmea) são produzidas através de imposições culturais e ideológicas aos corpos de sujeitos específicos. Se continuarmos com pesquisas em sociolinguística tendo como pressuposto que tais traços de diferença são naturais (ao invés de ideologicamente construídos), nosso trabalho está destinado a reproduzir a ideologia cultural em vez de compreendê-la em sua totalidade.

Na próxima seção, discutirei as implicações que emergem de uma compreensão sobre a relação entre linguagem e identidade que tem a natureza performativa da linguagem como base. Essa compreensão não se destina a solucionar os problemas criados por estudos linguísticos que investigam a língua a partir de uma compreensão fixa de identidade, mas oferece um ponto de partida para a produção de uma visão mais ampla da relação entre língua e identidade.

Variáveis sociolinguísticas e "indexicalidade performativa"

Variáveis linguísticas e escolhas estilísticas funcionam como um sistema de signos indexicais. Tradicionalmente, acredita-se que tais signos apontam para uma categoria identitária específica, geralmente de grupos definidos em torno de gênero, etnia ou classe. No tipo de sociolinguística proposta aqui, há o reconhecimento de que esse grupo de signos indexicais funciona performativamente, sendo, assim, o meio de construção e delimitação das categorias. Tal compreensão redireciona o foco para o comportamento de integrantes de uma categoria como um grupo e passa a examinar a forma como essas categorias são criadas através da linguagem, principalmente pela variação linguística que lhe é inerente.

Assim, a natureza das variáveis sociolinguísticas pode ser interpretada como um tipo de *indexicalidade performativa* (ver Borba, neste volume). Tal como já observado, uma frase como "Eu sou lésbica" é um ato de fala performativo, uma vez que produz uma mudança ao inserir uma pessoa em uma categoria social imaginada e (através da citacionalidade) reconfigura a própria categoria. Variáveis sociolinguísticas possuem o mesmo efeito performativo, pois carregam informações sociais que alinham falantes a identidades particulares. Tal como acontece com outros performativos, essas variáveis funcionam através da citacionalidade e se contrapõem a citações ligadas a outras categorias imaginadas (produzindo um sistema complexo de oposições construídas por múltiplas repetições). A variável em questão deve ter sido usada anteriormente e possuir a "autoridade" necessária para que possa produzir uma mudança através de sua ligação com categorias identitárias. Entretanto, diferentemente dos rótulos, as variáveis linguísticas não servem diretamente para construir categorias identitárias, pois são signos indexicais indiretos (Ochs, 1990). Uma vez que a relação entre uma variável e uma categoria identitária é puramente indexical, a variável constrói associações entre um indivíduo e seu desejo de expressar um atributo social específico (o qual pode ser associado a uma categoria social imaginada). Assim, variáveis linguísticas são índices performativos porque "apontam" para uma mudança que está por vir em vez de causá-la. Elas não constroem as categorias identitárias de modo direto, mas, assim como outras formas de prática social, servem (por causa da citacionalidade) como alicerces sobre os quais essas categorias se desenvolvem diacronicamente.

Uma pessoa pode usar a indexicalidade performativa da variação linguística para expressar seu desejo de ser reconhecida como um tipo específico de pessoa em uma determinada situação (ver, nesse sentido, Melo e Moita Lopes, neste volume). É somente através de associações feitas por ouvintes (ou linguistas) que esse tipo específico de pessoa passa a ser vinculado a uma certa categoria social. Para estabelecer a ligação entre uma variável linguística e uma identidade específica, ouvintes devem primeiramente reconhecer a própria variável (e percebê-la na interação) para então compreender sua natureza citacional, as associações que produz e determinar se quem fala tem ou não autoridade para fazer tais repetições. Portanto, a relação entre uma variável linguística e uma categoria social não é direta. Uma vez que a natureza citacional de uma variável deve ser reconhecida (e sua autoridade aceita), o uso de variáveis sociolinguísticas, assim como ocorre com outros performativos, pode ser feliz ou não. Dessa forma, caso ouvintes não reconheçam a variável ou não conheçam suas citações anteriores, o ato performativo será infeliz.[5]

---

5. N. de T. O autor aqui faz referência ao vocabulário cunhado por Austin (1990) para se referir ao sucesso ou insucesso de um ato performativo. Segundo Austin (1990), as condições de felicidade se referem às regras que garantem o sucesso de um ato de fala. São elas: o conteúdo proposicional, a condição preparatória, a condição de sinceridade e a condição essencial. Ver Austin (1990) para mais detalhes.

Pode-se pensar que índices performativos infelizes sejam comuns em casos de mudança de estilo para sondagem identitária (Myers-Scotton, 1993), como a "comunicação em código" utilizada entre lésbicas e gays (Painter, 1981; Leap, 1996). Nesses casos, por exemplo, uma mulher homossexual pode usar a linguagem de modo específico para sinalizar sua identidade enquanto lésbica. A linguagem usada nesses casos geralmente possui um alcance citacional curto a fim de ser reconhecida em sua indexicalidade performativa especificamente por outras mulheres homossexuais e não por pessoas heterossexuais. Isso reduz a possibilidade de violência associada a perguntas diretas, tais como "Você é lésbica?", pois preserva a identidade de falantes e ouvintes. Uma vez que um grande número de ouvintes não reconheceria a variável em questão, esses casos podem produzir inúmeros performativos infelizes.[6] Outros casos de índices performativos dessa natureza podem surgir quando ouvintes reconhecem a citação envolvida, mas não aceitam a autoridade de falantes para realizá-la. Isso pode acontecer quando ouvintes não consideram que falantes tenham o "direito" de realizar associações com uma identidade específica. Exemplos desse caso seriam as estratégias de condescendência que falham em seu objetivo (Bourdieu, 1991), como quando um estadunidense de descendência anglo-saxã tenta falar espanhol com uma estadunidense de descendência mexicana e recebe uma resposta em inglês (cf. Peñalosa, 1980; Pratt, 1987), que expressa a opinião da ouvinte de que o falante não tem a autoridade citacional para indexicalizar propriedades associadas ao espanhol.

Anteriormente, afirmei que a relação entre uma variável sociolinguística e uma identidade social não é direta, pois a natureza citacional do performativo deve ser reconhecida por ouvintes. De modo semelhante, a relação entre a identidade social e uma categoria identitária pode também não ser direta. A associação reconstruída por ouvintes pode não indicar diretamente uma categoria identitária, mas talvez outro atributo social. Assim, uma variável particular pode indicar atributos como nível de escolaridade, urbanidade, força, idade, amabilidade, poder etc. Tomemos como exemplo a descrição

---

6. Isso, claro, complica a noção de condições de felicidade, pois o objetivo é evitar que "pessoas de fora" reconheçam a natureza citacional do performativo (o que é produzido justamente quando ele falha).

de Sapir (1949[1915]) sobre a fala "anormal" do povo Nootka. Em sua análise sobre o modo como pessoas se referem a outras na língua Nootka, Sapir argumenta que as formas linguísticas que distinguem grupos sociais geralmente envolvem discriminação de sexo ou classe. Em outras palavras, formas variáveis de uma língua costumam apontar sentidos relacionados a gênero ou status. Os "tipos de fala anormais" encontrados em Nootka recebem esse nome porque sinalizam uma variedade de tipos sociais que são atípicos (isto é, não têm a ver com gênero ou status social). Nessa língua, o uso de sufixos e modificações consonantais indica que o destinatário ou referente pertence a um grupo social que é reconhecido por uma característica incomum que não está relacionada às categorias de gênero ou status social. Tais categorias incluem "pessoas gordas ou de estatura anormal" (p. 181), "pessoas estranhamente pequenas" (p. 182), "pessoas que têm algum defeito no olho" (mas que não são cegas) (p. 182), "corcundas" e "pessoas que mancam" (p. 183), "indivíduos canhotos" (p. 183), "homens circuncisados" (p. 184), "pessoas gananciosas" (p. 184) e "covardes" (p. 184). A descrição do Nootka feita por Sapir sugere que a extensão de atributos sociais que podem ser indexicalizados pela linguagem é, na pior das hipóteses, muito mais ampla do que é geralmente considerado pela sociolinguística. Isso não é uma sugestão para que comecemos a procurar por correlatos linguísticos referentes à destreza ou à circuncisão no estudo da língua inglesa, mas demonstra a amplitude do poder indexical de uma língua. Limitar nossas pesquisas a categorias identitárias específicas e predeterminadas restringe essa extensão indexical a categorias herméticas, o que faz com que ignoremos ou consideremos como "anormal" qualquer coisa que não se encaixa em ideias preconcebidas sobre o que constitui uma identidade aceitável. Assim, devemos encarar a possibilidade de que a linguagem pode ser usada para indicar atributos sociais que são inauditos até mesmo para pesquisadoras e pesquisadores. Essas estruturas do Nootka também sugerem que a linguagem pode indexicar atributos sociais particulares ao invés de categorias identitárias bem definidas (isso se considerarmos "ganância" como um traço de personalidade ao invés de uma identidade social para a cultura Nootka). Se falantes correlacionam uma variável a um atributo social (ao invés de associá-la a uma categoria), o estabelecimento de uma determinada categoria identitária só acontecerá de fato quando esse atributo for também ligado a ela. A possibilidade de indexar atributos sociais (ao invés de categorias identitárias) não tem sido amplamente considerada na pesquisa sociolinguística, uma vez que testes são geralmente aplicados a línguas como um todo em vez de variáveis linguísticas singulares.[7]

Falantes também podem usar formas linguísticas bastante específicas para indexar atributos sociais tipicamente associados a determinadas categorias, sem reivindicar pertencimento a elas. Sunaoshi (1995), por exemplo, descobriu que empregadas de uma loja de fotografia japonesa utilizavam alguns aspectos do estilo de fala maternal ao darem ordens em seus ambientes de trabalho. A pesquisadora ressalta que utilizar todos os componentes desse estilo de fala poderia parecer condescendente, mas a aplicação de um subconjunto específico de tais formas foi capaz de manifestar a autoridade associada à maternidade sem indexicar completamente a relação assimétrica entre uma mãe e um bebê. De modo semelhante, em meu próprio trabalho (1998, 1999), mostrei que *drag queens* estadunidenses negras utilizam algumas formas linguísticas estereotipicamente associadas a mulheres estadunidenses brancas e de descendência europeia para indexar certas compreensões sobre a feminilidade da classe média branca. Ao utilizarem um subconjunto de formas associadas à categoria "mulheres brancas", as *drag queens* conseguiram estabelecer relações com esse tipo de feminilidade sem se posicionarem de fato como pertencentes a essa categoria social. Relações semelhantes têm sido discutidas no uso de linguagem generificada na língua Lakhota (Trechter, 1999) e no uso do inglês vernáculo afro-americano por adolescentes americanas de descendência europeia (Bucholtz, 1997). Isso também se aplica ao trabalho de Jane Hill sobre paródias do espanhol (1993, 1995, 1998), que demonstra como o uso do espanhol por estadunidenses de descendência europeia pode indexar indiretamente estereótipos negativos sobre atributos sociais que, na América do Norte, são associados a pessoas de descendência latina. Dessa forma, devemos ter em mente que, embora uma variável linguística específica seja associada a uma categoria identitária, ela também pode indexar atributos

---

7. Essa distinção entre identidades e atributos pode, por exemplo, ser examinada por testes de falsos cognatos em amostras alteradas por computador, que difeririam somente em relação a uma única variável linguística. Tais estudos mostrariam exatamente quais atributos falantes associam a uma dada variável (como na redução do -r final em verbos no infinitivo, por exemplo).

sociais (ou traços de personalidade) relacionados a participantes prototípicas dessa categoria sem reivindicar pertencimento nela. Para estudos futuros, algumas sugestões seriam determinar quando e como a linguagem indexa esses atributos sociais, como e quando ela indexa diretamente uma identidade específica, como a relação entre ambas se desenvolve historicamente (isto é, como os atributos se tornaram desassociados da identidade) e qual o papel da socialização na aquisição de tais associações.

Outra distinção existente entre o Nootka e as variáveis linguísticas tradicionais estudadas por Labov está nas formas como o Nootka indexa ouvintes ou referentes ao invés de falantes em particular. Em outras palavras, o poder citacional de um índice performativo não precisa ser autorreferencial. Nesse sentido, são semelhantes às formas encontradas em línguas com estruturas honoríficas (como o japonês e o javanês), que classificam referentes considerando sua relação de solidariedade e status com quem fala. No entanto, até mesmo formas de linguagem extremamente autorreferenciais podem ser usadas na construção da identidade para referentes. Trechter (1999) mostrou, por exemplo, que as supostas formas de "gênero específico" (isto é, não variáveis) em línguas indígenas norte-americanas funcionam como performativos que têm natureza citacional, podendo ser utilizadas para que alguém se aproprie de atributos sociais ligados a determinado gênero (sem se posicionar nessa categoria). As formas de "gênero específico" no Lakhota são usadas, por exemplo, quando um falante cita outro, podendo servir para construir a identidade do referente e do falante. A análise de Trechter demonstra que uma forma geralmente descrita como invariável e associada exclusivamente a um sexo específico funciona como um índice performativo que, de certa forma, constrói categorias de gênero através da citacionalidade.

Apesar da importância dada ao papel de ouvinte nas pesquisas sociolinguísticas ocidentais (cf. Bell, 1984), o foco tem sido na construção da identidade de falantes com pouca atenção dada a como a linguagem constrói identidades para referentes. Para estudos de variação linguística, falantes escolhem índices performativos de modo a construir uma identidade que será aceita por ouvintes em particular. Além de construir sua própria identidade, a autocensura de falantes (Bourdieu, 1991) faz com que se escolham citações de um conjunto específico de índices performativos a fim de construir ouvintes como pessoas que possuem um certo conjunto de expectativas. A escolha feita por falantes reflete sua reação à suposta identidade de ouvintes; tal reação pode respeitar as expectativas de ouvintes ou tentar desafiá-las. Assim, formas linguísticas não são baseadas somente na identidade de quem as fala, mas também em pressuposições sobre a identidade de quem as ouve e sua posição na história do discurso (com suas inúmeras possibilidades citacionais). Muitos dos problemas associados ao gênero "entrevista de pesquisa" (cf. Briggs, 1986; Paredes, 1993[1977]; Walters, 1999) vêm da falta de atenção à construção da identidade de ouvintes, o que, em sociolinguística, equivale a como participantes da pesquisa constroem identidades para pesquisadoras e pesquisadores. Considerar as formas pelas quais a linguagem constrói a identidade de quem nos ouve resultaria em um conjunto de suposições completamente diferente para a interpretação de dados. A hipercorreção laboviana (1972), por exemplo, poderia não ser simplesmente atribuída à "insegurança" da classe média. Teríamos também que questionar se essa "insegurança" não seria produto da construção linguística de ouvintes/ cientistas (enquanto pessoas com um conjunto específico de expectativas para a produção de pares mínimos, por exemplo). A questão não é que nossa abordagem para estudar variação linguística esteja equivocada; o ponto é que temos falhado ao não considerar nosso próprio papel na produção das conclusões, o que tem implicações que extrapolam a própria pesquisa. Devemos compreender melhor o "paradoxo do observador". Não é somente o fato de que nossa presença enquanto cientistas influencia o uso da linguagem durante a coleta de dados; o fato é que nossa presença enquanto indivíduos com um conjunto específico de pressuposições sobre o alcance citacional da linguagem indexical influencia a interpretação dos dados, o que inclui também a escolha do paradigma de pesquisa, do tipo de dados, a forma de apresentá-los e as conclusões alcançadas.

A regulação e o controle exercidos pela indexicalidade performativa da linguagem faz com que questionemos o lugar que ocupamos em um sistema complexo de citações, mas também nos impele a utilizar nossas pesquisas para compreender melhor a natureza performativa de signos indexicais. Tais pesquisas poderiam analisar as formas pelas quais o poder indexical de variáveis linguísticas pode oscilar. Quando é que a indexicalidade performativa constrói/delimita a forma como falantes se referem a si? Quando é que ela constrói/delimita ouvintes? Quando é que ela serve para construir/delimitar uma pessoa ausente da interação, como é o caso da indexicalidade indireta das paródias do espanhol (Hill, 1995, 1998)? Outras questões importantes (que já começaram a ser abordadas) incluem: como a autoridade citacional é regulada por ideologias linguísticas (cf. Woolard e Schieffelin, 1994) e apropriações? Como o escopo de citações possíveis é circunscrito pelo discurso social que reforça discriminação (Lippi-Green, 1997; Zentella, 1995)? Como o poder citacional é construído diacronicamente (Silverstein e Urban, 1996)?

Conclusão

Em sua carta aos Gálatas, Paulo observa que "nem a circuncisão nem a incircuncisão vale coisa alguma" (Gálatas, 5:6) e que a integridade somente pode ser obtida por meio da fé interior. Ele argumenta que a escolha pela circuncisão não aproximará ninguém de Deus se ao mesmo tempo não houver uma mudança espiritual. Essa mensagem reforça que diferenças físicas externas e categorias sociais construídas a partir delas não têm importância se comparadas à vida espiritual interna de uma pessoa. Mesmo assim, a carta de Paulo e inúmeras outras mensagens que discutiram os riscos envolvidos ao se julgar pessoas com base em características externas de suas identidades são raramente levadas a sério.

Não há dúvidas de que indivíduos fazem uso de categorias identitárias definidas aprioristicamente em seus usos de linguagem e em suas atitudes em relação a variedades linguísticas. É por isso que a identidade é um tema central para muitos trabalhos em antropologia linguística e sociolinguística. Mas isso não pode significar que nós, enquanto linguistas, devemos simplesmente seguir o "senso comum", i.e., fazer julgamentos com base nas mesmas categorizações sociais. Como cientistas sociais, temos que compreender as ideologias que subjazem ao funcionamento da sociedade e não meramente reproduzi-las em nossas pesquisas.

Inúmeros trabalhos acadêmicos sobre a construção e a propagação da discriminação giram em torno de questões de linguagem como, por exemplo, pesquisas que investigam linguagem "politicamente correta" e até mesmo crimes de ódio e assédio sexual e racial. Como linguistas, devemos contribuir para as discussões sobre linguagem (ou até mesmo controlá-las). No entanto, embora haja várias exceções, na maioria das vezes a sociolinguística e antropologia linguística tiveram pouco a contribuir para os debates sobre questões de "diferença". Se quisermos contribuir de forma significativa para tais pesquisas, devemos levar a teoria *queer* a sério e examinar criticamente as formas pelas quais a linguagem constrói diferenças sociais e como, a partir dessas diferenças, promove discriminações.

Voltando à pergunta feita no título deste capítulo — "Seria a teoria *queer* importante para a teoria sociolinguística?" —, tal resposta é, claro, subjetiva e depende do grau em que sociolinguistas se interessam pelas outras questões levantadas aqui. Eu espero, entretanto, ter demonstrado que a teoria *queer* é importante para o campo. Talvez não seja tão importante para a teoria sociolinguística, mas certamente o é para as práticas de pesquisa da área. Se nós, enquanto sociolinguistas, encontramos satisfação em um paradigma de pesquisa que coloca indivíduos em categorias excludentes que simplesmente reforçam suposições culturais preconceituosas sobre comportamentos considerados apropriados e "normais", então a teoria *queer* não é mesmo importante. Mas se, por outro lado, nosso desejo é realmente compreender o papel da linguagem na sociedade sem reproduzir ideologias culturais (e os preconceitos, práticas excludentes e formas de dominação social inerentes a elas), então a teoria *queer* pode de fato ser muito importante. Um número crescente de pesquisas já começou a abordar várias das questões que levantei aqui, o que sugere que, independentemente da posição que se tem em relação à teoria *queer*, ela já causou um impacto no embasamento teórico da sociolinguística e da antropologia linguística. Assim como aconteceu com a teoria feminista, sua antecessora, é possível que a influência da teoria *queer* irá por fim se tornar mais e mais aceita, tendo sua contribuição às teorias linguísticas reconhecida. Assim que pesquisadoras e pesquisadores começarem a levar a sério questões elaboradas pela teoria *queer*, será difícil ignorá-las abertamente. E, por fim, como diz o brado da política *queer*: estamos aqui. Vocês vão ter que nos engolir.[8]

---

8. N de T. Referência ao grito utilizado em protestos organizados pela organização estadunidense Queer Nation cujos ativistas bradavam, em suas manifestações públicas, *"we're queer, we're here, get fucking used to it"*.

CAPÍTULO 2

ORDENS DE INDEXICALIDADE MOBILIZADAS NAS PERFORMANCES DISCURSIVAS DE UM GAROTO DE PROGRAMA: SER NEGRO E HOMOERÓTICO*

Glenda Cristina Valim de Melo**
Luiz Paulo da Moita Lopes***

---

* Uma primeira versão deste texto foi publicada em *Língua(gem) em Discurso* (on-line), v. 3, p. 653-673, 2014.

** Sou grata ao CNPq pela bolsa 159621/2010-0, no âmbito do Edital MEC/CAPES e MCT/CNPq/FINEP nº 28/2010 — Programa Nacional de Pós-Doutorado — PNPD 2010, que possibilitou este estudo. Tal bolsa foi concedida ao Projeto "Letramentos digitais singularidades do ethos, performances e narrativas identitárias", do Prof. Dr. Luiz Paulo da Moita Lopes (CNPq 560303/2010-06).

*** Agradeço ao CNPq pela Bolsa de Produtividade que propiciou esta pesquisa (CNPq 3033-1/2009-0), assim como ao auxílio à pesquisa da FAPERJ (E-26/110065/2012) e ao PNPD (MEC/CAPES e MCT/CNPq/FINEP) referido na nota anterior. Sou também grato ao CNPq pelo auxílio (470547/2012-0), concedido pelo Edital Universal (14-2012).

Introdução

No senso comum, nas diásporas africanas no Brasil e em outras partes do mundo (como, por exemplo, nos Estados Unidos), ser negro ainda é sinônimo de heteronormatividade e virilidade; se, porventura, ainda no senso comum, homens negros não encenarem tais performances discursivo-corpóreas, podem ser acusados de estarem negando sua própria origem e contrariando as chamadas matrizes hegemônicas desta raça. Sendo assim, de acordo com Hutchinson (1999) e Sullivan (2003), podemos dizer que há uma normalização entre raça negra, sexualidade e gênero ou uma percepção homofóbica de muitas pessoas negras e não negras quanto ao tema, visto que, nas palavras de Hutchinson (1999), a homoafetividade, no senso comum, seria um produto da chamada cultura branca e colidiria com a agenda antirracista.

Para compreender as dicotomias que nascem com esta perspectiva, neste estudo investigamos um chat com Hiago Waldeck, um homem negro, gay e garoto de programa, que é autor do blog "Um Diário Escrito por Hiago Waldeck".[1] Nele, analisamos as ordens de indexicalidade (Blommaert, 2010) mobilizadas pelo participante em suas performances discursivas de raça, gênero e sexualidade. Salientamos que, no blog citado, o participante problematiza e narra suas experiências como homem, negro, gay e garoto de programa, mas é no chat com a primeira autora deste capítulo que ele detalha como compreende e inter-relaciona os preconceitos vivenciados por questões relativas à raça, gênero, sexualidade, classe social etc.

Com base nos preceitos da Modernidade Recente (Rampton, 2016) e da Linguística Aplicada Indisciplinar e Transgressiva (Moita Lopes, 2016; Pennycook, 2006), esta investigação pode contribuir para o fortalecimento dos estudos sobre linguagem e raça no Brasil, bem como para ampliar a perspectiva da questão racial nos estudos *queer*, pois segundo McDonald (2006), nem sempre este traço performativo é considerado nas pesquisas da área (ver, porém, Melo e Moita Lopes, 2013, 2014). Sendo assim, para discutir esses aspectos neste capítulo, primeiramente abordamos raça, sexualidade, gênero

---

1. O participante autorizou por escrito a análise de seu blog, de suas narrativas e do seu Facebook, desde que fossem reconhecidas as fontes e o nome do blog fosse mantido no original.

etc., a partir dos estudos *queer*; em seguida, introduzimos as teorizações sobre a Internet como espaço de coexistência de Discursos[2] e uma variedade de participantes. A seguir, expomos a metodologia de pesquisa, os construtos teórico-analíticos e, finalmente, passamos à análise.

Negros e gays: raça e sexualidade pelo viés das teorias *queer*

Buscando desconstruir normalizações que causam sofrimento, ancoramo-nos nas teorias *queer*[3] para desnaturalizar os traços performativos abordados nesta investigação, a saber: raça, gênero, sexualidade etc. Segundo Louro (2004), tais teorias são contrárias a qualquer forma de sedimentação da vida social, independentemente de onde vier, e almejam ainda contestar as verdades, as subjetividades etc. que foram emolduradas como hegemônicas pela Modernidade.

As teorias *queer* entendem que o sujeito social é constituído pela linguagem, pela história e também por meio da intersecção de vários traços performativos como raça, gênero, classe social, escolaridade e outros. Nesta perspectiva, de acordo com Sullivan (2003) e Barnard (2004), a raça seria sexualizada e a sexualidade seria racializada ou, como indica Sedgwick (1990, p. 31): algumas dimensões de sexualidade não estariam relacionadas apenas ao gênero, mas também à classe social e à raça.

A linguagem aqui é relevante porque é entendida como performativa e é, portanto, por meio dela que se dá a construção de indivíduos como, por exemplo, homens, negros, homoafetivos etc. Compreendemos, então, a linguagem como ação ou performance que ocorre no momento da enunciação

---

2. Seguimos aqui a perspectiva de Gee (2004, p.15) de que discurso com letra minúscula se refere à linguagem em uso, enquanto Discurso, com letra maiúscula, está relacionado às ideologias, às formas de estar no mundo e a conhecimentos.
3. Os pressupostos das teorias *queer* são discutidos, por exemplo, em Sedgwick (1990), Sullivan (2003), Barnard (2004) e Louro (2004). Ver também Ruti (2017) para uma discussão de avanços teóricos mais recentes.

(Austin, 1990; Derrida, 1997); como performance (ação), a linguagem constrói e é constitutiva do sujeito social (ver Borba, neste volume). Os atos de fala são performativos porque produzem efeitos semânticos que nos fazem homens, negros etc. Eles são incessantemente repetidos pelas pessoas com as quais convivemos e pela escola, igreja, família, mídia e outras instituições. Pela iterabilidade, tais atos são compreendidos como solidificados e, como tais, preexistem ao discurso, sendo então entendidos como cristalizados nos corpos (Butler, 2004). Assim, tornam-se materialidade em nós e por nós, pelo outro e pela linguagem.

Partindo da proposta de Butler (2003, 2004) para explicar a constituição de gênero, é possível dizer que raça e outros traços performativos obedecem ao mesmo processo. A construção sócio-histórica desses traços é tão assimilada pela repetição que é naturalizada. Tal naturalização termina por cristalizar a essência do que somos, fazendo-nos acreditar que a própria materialidade dos corpos não seria por si uma construção performativa. Nossos corpos negros ou brancos são efeitos semânticos ou resultado das repetições de vários atos de fala performativos de raça, gênero, sexualidade e outros que ouvimos ao longo de nossa existência (Sommerville, 2000; Sullivan, 2003; Barnard, 2004; Wilchins, 2004; por exemplo). Isso não quer dizer, por outro lado, que tais atos não possam ser desnaturalizados dando margem a outros significados sobre quem podemos ser, possibilitando nossa reinvenção.

Considerando a intersecção entre raça negra, sexualidade, gênero etc., Silva Júnior (2011), em relação aos discursos que permeiam a sociedade brasileira, chama a atenção para uma normalização em particular: os homens negros, ao se declararem gays, estariam ferindo supostos princípios dessa raça. Para entendermos melhor este pressuposto, retomamos dois grandes Discursos de senso comum sobre a sexualidade de homens negros: o primeiro se refere ao seu pênis avantajado, desempenho sexual animalesco e avaliado como negativo; e o segundo também foca a genitália grande, mas com o desempenho sexual estigmatizado como fenomenal e positivo.

O primeiro Discurso constitui o corpo do homem negro, sua sexualidade e sensualidade por atos de fala performativos negativos. Henrique (2007, p. 2) indica tal posicionamento quando menciona a perspectiva darwinista, que descreve os negros como "criaturas forjadas no clima quente, que exaltam as 'paixões' e os desejos desenfreados responsáveis pela degradação social". Atribuições semelhantes são descritas também por Munanga (1986, p. 16) que, ao criticar os chamados discursos da Ciência da Raça, menciona que "sexualidade, nudez... constituem tema-chave da descrição do negro na literatura científica [de uma época]". Nessa literatura, segundo Sullivan (2003, p. 60), "o pênis grande conota grande permissividade". Sendo assim, o negro dotado de pênis grande, além de ser inferiorizado, ainda agiria de modo amoral e fora das normas do que se pode chamar de 'bons costumes' e teria sua sexualidade desvalorizada.

Já o segundo Discurso, foco de nosso interesse neste capítulo, é bastante identificável, na contemporaneidade, nos atos de fala performativos da chamada negritude masculina. O pênis grande é objeto de desejo de homens e mulheres, já que no imaginário do senso comum os homens negros teriam um desempenho sexual considerado acima da média. Nas palavras de Silva Júnior (2011, p. 53), a "identidade sexual do homem negro é exaltada pelo modelo hegemônico, como reprodutor, viril, bem dotado". Ainda de acordo com o autor, que se apoia em Frosh, Phoenix e Pattman (2002), a sexualidade do homem negro estaria localizada na estrutura falocêntrica, o que o posicionaria como superior aos homens de outras raças do ponto de vista sexual.

De acordo com Lima e Cerqueira (2007, p. 7), podemos seguir a hipótese de que tais performances discursivas de valorização do homem negro como viril e grande conquistador de parcerias sexuais seriam influenciadas pelos efeitos semânticos de atos de fala de negritude. Para tais autores, a negritude "se constitui através da normalização do negro heterossexual, representado pela emblemática virilidade de sua força física, agressividade, violência, grande apetite sexual e pênis potente". Assim, esse negro seria "inabalável, [e] protegeria a si mesmo e aos subalternos mais frágeis (mulheres e crianças) contra a opressão racial" (Lima e Cerqueira, 2007, p. 7). No senso comum, poderíamos relacionar o segundo Discurso como aquele epitomizado na figura popular do chamado "negão". Segundo Simões *et al.* (2010, p. 53-54), os "negões" "tendem a ser alvo de grande interesse erótico e podem ser tomados por garotos de programa. Manifestam-se também [...] expectativas relacionadas a tamanho de pênis, potência e desempenho sexual acima da média".

Contudo, esses atos de fala performativos cristalizam a raça, o gênero e a sexualidade dos homens negros em dois binarismos: no passado, a sexualidade considerada animalesca e negativa, e, no presente, a sexualidade elogiada que despertaria as fantasias de muitas pessoas. Assim, tais atos de fala deslegitimam as subjetividades dos corpos ébanos e naturalizam normalizações trazidas por estes dois Discursos hegemônicos que caracterizam a sexualidade desse homem como "anormal"[4] (Foucault, 2010 [2001]). Além disso, ambos os Discursos tratam raça, gênero e sexualidade como traços predeterminados e preexistentes à linguagem, ou seja, ignoram a natureza performativa do significado.

Já em relação à homoafetividade de homens negros, conforme Lima e Cerqueira (2007, p. 7) apontam, o negro homoafetivo "é tido como portador de um distúrbio moral, da alma ou da natureza [...]. É incapacitado para salvar a raça, tanto quanto é incapaz de proteger os mais fracos". Para estes antropólogos e ainda segundo Sullivan (2003), eles, em comparação a homens heterossexuais, são vistos como fracos e traidores da raça negra, sendo tal perspectiva compartilhada por membros da comunidade negra e branca heteronormativa. Como apontado por Hutchinson (1999, p. 30), a conduta homoafetiva do negro seria compreendida como "anormal, indesejada e não negra".

Esse gay negro não seria acolhido na comunidade gay branca padrão, visto que nela há também uma negação de sua participação nos espaços de confraternização e de poder (Hutchinson, 1999; Lima e Cerqueira, 2007). De acordo com Lima e Cerqueira (2007, p. 7), há "uma afirmação da identidade [homoafetiva] que passa necessariamente pelas perspectivas definidas por um mercado de consumo voltado para o público [homoafetivo] urbano, branco, jovem e integrado às relações de produção", que são cada vez mais apontadas como constitutivas de e constituídas por um mundo neoliberal que preza um mundo social rentista (Moita Lopes, 2017).

Consequentemente, para ser aceitos nesta comunidade, muitos negros gays precisariam ter poder aquisitivo, status e prestígio. Contudo,

---

4. Com base em Foucault (2010 [2001]), compreendemos anormal aqui como aquele indivíduo que deve ser corrigido e curado; o estranho, o monstro, o degenerado, o perigoso, o diferente.

os aspectos sociais e econômicos de muitos homens negros em contexto brasileiro, retratados pelos censos do IBGE,[5] além do próprio racismo e da homofobia citados por Hutchinson (1999), poderiam colocar tais corpos em situação de apagamento social e/ou de negação de sua sexualidade. Assim, mais do que os homens brancos, eles teriam de encenar performances heteronormativas para serem aceitos, incluídos e reconhecidos, como mencionado anteriormente.

Quando um gay negro "sai do armário", ele desconstrói as cristalizações trazidas pela raça negra sobre sexualidade e gênero. Podemos dizer, com base em Hutchinson (1999), que isto possibilita também a compreensão de que tais traços estão interligados e em constante tensão. O autor ainda acrescenta que um negro constituído, em nossas palavras, por traços performativos de raça, sexualidade, gênero etc. "pode lidar com uma compreensão de raça mais complexa e multidimensional" (p. 30). Sendo assim, uma intersecção entre os traços performativos citados que privilegia uma única possibilidade de agir é reducionista, além de sedimentar e normalizar a heteronormatividade, as masculinidades hegemônicas[6] e uma visão de raça negra consciente.[7] São ignoradas, desta forma, as infinitas outras probabilidades de construção, constituição de gênero, raça negra e sexualidade para estes atores, ocasionando, assim, um aprisionamento desses sujeitos sociais em uma visão fundamentalista de quem são. Tal ponto, conforme Sommerville (2000), Sullivan (2003), Barnard (2004) e Wilchins (2004) indicam, nos impossibilitaria compreender outras visões de quem somos ou podemos ser na vida social para além dos tradicionais binarismos sedimentados. Ademais, de acordo com Sedgwick (1990, p. 10), "uma compreensão desconstrutivista destes binarismos torna possível identificá-los como lugares peculiares e densamente carregados por manipulações poderosas e potenciais...".

---

5. Para mais informações sobre os censos brasileiros, acessar http://www.ibge.gov.br.
6. Conferir Badinter (1993), Connel (1995, 2000) e Moita Lopes (2002) para definições de masculinidades hegemônicas.
7. Em Melo e Moita Lopes (2013), em pesquisa sobre as performances discursivas de mulheres negras, os resultados indicam que há uma diferença entre o indivíduo negro consciente (que defende a ancestralidade africana negra) e não consciente (que não defende os princípios africanos de negritude).

Desta forma, estas matrizes hegemônicas são limitadoras, repressoras e causam sofrimentos aos que tentam se enquadrar nelas por uma cobrança social. São atos de violência aos próprios homens negros. Como aborda Butler (1998, p. 39), que critica a noção de sexo, mas considerando aqui a intersecção entre raça negra, gênero e sexualidade, é possível dizer que

> [...] o sexo [a raça e o gênero] não [descrevem] uma materialidade prévia, mas [produzem e regulam] a inteligibilidade da materialidade dos corpos. [...] [as categorias sexo, raça e gênero impõem] uma dualidade e uma uniformidade sobre os corpos a fim de manter a sexualidade reprodutiva como uma ordem compulsória. Discuti em outro lugar com mais precisão como isso funciona, mas para nossos propósitos aqui, gostaria de sugerir que esse tipo de classificação pode ser chamado de violento, forçado e que essa ordenação e produção discursiva dos corpos de acordo com [as categorias sexo, raça, gênero] é em si mesma uma violência material.

Desconstruir os binarismos criados pela intersecção de raça, sexualidade e gênero, com base nas teorizações *queer* (Sedgwick, 1990; Sommerville, 2000; Sullivan, 2003; Barnard, 2004; Moita Lopes, 2004, 2017; Wilchins, 2004) torna-se relevante, porque a raça negra mesclada à sexualidade, ao gênero, à bi/hetero/homo/transafetividade pode indicar diversas possibilidades de performances discursivas quanto à sexualidade, à própria raça e ao gênero. As cristalizações impedem que os homens negros hetero/homo/bi/transafetivos etc. "[...] [aprendam] a se construir discursivamente em termos de desejo sexual de modos diferentes por toda a vida" (Moita Lopes, 2004, p. 4), já que "há muitas dimensões da sexualidade" (Sedgwick, 1990, p. 35).

A Modernidade Recente nos envolve em uma grande reflexividade sobre nós mesmos/as (Giddens, 1991), o que possibilita nosso propósito político na pesquisa de nos voltarmos para aqueles sujeitos cujos corpos foram apagados na Modernidade. Sendo assim, pensamos que homens, negros, homo/bi/transafetivos etc. podem potencialmente reverter tal violência, transgredir e reinventar suas performances discursivas. Por um lado, pela Internet é possível potencializar estas ações, visto que ela nos propicia maior reflexividade e/ou diferentes possibilidades de acesso performativo que contribuem para que os sujeitos sociais desnaturalizem e desconstruam discursos hegemônicos. Por outro lado, a rede pode ser também o espaço de consumo de corpos e de ratificação dessa sexualidade exacerbada de homens negros, como veremos a seguir.

A web como espaço híbrido

As Tecnologias de Informação e Comunicação (TICs) têm possibilitado uma infinidade de usos para os mais diferentes tipos de usuários e usuárias. Segundo Jenkins (2008), nesta sociedade convergente surgem novas formas de interação distintas. Por meio de ferramentas tecnológicas cada dia mais móveis e híbridas (computadores, celulares, tablets etc.), há um ambiente propício para que os indivíduos se reinventem e façam o mesmo com suas atividades cotidianas, criando, por exemplo, mundos on-line que proporcionam vivências variadas antes inimagináveis.

Desta forma, a web é um lugar do híbrido e de coexistência de discursos e sujeitos sociais. Sendo assim, no ambiente on-line, homens negros de sexualidades diversas poderiam encontrar menos dificuldade em discutir questões sobre raças, gêneros etc., visto que nesse espaço eles estariam protegidos pela amplitude da audiência, o anonimato e as múltiplas possibilidades oferecidas pela rede (Parreiras, 2009). Por meio de blogs, redes sociais etc., torna-se possível contar outras histórias, desconstruir as dicotomias, sem o receio da depreciação ou hostilidade do face a face (ver Bonfante, neste volume). Concomitantemente, a rede é um ambiente em que esses mesmos corpos ébanos podem ser erotizados, expostos, desejados, consumidos e ser ressignificados pela figura, por exemplo, de avatares (Parreiras, 2009).

Considerando Bauman (2008), que aborda a questão do consumo, constatamos que homens negros, como mercadorias sexuais, também são expostos em sites, blogs, comunidades de afinidades e grupos. Os homens negros nus na web seriam, portanto, um tipo específico de mercadoria focada na realização dos prazeres sexuais e as fantasias de parceiros e parceiras que buscam o chamado "desempenho sexual acima da média". Nestas condições, é possível dizer que na web estes corpos negros erotizados e suas subjetividades estariam a serviço do exacerbado capitalismo contemporâneo também no mundo on-line por meio de um simples toque na tela.

Uma rápida busca no Google ilustra esta questão. Ao digitarmos "homens negros", o resultado foi de 4.890.000 sites a eles associados, sendo que apenas na primeira página tais negros eram indexicalizados, predicadamente, por itens lexicais como lindos, sexy, bonitos, "calientes" etc. Filtrando um pouco mais a busca para "homens negros gays", tivemos 5.530.000 sites sobre este tema. Já na primeira página encontramos links para blogs, sites, vídeos, imagens que expõem os corpos ébanos como mercadoria em uma vitrina.

Nas redes sociais, porém, a interlocução é construída por diferentes usuários e usuárias e com propósitos de performatizar efeitos semânticos variados. Esses sujeitos podem, por exemplo, deixar de ser apenas consumidores para, segundo Arriazú *et al.* (2008, p. 201), se tornarem prossumidores,[8] como ocorre com o participante desta pesquisa ao contar na rede parte de sua rotina como garoto de programa, negro e gay, fazer seu marketing pessoal ao relatar como foi seu dia como trabalhador do sexo,[9] erotizar seu corpo, denunciar preconceitos diversos etc.

Sendo assim, a web se tornou um lugar onde é possível tanto reinventar a vida social (Moita Lopes, 2010) como consumir corpos daqueles outrora apagados pela Modernidade, como negros, gays, lésbicas, pessoas trans etc. Ela é, portanto, um espaço de coexistência de Discursos, contradições, resistências etc., cujos propósitos e sujeitos discursivos são variados. A Internet é também um espaço "de experimentar alternativas e

---

8. Junção dos vocábulos "produtor" e "consumidor" que "sintetizam o usuário imaginário da web 2.0" (Arrizaú *et al.*, 2008, p. 201).

9. Apesar de o blog e de o Facebook de Hiago Waldeck não serem foco desta investigação, eles foram também analisados. Neste espaço, o blogueiro usa recursos multimodais (por exemplo, vídeo) tanto para narrar sua história como para enfatizar o seu marketing pessoal como garoto de programa.

de pensar novos futuros ou, minimamente, de deixar escapar ou afugentar os fantasmas escondidos no armário" (Moita Lopes, 2013, p. 129). É neste contexto de Discursos em competição que se situa Hiago Waldeck, participante desta pesquisa.

Contexto, metodologia de pesquisa e construtos analíticos

Seguindo a perspectiva de Hine (2000, 2005) e Ruther e Smith (2005), este estudo é de cunho etnográfico virtual. Nele partimos, primeiramente, de uma exploração por seis meses do blog "Um Diário Escrito por Hiago Waldeck", criado em fevereiro de 2012 por Hiago Waldeck, nome fantasia usado pelo blogueiro em seu trabalho como garoto de programa. Considerando o último acesso em 13 de agosto de 2013, o corpus é constituído por mais de 500 textos, divididos entre narrativas do blogueiro, seus posts, comentários seus e de seguidores.

Nesta exploração etnográfica, notamos que Hiago é seguido por pessoas de várias partes do mundo. Algumas narrativas produzidas pelo autor são publicadas também no Facebook, mas o inverso não ocorre. Entre as várias histórias, muitas nos chamaram atenção, mas nosso corpus de análise para este estudo é o texto intitulado "Preconceito, Racismo e Outros", postado no blog em 28 de março de 2012, às 9h10min. Ele nos orientou inicialmente no chat com a primeira autora deste capítulo por interseccionar aspectos raciais, sexuais, religiosos e referentes à classe social — um aspecto que nos interessa pela natureza *queer* da performance encenada por Hiago.

Partindo dessa narrativa, conduzimos uma entrevista on-line com o blogueiro pelo Facebook que usamos como instrumento de geração de dados. A entrevista ocorreu em 26 de abril de 2013, das 13h54min às 16h12min, e teve como objetivo investigar como os Discursos de raça, sexualidade, gênero e outros são entextualizados, transpostos, recontextualizados,[10] interseccionados, encenados e indexicalizados nas performances discursivas de Hiago. Participaram dessa conversa a primeira autora deste capítulo e Hiago Waldeck. Embasamo-nos, nesta investigação, na perspectiva de Blommaert e Dong (2006, p. 39)[11] de que a entrevista é uma conversa colaborativa. Sendo assim, consideramos aqui o chat como uma entrevista, um tipo particular de conversa, estruturada por perguntas e/ou temas que se gostaria de discutir; portanto, como em uma conversa, a entrevista on-line também deve fluir.

Nesta investigação, o construto teórico-analítico de indexicalidade é relevante, porque indica como nossas performances discursivas locais na enunciação sinalizam Discursos construídos social, histórica e coletivamente que permeiam o mundo social (Ochs, 1992; Blommaert, 2006) ou, nas palavras de Rocha (2013, p. 127), o fenômeno da indexicalidade aponta que "[...] não há cisão entre escalas micro [discurso] e macrossociais [Discursos], principalmente porque essa classificação por vezes se dá a partir de convenções estabelecidas na teoria social". Esta indexicalização de sentidos de escalas macro em escalas micro ocorre via recursos semióticos diversos (índices linguísticos, como discutidos a seguir) que mobilizam valores indexicais que se "orientam de acordo com ordens de indexicalidade[12]" (Blommaert, 2010; Fabrício, 2013). Para Blommaert (2010), que se embasa em Silverstein (2003), a indexicalidade é ordenada em dois modos: o primeiro deles, pela ordem indexical, um construto que nos permite entender como os sujeitos sociais em suas performances narrativas indexicalizam ideologias e/ou Discursos das grandes narrativas que orientam nossas vidas sociais. Em outras palavras,

---

10. Segundo Rampton (2016, p. 118), a entextualização é a formulação de uma experiência em palavras e proposições; já a transposição é o mover de um texto por meio de entextualização para outra situação; enquanto a recontextualização são os novos sentidos atribuídos ao texto no processo de transposição, ou seja, em seu novo contexto.
11. Apesar de Blommaert e Dong (2006) abordarem a entrevista em contexto presencial, compreendemos que ela traz contribuições para o mundo on-line.
12. Blommaert (2006, 2010) se ancora na proposta de ordem do discurso foucaultiana para desenvolver esta conceituação. Aqui a ordem do discurso é compreendida como procedimentos impostos, ou por qualquer sociedade ou pelo próprio discurso, que controlam as produções discursivas, ora fazendo emergir alguns discursos, ora outros.

a ordem indexical é produtiva, porque constrói categorias no mundo social que podem se cristalizar no decorrer do tempo e da história, criando, assim, modos essencializados e específicos de existência para certos sujeitos e grupos sociais. Considerando a ordem indexical raça/sexualidade do homem negro, observamos que, no mundo social, há crenças e expectativas de performances discursivas (padrões convencionalizados) sobre a hipersexualização e as práticas heteronormativas específicas para os corpos ébanos, construídas ao longo da história.

Já o segundo modo é verificado pela ordem de indexicalidade que, de acordo com Blommaert (2010), são os valores, as crenças ou normas que são hierarquizados, estratificados e apontados no processo de indexicalização de Discursos (Blommaert, 2010) por meio de escalas locais e translocais. Segundo ele, a escala, termo emprestado da história e da geografia, é uma metáfora para imaginar "o movimento de mensagens ou pessoas pelo espaço e pelo tempo que são constituídos por normas, expectativas e códigos" (p. 32). Os eventos ou fenômenos sociais, segundo Blommaert, ocorrem simultaneamente no espaço e no tempo, sendo indissociáveis e contextualizados socialmente; uma escala em nível pessoal (local) pode ser situada em relação a uma escala impessoal ou genérica (translocal), por exemplo, e nesta situação é relevante considerar a questão de espaço e tempo, a hierarquização, a estratificação e a relação de poder instauradas entre elas, visto que escalas diferenciadas apontam para níveis distintos de normalização entre os sentidos (de/co)notacionais. Aqui, optamos por analisar as ordens de indexicalidade, porque elas nos sinalizam as hierarquizações de certos valores para determinados corpos em um espaço de tempo determinado, ou seja, elas apontam para os valores, os possíveis efeitos, as estratificações destes valores nas performances discursivas de Hiago. Nesta investigação, faremos uso de escalas (pessoal/local; impessoal/genérica) na análise das ordens de indexicalidade.

Já para a análise das performances discursivas de raça, gênero e sexualidade, optamos pelos construtos de *footing* e enquadre propostos por Goffman (2002 [1979]).[13] O enquadre, neste estudo, é entendido como explicando a

---

13. Apesar de tais pressupostos teóricos não terem sido propostos para a interação on-line, acreditamos que possam auxiliar na compreensão da vida virtual.

atividade que estaria sendo realizada e os sentidos dados por quem fala ao que diz. *Footing*, segundo Goffman (2002 [1979], p. 70), "[...] representa o alinhamento, a postura, a posição, a projeção do eu de um participante na sua relação com o outro, consigo próprio e com o discurso que está em construção".

Respaldar-nos-emos nos índices linguísticos (Silverstein, 1985), entendidos como marcas linguísticas que sinalizam as ações semióticas de participantes na interação. Em outras palavras, observaremos os traços linguísticos que possibilitam estudar os enquadres, os alinhamentos, as ordens de indexicalidade e suas escalas mobilizados na interação. Enfatizamos, contudo, que estes elementos linguísticos estão condicionados ao modo como participantes incitam sentidos com base em convenções linguísticas (Tannen, 2005 [1984]). Para esta análise, focalizaremos, especificamente, os dêiticos, as modalizações, as predicações e as referências.[14]

Os dêiticos, segundo Ilari e Geraldi (2006, p. 66), são "palavras que mostram" e podem viabilizar a comunicação; são caracterizados, conforme Levinson (2007), por pronomes pessoais de primeira e segunda pessoas, os demonstrativos, tempos verbais, advérbios de tempo e lugar e uma série de traços linguísticos relacionados à enunciação. Já as modalizações, propostas por Bronckart (2007 [1999]), são classificadas em quatro grupos. As lógicas são compreendidas como os julgamentos sobre o valor da verdade das proposições enunciadas. Já as deônticas avaliam o que é enunciado à luz dos valores sociais, ou seja, os eventos sociais são apresentados como socialmente permitidos, proibidos, necessários, desejáveis etc. Quanto às apreciativas, qualificam os julgamentos mais subjetivos como bons, maus, estranhos etc. Finalmente, as pragmáticas introduzem um julgamento sobre uma das facetas de responsabilidade de um sujeito em relação ao processo em que é agente, como o querer fazer e o dever fazer.

Diferentemente de uma conversa face a face, na interação do chat do Facebook, no momento da conversa, entrevistadora e entrevistado estavam

---

14. Neste capítulo, a referência é compreendida como elementos do mundo aos quais participantes se referem, enquanto a predicação são as caracterizações desses elementos (Wortham, 2001).

em espaço e localidade diferentes. Os dados estão armazenados nessa rede social e podem ser recuperados a qualquer momento. Ademais, há a possibilidade de toda a conversa ser relida antes de um próximo comentário por quaisquer participantes e de interagirem com outras pessoas durante a entrevista.

Raça, gênero, sexualidade e classe social no chat com Hiago Waldeck

Antes da interação a seguir, há um ritual de apresentação, marcado pelos seguintes índices linguísticos: "boa tarde, tudo bem?, tudo bem com você?". Percebemos um enquadre de apresentação laminado por enquadres de elogios, assim como por alinhamentos de cordialidade e de expectativas entre participantes. Após todo o ritual da apresentação e elogios, Glenda e Hiago passam a abordar uma das narrativas do participante da pesquisa. No Excerto 1, observamos uma alteração no enquadre de apresentação para o de uma conversa sobre uma das narrativas do blog, ("Preconceito, Racismo e Outros"), mostrada nas linhas 22 e 23:

Excerto 1: Conversa sobre a narrativa do blog

22. Hiago Waldeck Qual seria a história?
23.   Eu gostei de todas elas, mas quero analisar esta aqui: PRECONCEITO,
24. RACISMO E OUTROS. o que você acha desse seu texto?
25. Hiago Waldeck Nesse dia em que escrevi o post, um amigo meu tinha acabado de
26. sofrer preconceito, eu na minha forma de tentar ser correto, resolvi postar sobre
27. coisas que aconteceram comigo na tentativa de eu mesmo enxergar o mundo. Na
28. minha cidade, muitas pessoas gostam de se julgar as melhores por simplesmente ter
29. sido casadas com pessoas de situação financeiras boas.
30.   sei
31. Hiago Waldeck Muitas delas gostam e fazem questão de jogar na cara dos outros que
32. são melhores. Pior de tudo, são quando vejo pessoas negras tendo preconceito com
33. pessoas da própria raça.
34.   com certeza, isto você acha que isto ocorre muito?
35. Hiago Waldeck Com certeza. A sensação de poder que isso dá, faz com que as pessoas
36. continuem sendo e agindo dessa forma. Não deveria, mas muitos se sentem bem ao
37. agir assim. Um prazer que não sei de onde vem, mas que os deixa com muita
38. autoestima

No Excerto 1, após a mútua apresentação mencionada anteriormente, a pesquisadora se realinha ao participante de forma interessada, questionando-o sobre a narrativa "Preconceito, Racismo e Outros", postada no blog em 28 de março de 2012, às 9h10min. Na história em questão, o blogueiro relata os preconceitos racial, financeiro e religioso que enfrenta; além disso, ele se posiciona contra qualquer um deles. Neste alinhamento, Hiago detalha, reflexivamente, o contexto de produção da narrativa mencionada como mostram as linhas de 25 a 28.

O blogueiro se alinha ainda em solidariedade a um personagem da narrativa ("um amigo"), ausente na conversa e que sofreu preconceito, conforme as linhas 25 a 27. Ao fazê-lo, Hiago relata suas próprias experiências ao justificar a razão de ter produzido a narrativa em questão. Identificamos também que ele mobiliza sentidos de valor da ordem de indexicalidade relativa a preconceitos, posicionando-se contrário a eles, trazendo-os, assim, para a escala pessoal ("resolvi postar coisas que aconteceram comigo").

Portanto, durante todo o excerto percebemos que entrevistadora e entrevistado projetam alinhamentos de concordância, interesse, cumplicidade, sugeridos pelas modalizações lógicas ("com certeza", linha 34; e, "Com certeza", linha 35) e também de curiosidade, sinalizadas pelas perguntas ("Qual seria a história?", "O que você acha desse seu texto?").

Nas linhas 26 e 27, notamos que Hiago se coloca como conhecedor de que há outras leituras possíveis sobre os preconceitos sofridos pelo amigo, mas enfatiza apenas a sua leitura, sugerida pelos dêiticos ("eu", oculto ou não; "comigo", "minha forma"). Observamos ainda que o participante encena performances discursivas como alguém crítico e reflexivo sobre as relações de poder exercidas pela ascensão econômica (linhas 35 a 38), sinalizadas pela predicação ("a sensação de poder"), pelas referências ("um prazer", "muita autoestima") e ainda por meio dos verbos no presente do indicativo ("sentem", "faz", "dá", "continuem sendo e agindo", "deixa", "vem"), sugerindo ações habituais de sujeitos com os quais o blogueiro poderia conviver.

Ademais, Hiago traz à tona um suposto preconceito entre pessoas negras (linhas 32 e 33), mobilizando os valores da ordem de indexicalidade preconceito racial entre indivíduos negros sugerida por meio de predicação e referência ("pessoas negras"; "preconceito com pessoas da própria raça") e pela modalização apreciativa ("pior de tudo, são quando vejo pessoas negras tendo preconceito com pessoas da própria raça"), indicando uma avaliação e uma crítica do blogueiro à questão. A ordem de indexicalidade que valora negativamente o preconceito racial entre pessoas negras parece orientar as performances discursivas do blogueiro como homem negro não ativista, já que os militantes não compreenderiam tal situação desta forma.

Em relação à indexicalidade, ao serem acionados os sentidos da ordem de indexicalidade de preconceito racial entre pessoas negras, observamos uma hierarquização escalar, ou seja, ter preconceito é compreendido como negativo, mas o preconceito entre sujeitos negros é avaliado como pior pelo blogueiro ("pior de tudo, são quando vejo pessoas negras tendo preconceito com pessoas da própria raça"). Esta ordem de indexicalidade orienta as performances discursivas de Hiago ao longo do Excerto 1, que são de um homem negro que sofreu preconceitos raciais e de classe social, crítico e reflexivo sobre acontecimentos ao seu redor e perceptivo das relações de poder.

No Excerto 2, entrevistadora e entrevistado tematizam a ascensão socioeconômica de Hiago. Ao longo do excerto citado, no enquadre geral de conversa sobre a narrativa "Preconceito, Racismo e Outros", percebemos que alinhamentos de concordância e cumplicidade são projetados, sinalizados, por exemplo, pelos índices linguísticos "entendi" e "ah entendi":

Excerto 2: Conversa sobre preconceitos raciais e ascensão socioeconômica

```
39.               Eu vi vários blogs em que os homens negros apareciam nus e havia
40. sempre o foco no bem dotado. Me explica uma coisa, as pessoas passaram a te
41. discriminar menos, porque você é conhecido ou por que você se veste diferente ou
42. por que você tem uma situação financeira melhor ou tudo isto junto? Rs
43. Hiago Waldeck Tudo isso junto. Depois que comecei a me vestir melhor, tive milhares
44. de elogios, isso ajudou para que o povo me tratasse melhor, ainda mais vendo minhas
45. roupas de marca. O fato de ser conhecido, ajudou sim, mas apenas na parte que
46. realmente interessa a eles, a parte financeira. Depois que muitos começaram a ver
47. que eu ganhava dinheiro com isso, tive a admiração deles.
48.               entendi...
49. Hiago Waldeck todos vinham falar comigo, para no dia seguinte me pedir mil reais
50. emprestado pra pagar conta.
51.               ah entendi, você acha que a questão do dinheiro te deixou menos negro
52. aos olhos dos outros?
53. Hiago Waldeck Com certeza! O fato deles saberem que eu posso gastar e fazer tudo o
54. que um branco rico faz, acabou me deixando uma pessoa branca aos olhos deles.
55.               entendi...
```

Observamos que a pesquisadora traz, por meio de um comentário e uma pergunta ("Me explica uma coisa, as pessoas passaram a te discriminar menos, porque você é conhecido ou por que você se veste diferente ou por que você tem uma situação financeira ou tudo isto junto?"), a questão da classe social para a conversa mesclando-a à raça, ao gênero e à sexualidade. Por sua vez, Hiago explicita que é constituído por todos os traços performativos citados pela pesquisadora. Tal compreensão é sugerida pelos dêiticos pronominais "tudo", "isso" e pelo índice linguístico "junto", sugerindo a intersecção dos traços mencionados.

Quando questionado pela pesquisadora se a ascensão econômica havia deixado Hiago "menos negro" aos olhos de outras pessoas, ele se alinha em concordância e ratifica sua pergunta com uma modalização lógica, acompanhada de um ponto de exclamação ("Com certeza!"), ratificando seu embranquecimento, por assim dizer.[15] Identificamos, ainda, que o aspecto financeiro associado à raça poderia amenizar o preconceito em relação ao segundo traço performativo. Além disso, parece-nos que mobilizar os valores da ordem de indexicalidade relativos à ascensão econômica como forma de reconhecimento amenizaria os valores da ordem de indexicalidade relativa a preconceito racial. Tais valores são sinalizados pela modalização deôntica ("O fato deles saberem que eu posso gastar e fazer tudo"), pelas referências ("branco" e "uma pessoa") e predicações ("rico" e "branca"), sugerindo que o blogueiro, devido à sua nova situação financeira, tem socialmente condições de consumir como um sujeito social branco.

Entre as linhas 39 e 55, Hiago mobiliza a ordem de indexicalidade ascensão socioeconômica como forma de reconhecimento, sinalizada pela assertiva ("Depois que comecei a me vestir melhor, tive milhares de elogios"),

---

15. Ainda que a pesquisadora possa ser entendida como tendo induzido Hiago à resposta, é notável a firmeza com a qual logo a seguir ele se alinha à pesquisadora. Acrescente-se a isso o alto grau de reflexividade sobre a vida social da parte de Hiago, que nos surpreendeu a todo momento da etnografia virtual, realizada durante seis meses. Os vários textos do blog (que pode ser facilmente acessado em www.odiariosecreto.blogspot.com) indexam tal reflexividade como, por exemplo, a própria narrativa que motivou essa entrevista, intitulada "Preconceito, racismo e outros", na qual Hiago indexa Discursos sobre raça e classe social. Além disso, a análise da narrativa na entrevista tem o objetivo de estudar os sentidos indexados na prática discursiva que a entrevista instaura. Em outras práticas discursivas, Hiago pode performatizar outros sentidos.

pelos dêiticos pronominais e de tempo ("isso", "me", "minha", "deles", "eu", "depois", "todos"), o condicionamento trazido pelo subjuntivo ("tratasse" e "tive"), pela predicação e referência ("melhor" e "roupas de marca"), a frase adversativa ("mas apenas na parte que realmente interessa a eles, a parte financeira") e a frase causal ("todos vinham falar comigo, para no dia seguinte me pedir mil reais emprestado pra pagar conta"). Esses índices linguísticos indexicalizam a ascensão financeira do participante. Ao situá-la em escala pessoal, ele relata os efeitos semânticos de tal mudança em sua vida e a relação dela com o preconceito racial.

Nas linhas 51 a 54, observamos que o blogueiro volta a associar o seu poder de consumo ao de uma pessoa branca. Esta questão é sinalizada pelos índices linguísticos que sinalizam performances de classe social associadas à branquitude ("eu posso gastar e fazer tudo o que um branco rico faz", "uma pessoa branca aos olhos deles"). Isto pode nos indicar que, para ascender socioeconomicamente no contexto brasileiro, seria necessário encenar performances identitárias de sujeitos sociais brancos, visto que eles teriam um maior poder aquisitivo e de consumo do que as pessoas negras, como indicado, por exemplo, pelos censos do IBGE, já citados.

Neste excerto, notamos que as performances identitárias encenadas por Hiago são de um homem negro que ascendeu financeiramente devido ao trabalho como garoto de programa, cujo poder aquisitivo lhe permite comprar itens outrora impossíveis, mas também ciente dos efeitos desta mudança na forma como é tratado. Assim como no Excerto 1, o blogueiro encena também no Excerto 2 performances discursivas críticas, reflexivas sobre o preconceito racial e a questão financeira. Tais performances são orientadas em escala pessoal pela ordem de indexicalidade referente à ascensão socioeconômica como forma de reconhecimento e pelos valores sobre ser um sujeito negro e uma pessoa branca.

Dando prosseguimento ao enquadre de conversa sobre a narrativa, observamos que a entrevistadora e o entrevistado projetam alinhamentos de concordância, compreensão, cumplicidade, críticos e reflexivos entre eles, também encontrados na seção anterior. No Excerto 3, Glenda e Hiago abordam os preconceitos sofridos por ele:

Excerto 3: Conversa sobre (des)vantagens de ser negro

56. Glenda Melo Você diz no seu texto que já sofreu preconceito, em que momento ser
57. negro te ajuda e em que momento te atrapalha?
58. Hiago Waldeck Na realidade, o único momento em que minha cor me ajudou, foi na
59. hora em que resolvi me divulgar como garoto de programa. Negros acabam fazendo
60. parte da fantasia de muita gente e isso foi um ponto positivo a meu favor. Agora o
61. lado que atrapalha é:
62. Glenda Melo sei
63. Hiago Waldeck Entrar numa loja e todos os seguranças te seguirem achando que vai
64. roubar algo, ou quem sabe dar uma parada em uma esquina, e logo te revistarem
65. achando que está com drogas.
66. Glenda Melo entendi... isto acontece muito mesmo, comigo também.
67. Hiago Waldeck Pior de tudo, é quando senta ao lado de alguém e a pessoa cisma de
68. trocar a bolsa de lado, achando que irá pegá-la e sair correndo
69. Glenda Melo verdade... e como... e quando seguram a bolsa...
70. Hiago Waldeck Antigamente eu andava muito simples, nada de luxo enchia meus
71. olhos, até que um dia fui seguido numa loja, só porque estava de simples. Sei disso,
72. pois meu amigo trabalhava na loja e comentou comigo depois.
73. Glenda Melo Nossa, você ainda vive muito estas experiências? Você disse que o negro
74. acaba fazendo parte da fantasia de muita gente, pode me dar mais detalhes?
75. Hiago Waldeck Hoje em dia, não. Acabei ficando conhecido e muitos daqueles que
76. tinham preconceito comigo, acabaram sendo pessoas "amigas", mas só por causa do
77. personagem que eu me tornei. Tudo na base do interesse. Mas as vezes me vem um
78. cliente e que está a fim de atacar, aí as ofensas são grande quando me chamam de
79. negro ou preto.
80. Hiago Waldeck A parte sobre fantasia: A fama dos negros é uma: ser bem dotado.
81. Basta dizer que é negro e logo de cara imagina alguém com um pênis de 25 cm, isso
82. instiga muita gente que gosta de situações em que o homem tem seu membro
83. avantajado. Por isso, muita gente tem a fantasia com negros.
84. Glenda Melo entendi.
85. Hiago Waldeck Este sim, chega a ser o lado bom de ser negro.

No excerto acima, encontramos o primeiro enquadre laminado, conversa sobre (des)vantagens de ser negro, que é indicado pelo questionamento da pesquisadora por meio de uma pergunta ("em que momento ser negro te ajuda e em que momento te atrapalha?"). Hiago, por sua vez, projeta um alinhamento de reflexão ao abordar a questão, sinalizado, por exemplo, pelo índice linguístico "Na realidade". Observamos ainda que há alinhamentos explícitos de mútua compreensão entre a pesquisadora e o participante, sinalizados pelo verbo "entender" no pretérito perfeito do indicativo, seguido de reticências ("entendi..."), pela assertiva generalista ("isto acontece muito mesmo") e pela assertiva particular ("comigo também"), mostrando que ela experiencia o mesmo. Além disso, observamos que há um alinhamento de ratificação entre entrevistadora e entrevistado.

Neste enquadre, linhas 63 a 72, o participante apresenta algumas ações preconceituosas vivenciadas por ele e por outros indivíduos negros. Elas são sugeridas por verbos no infinitivo, indicativo e subjuntivo ("entrar numa loja", "seguirem", "vai roubar", "dar", "revistarem", "está", "senta", "cisma", "trocar", "irá pegá-la"), sugerindo ações preconceituosas experimentadas contínua, cotidiana e hipoteticamente. Estes índices linguísticos valoram os sentidos da ordem de indexicalidade relativa aos preconceitos raciais sofridos por pessoas negras, mobilizados por Hiago.

Identificamos também que o blogueiro, mesmo ascendendo socioeconomicamente, ainda sofre preconceito racial como indicado pelo operador discursivo adversativo ("mas"), pelo dêitico de frequência ("às vezes me vem um cliente e que está a fim de atacar") e pela modalização apreciativa, indicando um julgamento negativo da subjetividade ("aí as ofensas são grande quando me chamam de negro ou preto").

Já em relação à vantagem de ser negro, o participante aborda a fantasia despertada pelo corpo ébano (linhas de 80 a 85), enfatizando novamente o estereótipo de um tipo de negro (Lima e Cerqueira, 2007; Simões *et al.*, 2010; Silva Júnior, 2011), discutido anteriormente, também presente nos discursos hegemônicos do senso comum. A predicação e as referências mencionadas anteriormente ("A fama dos negros", "bem dotado", "pênis de 25 cm", "isso avantajado") indicam que são mobilizados valores da ordem de indexicalidade relativa à sexualidade dos homens negros. Ao fazê-lo, o blogueiro os situa em suas performances discursivas de garoto de programa negro e homoafetivo em escala pessoal.

De um lado, o blogueiro entextualiza, transpõe atos de fala performativos de valorização da sexualidade do homem negro e os recontextualiza em enunciados sobre negros, gays e garotos de programa, desnormalizando, portanto, os sentidos de virilidade e grande apetite sexual (Lima e Cerqueira, 2007) como exclusivos de um grupo de negros, compreendidos como heteronormativos. Por outro lado, ele ratifica a sexualidade predeterminada da raça negra como um todo, i.e., uma visão essencialista, hierarquizando positivamente valores da ordem de indexicalidade relativa à hipersexualização de tal raça.

Outro ponto que merece ser citado é que o blogueiro reforça esses atos de fala performativos de fantasia e os usa em seu trabalho como garoto de programa, sugerindo, assim, que a Internet também é um espaço para consumo de corpos ébanos e subjetividades (Bauman, 2008). Os atos de fala são ratificados no trecho a seguir, mencionado quase ao final da entrevista, pela referência "produto" e pela interrogação "pra que rosto sendo que é o corpo que irá usar", sugerindo o consumo de seu corpo: "eu antigamente quando tinha outro blog [...] Com o tempo resolvi mostrar apenas o 'produto', como eu mesmo digo a eles: "pra que rosto sendo que é o corpo que irá usar" (Hiago, 2013).[16]

Percebemos ainda que, ao recontextualizar os valores da matriz de sexualidade exacerbada do homem negro em uma escala pessoal homoafetiva, o blogueiro desconstrói o Discurso de sexualidade do homem negro gay como negativo, desestabilizando, assim, os valores tradicionais de ordens de indexicalidade sobre sexualidade e raça. O blogueiro parece se apropriar de tais atos de fala performativos para seu marketing pessoal de modo a ratificar as performances discursivas do personagem que ele se tornou ("mas só por causa do personagem que eu me tornei"). Contudo, estas normalizações podem gerar sofrimentos aos homens negros hetero/bi/homo/transafetivos, pois apagam outras possibilidades de encenar sua sexualidade (Sedgwick, 1990), aprisionando-os em Discursos cristalizados sobre o desejo sexual (Moita Lopes, 2004).

Já no Excerto 4 a seguir, a pesquisadora projeta o segundo enquadre, a conversa sobre o assumir-se gay, sinalizado pela pergunta ("Hiago, me explica como foi pra você negro se assumir como gay?", linha 86). Pesquisadora e participante, aqui, se alinham como em uma conversa informal e íntima:

---

16. Trecho citado no momento da entrevista em que o blogueiro menciona a importância de seu blog.

Excerto 4: Conversa sobre sair do armário de Hiago

86. Glenda Melo entendi. Hiago, me explica como foi pra você negro se assumir como gay?
87. Hiago Waldeck o começo foi difícil ter que ouvir racistas me chamando de bicha preta.
88. Era algo que no começo magoava muito, a ponto de eu querer largar tudo e tentar ser
89. feliz com mulher.
90. Glenda Melo sei.
91. Hiago Waldeck Minha família não teve muito receio com isso, estavam tão
92. preocupados em me chamar de vagabundo do que discutir minha sexualidade.
93. Glenda Melo sei.
94. Hiago Waldeck Sem contar que muitos acham vergonhoso o fato de um negro se
95. assumir gay! Acham que devíamos estar ocupando lugares inferiores e não nos
96. expondo dessa forma, achando que estamos fazendo papel de ridículo.
97. Glenda Melo vc sentiu que ser negro e gay era algo inaceitável ou não percebeu isto
98. ou percebeu de outra forma?
99. Hiago Waldek Sim, em certo ponto da minha vida eu me achava um monstro por ser
100.assim.
101.Glenda Melo por ser assim como, não entendi
102.Hiago Waldeck Assim negro e também gay. Depois de tantas pessoas dizendo na
103.minha cabeça ser algo errado e ruim, comecei a acreditar no que me diziam. Eu já
104.cheguei a ter preconceito quando era criança. Não me aceitava gay e menos ainda
105.negro tanto que sol era algo que evitava, só pra ter que ficar com a pele bem clara.
106.Glenda Melo sei. entendi.
107.Hiago Waldeck Algumas vezes acabava sendo atacado quando alguém dizia que
108.queria ter a minha cor, e na resposta eu dizia que queria ser branco.
109.Glenda Melo entendi
110.Hiago Waldeck Hoje em dia, me orgulho de ser assim. Conheceu muita gente na
111.mesma situação que eu?
112.Glenda Melo rs... e me diz uma coisa, vc acha que na vida de um modo geral, as
113.experiências de ser negro, de ser gay e de ter uma condição financeira melhor são
114.misturadas ou você separa que sofreu x por ser gay, y por ser negro, d, por não ter $?
115.Ou você vê isto de outra forma... Conheço muitos negros que sofreram preconceitos,
116.muitos... todos os que conheço...e que na hora em que ganham $, as pessoas mudam
117.o tratamento. Mas não conheci nenhum negro e oficialmente gay. O que torna suas
118.histórias inéditas e importantes.
119.Hiago Waldeck No meu modo de pensar, não separo as situações. Pra mim ser negro
120.dificultou arrumar serviço, ser pobre também e ser gay, nem se fale.
121.Glenda Melo entendi...
122.Hiago Waldeck hoje em dia alguns lugares estão mudando, tanto que já vejo gays bem
123.afeminados trabalhando em comércio, coisa que antigamente não se via.
124.Glenda Melo sei.
125.Hiago Waldeck Mas isso acontece quando o dono do estabelecimento chega a ser da
126.mesma opção sexual.
127.Glenda Melo entendi. Você conhece muitos gays negros?
128.Hiago Waldeck Poucos. Aqui na minha cidade não são muitos.
129.Glenda Melo conheço poucos, raros na verdade e acho que há muito sofrimento em
130.não se assumir como gay... para o cara negro, porque há toda expectativa que ele seja
131.um pegador hetero

O blogueiro, neste excerto, aborda os sofrimentos causados pelo seu sair do armário como negro e gay, indexicalizados por referência e predicação ("bicha preta", "vergonhoso", "monstro", "papel de ridículo"); verbos no pretérito imperfeito do indicativo, sinalizando mágoas que persistem ("era" e "magoava"*)*; o advérbio de intensidade, sugerindo a profundidade da ação ("muito"), pela modalização apreciativa, avaliando o sair do armário ("o começo foi difícil"); e pela modalização deôntica, exprimindo um desejo do blogueiro ("a ponto de eu querer largar tudo e tentar ser feliz com mulher"). Hiago, ao expor os sofrimentos vivenciados como negro e homoafetivo, também hierarquiza negativamente os valores acerca da ordem de indexicalidade referente à homoafetividade do homem negro.

Nas linhas 94 a 100, o participante entextualiza, transpõe e recontextualiza Discursos hegemônicos do senso comum sobre negros e gays, sinalizados por meio de predicação ("vergonhoso"); pela assertiva ("sem contar que muitos acham vergonhoso o fato de um negro se assumir gay"); pela modalização lógica ("Sim"), indicando que o conteúdo a seguir deve ser compreendido como verdade; e pela modalização apreciativa ("eu me achava um monstro por ser"), qualificando sua subjetividade negativamente como homem, negro e gay.

Como em Melo e Moita Lopes (2014), cuja pesquisa relata as performances narrativas de uma blogueira que se descobriu negra após os 20 anos, o blogueiro destaca a sua dificuldade em se aceitar negro e gay (linhas de 103 a 108), sinalizada pelas predicações ("errado" e "ruim"); pelo dêitico temporal ("Depois"); pela locução verbal no pretérito perfeito do indicativo ("comecei a acreditar"), sugerindo uma ação passada e acabada para Hiago; e pelo pretérito imperfeito do indicativo ("no que me diziam"), sinalizando uma ação inacabada por parte de outras pessoas; pelo dêitico temporal e verbo no pretérito perfeito do indicativo, indicando os preconceitos do blogueiro em um momento específico de sua vida ("Eu já cheguei a ter preconceito quando era criança"); pela modalização pragmática ("Não me aceitava gay e menos ainda negro tanto que sol era algo que evitava, só pra ter que ficar com a pele bem clara"), mostrando um julgamento do próprio Hiago; e pela modalização deôntica ("Algumas vezes acabava sendo atacado quando alguém dizia que queria ter a minha cor, e na resposta eu dizia que queria ser branco"), expressando um desejo do blogueiro de ser branco.

Identificamos nesse caso uma hierarquização escalar entre ser negro e ser gay em que ser negro seria pior do que ser gay ("Não me aceitava gay e menos ainda negro tanto que sol era algo que evitava, só pra ter que ficar com a pele bem clara"). Essa negação de si mesmo indexicaliza o sofrimento da perspectiva reducionista e destrutiva de classificar o homem negro em termos de normalizações cristalizadas que encontramos na sociedade e os efeitos semânticos de discursos hegemônicos materializados nos corpos.

Os índices linguísticos tais como verbos no pretérito perfeito, imperfeito e futuro do pretérito do indicativo ("comecei", "cheguei", "era", "aceitava", "evitava", "dizia", "acabava", "queria") sinalizam que são situações passadas, já resolvidas no momento vivido pelo blogueiro. Vale salientar que o dêitico temporal ("Hoje em dia") e a assertiva ("me orgulho de ser assim") indexicalizam que a não aceitação em ser negro e gay parece resolvida. Estes índices linguísticos mobilizam valores positivos da ordem de indexicalidade relativa à homoafetividade de Hiago como homem negro, portanto em uma escala pessoal.

Por outro lado, ao mobilizar valores em escala pessoal relativos à ordem de indexicalidade acerca da sexualidade do negro homoafetivo, vemos dois movimentos de Hiago: no primeiro, ele, gay e negro, se apropria dos atos de fala performativos dessa sexualidade; e, no segundo, ele ratifica os atos de fala performativos de raça negra e sexualidade, acentuados como algo predeterminado para todos os membros da raça negra. Em ambos os movimentos, podemos notar a sedimentação de sexualidade e de raça como única, fixa e exacerbada para todos os indivíduos negros. O blogueiro, ao posicionar-se como negro e gay, qualificando seu desempenho sexual como acima da média e superior ao de outras raças como garoto de programa, está apto a realizar fantasias sexuais que estão no imaginário de outros homens, desconstruindo os atos performativos de valorização do negro apenas como heteronormativo.

Outro aspecto relevante a citar é que Hiago, durante o chat, intersecciona e desestabiliza, como em sua narrativa no blog, os traços performativos de raça, sexualidade, classe social e gênero em suas performances identitárias. Desse modo, podemos dizer que esta intersecção, segundo Sommerville (2000), Sullivan, (2003) e Barnard (2004), nos possibilitaria compreender os sujeitos e as práticas sociais sob outra perspectiva, ou seja, de forma desnormalizada ou *queerizada*.

Finalmente, nas diversas performances discursivas observadas, identificamos o blogueiro mobilizando sentidos e valores, estratificando-os em escala pessoal, de várias ordens de indexicalidade: o preconceito racial sofrido por pessoas negras, o preconceito entre elas, a ascensão socioeconômica como forma de reconhecimento, sociabilidades da raça negra e da branca, sexualidade exacerbada do homem negro, a sexualidade do negro homoafetivo, a hipersexualidade da raça negra e a homoafetividade/sexualidade do homem negro. Ele se apropria de valores dessas ordens em escala genérica por meio de Discursos e atos de fala performativos que permeiam a sociedade e os precipita em suas múltiplas performances identitárias locais, indicando-nos, assim, como elas constituem os diferentes modos de agir "do personagem que Hiago se tornou" e, como neste contexto micro, o blogueiro compreende os discursos de raça, sexualidade, gênero etc., trazendo também hibridez, instabilidade e contradição para os sentidos de raça, gênero, sexualidade e classe social.

Considerações finais

Com base nas teorias *queer*, podemos dizer que nas performances identitárias de Hiago há contradições. Por um lado, o blogueiro desconstrói a qualificação do homem homoafetivo negro como fraco etc. Por outro lado, o participante ratifica que todos os sujeitos sociais negros teriam uma hipersexualidade, colocando-a como existindo anteriormente ao discurso, uma visão questionada pelas teorias *queer*, segundo as quais os sujeitos são constituídos na e pela linguagem em performance.

Além disso, as várias essencializações de raça negra, gênero e sexualidade heteronormativa são limitadoras e geram muito sofrimento e violência (Butler, 1998) para os sujeitos sociais, como experienciado por Hiago. A partir de Hutchinson (1999), Sullivan (2003) e Lima e Cerqueira (2007), é possível dizer que elas posicionam os negros homoafetivos como traidores da raça negra, cuja homoafetividade os excluiria da comunidade racial em questão.

Nesta pesquisa, as ordens de indexicalidade referentes à sexualidade e à raça são precipitadas nos significados do blogueiro de forma essencializada, apagando, assim, a possibilidade de reinvenção quanto à raça, sexualidade, classe social e gênero (Sedgwick, 1990; Sullivan, 2003; Barnard, 2004; Moita Lopes, 2004).

A intersecção entre raça, sexualidade, gênero e classe social por parte de Hiago e as ordens de indexicalidade que mobiliza sugerem movimentos contraditórios e complexos das performances discursivas deste ator e os conflitos que as cercam. Tal aspecto pode nos indicar, na perspectiva de Hall (2006), que o blogueiro experimenta a fluidez e as contradições de nossos tempos. Portanto, ao essencializar suas performances discursivas de raça etc., Hiago simultaneamente se reinventa. A intersecção de traços performativos (raça, gênero, sexualidade e classe social) vai ao encontro das teorizações *queer* e das desnormalizações de vida social que tais teorias ensejam. Este capítulo, que espera contribuir para a construção de um campo de estudos *queer* na área de linguagem e raça no Brasil, nos alerta para o fato de que a grande complexidade de significados vivida nos contextos on-line possibilita compreendermos que podemos ser de outras formas. No caso desta pesquisa, as análises ilustram como homens negros homoafetivos podem performar e reinventar outras sexualidades, compreender e vivenciar outras formas de desejos sexuais (Sedgwick, 1990; Moita Lopes, 2004), de raça e de gênero.

CAPÍTULO 3

PORNO-HETEROTOPIAS: A (RE)CONSTRUÇÃO DISCURSIVA DO ESPAÇO PÚBLICO E A (DES)REGULAÇÃO DE GÊNEROS E SEXUALIDADES

Rafael de Vasconcelos Barboza
Rodrigo Borba

Introdução

Em junho de 2017, ganharam espaço nas redes sociais on-line e em alguns jornais fluminenses relatos sobre uma série de mensagens com ataques racistas, homofóbicos e transfóbicos pelos banheiros de algumas das maiores faculdades do Brasil. Na Universidade Federal do Rio de Janeiro (UFRJ), de onde escrevemos, circularam não apenas estes ataques explícitos, como também mensagens de apologia ao nazismo e de apoio a políticos que, em diversas situações, já protagonizaram atos igualmente racistas, homofóbicos, transfóbicos e misóginos. Infelizmente, esses ataques não são pontuais — mensagens de ódio pelos banheiros públicos são rotineiras. Pequenas e tímidas, grandes e escandalosas, elas foram recorrentes nos banheiros da UFRJ durante o período de desenvolvimento desta pesquisa. Certamente já estavam lá antes de chegarmos e outras surgirão à medida que forem apagadas. Este fluxo constante de discursos de ódio representa uma ameaça a grupos sociais, limitando e regulando seu acesso não apenas à universidade, mas aos espaços de sociabilidade como um todo.

Entretanto, este fluxo e esta regularidade não são estáveis; tampouco, seus discursos existem sem disputa. Nesse cenário, nos deparamos também com relatos de resistência, como, por exemplo, a ação promovida em um dos banheiros da Escola de Comunicação da UFRJ em 2016 como resposta a mensagens de ódio como "morte aos gays da UFRJ" inscritas ali. A contrarresposta, organizada por estudantes daquela faculdade, consistiu em pintar faixas coloridas ao longo de todas as portas anteriormente pichadas, criando um grande arco-íris. Nas palavras de Ivone Pita, uma das articuladoras da ação, quem entrava ali era "arco-irisado". Tratava-se de uma ameaça muito concreta, que não se mantém só na linguagem e, portanto, precisava de resposta:

> Quando você fala [i.e., picha no banheiro] "morte aos gays da UFRJ" [...], são colegas que picham isso, estão desejando que morram colegas que convivem com eles, do lado deles. [...] "Morte aos gays da UFRJ" não tem nada de abstrato. [...] As pessoas que escrevem isso querem que eu morra, os seus colegas que são viados, sapatas, que eles morram. Não

tem nada de abstrato nisso, eles nos odeiam, por eles nós não existiríamos (Ivone Pita, em entrevista).

A recorrência deste tipo de disputa nos banheiros indica a relevância deste espaço. Por conta disso, o estudo dos discursos materializados no e pelo banheiro público pode oferecer um caminho para compreendermos dinâmicas sociais que extrapolam os limites geográficos deste espaço. Diante da atitude do grupo de estudantes, pode-se considerar que o banheiro deixou de ser o espaço da agressão recorrente e da regulação do corpo para ser um espaço "arco-irisador" que contesta discursos de ódio e afeta de outra forma quem por ali circula. Ali, signos e espaço foram articulados para disputar e produzir outros sentidos e possibilidades de existência *outras,* agindo sobre os corpos e subjetividades de outra forma. Nesse sentido, a relação entre o espaço e os diversos signos nele inscritos pode ser concebida não como um dado a priori, mas como resultado de uma produção discursiva que emerge da nossa interação com a materialidade do mundo.

É nessa intersecção entre espaço e discurso que propomos aqui pensar e problematizar os banheiros da Faculdade de Letras da UFRJ como porno-heterotopias. Argumentamos que estes banheiros e suas múltiplas camadas de significados nas quais exclusão e resistência se sobrepõem funcionam (1) como espaços de alteridade que conectam diferentes períodos de tempo e que provisoriamente suspendem certas moralidades ao passo que constroem outras formas de se relacionar com a diferença, i.e., uma heterotopia, nos termos de Michel Foucault (2013); e (2) como nexos semióticos e geográficos que, ao hibridizar o público e o privado, conectam espaço, sexualidade, gênero, prazer e corpo, produzindo subjetividades sexuais como resultado de processos de espacialização, i.e., consoante Paul Preciado (2010), uma pornotopia. Para tanto, os *grafitos* e sua *colocação* (Scollon e Scollon, 2003) naquele espaço serão focos de nossa atenção. Chamamos *grafitos de banheiro*[1] todo tipo de inscrição, colagem, desenho e intervenções gráficas

---

1. "Grafitos de banheiro" é o nome que se tem popularizado entre as pesquisas sobre este tipo de produção (Cunha e Felix-Silva, 2017; Teixeira e Otta, 1998; Teixeira e Raposo, 2007; Sperling, 2011). No Brasil, o termo parece ter-se firmado a partir da obra de Gustavo Barbosa (1984),

que possam ser vistos nas superfícies dos banheiros e seu potencial analítico reside justamente em sua *banalidade*.

Grafitos de banheiro, e o próprio banheiro público, tradicionalmente, não mereceriam destaque como objeto de pesquisa acadêmica para além de algum viés técnico-funcional, com utilidade clara e definida. Olhar para esse tipo de produção semiótica e colocar sob suspeita seus significados *prévios* alinha-se com a postura de estranhar o familiar e desconfiar dos aspectos "naturalizados" das nossas vivências cotidianas (Velho, 1988). Esta banalidade não é dada, contudo, mas constituída na medida em que estas inscrições nas paredes são tidas como algo sem valor, parte de um ato desviante de "vandalismo", que fala apenas de temas irrelevantes e impudicos. Ao negar tudo o que uma certa ordem privilegiada determina como bom, correto e moral, os grafitos tendem a ser vistos como algo que deve ser ignorado e, se possível, apagado. Adaptando Pennycook (2010) para esta discussão, diminuir a relevância do que é repetidamente produzido nesses espaços é ignorar um local de enunciação e, com isso, privilegiar outras vozes, estas sim, chanceladas e ouvidas.

O grafito de banheiro seria, então, o que Milani (2014) chama de *signo sexual banal* (Milani, 2014). Para o autor, recebem este nome os pequenos agregados semióticos do cotidiano que, apesar de ignorados, "(in)formam nossa compreensão e nossas experiências de [gênero,] sexualidade e subjetividade" (Sullivan, 2003, p. 190 apud Milani, 2014, p. 204). Em sua discussão, Milani estabelece um paralelo com o trabalho de Billig (1995) que, ao discutir o conceito de *nacionalismo banal,* relaciona-o aos "lembretes sutis de pertença nacional que passam despercebidos" (Milani, 2014, p. 204), tais como um adesivo no carro ou uma bandeira na janela. Assim como o signo sexual banal (in)forma compreensões sobre gênero e sexualidade, a bandeira é um "lembrete *esquecível*" (Billig, 1995) que (re)produz cotidiana e sutilmente certos valores nacionais. É a partir desta perspectiva que buscamos analisar os grafitos de banheiro que compõem nosso corpus: silenciosamente, eles (in)formam posturas, visões de mundo e noções de realidade em sua quase

---

Grafitos de banheiro, em que o autor faz uma extensa coletânea dessa produção, analisando seus temas mais recorrentes.

invisibilidade. Acreditamos, portanto, que essas inscrições, como signos sexuais banais, podem ser úteis para compreendermos a construção identitária dos indivíduos *no* espaço, assim como a construção identitária *do* espaço *pelos* indivíduos, explicitando as formas pelas quais o banheiro público pode constituir-se como uma porno-heterotopia.

Na medida em que são espaços explicitamente generificados, i.e., divididos para uso exclusivo de dois tipos de pessoas (homens ou mulheres), banheiros são formados por discursos que (re)produzem uma das posições ideológicas e visões de mundo mais centrais do Ocidente: a cis-heteronormatividade e a consolidação do aspecto de "normalidade" ou "neutralidade" da divisão binária entre homens e mulheres (bem como a assunção de sua heterossexualidade e da sua cisgeneridade) em quase todos os espaços e demais aspectos de nossas vidas. Essa espécie de norma tácita que age sobre nós não é, contudo, algo dado como uma superestrutura que nos regula simplesmente, mas algo repetido e ensinado a nós, constantemente policiado pela sociedade. Nesse processo, o espaço público figura como um dos agentes de policiamento dessas práticas (Browne, 2004).

Assim, com o intuito de criar inteligibilidade sobre o funcionamento banal da norma cis-heterossexual e sua articulação com nossas vivências do espaço público, investigamos práticas discursivas situadas (i.e., os grafitos) sem perder de vista as relações de poder que lhes dão sustentação. Para tanto, este capítulo se apoiará na linguística *queer* (Borba, 2014, 2015; Livia e Hall, 2010) para iluminar o caminho. Valendo-nos também de ferramentas teórico-analíticas advindas de estudos sobre paisagens linguísticas (Borba, 2017; Shohamy *et al.*, 2010; Jaworski e Thurlow, 2010; Milani, 2014; Shohamy e Gorter, 2009; Kittis e Milani, 2015; Milani, 2015; Stroud, 2016) e da geografia (Lefebvre, 2013; Rose, 1999; Gregson e Rose, 1999; Browne, 2004), buscamos entender a relação entre linguagem, espaço e processos de (des)regulação de gêneros e sexualidades. Desta forma, argumentamos que o espaço público assim como os sentidos de identidade projetados pelos grafitos de banheiro em seus co(n)textos[2] de ocorrência não são fixos, dados

---

2. Silverstein e Urban (1996) diferenciam entre *contexto* e *cotexto*. O primeiro é quando o entorno é entendido como sendo apenas pano de fundo da análise; e o último, quando o contexto é legível,

ou naturais, mas, sim, construções sociais, efeitos *performativos* das nossas práticas semióticas em sociedade.

É sobre as formas pelas quais produzimos espaços discursivamente e pelas quais somos também produzidos socialmente nas interações espaciais que este capítulo se debruça. A geração de dados concentrou-se na Faculdade de Letras da UFRJ (FL/UFRJ). O trabalho de campo aconteceu entre março de 2016 e dezembro de 2017. Durante esse período, o primeiro autor deste capítulo fotografou grafitos nos banheiros masculinos da FL/UFRJ e construiu um corpus composto por 500 imagens. Essa metodologia nos permitiu observar a trajetória de mudanças e de repetições na paisagem linguística dos banheiros. Em sucessivas visitas, foi possível acompanhar mais de perto os constantes apagamentos e reescritas que fazem dessas portas e paredes palimpsestos contemporâneos nos quais espaços-tempos de regulação e contestação de sentidos se encontram diariamente. Como veremos, a dimensão temporal nas análises evidencia as constantes mudanças nessa paisagem linguística e as disputas por sentidos (e, portanto, por espaços) articuladas através da produção de grafitos de banheiro.

O espaço da linguagem e a linguagem do espaço

Nos estudos da linguagem, as teorizações sobre o espaço têm sido historicamente abordadas apenas como "contexto" para o uso de língua. Nesse sentido, Blommaert (2001) aponta como as concepções de contexto — e, por extensão, também de espaço — adotadas por áreas como a análise da conversa (AC) e a análise crítica do discurso (ACD) são em geral parciais e tendenciosas. Segundo o autor, ou o contexto é tomado a priori a partir de narrativas históricas e cristalizadas (fazendo crer que conceitos e categorias

---

importando para a análise da relação entre textos adjacentes. Aqui utilizamos ambos: co(n)texto. Nada é apenas "pano de fundo" da análise, pois contexto é igualmente construído nas práticas sociais, que sempre se relacionam com o cotexto. Além disso, outros fatores pertencem ao contexto, transbordando a localidade do texto — quem escreve, as condições de análise, e muitos outros fatores que nem sempre se relacionam apenas com o texto.

sociais articuladas nas análises estão dadas e evidentes), como faz a ACD; ou os textos são recortados do seu contexto de produção, valendo por si só e importando apenas o que aparece nele, como faz a AC. A partir dessa crítica, Blommaert argumenta que espaços e contextos não devem ser tomados como se estabelecessem uma relação referencial com o texto, mas como parte de suas próprias condições de produção.

Da mesma forma, Mondada (2005) também critica a abordagem na qual o espaço é visto apenas como fornecedor de "um quadro à interação, sem que sua estrutura, seu agenciamento, suas transformações, sua investidura pela ação, constituam-se em objetos de análise" (Mondada, 2005, p. 14, tradução nossa). Para ela, ainda que se discuta a dimensão contextual e situada da fala e da interação, a sua dimensão espacial e material é pouco abordada. Como explica a autora, os estudos da espacialidade em nossa área têm focado no espaço descrito e referenciado, articulado na linguagem e no pensamento, como objeto de referência linguística e cognitiva (Mondada, 2005, p. 7). Assim, foi investigado como as diferentes línguas e culturas se referem à espacialidade através de verbos de movimento e dos signos que comparecem na expressão linguística e semiótica do espaço. Segundo Mondada, essa abordagem pode se desenvolver em duas direções complementares. Por um lado, investigam-se as *práticas de inscrição* pelas quais o espaço se estrutura e se organiza. São resultados dessas práticas os meios de representação visual ou material do espaço criados pela escrita, pelas visualizações, pelos mapas etc. Por outro lado, investigam-se os *espaços da enunciação* e da *interação* nos quais a espacialidade ancora a ação e se forma a partir dela. Este capítulo se engaja com esta última abordagem. Espaço, aqui, deixa de ser apenas o objeto do discurso e passa a ser entendido como um fenômeno que simultaneamente fornece as condições para nossas práticas discursivas e é por elas produzido. É preciso, então, que o espaço seja parte do foco de nossas análises, sendo, ele mesmo, objeto de estudo e discussão. Espaços não podem ser tomados como naturais ou como frutos do pensamento e obra de quem os planeja. Como Markus e Cameron (2002) argumentam, o projeto e desenho de prédios (e outras produções arquitetônicas), bem como a categorização de objetos, atividades, pessoas e espaços — como é claro no caso do banheiro — são também uma produção discursiva.

No campo dos estudos da linguagem, por exemplo, os trabalhos de Scheifer (2014) e Pennycook (2010) têm levado em conta, explicitamente, as questões levantadas acima. Em artigo de 2015, Scheifer alia a problematização do espaço nos estudos de linguagem à problematização do próprio conceito de lingua(gem),[3] entendida pela autora como emergente de nossas práticas sociais, não como um sistema autônomo e individual anterior ao seu uso. Pennycook (2010), por sua vez, defende uma visão de linguagem calcada na prática local, aprofundando os conceitos de *prática* e *localidade*. Nesta visão, prática constitui um conjunto de atividades repetidas (de forma nunca igual, contudo) que constituem uma rotina, produzindo e articulando conhecimentos que produzem efeitos no mundo. *Localidade*, por sua vez, deve ser entendida para além do que é contextual, pontual, particular. Abordar a localidade das práticas linguísticas significa, portanto, ir além das dicotomias do tipo local *vs.* global, micro *vs.* macro: implica também engajar-se com conceitos de lugar e espaço que articulem tempo, movimento e interação. É preciso, então, abordar o local como relação dinâmica entre pessoas e espaços, estes entendidos para além do local "geográfico", mas como as próprias circunstâncias de nossas práticas. Para isso, faz-se necessário agenciar ferramentas teórico-analíticas mais afeitas à fluidez característica de práticas discursivas e de espacialização. O diálogo entre a linguística *queer*, a paisagem linguística e as geografias performativas, como argumentamos na seção seguinte, se mostra útil para essa empreitada.

Teorias desviantes: entremeando espaço e discurso

O banheiro público é construído como um espaço com regras muito rígidas que são normalizadas e se tornam automáticas para os indivíduos que se enquadram no sistema, mas que são evidentes e doloridas para aqueles que desviam. Sheila Cavanagh, em *Queering bathrooms* (2011), deixa claro

---

3. Esta é a grafia usada pela própria autora (Scheifer, 2015).

como o espaço é relevante para as formas como negociamos identidade de gênero e diferença social. Sua pesquisa, fundada em entrevistas com pessoas LGBT, explicita como as regras do banheiro estão presentes muito claramente na vida dessas pessoas. Para Cavanagh, espaços segregados por gênero — como é o caso do banheiro público — reproduzem explicitamente o que Judith Butler (1990) chama de "matriz heterossexual", ou seja, uma matriz de inteligibilidade cultural através da qual corpos, gêneros e desejos são naturalizados e encaixados exclusivamente nas categorias homem ou mulher. Citando Butler, Cavanagh explica que essa matriz só se sustenta através de uma separação rígida e mutuamente excludente entre masculino e feminino. Ao ser construído a partir dessa dicotomia, baseada nos discursos de gênero e sexualidade, o banheiro mostra-se, então, um espaço privilegiado para essa observação.

Analisar o espaço a partir das forças que sedimentam seus significados sem perder de vista seus processos de construção contínua exige olhar para a dança entre a prática local e a história que ela arregimenta. Para captar, ao mesmo tempo, essa produção local em articulação com uma história, é preciso entender o espaço como *performativo*. Os campos de estudo que atravessam este trabalho — a linguística queer, a paisagem linguística e a geografia — têm sido altamente influenciados pelo que Alastair Pennycook (2006) chama de *virada performativa*. Esta abordagem permite entender a "realidade" como um produto social que articula uma história de semioses e de estabilizações de significado para ser compreendido. Em outras palavras, a realidade não seria uma determinação de uma superestrutura social ou dado da natureza. Entender a realidade social como um *efeito performativo* de *performances situadas* abre espaço para o diálogo entre estabilidade e movimento — ao mesmo tempo em que nossas práticas *repetem* outras, essa repetição nunca é igual. E é nessa (re)produção *desviante* que se abre espaço para o novo.

As teorias *queer* têm se dedicado a desconstruir essa aparente naturalidade da divisão social entre homens e mulheres, denunciando a norma (cis) heterossexual como uma produção discursiva que normaliza e naturaliza a cisgeneridade e a heterossexualidade. Em um de seus primeiros artigos sobre a questão, Judith Butler (1988) aponta que quando Simone de Beauvoir afirma "não se nasce mulher, torna-se mulher", gênero deixa de ser uma entidade estável, inerente a um indivíduo, para ser, ao invés disso, constituído no tempo, através de uma "estilização repetida de atos". Gênero, então, é a forma mundana como determinados gestos, movimentos e formas de se apresentar no mundo constituem a *ilusão* de um si mesmo generificado.

A consciência desse processo de aprendizado em um histórico de repetições é a base da noção de *performatividade*, que será uma das principais contribuições das teorias *queer* não só à discussão sobre gênero e sexualidade, mas a toda uma concepção de realidade como *efeito* de performances. Com uma postura não essencialista, alinhada à filosofia pós-estruturalista, a abordagem *queer* entende gênero como *performativo,* isto é, como um construto social que não preexiste às nossas práticas semióticas, ou nossas *performances* — o que falamos, o que vestimos, como nos comportamos etc. — mas, sim, é *efeito* delas e acontece *através* delas (ver, nesse sentido, Borba, neste volume). Dessa forma, a performatividade é, ao mesmo tempo, o que possibilita e também limita as performances. Por isso não é possível simplesmente "escolher um gênero", pois a performance de gênero, para ser validada, precisa apontar para um histórico reconhecível de performances anteriores, dependendo das pessoas com quem interagimos, e de um contexto para ser entendida e legitimada. Identidades de gênero (e todas as demais facetas identitárias) são, portanto, *relacionais* e, já que espaços também participam na engrenagem discursiva que estabelece os limites de uma performance, também *espaciais*.

Espaços têm, assim, papel central nas performances identitárias na medida em que a capacidade de mover-se e ocupá-los está intimamente ligada às identidades sexuais e de gênero (e também a outras facetas identitárias, como classe, raça etc.). Um banheiro feminino, uma pré-escola, uma cozinha, por exemplo, só se constituem como "espaços femininos" através de práticas contínuas que associam esses lugares a características *ditas* femininas, produzidas dentro de ideologias sexistas. Assim, Lynda Johnston e Robyn Longhurst (2010) parecem estar certas ao afirmar que "não há espaços que existam fora das políticas sexuais. Sexo e espaço não podem ser desacoplados" (p. 3).

Espaços e identidades, então, são mútua e performativamente constituídos. Em outros termos, espaços influenciam nossas performances, da mesma maneira em que nossas performances também operam uma produção do espaço. Espaços, assim, também só podem ser produzidos e vividos no discurso — para se tornarem inteligíveis, mobilizam toda uma história de práticas e significações. É com esta visão em mente que pesquisas da geografia têm proposto o conceito de geografias performativas. Se a produção de significado responde, em parte, a uma cadeia de performances anteriores, é possível traçar um paralelo com a performatividade de gênero e, seguindo Kath Browne (2004) e Gillian Rose (1999), afirmar não apenas que espaços são *performativos*, mas são também impregnados de uma história de significações e relações de poder que regula nossos corpos e as formas possíveis de existir.

A produção de identidades sociais a partir desta história de significações articulada na prática discursiva tem sido o objeto de estudo da linguística *queer* (LQ, daqui em diante), área que tem avançado as teorizações de Butler no que se refere à relação entre linguagem, gênero, sexualidade e os processos que a (des)regula. Questionando a aparente naturalidade da norma cis-heteronormativa, a LQ mostra como as categorias identitárias e outros aspectos daquilo que chamamos de "realidade" são forjados nas nossas práticas linguísticas e nas nossas relações de significação. A noção de que a cis-heteronormatividade se repete, se recria e se consolida nas nossas práticas mais rotineiras pode abrir caminho para que essas mesmas práticas possam desestabilizá-la. A possibilidade de desestabilização está no aspecto sempre movente da produção de significados. Segundo a LQ, uma performance produz significados através do aspecto indexical dos signos que mobiliza. O linguajar dos grafitos, os signos nas paredes e todo o co(n)texto aponta, i.e., indexicaliza (Bucholtz e Hall, 2004), para uma nuvem de significados possíveis, produzindo um banheiro público masculino e projetando identidades "adequadas" a este espaço e a quem nele pode circular. Contudo, cada leitura, de cada indivíduo, mobilizará significações diferentes para o mesmo aspecto indexical. Dessa forma, rompe-se uma relação linear e estável de significação, abolindo a noção de que para cada signo há um significado fixo já dado. Isso abre espaço para uma produção de sentido local, contingencial, sempre em movimento, pois um signo aponta para uma nuvem de significações possíveis construída em sua história de usos e seu processo de significação envolve muitos fatores, como a história e o contexto daquele signo e de quem trava relações de significação com ele (ver, nesse sentido, Melo e Moita Lopes, neste volume).

Nas análises que empreendemos, a noção de indexicalidade é chave, pois possibilita o desmonte de uma série de pressupostos sobre os grafitos, sobre os banheiros e sobre as pessoas que os frequentam. Muitas vezes, espaço, grafitos e indivíduos envolvidos nas interações podem parecer pré-dados, anteriores à interação. É nessa perspectiva que muitos dos trabalhos sobre grafitos de banheiro ainda operam. Nessa tradição, vê-se o grafito como um *mediador*, um meio de comunicar uma mensagem supostamente clara e direta, sem aprofundar a reflexão sobre seu contexto e sua circulação (nesse sentido, veja, por exemplo, Cavalcanti e Ferraz, 2010; Costa Neto, 2005; Kellerman, 2005; Lapyai, 2003; Nwoye, 1993; Olusoji, 2013; Teixeira e Otta, 1998). Esses estudos tomam o banheiro como um local privado onde pessoas podem ser "quem verdadeiramente são", o que revela uma leitura essencialista da relação entre linguagem, identidade e desejo. Grafitos produzidos nessas condições seriam então "verdades íntimas" das pessoas que os escrevem — "expressão de sexualidade reprimida" (Cavalcanti e Ferraz, 2010, p. 1), ou seja, um "canal de expressão de impulsos sexuais" (Teixeira e Otta, 1998, p. 232). Essas leituras ignoram que o grafito só pode ser entendido como uma mensagem "clara" se o sujeito que o produziu for projetado de forma igualmente "clara" e "unificada", o que incorre numa essencialização desse sujeito e do próprio espaço. Contudo, o conceito de indexicalidade sugere que os significados produzidos serão sempre *interpretações* de quem os lê — daí resulta o perigo de atribuir intencionalidades e traçar ligações lineares entre esse tipo de produção e identidades específicas. É mais interessante observar os movimentos de sentido que esse grafito provoca e as formas pelas quais ele ecoa outros grafitos parecidos (nunca iguais, contudo). Investigar seus *efeitos* é a única aposta possível.

A interação entre espaços, signos e identidades tem sido a matéria de estudo do campo que se tem chamado paisagem linguística, cujo foco privilegiado é "a linguagem das sinalizações públicas, outdoors, nomes de ruas, nomes de lugares, letreiros comerciais, signos públicos em prédios do governo" (Landry e Bourhis, 1997, p. 25). Esta "primeira onda" de pesquisas

(Borba, 2017) buscou entender os *princípios de ordenação* da paisagem linguística urbana (Ben-Rafael *et al*., 2010), estabelecendo ainda relações um tanto lineares entre signo e significado e explorando pouco a indexicalidade dos elementos semióticos. A partir dessa visada, considerava-se o espaço ainda de forma estática e como um simples suporte para as inscrições linguísticas. Reconhecendo essas lacunas analíticas, uma perspectiva *performativa* (Borba, 2017) para o estudo da paisagem linguística tem emergido, a qual considera o espaço como algo igualmente feito nas práticas sociais.

Para Pennycook (2009), paisagens linguísticas são uma criação discursiva na medida em que são "produtos da atividade humana, não apenas porque colocamos sinais no mundo, mas também porque projetamos sentidos a partir deles" (p. 308). Para o autor, *paisagem* não deve ser reduzida ao status de simples cenário. Nesse sentido, as análises devem levar em conta que significados "não residem no texto, mas sempre no contexto [...], na relação entre significados pré-textuais, contextuais, subtextuais, intertextuais e pós-textuais" (Pennycook, 2009, p. 304). A paisagem linguística, o espaço e as identidades emergem, então, da complexa trama de relações estabelecidas entre quem produz signos e quem os interpreta, em diálogo com os demais signos e as características do seu entorno. Signos e performances inserem espaços e indivíduos numa cadeia de repetições e citações (Borba, 2017) que articula e evoca práticas espaciais (re)conhecidas, (re)produzindo o próprio espaço, que emerge como um *efeito performativo*. Grafitos, portanto, não podem ser lidos como representações do espaço e tampouco podem banheiros ser entendidos como espaços fixos, pois ambos se constituem *mutuamente*. Essa dinâmica de constituição mútua entre espaço e discurso é o que possibilita a justaposição de sentidos conflitantes, processo que discutimos a seguir a partir da noção de porno-heterotopias.

Porno-heterotopias: espaços outros

O termo heterotopia foi introduzido por Foucault (2000) no livro *As palavras e as coisas*, que lança o projeto arqueológico sobre a produção (e a espacialização em disciplinas bem definidas) de conhecimento. Posteriormente, o conceito foi desenvolvido em uma entrevista de rádio que motivou o convite para que Foucault ministrasse uma palestra para profissionais da arquitetura a respeito do tema. Desta palestra surgiu o texto "Des espaces autres", publicado em 1984. Em 2009, a entrevista radiofônica original foi também publicada sob o título *O corpo utópico, as heterotopias* (2013). De acordo com Foucault (2013), diferente das u-topias (lugares ficcionais, que não existem em lugar algum) e das eu-topias (lugares de um bem-estar ideal), as heterotopias existem de outra forma, pois constituem "espaços reais que justapõem espaços diferentes e incompatíveis" (Foucault, 2013, p. 24), fissurando, portanto, as formas bem estabelecidas pelas quais o poder e o conhecimento são espacializados.

Consoante Foucault, heterotopias são resultado de uma configuração espaço-tempo inesperada e, por esta razão, mudam a forma, o conteúdo e a função de certos espaços. O teatro, onde uma miríade de espaços e tempos condensa-se dentro dos limites de um retângulo, é um bom exemplo desta justaposição. Da mesma forma, Foucault cita os cemitérios, as livrarias e os museus de forma a ilustrar como as heterotopias podem também nos posicionar em relação contraditória com as dimensões espaço-tempo. Naqueles espaços coexistem passado e presente, aqui e acolá, vida e morte. Como tal, heterotopias podem ser entendidas como contraespaços que temporariamente suspendem as regras de conduta típicas em outros lugares.

Embora Foucault chame "heterotopias de desvio" aquelas instituições onde são alocados indivíduos cujo comportamento foge à norma (como hospitais psiquiátricos, asilos e prisões), gênero e sexualidade figuram timidamente na sua discussão. Inspirado por essa compreensão foucaultiana de espaço, contudo, Preciado (2010), em sua análise das intrincadas relações entre arquitetura, pornografia e capitalismo, cunhou o conceito de pornotopias, que coloca gênero e sexualidade no centro dos processos de espacialização. De acordo com Preciado (2010), pornotopias são espaços necessariamente heterotópicos que "estabelecem relações específicas entre espaço, sexualidade, prazer, tecnologia (áudio, visual, bioquímica etc.)" (Preciado, 2010, p. 223), produzindo subjetividades sexuais como o resultado de práticas de espacialização.

Há muitas formas de pornotopias, assim como há diferentes configurações de gênero, sexualidade e sexo. Preciado (2010) cita, por exemplo, boates de *striptease*, casas de *swing*, clubes BDSM como tipos de pornotopias localizadas onde (quase) tudo pode acontecer. Há também pornotopias restritivas que limitam certas expressões de desejo, como o convento e a escola. Contudo, pornotopias podem também libertar gênero e sexualidade das restrições da cis-heteronormatividade e transformar o espaço público em palcos de resistência, como as paradas do orgulho LGBT. A despeito de sua heterogeneidade, todas as formas de pornotopias, como todo espaço heterotópico, abrem "brechas na topografia sexual da cidade [e] altera[m] os modos normativos de codificar gênero e sexualidade, práticas corporais e rituais de produção do espaço" (Preciado, 2010, p. 227). Ainda que pornotopias sejam necessariamente heterotópicas, nós preferimos tornar essa característica mais explícita, unindo ambas as ideias sob o conceito de porno-heterotopias.

À primeira vista, banheiros públicos não seriam porno-heterotopias, dada sua explícita divisão de gênero e as normas inerentes a ela, que mantêm a matriz de inteligibilidade cis-heterossexual intacta. Contudo, como buscaremos demonstrar adiante, olhar para a paisagem linguística desses espaços e para as disputas discursivas que os constituem pode ajudar na desessencialização e na desontologização desses ambientes. A atenção à materialidade da paisagem linguística, sua temporalidade e suas indexicalidades conflitantes, pode contribuir para a compreensão das dinâmicas discursivas que constituem as relações entre espaço, gênero, sexualidade e poder.

A (des)regulação do gênero e da sexualidade no banheiro público: porno-heterotopias em movimento

O banheiro público é um desses espaços que, à primeira vista, mostra-se altamente institucionalizado, naturalizado e banalizado. Contudo, a partir da abordagem performativa que adotamos aqui, entendemos que este espaço é produzido em práticas contínuas que, de tão corriqueiras, apagam-se, projetando o banheiro como um espaço dado e neutro. Queremos, então, evidenciar os mecanismos discursivos imbricados na interação que se dá entre espaço e sujeitos através dos grafitos de banheiro na tentativa de criar inteligibilidade sobre as formas pelas quais esse espaço e esses sujeitos se constituem. Aguçando o olhar para o banal, podemos perceber nestas performances institucionalizadas fissuras que rompem visões estabilizadas de espaço e sujeito, abrindo brechas para a produção de espaços e vivências outras.

Cavanagh (2011) evidencia a produção discursiva do banheiro público moderno,[4] apresentando-o como um fenômeno que emergiu em meados do século XIX. Segundo a autora, ele surge na trama formada pelo discurso moderno da higiene e o discurso da moral vitoriana, vigilante do gênero e do sexo. Ainda hoje estes discursos norteiam nossas práticas a partir de ideais de limpeza e pureza, que dizem respeito não apenas à higiene, mas a uma pureza sexual e de gênero. Estes discursos, informados por uma ideologia que não admite ambiguidades, obrigam gênero e sexualidade a uma definição clara, pois corpos não reconhecidos são tidos como abjetos (Cavanagh, 2011). Essa regulação, na medida em que as tecnologias do banheiro (como o sanitário com descarga) permitem uma privatização das funções excretoras, torna-se também uma *autorregulação*. No banheiro público moderno, dividido em dois gêneros, onde corpos estão sob constante escrutínio, gênero e higiene têm que ser visíveis de modo que o sujeito possa aprender a se regular e ser regulado dentro dessa "paisagem cisgênera e heteronormativa" (Cavanagh, 2011, p. 6).

Em um dos banheiros masculinos da FL/UFRJ está a porta mostrada no Anexo deste capítulo. Ela foi escolhida para nossa discussão aqui por ser uma das mais "movimentadas" entre os banheiros, coberta quase em sua totalidade por grafitos (para uma discussão mais abrangente dos dados, ver Barboza, 2018). Por ter sido limpa algumas vezes, esta porta não tem apenas grafitos "atuais", pois a limpeza nunca é 100% eficaz em apagá-los, e algumas tintas resistem aos abrasivos. Assim, é interessante notar como camadas de escritos se sobrepõem e se misturam, confundindo as noções

---

4. Isto é, dividido por gênero, guarnecido de porcelanas ou metais sanitários ligados a um serviço de esgoto e cabines individuais.

de tempo das "falas", do que foi escrito antes ou depois. A fragmentação da temporalidade, segundo Foucault (2013), é característica das heterotopias, as quais conectam diferentes períodos de tempo ao sobrepor camadas de significados díspares. Nesse sentido, a disputa pelo espaço materializada nesta porta pode ser tomada como metáfora da disputa pela circulação de discursos e pela produção do espaço do banheiro como um todo. Na mesma medida em que discursos hegemônicos são constantemente (re)produzidos, são também, a todo tempo, confrontados e contrapostos.

O Destaque A2 do Anexo demonstra esse confronto. Ali, o discurso homofóbico, com ampla circulação dentro e fora do banheiro, sofre uma intervenção gráfica que indexicaliza outra camada de significados, contestando o anterior. Ambas as mensagens estão presentes nesse grafito, simbolizando essa constante e contínua disputa discursiva, espacial, identitária. Nas portas e paredes dos banheiros esse embate é presente. Uma variedade de vozes, temas e visões de mundo distintas é movimentada e articulada pela propriedade indexical dos signos ali inscritos, projetando identidades fragmentadas e plurais. Assim, a paisagem linguística do banheiro se constitui no movimento, em permanente transformação, alterando as formas como são produzidos não apenas o espaço do banheiro, mas também os sujeitos que por ali circulam. Na discussão que se desenrola nas paredes, diversos silenciamentos e preconceitos se (re)produzem, mas não sem resistência — eles afirmam outras formas de existir, produzindo uma potencial ressignificação das performances do/no banheiro.

Sedimentação e ruptura

Quando falamos em grafitos de banheiro, uma das primeiras coisas que pode surgir à mente são as mensagens de teor sexual, tão recorrentemente associadas a essa paisagem linguística. Nesta porta, de fato, elas eram numerosas. Contudo, pode passar despercebido que, ao indexicalizar categorias identitárias desviantes da norma cisgênera e heteronormativa, esses grafitos subvertem a suposta cis-heteronormatividade do banheiro masculino. Nessas interações, o banheiro é projetado como um espaço de práticas sexuais dissidentes, não aceitas em sociedade. Quando práticas desse tipo acontecem no banheiro, a dimensão vivida desse espaço extrapola a dimensão da prática normatizada e normativa, possibilitando a produção de espaços outros, espaços *queer*, desviantes, i.e., uma porno-heterotopia.

A prática e a incitação recorrente de atividades sexuais sedimentam novos significados, fazendo com que o banheiro perca muitas de suas funções "normatizadas", "esperadas" — como o espaço das funções excretoras. Como demonstram as etnografias de Silva Souza (2012) e Costa Neto (2005), em banheiros conhecidos pelas práticas de *banheirão*,[5] as atividades "normais" já não são mais aquelas relacionadas à limpeza e à excreção fisiológica. Entrar nesses banheiros para urinar será uma performance *fora do lugar*. Nesses espaços, a contínua repetição de determinadas práticas e a sedimentação de novos significados espaciais produziram um outro tipo de performatividade que incide sobre os sentidos daquele/naquele espaço. Emerge aí uma porno-heterotopia que questiona as relações entre espaço, gênero e sexualidade.

As porno-heterotopias, contudo, tampouco são estáveis. Mesmo as atividades lidas como dissidentes podem ser desestabilizadas na disputa discursiva. No grafito que pode ser visto no Destaque A3, as várias indexicalidades projetadas pelas palavras e pelos outros signos visuais suscitam múltiplas interpretações, que se articulam com o *quando* e *onde* (Scollon e Scollon, 2003) deste grafito. Por estar em um banheiro masculino de uma universidade pública, ele integra um fluxo de inúmeras repetições. Como tantos outros, esse grafito articula os signos de um anúncio na porta de banheiro, elaborando uma descrição do objeto de desejo e disponibilizando uma forma de contato, interpelando o leitor. Aqui é possível perceber as sedimentações de uma repetição, os efeitos da contínua (re)produção de vários grafitos em várias portas de banheiro, que poderiam estabilizar um *gênero* "grafito de banheiro". Assim, uma primeira leitura projetaria como efeito indexical, talvez, um usuário homossexual em busca de prazer através da prática sexual, construindo o grafito como uma expressão de desejo, expressão de *um autor*, localizada no banheiro simplesmente porque seria este o lugar do tabu, do segredo, do abjeto, do não aceito em sociedade.

---

5. Prática sexual em banheiros públicos, geralmente associada a homens gays, mas não somente.

Estas interpretações se alinham (ou se chocam) sempre com as expectativas que trazemos para a interação, com as concepções de espaço que produzimos a partir do longo processo histórico de sedimentação de significados. Ao analisar esses grafitos partindo destas concepções recorrentes de banheiro público masculino, tudo parecerá dentro do normal. Esse exemplo seria apenas mais um grafito procurando sexo, como tantos outros. A historicidade dessas semioses é tão longa e tão arraigada em nossas práticas — também as nossas, de pesquisadores — que fica difícil considerar até mesmo que a pessoa que escreveu o grafito possa *não se identificar como homem*, por exemplo. Toda uma corrente de efeitos, de explicações e interpretações é desencadeada a partir de uma assunção como esta, que não é nem ao menos posta em dúvida.

Igualmente, por tratar-se de um banheiro masculino, a imaginação corriqueira prevê um espaço apenas frequentado por indivíduos que se entendem como homens, e que, ao escrever anúncios desse tipo, projetam seus interlocutores também como homens. Contudo, uma aparente disjunção abala a leitura proposta no parágrafo anterior: a inscrição GAY HETERONORMATIVO associa duas palavras cujo efeito poderia ser paradoxal. A palavra gay produz muitas indexicalizações. No exemplo, pode designar um homem que faz sexo com outros homens. Contudo, para alguns homens, basta ser "afeminado" para ser considerado "gay", sem que precise existir uma relação sexual com outro homem (nesse sentido, ver Miskolci, 2017). Já *heteronormativo* aponta para uma performance identitária baseada no binarismo masculino/homem *vs.* feminino/mulher, que legitima apenas a relação sexual entre estes dois. Poderia um sujeito homossexual ser heteronormativo?

As indexicalidades produzidas pela associação entre as palavras "gay" e "heteronormativo" contribuem, então, para desestabilizar ideias unívocas a respeito do que é ser gay e reposicionam o banheiro como um lugar de contestação. Longe de ser apenas o lugar destinado à excreção assim como pensado pelo imaginário moderno, o banheiro constitui aqui uma porno-heterotopia questionadora das performances de gênero. Além disso, precipitam-se ali, em forma de texto, os diversos discursos sobre gênero e sexualidade que atravessam não apenas os indivíduos ali presentes e aquele espaço, mas também toda a universidade e os demais espaços que habitamos.

Estão presentes então, simultaneamente, o espaço e o tempo de diferentes discursos e interações. Condensados ali, esses discursos fazem do banheiro uma porno-heterotopia que constantemente reatualiza e (re)produz os espaços e sujeitos em interação.

Os signos articulados no grafito visto no Destaque A3 permitem deslocar projeções identitárias pré-dadas, assim como noções prontas de público e de espaço. O indivíduo que respondeu ao grafito, aparentemente, não deu uma resposta esperada pelo gênero de "anúncio" do grafito ilustrado. Ele não deixou seu contato, nem respondeu algo que expressasse seu desejo sexual, como seria esperado em resposta a um anúncio de sexo no banheiro público. Ao extrapolar as possibilidades de resposta ao grafito, surgem novas possibilidades de análise para além do enquadre "anúncio sexual". O indivíduo que produziu a resposta evidenciou as ideologias cis-heteronormativas daquele discurso, em geral invisibilizadas pela dinâmica dos anúncios sexuais nos banheiros e pela assunção de que não há cis-heteronormatividade em relações homoafetivas. Nesse movimento, o espaço também está sendo performativamente produzido como um espaço de contestação. A identidade dos sujeitos, desse público e desse espaço não está dada — ambos se produzem na interação, na circulação de discursos. O indivíduo que respondeu ao grafito talvez não fosse o público projetado inicialmente por quem o escreveu, mas ele se constitui em público ao ser interpelado pelo grafito, entrando no movimento das suas contínuas (re)produções.

Discursos em disputa

A questão do tempo é fator que influencia na análise proposta aqui. Afinal, é na série contínua de performances e repetições que se abre a possibilidade de mudança, pois a repetição, como já mencionado, nunca é igual. Os exemplos exibidos nos destaques 1 a 4 do Anexo mostram como os enquadres hegemônicos na compreensão do banheiro, e as certezas sobre *o que é* um banheiro, podem ser chacoalhados por uma nova performance. Quando a porta que pesquisamos foi apagada, novos grafitos foram escritos sobre as sombras dos antigos. As letras foram "redesenhadas" de modo a se sobrepor quase perfeitamente às letras da antiga frase, ressignificando-as através de novas indexicalidades.

A disputa por signos na paisagem linguística do banheiro é também uma disputa pela concepção de espaço — considerando o *onde* e o *como* dessa interação, esses signos ganham ainda mais relevância. É também uma disputa por diferentes visões de gênero e sexualidade. Neste caso, podemos dizer que os grafitos do Destaque A1 indexicalizam performances de masculinidade hegemônica, que supostamente lhes garante a liberdade de chamar uma mulher de "piranha" e xingar um grupo de "bando de pau no cu". Não se pode determinar a orientação sexual desses usuários, pois não fica claro, a princípio, se a injúria direcionada à Lorhayne tinha uma motivação sexual. Contudo, o "Bando que distribui o amor" parece entender que se trata de alguém rejeitado, pois responde com "ela só não te quis", supondo, então, uma relação sexual ou de desejo. Os signos não verbais dos grafitos do Destaque B4 (estrelinhas, florzinhas e coraçõezinhos) parecem indexicalizar um deboche à performance de masculinidade anterior, no Destaque A1, cheia de exclamações, letras grandes ocupando quase metade da porta e repetições da ofensa, indexicalizando graficamente uma certa revolta.

Nessa disputa de visões de mundo, o banheiro emerge como um espaço contestado, pois surge aí uma questão de gênero que subverte potencialmente a divisão homem/mulher estabelecida entre os banheiros da Faculdade de Letras. Contrapondo aos grafitos do Destaque A1 uma resposta que poderia ser "feminista", seriam autor*as*, e não autor*es*, as pessoas responsáveis pelos grafitos do Destaque B4? Ou seriam homens que compartilhavam ideais feministas? Em todo caso, a resposta desloca projeções unitárias de gênero e sexualidade no banheiro masculino, indexicalizando significados inesperados, que fissuram a história de significações desse espaço e das performances de gênero que ali circulam.

Abre-se, assim, uma possibilidade de diferença na performance do espaço, nas formas pelas quais o produzimos e somos produzidos como sujeitos na interação com ele. Se quem escreveu foram mulheres, elas quebraram a regra da divisão binária entre banheiros. Se foram homens, quebraram a projeção normativa da masculinidade, altamente patriarcal, que subjuga o gênero feminino. Em ambos os casos, essas inscrições constituem o banheiro como uma porno-heterotopia: ele deixou de ser um local produzido unicamente pelas práticas e pelas ideias de uma fraternidade de homens, supostamente iguais em gênero e sexualidade, que compartilham entre si lugares-comuns do machismo e projetam livremente os índices de uma masculinidade hegemônica. Nesta porno-heterotopia, o lugar das identidades cis-heteronormativas pode ser contestado, na medida em que produz identidades sexuais e de gênero desviantes da norma.

Algumas considerações

Nesta leitura dos grafitos de uma porta presente em um dos banheiros da Faculdade de Letras da UFRJ, analisamos as indexicalidades projetadas pelos grafitos e pelo espaço do banheiro. Essas indexicalidades articulam possíveis significados apontados pelos grafitos que, em sua constante repetição em discursos múltiplos, formam noções a partir das quais buscamos compreender o que chamamos de realidade. A ideia de produção discursiva do espaço, relacionada às noções de performance e performatividade, permitiu-nos argumentar em torno de uma concepção performativa de espaço, tendo em mente uma perspectiva *queer*, que vê espaços e identidades como efeitos discursivos em constante (re)produção. Ao fissurar concepções identitárias e espaciais estáticas, identificamos os banheiros públicos como porno-heterotopias potenciais, nas quais uma miríade de sentidos que se autoexcluem (re)significam o espaço e suas relações com corpo, gênero e sexualidade.

Com este capítulo, buscamos demonstrar a potência que há em pensarmos os espaços como construções sociodiscursivas. Gostaríamos que essa abordagem ajudasse a desnaturalizar a forma como pesquisamos, entendemos e vivenciamos — ou seja, produzimos — os espaços das/nas nossas experiências, reconhecendo a agência e a plasticidade deles e dos indivíduos que com ele/nele interagem. Esse é um dos interesses de estudar os grafitos de banheiro, pois sua polifonia não deixa clareza sobre as significações possíveis. Assim, elas nunca serão definidas, pois estarão sempre em jogo a cada encontro semiótico com um novo usuário, gerando sempre novas possibilidades para os interagentes e para o próprio espaço. Nesse estranhamento do banheiro e dos grafitos — espaços e elementos cotidianos e corriqueiros — foi possível entrever a cis-heteronormatividade que (in)forma o espaço do banheiro e as constrições que recaem sobre os sujeitos que ali circulam. Performances fora do lugar, na medida em que não se encaixam (tornando-se, portanto, invisíveis), fazem visíveis as expectativas que constroem o banheiro como o espaço que conhecemos. Nessa fissura que contesta o cotidiano e sua matriz cis-heteronormativa, produz-se a (porno-)heterotopia.

Como efeito de sua constante (re)produção em uma escala hegemônica, a história associada a um signo tende a cristalizar-se nos grafitos de banheiro, indexicalizando sempre os mesmos significados hegemônicos. Performances projetadas nessas interações, portanto, nunca devem ser tomadas como realidades prontas para o consumo e compreensão. Da mesma forma, um espaço produzido a partir da cristalização de certas narrativas incorre no perigo de reproduzir narrativas essencialistas que legitimam injustiças e discriminação, perpetuando desigualdades e violências contra indivíduos que não se enquadram. É o que acontece no banheiro cristalizado pelas narrativas da modernidade e da cis-heteronormatividade, que excluem desse espaço pessoas que não performam da maneira esperada — pessoas que contestam a "normalidade" cis-heterossexual. Daí a necessidade de olhar para os movimentos, para os fluxos que produzem espaços e identidades, em seu constante (re)fazer, sempre instáveis, produzidos nos rastros de um contínuo movimento de diferenciação. Daí também a necessidade de considerarmos os temas das nossas pesquisas em fluxo. Somente uma paisagem linguística entendida em seu movimento e constante (re)produção produziria os efeitos e significados que identificamos aqui.

Pode parecer óbvio que a inscrição "gay heteronormativo" questiona os discursos da cis-heteronormatividade. Talvez seja óbvio também que um grafito no banheiro masculino que procura por sexo seja apenas o grafito de um homem gay procurando por sexo (com outro homem gay). Também pode parecer "negar o óbvio" afirmar que um banheiro não é só um banheiro. Que outra coisa seria um espaço com sanitários, cabines e pias, afinal? Contudo, o desafio que propusemos aqui foi justamente visibilizar o que, de tão óbvio, desaparece. Estas são as duas faces de um trabalho como este: por um lado, na medida em que fazemos parte desta sociedade e frequentamos esses mesmos banheiros como usuários "normais", muito do que é óbvio para os outros, torna-se óbvio para nós também. Olhar para além deles torna-se um exercício de investigação. Por outro lado, despertar para o banal abre caminhos para uma possível reinvenção. Esperamos ter conseguido criar inteligibilidade sobre esses processos sociais que parecem óbvios e normais. É nomeando o óbvio que muitos enquadres normativos podem ser rompidos. Visibilizar o que se pretende invisível é um ato de resistência frente aos conservadorismos, violências e opressões que temos vivido. Entender identidades e espaços como performances, como produções sociais performativas, discursivas, semióticas, permite manter o campo de significações sempre aberto para a novidade. É preciso disputar os discursos normativos, as visões de mundo e os enquadres que participam ativamente na produção de quem somos.

Grafitos não projetam apenas imagens de interlocutores. Essas imagens comparecem nas formas como materialmente produzimos nossos corpos e existências. Tomamos essas imagens a todo tempo como referência do que é certo, bonito, aceitável, para produzir quem somos e os espaços onde vivemos. O grafito de banheiro nos lembra que quando interagimos com pessoas, interagimos apenas com performances e imagens cristalizadas, pois nunca temos acesso a um si mesmo verdadeiro — ele não existe. Somos sempre nossas performances, o que projetamos, o que falamos, e daí a importância também de atentar para as formas como produzimos linguagem e espaços e, por conseguinte, nossa existência no mundo.

DISCURSOS TRANSVIADOS 119

ANEXO — PORTA DO BANHEIRO

A — Vista geral da porta do banheiro na primeira visita

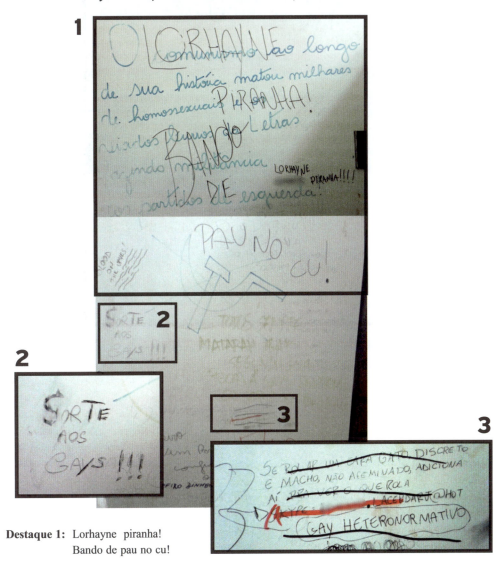

Destaque 1: Lorhayne piranha!
Bando de pau no cu!

Destaque 2: ~~M~~Sorte aos Gays!!!

Destaque 3: Se rolar um cara gato, discreto
e macho, não afeminado, adiciona
aí pra ver o que rola[.]
Skype: [e-mail ocultado pelos autores.]
GAY HETERONORMATIVO[.]

B — Destaque 4 na segunda visita

Lorhayne não é piranha, ela só não te quis!
Bando que distribui amor!

CAPÍTULO 4

DESFAZENDO O PRIVILÉGIO CIS-HETERONORMATIVO DO ENSINO DE INGLÊS NA ESCOLA PÚBLICA

Luciana Lins Rocha

> O que aconteceria se, ao invés de punir, vigiar ou controlar aqueles [e aquelas] que rompem as normas que buscam enquadrá-los [las], um currículo pudesse se inspirar nessas expressões de dissidência para o próprio educar?
>
> Silva et al., 2016, p. 157

Introdução

Este capítulo é resultado de algumas reflexões desenvolvidas durante minha pesquisa de doutorado (ver Rocha, 2013, 2014a, 2014b). Gostaria de poder dizer que os anos passados após a defesa trouxeram grandes mudanças na área de ensino de inglês no Brasil, mas infelizmente o cenário ainda não está tão promissor. Alguns avanços, entretanto, puderam ser observados, especialmente se analisarmos o edital do Programa Nacional do Livro Didático (PNLD) 2018[1] em que itens como combate à homofobia, transfobia, racismo e quaisquer formas de violência devem comparecer nos livros didáticos de inglês para o Ensino Médio que se inscreverem nesse programa do governo para escolas públicas. Uma breve análise das obras apresentadas desde o primeiro edital, em 2010, mostra como houve alguma mudança na direção de um ensino de inglês menos focado em normas linguísticas e mais responsivo à formação global para uma sociedade diversa.

Boa parte das obras aprovadas para 2018 apresenta temas ligados às demandas contemporâneas, bem diferentes das questões tradicionais e assépticas sobre "meio ambiente", "pontos turísticos" e "carreiras" (de prestígio apenas) que são quase sempre tratadas como vitrina de estruturas linguísticas e vocabulário. Ainda assim, não se pode ignorar que, por muitas décadas, um discurso sobre o que é ensino de língua "estrangeira" foi repetido e reforçado, naturalizando-se e adquirindo status como uma orientação potente que circunscreve o que está autorizado a acontecer em aulas de inglês.

Esse discurso tem recebido atualizações oriundas das questões do contexto sócio-histórico atual. O ano de 2013, quando concluí a pesquisa que inspirou este capítulo, foi marcado pelas manifestações populares nas ruas das principais capitais do país, motivadas inicalmente por um

---

1. O edital pode ser encontrado no endereço eletrônico http://www.fnde.gov.br/programas/programas--do-livro/consultas/editais-programas-livro/item/7932-pnld-2018, link "Edital PNLD 2018", acesso em: 16 out. 2017.

aumento nas passagens de ônibus. O lema "não é só por 20 centavos" enchia-nos, educadores e educadoras, de esperança num futuro com maior clamor pela concretização das demandas de todas as pessoas, demandas essas muitas vezes organizadas por meio das redes sociais. Eu pensei estar vendo com muita plenitude aquilo que antes só havia lido em artigos acadêmicos: como as redes podem ser lugar de fazer política, uma política da multidão (Hardt e Negri, 2005), na qual as diferenças unidas fazem a força.

Porém, o que se viu dessa data em diante foi uma crescente onda reacionária varrendo o mundo. O ódio proliferou tomando diversos formatos: xenofobia e racismo galopantes pelo globo, verificados especialmente nas reações conservadoras de muitos países europeus à imigração; LGBTfobia, machismo e misoginia reforçados por líderes, tanto na religião quanto na política, em declarações públicas e pela aprovação de projetos de lei como a "cura gay", que autoriza psicólogas e psicólogos a "tratar" a homossexualidade; movimentos como o Escola sem Partido ganhando espaço e cerceando o acesso ao conhecimento do diverso com sua defesa de que a escola deve ensinar "apenas" matérias, ignorando que a seleção delas indica uma questão política sobre que tipo de pessoas se pretende formar. Das manifestações orquestradas via redes sociais em 2013 chegamos a um mundo onde essas mesmas redes sociais oferecem um distanciamento que torna fácil tuitar sobre a satisfação de estuprar uma criança que participava de um programa de culinária na TV aberta (Melo e Rocha, 2015). O pior do senso comum (re)surge a cada clique, legitimando certos atos que repercutem fora das redes, como um professor se sentir confortável para assediar uma aluna por saber que a culpa recairá sobre a vítima, posto que vivemos numa cultura do estupro reforçada a cada post.

É nesse contexto conturbado, onde algumas vidas têm mais prestígio e outras nem sequer são consideradas vidas, que se situa a escola hoje e o ensino de línguas dentro dela. Estamos testemunhando um despudor sem limites no que concerne à imposição de sofrimento, especialmente com a livre circulação na rede de discursos de ódio contra minorias, sendo as sexuais e raciais os alvos preferidos. Tais discursos, que não se restringem à rede global de computadores, vão pavimentando uma estrada que culmina na violência física, seja ela na forma de assédio, agressões ou assassinato. Diante desse cenário, a escola não pode se eximir da responsabilidade de educar jovens para o diverso, insidiosamente negligenciando esse processo com a justificativa de que está tomando uma postura "neutra" e imparcial. Como já indicou Sedgwick (1990), o silêncio é um ato de fala altamente performativo, pois ele legitima o *status quo*.

Desse modo, o objetivo deste capítulo é discutir de que formas podemos desfazer, a partir dos princípios das teorias *queer*, uma tradição de ensino de línguas limitadora de futuros. Em termos de escolarização, orienta-se pela ideia de uma educação rizomática calcada na política menor que pensa "o entrelaçamento enviesado entre educação, política e diferença" (Borba e Lima, 2015, p. 3). No que tange ao ensino de inglês, propõe-se o afastamento de uma visão estruturalista de língua, investindo-se na compreensão de que a linguagem é performance (Fabrício e Santos, 2006; Pennycook, 2007; Borba, 2014a; Fabrício, 2017).

A tradição de ensino de línguas está atrelada a um *modus operandi* institucional escolar maior orientado por um privilégio cis-heteronormativo causador de muito sofrimento e que precisa ser questionado. Assim, o presente capítulo organiza-se em 5 seções que, partindo da problematização do referido privilégio concedido pela matriz heterossexual (Seção 2), discute alguns princípios das teorias *queer* como caminhos para o desmonte da escolarização tradicional, situando a presente proposta no campo de estudos da linguística *queer* (LQ) pela perspectiva de investigar as relações constitutivas (e políticas) entre linguagem, gênero e sexualidade (Seção 3). Defende-se a *queerização* da sala de aula de línguas fundamentada no estranhamento da visão de língua, identidade, funcionamento da sala de aula, relações entre docentes e discentes (Seção 4), pois não basta inserir os corpos sexualizados que são apagados no currículo escolar, é preciso estranhar toda uma escolarização que se pauta em relações de poder para além da generificação de participantes. A Seção 5 apresenta a proposta *queer* de intervenção, ilustrada por algumas cenas de sala de aula, seguida de Considerações Finais.

O privilégio cis-heteronormativo na escola: enterrando corpos que não importam

Durante muito tempo, a escola se ocupou de ensinar às crianças aquilo o que determinado grupo legitimou como conjunto de conhecimentos necessários e adequados para a vida em sociedade. Estavam fora desse conjunto as sexualidades, pois torná-las invisíveis faz parte de um regime de verdade que exclui as discussões sobre performances de sexualidade nas instituições disciplinares (Epstein e Johnson, 1998; Moita Lopes, 2006a). Paradoxalmente, a escola apaga a sexualidade dos seus discursos e continua falando dela o tempo todo com sua arquitetura, disposição de carteiras, vigilância, sistema de punições, segregação entre escolas de moças e de rapazes, dormitórios individuais (Foucault, 2009; 2010). Como bem aponta Silva (2009 [1999], p. 108):

> [...] a sexualidade, embora fortemente presente na escola, raramente faz parte do currículo. Quando a sexualidade é incluída no currículo, ela é tratada simplesmente como uma questão de informação certa ou errada, em geral ligada a aspectos biológicos e reprodutivos.

A escola funciona, desse modo, na produção das sexualidades (Epstein e Johnson, 1998, p. 108), seja pela celebração e consequente legitimação da heterossexualidade reprodutiva ou pela marginalização de outras práticas sexuais por meio de seu apagamento. O silêncio quanto a outras performances de gêneros e sexualidades não significa que elas estejam fora da escola ou deixem de existir, já que o silêncio legitima o senso comum, produzindo um lugar marginal e causando sofrimento às pessoas que se identificam com tais performances silenciadas.

Documentos oficiais do Ministério da Educação, entretanto, indicam a discussão sobre a multiplicidade de formas de exercer a sexualidade, numa perspectiva de respeito às diferenças (Brasil sem Homofobia, Parâmetros Curriculares Nacionais — Orientação Sexual, Educação para Todos). Apesar de operar com "identidades" essencializadas e promover o discurso da tolerância,[2] marcando como marginais algumas sexualidades que devem ser "respeitadas" dentro de uma lógica heteronormativa, tais orientações podem ser consideradas um avanço, pois ao menos colocam em discurso no currículo tais performances comumente invisibilizadas.

A existência de documentos oficiais não significa, entretanto, que todas as escolas públicas os adotem em seus currículos. Em 17 anos de magistério na rede pública, somente a partir de 2010 pude constatar a diversidade sexual posta abertamente em discussão pelo Grêmio Estudantil, com o apoio da direção da escola, no Instituto Federal de Educação no qual atuo. Mesmo com o projeto institucional de discussão da diversidade de gênero, apresentado durante a aula inaugural do ano letivo de 2015,[3] a prática mais comum é legitimar a cis-heteronormatividade pelo silêncio: não se fala sobre outras maneiras de exercer a sexualidade e quando elas insistem em irromper são caladas com tratamento diferenciado ou punições. Ao silenciar a diversidade, seja ela ligada a gênero, sexualidade ou raça, a escola mantém um ideal de humanidade e enterra alguns corpos construídos como ilegítimos dentro desse ideal. Isso significa dizer que todo o conhecimento, incluindo-se aí o material didático e o currículo, é voltado para um único tipo de pessoas: homens brancos cisgêneros heterossexuais de classe média. Quanto mais distante desse ideal, mais à margem se vai ficando, e podemos apontar as pessoas negras trans com algum tipo de necessidade específica como a margem da margem, o ponto mais distante do ideal cis-heteronormativo.

Desse modo, a escolarização dá continuidade à desqualificação de certos corpos que opera no mundo social. Basta tentarmos levantar estatísticas sobre

---

2. Tais documentos sobre orientação sexual já foram largamente estudados e já tiveram suas inconsistências devidamente analisadas. Ver, por exemplo, Rosistolato (2003), Haltmann (2005), Borges e Meyer (2008), e Ramos e Rodrigues (2011), bem como Vianna (2012) para um levantamento das pesquisas realizadas nos anos 1990 e 2000.

3. O Colégio Pedro II é formado atualmente por 9 campi situados nas cidades do Rio de Janeiro, Niterói e Duque de Caxias, oferecendo educação infantil, educação básica e cursos de pós-graduação lato e stricto sensu. A cada início de ano letivo convidam-se palestrantes para tratar de temas do interesse da comunidade escolar numa aula inaugural ministrada no amplo teatro situado na sede em São Cristóvão. A aula inaugural de 2015, intitulada "Cotidiano escolar, currículo e heteronormatividade: desafios para uma educação de qualidade para todos", foi ministrada pelo pesquisador Rogério Diniz Junqueira, do Instituto Nacional de Estudos e Pesquisas Educacionais Anísio Teixeira (Inep).

quantas pessoas trans concluem a educação básica[4] para saber que, juntamente com as pessoas que defendem a moral e os bons costumes na atual onda reacionária, a escola tem aniquilado e enterrado corpos já desumanizados em discursos de ódio que se mantêm incólumes nas salas de aula. Se o silêncio também é uma forma de dizer, a ausência de certos corpos no currículo nos diz que eles não têm importância e podem ser violentados. Nas palavras de Maria Clara Araújo, universitária[5] negra e trans que já participou de debate (a convite do Grêmio Estudantil) na instituição onde atuo,

> Durante essa semana, ouvi de uma travesti que o brasileiro parece acreditar que travestis não sangram. Ao dizer isso, ela sintetizou, para mim, o que venho construindo por todo esse tempo que tenho não só vivido enquanto uma travesti, como também estudado o que é ser uma travesti no Brasil: somos vistas como subumanas aos olhos dos brasileiros. Nossas lágrimas enquanto levamos facadas, nossos apelos enquanto somos carbonizadas, nossos gritos enquanto estamos sendo espancadas... nada disso os faz serem empáticos, uma vez que nossa vida, na visão de quem nos genocida, não importa. Ela não merece sua empatia (Araújo, 2016).

A deslegitimação de certas vidas, já naturalizada no senso comum, atualiza-se a cada comentário preconceituoso, autorizando em discursos de ódio a violência física e pavimentando uma estrada cujo destino é a morte, social ou de fato (Butler, 2004). Ou ainda, na metáfora de Baptista (1999), comentários como "se a travesti estivesse em casa à noite isso jamais teria acontecido"[6] funcionam amolando as facas que realizam a violência física, entendida como o ápice do processo discursivo de desqualificação de tais vidas.

---

4. As referidas estatísticas são difíceis de levantar; nem mesmo as organizações voltadas para o apoio a pessoas trans conseguem obter tais números com precisão. Mas não são necessários números para saber que a escola não favorece a permanência delas até o final do ciclo básico.
5. Até a data de acesso do artigo, Maria Clara apresentava-se como futura pedagoga, pois ainda estava cursando a graduação.
6. Comentário do deputado Jair Bolsonaro em entrevista concedida à *Revista Época*: "A maioria dos homossexuais é assassinada por seus respectivos cafetões, em áreas de prostituição e de consumo de drogas, inclusive em horários em que o cidadão de bem já está dormindo". Disponível em: http://revistaepoca.globo.com/Revista/Epoca/0,,EMI245890-15223,00-JAIR+BOLSONARO+SOU+PRE-CONCEITUOSO+COM+MUITO+ORGULHO.html. Acesso em: 10 out. 2017.

A escola privilegia certo ideal cis-heteronormativo no currículo de diversas formas, especialmente pela negação de outras formas de vida em materiais didáticos, pela prescrição de uniformes binários, pela circunscrição da sexualidade às aulas de ciências/biologia na condição de heterossexualidade reprodutiva. A escolarização assim silencia a possibilidade de existência de vidas já desqualificadas no senso comum, compactuando com a amoladura de facas. Nesse contexto institucional escolar, encontramos o ensino de inglês, cuja situação parece ainda mais grave pela tradição de apego à língua como um sistema de regras que nos leva a acertos ou erros. Essa visão de linguagem como um sistema desconexo das realidades locais de discentes nos leva à frase que já virou chacota: *"the book is on the table"* ("o livro está sobre a mesa"), símbolo máximo de um ensino de inglês asséptico, associal e não responsivo aos interesses de jovens. Se o que vemos hoje é a instituição escolar muitas vezes sendo o local de conformação a uma ordem social nefasta, normatizando corpos, desejos e afetos, esse tipo de aula de inglês atua como mais um aliado na manutenção da ordem.

Tal "ordem" se orienta pelo privilégio cis-heteronormativo concedido pela matriz heterossexual. Segundo Butler (2003, p. 24), a matriz heterossexual é uma matriz de inteligibilidade, pois é nas relações legitimadas por ela entre gênero, desejo e prática sexual que alguém pode receber reconhecimento como pessoa. Para ter algum grau de humanidade aos olhos de outras pessoas, portanto, é preciso agir de acordo com certos padrões repetidos à exaustão, em especial com relação àquilo que se faz com o corpo e a sexualidade (Butler, idem, p. xxiii). Aparentar pertencer a certo gênero convencionalmente relacionado à genitália, ou seja, ser cisgênero, está também envolvido nessa matriz (ver Bagagli, neste volume).

A imposição de sofrimento pela matriz heterossexual se estende a todas as pessoas, não somente a quem não se identifica com a heterossexualidade. O menino que não pode tocar nas bonecas da irmã, a menina que não pode jogar futebol, o adolescente que não é "pegador", a mulher que se relaciona com mais de um homem ao mesmo tempo, ou aquela que não se relaciona com ninguém... todas essas pessoas têm seus comportamentos vigiados e avaliados pelo privilégio cis-heteronormativo concedido a quem se adequa a cada detalhe dessa matriz.

A escola, que deveria ser o espaço de educação para uma sociedade mais justa e igualitária, acaba por falhar na sua missão mais nobre quando funciona como uma reprodução perversa dos padrões sociais. Aprendemos na escola que meninos podem ser bagunceiros e bons de cálculo, enquanto as meninas devem ser comportadas e boas em linguagens. Aprendemos também que meninas e meninos devem estar separados, especialmente nas aulas de educação física, já que meninos são "naturalmente" agressivos (ver, neste sentido, Almeida, neste volume). Aprendemos que só existem duas possibilidades: homem e mulher, atreladas à existência de certas genitálias e de certos comportamentos. Para quem não se enquadra em uma das duas pontas dessa redução simplista das vidas humanas inventamos de pronto um diagnóstico, e junto com ele um lugar marginal e hostil que leva a pessoa, quase sempre, a se evadir da escola. Não se pode, portanto, insistir numa escolarização que enterra corpos, sonhos e futuros quando se propõe a apagar a diversidade e manter privilégios de um único tipo de vida.

Movimentos como o Programa Escola Sem Partido (ESP)[7] têm fomentado a perpetuação do privilégio cis-heteronormativo, alegando que a escola deve ensinar disciplinas e ignorar um projeto político-pedagógico de formação cidadã. Quaisquer visões distintas são encaradas como ameaças tenebrosas e nomeadas por tal grupo como "ideologia de gênero" e "doutrinação ideológica". Esse tipo de iniciativa ganha força por se pautar em uma noção do senso comum sobre o fato de as disciplinas escolares estarem trabalhando apenas "mentes" e não constituindo pessoas generificadas, sexualizadas, racializadas. Tal perspectiva ignora que a produção de conhecimento canônico que compõe a maior parte dos currículos escolares foi quase totalmente produzida eurocentricamente por homens brancos cisgêneros heterossexuais, o que já é uma tremenda doutrinação de gênero, para usar os termos que são familiares a quem defende o ESP.

Apesar do ESP, ainda estão em vigor os já referidos documentos oficiais que promovem o combate à discriminação nas escolas. Porém, há um

---

7. O Colégio Pedro II tem sido um dos alvos principais desse movimento, cujo ataque mais recente solicitou intervenção federal na instituição (http://www.camara.gov.br/proposicoesWeb/prop_mostrarintegra?codteor=1632236&filename=INC+4421/2017. Acesso em: 8 mar. 2018).

entrave à operacionalização de tais propostas: pregar a tolerância, promover "identidades" essencializadas em documentos que seguem uma forma de produção de conhecimento canônica não constitui abalo suficiente, pois tais personas desviantes do padrão que detêm o privilégio serão incluídas burocraticamente, enquanto toda a ordem estruturante da escolarização permanece intacta, privilegiando a tal ponto a cis-heteronormatividade que ela parece invisível. Faz-se necessário questionar, problematizar, desmontar, *queerizar* ou, como afirma Borba na introdução deste volume, desorientar essa ordem.

Subvertendo privilégios: o pensar *queer*

Na minha trajetória como professora da educação básica, a percepção sobre o privilégio cis-heteronormativo na escola começou quando me incomodei com o tratamento dispensado a discentes que divergiam do que se espera dentro da matriz heterossexual. Alunas e alunos assumidamente LGBT pareciam atrair os olhares da administração, tendo seus passos acompanhados estreitamente. Qualquer deslize era motivo para chamar-lhes a atenção nos corredores, punir ou avaliar mais rigidamente no conselho de classe.

Lembro-me de um rapaz de aproximadamente 20 anos que foi meu aluno na rede estadual no turno da noite. Ele me mostrava batons, brincos e outros acessórios na sua mochila e dizia que não podia se arrumar como queria para ir à escola. Talvez só naquele momento eu tivesse pela primeira vez me dado conta dos privilégios dos quais eu gozava na condição de mulher cisgênero heterossexual. Eu podia me vestir como queria (até certo ponto, mulheres também são corpos no armário na escola!), enquanto meu aluno precisava se esconder. Essa percepção, no entanto, não me fazia inserir temáticas LGBT nas minhas aulas de inglês, ou quaisquer outras temáticas que fugissem da assepsia do ensino de línguas já citada na Introdução desse capítulo. Apesar de acreditar no ensino com foco na leitura como uma prática social, até aquele momento, no início da minha carreira no magistério público, eu considerava que trazer assuntos (seguros) da atualidade já configurava um grande abalo a todo um sistema que só ensina verbo *"to be"* nas escolas públicas.

Ao ingressar no magistério federal, a faixa etária do corpo discente mudou, mas a situação não foi muito diferente. O incômodo com todo o tratamento diferenciado a quem não se conformava à matriz cis-heterossexual só fazia aumentar, pois as punições e convocações de responsáveis para tirar discentes do armário à sua revelia eram tema durante as minhas aulas. Então comecei a me atrever a inserir tais temáticas por meio de músicas que não configuravam parte integrante do currículo oficial, eram apenas "atividades extras", momentos de lazer em meio a tempos verbais e marcadores do discurso.

Sendo tais atividades pontuais, elas não constituíam um projeto para todo o ano letivo. Ou como diriam Silva *et al.* (2016, p. 154) ao comentar sobre a inserção esporádica de certas identidades no currículo (Dia do Índio, Dia da Mulher, Dia da Consciência Negra):

> essas atividades, sejam quais forem os objetivos ou intenções declaradas, não conseguem 'perturbar' o curso 'normal' dos programas curriculares e pedagógicos, não desestabilizam o cânon oficial, a lógica binária centro-excêntrico, presente no nosso projeto educacional.

Esse incômodo com o privilégio cis-heteronormativo e minha impotência perante ele na escola me levaram a procurar o curso de doutorado em Linguística Aplicada na UFRJ, onde tive contato com leituras que me permitiram as reflexões que apresento neste capítulo, em especial em relação à visão de linguagem. Dentre as reflexões mais importantes está talvez a noção de que não basta inserir a temática LGBT esporadicamente e insistir numa visão de ensino de línguas que favorece o aprendizado de regras linguísticas em detrimento de uma visão performativa, na qual se compreende que o que fazemos com a linguagem nos constitui, e não apenas descreve uma realidade (Pennycook, 2007; Borba, 2014a; Fabrício, 2017). Durante a realização do projeto de doutorado me propus a *queerizar* as minhas próprias aulas de inglês, que até aquele momento (2009, ano em que iniciei o curso) apenas tratavam tais questões timidamente.

A expressão *"queerizar"* vem da teoria *queer*, que, em linhas gerais, surgiu como um questionamento de padrões rígidos causadores de sofrimento, uma problematização das instituições que impõem modos de ser e agir que hierarquizam as vidas, fazendo com que algumas nem sejam entendidas como vidas humanas de tão deslegitimadas que são nos discursos (ver Borba, neste volume). Conquanto autoras como Sullivan (2003) sugiram que nos preocupemos mais com as ações proporcionadas pela adoção dessa teorização do que com a disputa por uma definição mais acurada, as palavras de Louro (2004, p. 8) sobre o que é pensar *queer* se fazem relevantes:

> *Queer* é tudo isso: é estranho, raro, esquisito. *Queer* é, também, o sujeito desviante — homossexuais, bissexuais, transexuais, travestis, *drags*. É o excêntrico que não deseja ser "integrado" e muito menos "tolerado". *Queer* é um jeito de pensar e de ser que não aspira ao centro nem o quer como referência; um jeito de pensar que desafia as normas regulatórias da sociedade, que assume o desconforto da ambiguidade, do "entre lugares", do indecidível. *Queer* é um corpo estranho, que incomoda, perturba, provoca e fascina.

Queer não pretende ser uma nova "identidade", um novo termo guarda-chuva para homogeneizar todas as pessoas (Sullivan, 2003). Ademais, caso *queer* se coloque como nova "identidade", continuar-se-ia orientando pelo discurso bifurcado homo/hetero criticado por Sedgwick (1990), mudando-se apenas a nomeação dos dois termos para *"queer versus* não *queer"* (Morris, 1998, p. 32). Nesse aspecto, a visão de teoria *queer* que parece mais promissora está próxima da proposta de Preciado (2011), que ressignifica o conceito de multidão: para Hardt e Negri (2005, p. 160), as diferenças coexistem coordenadamente, pois nelas está a força da Multidão, que é "carne social *queer*". Preciado, então, nos apresenta o conceito de "multidão *queer*" entendendo que:

Não existe diferença sexual, mas uma multidão de diferenças, uma transversalidade de relações de poder, uma diversidade de potências de vida. Essas diferenças não são "representáveis" porque são "monstruosas" e colocam em questão, por esse motivo, não somente os regimes de representação política, mas também os sistemas de produção de saberes científicos dos "normais". Nesse sentido, as políticas das multidões *queer* se opõem não somente às instituições políticas tradicionais, que se querem soberanas e universalmente representativas, mas também às epistemologias sexopolíticas *straight*, que dominam ainda a produção da ciência (Preciado, 2011, p. 18).

Há uma tendência a se ocupar das questões de gênero/sexualidade, principalmente pelo significado ofensivo inicial de *"queer"* (a palavra do inglês poderia ser entendida em português como "viado" ou "bicha", por exemplo), mas o projeto de desnaturalizar pode se apoiar em outros eixos performativos. Lançando um olhar para além das dicotomias fixadas socialmente (homem *vs.* mulher, hetero *vs.* homo, branco *vs.* negro), a teorização *queer* constitui um exercício de constante desestabilização de paradigmas preestabelecidos, de questionamento daquilo que nos é apresentado como fixo e imutável. O cerne do pensamento *queer* estaria, assim, na instabilidade, na fluidez, no trânsito perene e na reflexividade que impedem a normatização, o aprisionamento das subjetividades em categorias (Sullivan, 2003; Nelson, 2006; Moita Lopes, 2006b, 2008a, 2008b). Desnaturalizar é, portanto, uma desorientação importante (Jagose, 1996; Carlson, 1998), ou seja, desconfia-se de categorias dadas como naturais independentemente da ação humana, colocando-as em crise (Morris, 2005).

Tendo uma orientação *queer* nos modos de pensar a produção de conhecimento c as scxualidades com foco na linguagem como lócus de constituição de quem somos ou podemos nos tornar, este trabalho de *queerização* da sala de aula afilia-se, assim, à linguística *queer* que, nas palavras de Borba (2015, p. 91),

> centra suas atenções na investigação das relações entre linguagem e sexualidade a partir de um arcabouço teórico-metodológico proveniente da teoria *queer*

[...] A linguística *queer* segue uma perspectiva não essencialista das identidades sexuais e argumenta que, em vez de uma realidade pré-discursiva, essas identidades emergem de contextos socioculturais de regulação e só podem ser entendidas como produtos/efeitos de performances corporais e linguísticas que repetem, reiteram ou subvertem discursos dominantes que trancafiam as posições de sujeito em binarismos, como homem/mulher, hetero/homo.

Ao me propor questionar o privilégio cis-heteronormativo nos discursos que circulam na instituição escolar, principalmente dentro da minha própria sala de aula de inglês, fica em evidência a investigação das relações entre linguagem e sexualidade, considerando atravessamentos de poder engendrados por tal privilégio. Os princípios da LQ foram centrais na compreensão de gêneros e sexualidades, porém essa epistemologia orientou também a desconstrução de hegemonias e verdades sobre escola e ensino de línguas, como se observa na próxima seção.

Subvertendo o ensino de inglês

Entendendo-se o pensar *queer* conforme já discutido, a subversão das aulas de inglês passa não somente pela inserção planejada das temáticas LGBT nas aulas, mas também por um estranhamento de todo um cânone sobre o ensino de inglês na escola pública. Assim como a heterossexualidade se estabeleceu como natural, também o ensino de línguas pautado no código, na gramática prescritiva, na pronúncia "correta", no binarismo falante nativo *versus* falante não nativo e na comunicação no formato cultural do norte ocidental rico também se estabeleceu como o caminho único para se aprender uma "língua estrangeira". Tais hegemonias dão continuidade ao projeto da escolarização cis-heteronormativa. Insistir no modelo de ensino de inglês exemplificado pela célebre frase *"the book is on the table"*, como um aprendizado de regras linguísticas que nada dizem sobre os corpos e afetos presentes em sala de aula, é manter corpos no armário, invisíveis, aniquilando possibilidades de vida.

A subversão desse modelo de ensino de inglês parte de uma mudança na compreensão sobre língua e aprendizagem. Pennycook (2007) chama a atenção para a necessidade de redesenhar algumas noções que já se naturalizaram, como a ideia de língua monolítica, nacionalidade, autenticidade e uso natural da linguagem. Boa parte dos conceitos com os quais o ensino de inglês tradicional funciona é oriunda de uma compreensão ocidental artesanalmente elaborada e que se estabeleceu como verdade por meio da repetição ao longo do tempo. O autor discute, por exemplo, como a ideia de língua é incompreensível para a maioria dos povos, o que nos aponta para o seu caráter de invenção "euro-anglocêntrica".

Se considerarmos que nos fazemos nas performances, nas ações, que somos seres da alteridade, não há como conceber uso ou aprendizado "natural" de língua. Nossas práticas de linguagem são sociais desde o nascimento. Isso levanta também questões sobre performances identitárias, ou seja, nossas práticas de linguagem são "mostra pública" (Pennycook, 2007, p. 74), e não articulações bem-sucedidas de regras linguísticas preestabelecidas. A ideia de nacionalidade é posta desse modo em xeque, pois não interessa tanto a comunidade onde se nasce; importa muito mais o que se faz com a linguagem, já que "é na performance que a identidade é criada" (Pennycook, 2007, p. 35).

Discutindo a teorização butleriana sobre performatividade de gênero, Pennycook nos apresenta uma visão performativa da linguagem ao dizer que se fazemos gênero com a linguagem também fazemos a própria língua com a linguagem, ou seja, ela é resultado de performances. Tal perspectiva leva à compreensão de que pouco importa atribuir um estado ontológico ao "inglês", ou tentar descrever e capturar essa língua, sendo muito mais relevante considerar que o seu uso tem relação estreita com motivações, múltiplos investimentos e interesses e não com emprego de regras. Como também indicam Fabricio e Santos (2006), na aula de língua tematiza-se a própria língua ao nos relacionarmos com o mundo social, ou seja, a linguagem não é um meio através do qual demonstramos dominar regras sistêmicas. Apresentar língua como uma entidade dada é, assim, tão falacioso quanto insistir numa escolarização pautada em verdades universais que hierarquizam corpos e afetos.

Entendendo que a linguagem é performativa, que as regras não são estados ontológicos anteriores às práticas e que a diferença é o padrão, uma aula de inglês não pode ser concebida como um momento de artificial suspensão temporária das performances relacionadas ao mundo contemporâneo movente. Vários silêncios se estabelecem quando docentes determinam que a comunicação em sala de aula seja feita somente na língua-alvo, ou quando defendem a prática de uma pronúncia orientada pelo estilo "falante nativo". Linguagem é sempre biopolítica (Kumaravadivelu, 2016) e ignorar esse fato, ou silenciar sobre ele, é manter o silêncio como ato de fala e ratificar o estado atual de coisas.

É importante lembrar que insistir numa compreensão de ensino de inglês como domínio de regras não apenas ajuda a ratificar um silêncio já legitimado na instituição escolar sobre sexualidades, mas também corrobora a manutenção de outros silêncios acerca de processos de racialização, classe social, religiosidade, língua como veículo de comunicação. O que se percebe no mundo é o uso do inglês (e, de fato, qualquer outra língua) como performance, emergindo das práticas locais, sendo a conexão entre necessidades linguísticas e socioculturais indelével (Pennycook, 2007; Borba, 2014a; Fabrício, 2017). Parece ludibrioso oferecer a discentes uma compreensão de uso da língua exclusivamente como domínio de um sistema rígido quando o que se verifica ao redor do mundo é a quebra de normas linguísticas como a regra na produção localmente situada da linguagem. Ademais, se usar o inglês é principalmente uma prática de performance identitária, entendê-lo como sistema destituído de corpos, desejos e mobilizações significa limitar as potencialidades do ensino de língua e perpetuar o desinteresse de jovens pela escola.

Cenas da sala de aula: a operacionalização da proposta

Devido à reprodução, na escola, do senso comum sobre a vida social, faz-se extremamente importante apresentar, em sala de aula, outros mundos e outros discursos. No ano de 2010, quando se desenvolveu a geração dos dados para minha tese, percebi que havia um grande interesse da turma focal pela cultura pop japonesa, o que já me chamava a atenção há algum tempo na escola. As produções apresentam temáticas bastante diversas das histórias de super-heróis ocidentais e o que mais se destaca é a presença de subcategorias de mangás (histórias em quadrinhos japonesas) e animes (desenhos animados japoneses) chamadas *yuri* e *yaoi*, que tratam, respectivamente, dos relacionamentos entre duas mulheres e entre dois homens.

Desse modo, tracei um plano de ação do qual faziam parte materiais elaborados por mim empregando mangás e animes em inglês como textos a serem trabalhados em sala de aula. Por sugestão de ex-alunas e ex-alunos, comecei com mangás populares e que permitiam a discussão de imposição de rótulos às pessoas como algo nocivo. Daí, partimos para Naruto, série que tinha muitos fãs na turma e discutimos um golpe (*Oirokê No Jutsu*) no qual ele se transforma numa mulher nua para seduzir seu oponente. A culminância do projeto foi com um mangá intitulado *No Bra*, que conta a história de uma adolescente trans que reencontra um amigo de infância. A menina se apaixona pelo amigo, que não admite sentir o mesmo por agir de acordo com a matriz cis-heterossexual. Diversas violências são impostas por ele à amiga, como cortar os cabelos para parecer um homem e usar roupas masculinas, ao que ela sempre se submete aos prantos para agradá-lo. O currículo "oficial" de inglês naquele ano trazia uma unidade temática com relacionamentos abusivos, então esse ponto foi abordado a partir desse mangá.

Toda a intervenção foi orientada pela perspectiva *queer* discutida acima.[8] Ao inserir a cultura pop japonesa e a discussão sobre performances variadas de gênero e sexualidade, várias outras hegemonias precisavam ser quebradas juntamente com a matriz heterossexual. Nesse sentido, espaços diversos da sala de aula (laboratório de informática, sala de multimeios, sala de vídeo), redefinição dos papéis e responsabilidades da turma e da professora,

---

8. O quadro com todas as aulas e atividades trabalhadas se encontra no Anexo 2. Por questões de espaço, serão discutidas apenas algumas cenas mais relevantes de sala de aula.

compreensão de língua como performance, esquema de tomada de turnos na interação, avaliação (formas de avaliação alternativas foram inseridas e a turma pôde escrever *fanfics*[9] e mangás em vez de realizar burocraticamente uma tarefa estabelecida como "oficial"): todas essas questões foram desmontadas junto com o privilégio cis-heteronormativo a fim de que a transgressão das temáticas não parecesse algo burocrático e pouco significativo para a turma. De nada adiantaria inovar nas temáticas discutidas se todo o *modus operandi* da sala de aula de inglês não fosse subvertido (ver também, Rocha, 2014a; 2014b; Almeida, neste volume).

A naturalização do ensino de inglês tradicional na escola estabeleceu um roteiro do que configura uma aula. Assim sendo, minhas tentativas de subverter essa tradição eram inicialmente entendidas como uma espécie de "recreação", levando a turma a muita balbúrdia e à não realização das atividades propostas. Ademais, a deslegitimação, no currículo escolar oficial, da temática das performances de sexualidade levava a turma a compreender esses momentos da aula como descontração e chacota.

Desse modo, foi necessário traçar uma proposta eficaz que focalizasse o discurso mais estreitamente, já que se tratava de aulas de reflexão sobre a constituição de gêneros e sexualidades na linguagem. Não era possível, dessa forma, enfocar detidamente os modos de naturalização de certas performances na linguagem sem um arcabouço sistematizado para esse fim. Delineou-se o plano de ação que se segue (ver Quadro 1 a seguir) para tratar o discurso, tendo por base os trabalhos de Wallace (1992), Moita Lopes (2002, 2006b), Fabrício e Moita Lopes (2010). Além de buscar lançar luz sobre a produção artesanal de nossas performances, as perguntas procuram situar sócio-historicamente os textos. Trabalhar a partir da natureza discursivamente construída das sexualidades, princípio da LQ, é necessário numa proposta de *queerização* da sala de aula.

---

9. Produções escritas de fãs que dão rumos alternativos às histórias, podendo misturar personagens, tramas e cenários de produções distintas da cultura popular. São muito comuns as *fics* de mangás e animes que apresentam relacionamentos homoafetivos entre personagens que não se relacionam ou sequer se apresentam como homoafetivas nas histórias originais.

1. Qual o subgênero do mangá /anime? (*shonen, shoujo, cross-gender, yaoi...*)
2. Qual a fonte do texto?
3. Qual o seu público-alvo?
4. Quem é o mangaká (autor/a do mangá)?
5. Por que escreveu sobre isso?
6. Qual o assunto tratado?
7. O mesmo assunto poderia ser tratado de forma diferente?
8. Como os elementos visuais colaboram na maneira de contar a história?
9. É possível perceber que a história está sendo contada do ponto de vista de uma personagem específica? Qual?
10. Como as outras personagens são vistas por essa? Como essa personagem se coloca em relação às demais?
11. Quais pistas linguísticas podem justificar a resposta à questão anterior? (1- escolhas sistêmicas — uso de adjetivos qualificando positiva ou negativamente, uso de construções como a voz passiva com propósitos específicos, tempos e modos verbais, campo semântico das palavras empregadas, topicalização, predicação; 2- escolhas visuais e 3- escolhas sonoras.)
12. Quais identidades sexuais são percebidas nesse texto?
13. Como se pode percebê-las (posicionamento das personagens, linguagem empregada, elementos visuais)?
14. Outras identidades sociais são indicadas no texto? Quais e com que objetivo?
15. Em que espaço social a prática discursiva está acontecendo? Em outros espaços as identidades sexuais apresentadas poderiam ser diferentes? Como?

Quadro 1. Arcabouço orientador para o trabalho sobre performances de gênero e sexualidade

Traçado tal arcabouço, o foco no trabalho com a linguagem na construção de gêneros e sexualidades tornou-se mais evidente e sistemático. No entanto, a chacota quanto ao tema considerado "inadequado" às aulas de inglês persistiu. O excerto[10] a seguir foi gerado durante a discussão sobre o

---

10. As convenções de transcrição encontram-se ao final do capítulo.

golpe *Oirokê No Jutsu* do personagem Naruto. A turma assistiu a um trecho do anime em que Naruto se transforma numa mulher nua para seduzir o adversário, e a um AMV (*anime music video*, vídeo feito por fãs com cenas do anime e trilha sonora alternativa) e leu um texto em que se explicava o referido golpe de maneira técnica para realizar o exercício, que se baseava no arcabouço anteriormente apresentado.

Cabe apresentar uma breve contextualização da turma na qual a pesquisa se realizou. Composta de 34 discentes com idades entre 14 e 18 anos, na 1ª série do Ensino Médio, a turma tinha um aluno branco, A. Orange, que se autopredicava como gay. Dois dos meninos costumavam encenar masculinidade hegemônica com muita frequência: Arcanjo, negro, e Acaiah, branco, ambos bastante fãs da cultura popular japonesa. A turma escolheu seus próprios nomes fictícios, além de ter colaborado na análise dos dados gerados na sala de aula, que eram transcritos por mim e projetados com slides para o grupo discutir. A *queerização* precisava se estender também aos modos de se fazer pesquisa!

Cena 1: Aula do dia 03/09/2010[11]

1	professora	sh::: vocês viram aqui o MESMO assunto tratado de TRÊS maneiras diferentes (.)
2	Blair	Exatamente
3	professora	qual é o assunto? é o fato de que::
4	Helena	ele conseguiu o jutsu
5	professora	o personagem LÁ tem uma técnica ele se transforma temporariamente em uma
6		mulher (.) esse é o: o assunto (0.2) NO primeiro texto que é esse daí da revisão a
7		PESSOA que escreveu esse texto eu não sei quem é porque tava lá na internet sem
8		nome do autor (.) a pessoa que escreveu isso tá fazendo de que maneira? (0.3) numa
9		perspectiva assi:m (.) de dizer que o Naruto ele gosta de virar mulher (.) dizendo que
10		isso aí é uma técnica ninja (.) dizendo que ele faz isso porque ele gosta do Sasuke (.)
11		como é que a pessoa tá contando isso? (0.3)
12	Helena	calma aí (0.2) deixa eu lembrar
13	Acaiah	pô:: aê eu (tô montado de [traveco]) *((fala imitando outra voz:))*
14	professora	[AI que coisa feia] você falando isso
15	Acaiah	mas é sério (.) aí hein professora
16		[(que no mangá)]
17	Helena	[CARA] ele faz isso pra distrair
18		[os oponentes]

---

11. A abordagem adotada no ensino de inglês no Instituto Federal de Educação no qual atuo enfoca o trabalho com leitura. Desse modo, nem sempre as aulas são ministradas em inglês, já que o foco não é a oralidade.

19	Acaiah	[ele nem liga pra garota [inint]
20	Helena	[ele faz um harém aí ele pega] [inint] ele só distrai enquanto ele bate
21	Acaiah	[(é veado)]
22		co:m certe:za tá ligado?
23	professora	mas qualquer garota que falar pra você (.) que tá a fim você vai pegar?
24	Arcanjo	[inint] gostosa tá ligado?
25	Helena	sei lá [inint]
26	professora	quê?
27	Helena	pergunta aí
28	Acaiah	[inint] (comigo) não
29	professora	mas você não me respondeu (.) qualquer garota que falar pra você que tá a fim você
30		vai pegar?
31	Acaiah	°não°
32	professora	e aí? você se acha como ele?
33	Turma	((falam entre si, muitas falas sobrepostas))
34	professora	sh::::: olharam o texto de novo? eu acho que:: se vocês responderem a três e a quatro
35		vocês vão entender o que eu tô pedindo na primeira (0.2) a dois também (.) quais são
36		as palavras usadas no texto para se referir a essa técnica? (0.3)
37	Helena	eh:: sexy jutsu
38	professora	não ele fala em special technique (.)
39	Helena	ah sim
40	professora	técnica especial (0.3) ele fala em standard technique (.) técnica padrão técnica
41		especial sempre usando a palavra técnica (0.3) por que que esses advérbios foram
42		usados no primeiro parágrafo? (.) occasionally e temporarily? (0.4)
43	Helena	por que:: ele não usa sempre e porque não é uma coisa que:: dure muito tempo é só
44		enquanto ele distrai os oponentes
45	professora	EXATAMENTE (.) ó (0.3) vocês já estão me dizendo como ele tá tratando o assunto
46		(.) respondendo isso (.) primeiro ele não tá dizendo que ele fica fazendo isso toda
47		hora
48	Helena	senão procuraria como um [inint]
49	professora	ele tá dizendo que é temporário e de vez em quando ele faz quando ele tem o objetivo
50		de distrair alguém
51	Acaiah	cuckoo!
52	professora	APESAR DE (.) apesar de (.) Arcanjo que é especialista pode dizer (.) em OUtros
53		textos da internet eu li que ele faz isso muito (0.3)
54	Helena	pô nos desenho animado ele não faz não (.)
55		não só quando ele quer=

Quando essa aula aconteceu, o arcabouço orientador já estava em operação, procurando sistematizar a análise da construção das sexualidades em discurso. Ainda assim, na linha 13, Acaiah faz uma performance estilizada de travesti, porém empregando um termo ofensivo ("traveco"), marcando sua compreensão do tema em discussão como ilegítimo e digno de chacota. Conforme já discutido anteriormente, as sedimentações com relação à escolarização, ensino de línguas e cis-heteronormatividade constantemente levavam a turma a reagir chistosamente frente a uma aula de inglês na qual se discutiam textos da cultura popular japonesa tematizando performances variadas de gêneros e sexualidades. Isso acontecia possivelmente porque essa é uma disciplina escolar que tradicionalmente prioriza domínio de regras e seu emprego correto, num contexto maior de uma escolarização que trabalha textos canônicos e circunscreve a sexualidade às aulas de biologia como heterossexualidade reprodutiva.

No enfrentamento de tais sedimentações tão potentes e por tanto tempo repetidas, sermões pouco funcionam para mudar a perspectiva de discentes. Certamente encenei diversos sermões à turma antes de chegar a essa conclusão, que só foi possível graças à investigação da minha própria prática pedagógica. Faz-se mais eficaz, num processo de *queerização* das aulas, uma atitude diligente em relação a toda e qualquer oportunidade de agir onde os discursos naturalizados apresentam fissuras. É o que acontece na linha 23, quando confronto Acaiah por insinuar que Naruto é homoafetivo porque não aceita as investidas de uma garota.

Trazer as performances de sexualidade silenciadas no currículo escolar para as minhas aulas parecia de certa forma ameaçar o ideal de humanidade estabelecido pelo cânone escolar: homens brancos cisgêneros heterossexuais de classe média. Assim sendo, discursos que reforçavam a masculinidade hegemônica eram frequentemente suscitados, como a noção de que homens devem ter impulsos sexuais descontrolados. Esse tipo de discurso baseia a leitura de Acaiah sobre a falta de interesse de Naruto em relação à outra personagem. Entretanto, ao perguntar ao aluno "qualquer garota que falar pra você que tá a fim você vai pegar?" (linhas 29-30), a naturalização desse discurso começa a ruir perante a resposta negativa dele. Essas ações se mostraram muito mais produtivas ao longo do processo de intervenção do que longos sermões.

Uma subversão da escolarização tradicional se verifica na linha 52, quando o conhecimento do aluno Arcanjo sobre a cultura pop japonesa é evocado. A solicitação de participação desse aluno tem significado especial se considerarmos que, à época da realização da pesquisa, ele era um aluno repetente e mais velho. A repetência aponta para a valorização, na escola, apenas de habilidades avaliadas segundo os conhecimentos canônicos. Possibilitar o envolvimento do aluno mediante a solicitação de seus conhecimentos da cultura popular constitui uma dupla ruptura com a lógica tradicional que (1) aloca esse tipo de saber fora da sala de aula e (2) define para jovens o papel de tábulas rasas que vão receber o conhecimento formal oriundo do corpo docente. Em outro momento dessa mesma aula, Arcanjo declarou que "uns são bons em matemática, eu sou bom em Naruto" ao justificar sua participação intensa na interação, o que se aproxima da discussão aqui em tela.

Na aula sobre *No Bra*, último mangá trabalhado, diversas ideias do senso comum puderam ser questionadas, como a incontinência sexual dos homens já citada anteriormente. No mangá em discussão, o rapaz controla seus impulsos sexuais depois que descobre ser a bela garota uma transexual. No momento que segue, estávamos discutindo sobre as identidades sexuais percebidas e se em situações diferentes as personagens agiriam de formas diferentes em relação à sexualidade.

Cena 2: Aula do dia 22/10/2010

1	professora	bom olha só sh::: (0.2) tá quase acabando (0.5)
2	Turma	((muitas falas sobrepostas))
3	professora	uma outra identidade sexual percebida ali que era muito forte que a
4		gente acaba até nem percebendo tanto porque a história é contada
5		[do ponto de vista]
6	Boss	[quase hetero]
7	professora	dele é o próprio garoto (.) qual é a identidade dele com relação à
8		sexualidade?
9	Boss	é meio heterossexual
10	professora	é pior que isso é pior do que isso
11	Boss	machista?
12	professora	é vocês não acharam um pouco não? (0.3)
13	Helena	eu acho que não [inint]
14	Acaiah	gay enrustido
15	professora	não ele é ele ali pelo menos tá tentando demonstrar que ele é
16		heterossexual
17	Boss	que que é?
18	professora	ele tá tentando demonstrar que ele é um seguidor daquela coisa do
19		machão tanto que ele na maior naturalidade obriga a:: a:: travesti a
20		fazer uma coisa que ela não queria que é cortar o cabelo (0.2)
21		passa aí Boss (0.3)
22		gente olha só (.) o Masa::to em outras situações vocês acham que ele
23		poderia agir de maneira diferente?
24	Boss	Acho
25	Helena	Sim
26	professora	em que situação e o que ele faria de diferente?
27	Xuxa	se tivesse só os dois no quartinho escuro
28	Acaiah	CUckoo::!
29	professora	mais ainda [se ele não] soubesse que ela é um menino
30	Boss	[se ele já soubesse]
31		e se ele já soubesse também
32	Xuxa	ah ia chegar ele ia chegar duvido que não pô a garota boniti::nha!
33	Aluno	É HOmem porra!
34	Xuxa	garo:ta garo:to
35	Aluno	aquela merda
36	Alunos	Hhhh
37	Acaiah	de noite é Maria
38	Xuxa	duvido professora (homem não presta) ele ia chegar
39	Acaiah	*de dia é maria de noite é João olha mané que vacilação*

Em termos da *queerização* do evento "aula", percebe-se distribuição equânime de turnos entre participantes do evento, não havendo longos turnos de minha parte, o que seria esperado numa aula expositiva tradicional. Porém, a percepção da temática como inadequada para a sala de aula ainda persiste (linha 39) com o aluno parodiando uma marchinha de carnaval bastante conhecida ao falar sobre a travestilidade ali posta em evidência como tema legítimo para a escola.

Mesmo após muitas aulas de trabalho com o arcabouço orientador, algumas naturalizações do senso comum persistiam. Observa-se, na linha 35, uma atitude de desprezo pelo "desvio" às normas regulatórias de gênero e sexualidade por meio do emprego de palavrões desqualificando pessoas trans. Ao chamar a personagem trans de "aquela merda", o aluno parece persistir na desumanização de vidas que não se enquadram na matriz heterossexual, ecoando percepções do senso comum. Já na linha 38, ainda que esteja apresentando uma possibilidade de performance não cis-heteronormativa (o rapaz envolver-se com a amiga trans), a aluna Xuxa a justifica com um essencialismo sobre os homens: "duvido professora (homem não presta) ele ia chegar". Ao lidar com discursos tão sedimentados, a tensão entre persistências e rupturas é esperada e não se pode imaginar que grandes subversões aconteçam. Torna-se mais produtivo, portanto, investir nos espaços de fricção na tentativa de engendrar alguma mudança. Um resultado significativo do trabalho sobre essa fricção de discursos surge nas linhas 30 e 31: Boss apresenta a possibilidade de o rapaz, mesmo ciente de que a moça é trans, envolver-se com ela — e por que não? Não somos uma essência pré-discursiva, mas nos fazemos nas performances, como o aluno ali coloca de modo perspicaz.

Ainda nessa mesma aula, que teve muitas discussões relevantes dada a colocação em discurso de um tema considerado tabu dentro do cânone escolar, destaca-se a cena que se segue.

Cena 3: Aula do dia 22/10/2010

1	A. Orange	ah deixa de ser (.) deixa de fazer apologia ao homossexualismo
2	professora	homossexualiDADE cuidado com as palavras
3	A. Orange	quê?
4	professora	homossexualismo (0.2) esse sufixo [ismo]
5	A. Orange	[homossexuali]DA::DE
6	Aluno	[UI::]
7	professora	[ah melhor] (0.4) esse sufixo ismo remete a doenças (.) à época em que
8		estava na lista de doenças
9	A.Orange	ah então é homossexualismo mesmo
10	Alunos	hhhh
11	professora	não entendo esse garoto
12	Fernando	ninguém entende professora ninguém entende (0.3)
13	professora	não peraí (.) devagar devagar (0.2) qual é o gênero? Boss já descobriu aqui
14	Boss	Shonen
15	professora	é um mangá voltado pra meninos (.) shonen (.) vai passa a próxima (0.4)
16		qual é o assunto da história?
17	Boss	Travestismo
18	A.Orange	homossexualismo
19	professora	bem a Helena acha que o assunto é sexualidade (.) alguém aí falou travestismo
20	Boss	fui eu
21	professora	[alguém aí falou]
22	Xuxa	[(como é que foi?)] travestismo? ISMO? travestismo? (0.2)
23		cuidado com as pala:vras
24	professora	º não tem outra palavra º
25	Helena	abusi:ve abusive relationships
26	Xuxa	travestilidade
27	Helena	[abusive]
28	professora	[travestilidade] (.) obriga:da Xuxa

Xuxa, que muitas vezes recorria aos discursos do senso comum, surpreende nesse momento. A aluna recontextualiza uma fala minha para marcar meu descuido com as palavras, o que parece indicar um distanciamento dos sentidos essencializados sobre gênero e sexualidade que ao longo do ano ela vez ou outra defendia. Seu trabalho prosódico com a modulação do tom de voz na pronúncia do sufixo -*ismo* (linha 22) parece destacar sua percepção da minha falha ao criticar o emprego do sufixo e usá-lo logo em seguida. A intervenção de Xuxa é apropriada e sagaz, lembrando-me o cuidado com a nomeação.

Esse excerto traz ainda um exemplo do potencial performativo das práticas de linguagem, constituídas de repetições que rompem com o "original" e inauguram novos sentidos. Xuxa repete a minha fala da linha 2 ("cuidado com as palavras" — linha 23), mas tal repetição parece apontar mais que a encenação da performance de boa aluna que repete uma fala da professora, principalmente depois que ela propõe nova nomeação (linha 26

— "travestilidade"). Ao repetir, a aluna rompe certos sentidos relacionados à escolarização tradicional, instaurando uma situação desestabilizadora: aluna me corrigindo em tom enfático (na tradição, discentes que corrigem professores são impertinentes); eu, professora, alinhando-me à correção da aluna como algo produtivo (além de repetir a proposta, agradeço por ela); a turma apresentando alinhamento crítico-reflexivo sobre temática da travestilidade/transexualidade, que é posta no centro, na condição de tema para reflexão na linguagem.

Não apenas produções japonesas, mas quaisquer outras que tematizem performances de gênero e sexualidade precisam ser tratadas de maneira sistematizada se um trabalho de reflexão sobre a centralidade do discurso na produção das sexualidades for a meta. Além disso, a inserção de performances variadas que estão em circulação nas mídias não deve ser o único ponto de *queerização* das aulas. Como já mencionado, é importante subverter toda a lógica da escolarização tradicional (nesse sentido, ver Melo, neste volume).

A sala de aula de inglês tradicionalmente é vista como uma aula de "faz de conta" pela suspensão temporária das identidades, pois a turma é convidada a se mostrar publicamente em uma língua na qual nem sempre está confortável, geralmente encenando "personas" e situações fictícias. A inserção da cultura pop japonesa, porém, parece ter apresentado à turma uma possibilidade de encenar performances de fãs dessa cultura pop enquanto aprendiam inglês. Por outro lado, as sexualidades atravessam a instituição escolar a despeito de qualquer intervenção, especialmente pelo silêncio com que são tratadas. Discuti-las em sala de aula de qualquer disciplina não é apenas um ato transgressor, mas, sim, necessário.

Considerações finais

O projeto tradicional de escolarização, que propõe uma continuidade nas visões do senso comum sobre a vida social, limitando as possibilidades de existência, tem causado muito sofrimento a quem não se reconhece no ideal de humanidade apresentado por ele. No que tange à diversidade de gênero e sexualidade, a escola tem cumprido um papel castrador ao apresentar apenas a heterossexualidade reprodutiva nas aulas de ciências/biologia. Nesse sentido, pode-se dizer que nem para falar sobre heterossexualidade a escola tem servido, pois restringir a sexualidade humana à tecnicidade da reprodução da espécie, ou a doenças sexualmente transmissíveis, não contempla a educação de jovens como pessoas plenas.

As técnicas de silenciamento do diverso não têm mais apresentado a eficácia de antes. O Instituto Federal de Educação onde trabalho viu, nos últimos anos, a organização do movimento estudantil crescer de maneira proporcional à onda reacionária que solapa o globo. Há a Frente LGBT, a Frente de Mulheres, a Frente Negra. As paredes da escola ostentam cartazes oriundos de diversos grupos e que não foram trabalhos compulsórios valendo nota: cartazes que criticam o sistema quantitativo de avaliação, a invisibilidade de corpos negros, as relações abusivas entre docentes e discentes, a cultura do estupro. Atos são organizados pelo corpo discente para questionar o binarismo do uniforme (quando ele existia)[12] e a vigilância dos casais homoafetivos,[13] para citar alguns exemplos. Ainda que o currículo tente padronizar o conhecimento e a vida social, quem não se reconhece naquilo que é apresentado age de forma a se fazer visível, questionando a lógica que o colocou naquele lugar marginal.

Quando se trata das aulas de línguas estrangeiras, há uma hegemonia em operação que atua em consonância com esse projeto da escolarização. Ao tratar língua como um sistema de regras e a competência em termos de uso correto de estruturas, perpetua-se o apagamento dos corpos "desviantes" pela manutenção da sua invisibilidade. O silenciamento da diversidade sustenta

---

12. Um aluno, que se autopredicava como *"queer"*, frequentou aula de saia em 2014. Foi pedido a ele que se adequasse ao binarismo do uniforme (masculino e feminino). Colegas vestiram saias e saíram pelas ruas protestando, o que ficou conhecido como "Saiato". A escola publicou portaria, em 22/07/2016, extinguindo a distinção de gênero do uniforme escolar. O documento não impõe o uso de saia a meninos, conforme veiculam militantes do ESP, que passariam menos vergonha caso aperfeiçoassem suas estratégias de leitura.

13. Em protesto à vigilância excessiva apenas com o namoro homoafetivo, discentes do Ensino Médio organizaram um "Beijato" em 2015, que consistiu em vários beijos homoafetivos acontecendo simultaneamente no pátio no horário da troca de turnos.

o ideal cis-heteronormativo que confere a homens brancos cisgêneros heterossexuais posição central nas definições sobre humanidade e legitimidade.

Se a atuação dessa tradição no ensino de línguas é tão nefasta, por que colegas de profissão continuam trilhando esse caminho? Talvez por desconhecer outras formas de atuar, ou simplesmente porque é mais confortável e seguro. Falar sobre gênero e sexualidade é andar na corda bamba, como já disseram Epstein e Johnson (1998). Com frequência me perguntam para que estudo/falo/performo esses temas na escola, como se eu estivesse desafiando o meu próprio privilégio (ou colocando-o em risco) desnecessariamente. Se me apresento como mulher cisgênero heterossexual, por que colocar tudo a perder me intrometendo nesses temas, algo que não me diz respeito?

Se a educação é o que pode mudar de alguma maneira esse mundo perverso onde pessoas são assassinadas apenas por não se conformarem às regras cis-heteronormativas, espanta-me muito que me façam tais questionamentos. Estamos testemunhando a potencialização de um mundo castrador onde a escola tem ensinado às crianças que meninas vestem rosa, devem ser mães e donas de casa e que meninos vestem azul, não choram e são donos de tudo, inclusive dos corpos das meninas. Para militantes do ESP, esse mundo não deve ser abalado, posto que quaisquer visões distintas são "doutrinação ideológica". Assistir a tudo isso em silêncio é criminoso, pois futuros estão sendo destruídos.

A LQ se apresenta como uma possibilidade promissora para o desmonte do privilégio cis-heteronormativo na escola. Somos seres que precisam da linguagem para existir (Butler, 1997), então é nela que se desenham e perpetuam privilégios e desqualificações quanto a vidas que podem ser vividas ou vidas que sequer são consideradas humanas. Se não há essência definida biologicamente para quem somos, se nos fazemos na performance, é necessário entender que quem tem direito a ser ou não ser teve esse privilégio definido discursivamente. Ou seja, os discursos que determinam quais vidas são legítimas com base nas práticas sexuais ou numa suposta verdade biológica são primordialmente biopolíticos. Mas não basta analisar e perceber essa questão, é importante agir sobre ela e possibilitar que vidas sejam humanizadas e acolhidas.

Atualmente, além de procurar persistir na *queerização* das minhas próprias aulas com a ajuda de elementos da cultura popular, participo de um grupo interdisciplinar que pretende discutir a diversidade de gênero na escola por meio de leituras, Projetos de Iniciação Científica Júnior[14] e intervenções como a Semana da Diversidade de Gênero. O Núcleo de Estudos e Ações em Gênero, criado em 2015, agrega discentes, professoras de sociologia, biologia, inglês, espanhol e a primeira servidora trans da instituição, Marcela Azeredo, que atua na coordenação do grupo junto comigo e as colegas Raquel Simas e Tatiana Prado Vargas, ambas do Departamento de Sociologia.

À guisa de conclusão, cabe lembrar uma frase simples, mas de uma potência incrível, "Quem sofre, e, portanto, quem deve se importar?" (Rodriguez, 1998). Importar-se implica sair da empatia paralisante que autoriza sentir pena em silêncio porque aquilo não lhe diz respeito, envolve mais que disseminar frases iniciadas por "não tenho nada contra, mas...". Importar-se, no caso da escola, significa agir de maneira a tornar o ambiente menos hostil aos corpos apagados do currículo. E para isso é necessário subverter a lógica da produção de conhecimento, indo além do que propõem Silva *et al.* (2016) na epígrafe deste artigo: não somente imaginar como seria se identidades desviantes fossem o ponto de partida para a construção do currículo, mas sim problematizar as próprias normas ao invés de conceber que algumas pessoas são dissidentes porque as quebraram.

---

14. Desde 2015, está em atividade o Projeto de Iniciação Científica Júnior "Currículos generificados, corpos educados", no qual tenho tido a oportunidade de trabalhar muitas das questões aqui apresentadas com alunas do Ensino Médio. Elas recebem bolsa paga com recursos próprios da instituição e precisam apresentar relatório de pesquisa e trabalho final.

ANEXO 1 — CONVENÇÕES DE TRANSCRIÇÃO

(.)	pausa breve, menos de 2 segundos. Mais que isso é indicado pelo número de segundos
[ ]	falas sobrepostas
(( ))	comentários da pesquisadora
((direções de palco:))	
( )	segmento em que há dúvidas sobre a transcrição
[inint]	inaudível
CAIXA ALTA	tom de voz elevado
:	alongamento vocal
-	interrupção brusca
=	engatamento
Sublinhado	ênfase
,	entonação correspondente à enumeração de uma sequência
h	risada
(h) no meio da palavra	risada ao pronunciar essa palavra
Itálico	trecho cantado
↑	entonação crescente
↓	entonação decrescente

ANEXO 2 — QUADRO COM AS AULAS E ATIVIDADES EXTRAOFICIAIS

ETAPA 1: familiarização com a prática de letramento[15]			
Aula	Data	Atividade	Objetivos
2/3	12/3/10	I- *Death Note* mangá	Verificar a familiaridade com a leitura do mangá; iniciar a conscientização sobre o trabalho na disciplina inglês com foco na leitura.
8/9	26/3/10	II- *Death Note* mangá (condição da mulher)	Discutir a proposta do material oficial de modos diferentes para abordar o assunto da condição da mulher com trechos do mangá, que apresentava uma agente do FBI abandonando o emprego para se casar.
21/22	7/5/10	III- *School Rumble* mangá — revisão para prova	Apresentar à turma o mangá cujo anime trataria de performances de sexualidade. Revisar questões de gramática que estariam na prova. Com a proposta de abordagem do discurso definida, começa a discussão sobre sociabilidades em geral para daí chegar às performances de sexualidade.
ETAPA 2: performances de sexualidade em debate			
24/25	21/5/10	IV- *School Rumble* anime	Discutir performances de sociabilidades, em geral, e de sexualidades, em particular, a partir do anime que sugeria o envolvimento homoafetivo entre duas meninas.
26	24/5/10	IV- *School Rumble* anime	Continuação da discussão, comentários sobre as respostas dadas ao exercício da aula anterior.
27	28/5/10	V- *School Rumble* anime	Realizar exercício sobre *present perfect progressive*, ponto que foi excluído da apostila no ano letivo de 2010,[16] mas que aparecia no anime. Mostrar que a nova proposta também permitia trabalhar questões além do que estava proposto no material oficial (apostila comum a todas as turmas).
33	30/8/10	VI- *Naruto* — texto	Realizar a recuperação institucional compulsória por meio do texto tematizando performances diversas do personagem Naruto.

Continua...

---

15. A primeira coluna aponta em que aula do ano letivo a atividade foi realizada, a segunda mostra a data em que a aula ocorreu, a terceira coluna descreve o tipo de atividade desenvolvido e a última apresenta os objetivos pretendidos com a realização da atividade didática indicada. Foram dadas 66 aulas à turma focal, tendo cada aula a duração de 45 minutos, e elas foram numeradas considerando a sequência cronológica do ano letivo.

16. A apostila sofria constante reformulação por um grupo (não fixo) de docentes do departamento de inglês, já que não contávamos com livros do PNLD nessa época.

Anexo 2 — Continuação.

34/35	3/9/10	VII- *Naruto — AMV (Anime Music Video)*	Apresentar sexualidades como performance a partir das performances de Naruto.
47	4/10/10	VIII- *webquest — abusive relationships*	Discutir a temática proposta na apostila com a ferramenta computacional, trabalhar letramentos digitais. O tema de relações abusivas apareceria no mangá *No Bra*.
51/52	22/10/10	IX- *No Bra*	Discutir performances de sexualidades a partir da história proposta no mangá — adolescente se envolvendo com amigo de infância que se tornou mulher. Retomar o tema de relações abusivas e orações condicionais, já que o adolescente impõe diversas condições para a colega dividir o apartamento com ele, como cortar o cabelo para parecer um homem e usar roupas "masculinas".
56/57	5/11/10	X- *Movie: School ties*	Retomar temas importantes do ano letivo, como performances de sexualidade, raça e religião — esse último a pedido da turma.

Parte 2

MANTENDO E DESAFIANDO A HEGEMONIA

CAPÍTULO 8

CARACTERÍSTICAS E PRINCÍPIOS DA LINGUÍSTICA *QUEER*: CARÕES E LACRAÇÕES NOS ESTUDOS DA LINGUAGEM

Iran Ferreira de Melo

> Ela é raivosa, sedenta e vai amaldiçoar você
>
> (Linn da Quebrada, Necomancia)

Para começo de conversa...

O tempo do agora no Brasil tem sido o tempo dos estupros coletivos; do recorde em transfeminicídio; do crescimento vertiginoso de casos de suicídio entre jovens cujas sexualidades são reprimidas; o tempo da retirada de qualquer proposta de ensino que promova, em escolas, a discussão ampla e irrestrita sobre gênero; do policiamento de obras de arte que interroguem o biopoder. O tempo no Brasil contemporâneo tem sido de evidentes retrocessos na garantia de direitos humanos. E o que fazemos? Sentamos em casa com a boca escancarada cheia de dentes, esperando a morte chegar?

Nesse cenário, este capítulo é uma tentativa de uma resposta vigorosa a esses ditames contemporâneos de nosso país. Tal resposta é prática e epistêmica. Busco apontar um pungente olhar sobre um dos fios condutores mais importantes de qualquer prática social, inclusive daquelas mais marcadas pelas relações de poder: a linguagem. Fonte do sentido, meio do sentido, produto do sentido, é na linguagem que se funde toda gama de potencial humano; e é ela, então, que certamente pode nos mostrar alternativas de uma nova construção simbólica e empírica sobre a realidade social. Sem abstracionismos idealistas, apresento, neste capítulo, uma emergente perspectiva de estudos e intervenção social que, sob a companhia dos hodiernos estudos linguísticos aplicados (a exemplo da Análise Crítica do Discurso — Melo, 2010 — e da Nova Pragmática — Rajagopalan, 2010; Silva, 2017), envergonha o fazer tradicional científico da linguagem. Estou me referindo à chamada linguística *queer* (LQ), campo que já conta com vinte anos de história, tendo a publicação do livro *Queerly phrased*, em 1997, organizado por Anna Livia e Kira Hall, como o ponto de início das tentativas de aproximar os estudos *queer* da linguística.

Trata-se de um conjunto de posicionamentos que, inspirados numa leitura crítica, feminista, *queer*, transfeminista, decolonial, antirracista e anti-cis-heteronormativa (Moita Lopes, 2006a; Livia e Hall, 2010; Borba, 2015; Silva *et al.*, 2017), entendem a necessidade de produzir um *tour de force* epistemológico para fazer uma linguística que proponha, por meio da aplicação pedagógica no ensino-aprendizagem das línguas, da análise das ordens de discurso vigentes e de políticas linguísticas *lato sensu* (Nelson, 2006; Melo, 2013; Motschenbacher e Stegu, 2013; Motschenbacher, 2016) um exercício de questionamento das faces da linguagem que, no jogo de relações de poder, exterminam corpos e precarizam vidas, tornando-os inviáveis.

Assim, a LQ, em seu corolário, envergonha, de certa forma, a ciência linguística por questionar o papel das línguas e de outras semioses no engendramento do bio e do necropoder[1] sobre corpos considerados abjetos, subalternizados, porque infringem as normas de gênero e sexualidade, a ética imposta culturalmente que define a priori os desejos e os comportamentos. A LQ envergonha, sobretudo, porque, ao contrário do posicionamento convencional no interior da linguística, vai de encontro à centralidade da produção de conhecimento; à máxima positivista de objetificação dos sujeitos nos processos analíticos; porque se entende mestiça e nômade em sua caminhada e não busca o epíteto "disciplinar" para os seus projetos; e porque, principalmente, põe o pé na lama, por assim dizer, com a atuação das pessoas que investigam na área, as quais não separam a sua ação de pesquisa da prática de diálogo ativista com as camadas de base que investigam e para as quais contribuem. É uma linguística que se assume, sai do armário e faz borrar a fronteira entre os empedernidos papéis da docência/pesquisa/extensão e os limites desses três com os principais papéis da vida: os de cidadãos/ãs e os de seres humanos.

Dividirei, para tanto, este capítulo em três seções. Na primeira, farei uma defesa da linguagem como parte irredutível da vida social, um requisito para pensarmos e questionarmos qualquer aspecto humano e um saber que ainda pouco articulamos para sistematizar conhecimento sobre as desigualdades sociais. Na segunda seção, apresentarei um desenho do que viemos chamando de linguística *queer*, seu escopo, seus princípios e suas características como uma linguística crítica, que, dentre outros campos de atuação, investe nas questões do ensino-aprendizagem de línguas, da análise de discursos

---

1. Falamos de "biopoder" e "necropoder" quando nos referimos, respectivamente, ao controle físico ou simbólico dos corpos humanos e à dominação desses corpos com o propósito de exterminá-los da vida social. Um exemplo corriqueiro de biopoder é o exercício da mídia de massa e da moda, que definem quais são os modelos de corpos belos, desejáveis e saudáveis. Já uma ilustração clara de necropoder está na ausência de políticas dirigidas a pessoas trans, cuja consequência é o alijamento, a vulnerabilidade e, portanto, a morte dessas pessoas, a quem — para mobilizarmos as palavras de Judith Butler (2015c) — nunca voltamos os nossos olhares de cuidado, consideração e, sequer, vivenciamos luto em suas mortes.

dominantes e sua contribuição para a reflexividade sobre a mudança social e das políticas linguísticas, que são um passo de governança importante para a transformação de estruturas opressoras. Já na terceira seção darei um exemplo ilustrativo de atuação da LQ. Ao final, em um último tópico — as considerações "finais" —, ainda incluo um arremate da discussão geral do capítulo com vistas a ratificar a importância da LQ.

Meu desejo com este capítulo, ainda que para apenas o começo de uma longa conversa que certamente se desdobrará em outras oportunidades de interlocução, é que a LQ, com toda força que tem — a qual aludo na epígrafe —, ajude a desorientar os modos tradicionais de fazer linguística e de produzir conhecimento (nesse sentido, ver Borba, neste volume). E que, assim, como intitulo este capítulo faça de seus "carões" e "lacrações" — palavras que, na gíria de resistência pajubá, significam uma posição de resiliência e autoestima — um caminho para contribuir para um mundo melhor.

Linguagem, análise social e linguística *queer*

Sempre ouvimos dizer que a linguagem é parte da vida social, como se ela fosse um dos elementos que compõem a tessitura da sociedade. Desse modo teorizaram diferentes correntes dos estudos linguísticos, pensando, por muito tempo, a linguagem como um produto da mente humana ou como uma ferramenta que usamos para acessar a realidade. Essa é uma visão que põe a linguagem de um lado e aquilo que chamamos de realidade de outro, propondo encontro em ambos os universos, mas reconhecendo que são de gênese e realizações separadas. Se assim é, façamos a seguinte indagação: Como é possível conhecer e atribuir sentido às coisas sem linguagem? Hoje já chegamos à conclusão de que, mais do que parte ou resultado, a linguagem se confunde com a vida como se ela mesma fosse, sem nenhuma fronteira. Nessa perspectiva, a linguagem é compreendida como uma dimensão e não um fragmento do que chamamos de vida social. Para isso, gosto muito da construção dessa percepção ao aludir à obra "Desenhando" do artista holandês Maurits Cornelis Escher, que reproduzo a seguir.

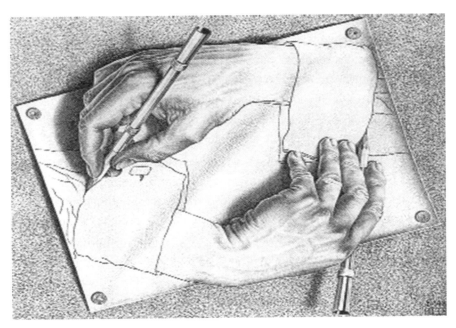

Figura 1. "Desenhando" — relação dialética entre linguagem e vida social

Essa gravura, olhada de qualquer ângulo, nos mostra duas mãos que se desenham mutuamente e podem nos fazer pensar na dialética da constituição de algo. É isso que se dá com a relação entre a linguagem e tudo o que não é linguístico (Fabrício, 2017). Uma vez que respondemos ser impossível pensar, conhecer, conceber ou vivenciar algo sem linguagem — tal como nas mãos desenhadas por Escher —, a vida social não é pré-discursiva. Em outras palavras, a exterioridade da linguagem é tanto constituída por ela quanto a constitui, numa relação de reciprocidade como o desenho enseja. Essa é a premissa da qual parto aqui para compreender muito do que vamos discutir neste texto. Convido você, então, a refletir sobre a necessidade de pensarmos que estudar a linguagem é, ao mesmo tempo, interrogar a dinâmica da vida social humana, sem a qual não haveria a própria linguagem, que lhe é causa e efeito. Para sistematizar um pouco essa fenomenologia, sigamos o seguinte raciocínio.

De acordo com Roy Baskhar (1978), a realidade social é estratificada em três níveis. O mais elementar é formado pelo domínio potencial da vida, cujos elementos são os aspectos químicos, biológicos e físicos que organizam os nossos corpos. Por exemplo, para escrever este texto, preciso contar com as condições físico-químicas e biológicas que meu corpo material possui, tanto do ponto de vista fisiológico dos sentidos (ver, ouvir, tangenciar) quanto sob a perspectiva do meu funcionamento orgânico (ter todos os sistemas biológicos em mim se realizando bem) e, sobretudo, a partir do ponto de vista cerebral e neurológico que, incluindo essas arquiteturas que citei, promovem as sinapses e o andamento necessário para eu me relacionar suficientemente com você que lê este texto.

No entanto, para além desses aspectos naturais, tal domínio, segundo Baskhar (1978), conta ainda com o lugar social mínimo onde me incluo para poder existir neste mundo (condição *sine qua non* ao reconhecimento de mim e do outro e impreterível para viver em sociedade), bem como conta com a competência de emergência da linguagem que engendro desde antes nascer, a qual Baskhar chama de semiose. Ambos os elementos, associados, são partes de um universo simbólico que, em diálogo com o mundo material, se realizam nas pessoas, em maior ou menor grau. Como exemplo disso é possível citar também este nosso momento de interlocução: para escrever este capítulo preciso ter tanto uma existência social no mundo — base de minha relação com o outro, que me faz ser compreendido como alguém que fala aqui — quanto a capacidade de usar a linguagem e desempenhar um papel locutório (ainda que, neste caso, como me comunico por meio das convenções da escrita, eu esteja mobilizando um artefato cultural).

Segundo David Harvey (1992), a articulação entre esses aspectos da vida social é um exercício inerente à ação humana. Em síntese, é no encontro entre esses aspectos que consigo existir e falar aqui para você. Esse encontro não se dá de qualquer forma, mas de maneira dialética, isto é, tendo um e outro aspecto se constituindo mutuamente. Não há um ser social aqui sem o trabalho biofísico-químico do corpo e vice-versa; não há manifestação da linguagem que desconsidere o ser social que somos ao falar (os estudos sociolinguísticos já preconizaram bastante isso, inclusive); não existe linguagem sem ativação neurológica e, consequentemente, sem investimento bioquímico no ato de falar (a neurolinguística está aí para comprovar). Enfim, todos esses elementos da relação potencial humana, presentes neste domínio, se dão de modo intricado e em rede. É essa articulação que nos garante, de acordo com Baskhar (1978), a base, o pilar, os fundamentos da vida. A Figura 2 sistematiza, didaticamente, essa teorização.

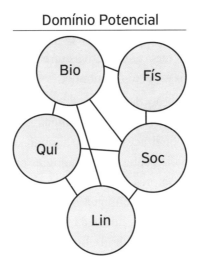

Figura 2. Domínio potencial, seus elementos e suas articulações.

Não por acaso (e isso é muito caro para mim aqui neste capítulo) a linguagem é parte garantida no domínio potencial. Ela, que podemos entender, nesse domínio, como um sopro de possibilidade do humano — uma competência aos moldes dos estudos mentalistas da linguagem —, é também, como os outros elementos, pedra fundamental no acesso e na construção do mundo. Isso já nos garante uma coisa: a linguagem está na égide da construção de tudo. Mas não sozinha: em constante diálogo com os demais elementos citados, ela garante as existências humanas e a realidade social.

A noção contemporânea de realidade social vem sendo tratada, desde os estudos propulsores da metade do século XX (com Wittgenstein e outros/as filósofos/as, e, na mesma época, no interior da linguística, com Émile Benveniste e pesquisadores/as da enunciação), como um produto da nossa performance com a linguagem. Como exemplo, mais uma vez, cito o que estamos fazendo aqui e agora: o diálogo que se instaura entre nós, neste momento, mediado por este texto, concretiza uma situação real, que só existe especificamente por manifestarmos a linguagem escrita. Porém, essa linguagem é afetada diretamente pelos papéis que ocupamos aqui nesta interlocução (eu imagino o perfil de quem lê este texto, quem o lê é capaz de prever os argumentos apresentados aqui etc.). Isso garante que não podemos estabelecer esse diálogo de qualquer forma (dessa relação diferentes abordagens interacionistas dos estudos linguísticos vêm se ocupando) e, por isso, o viés relacional nessa conversa constitutiva entre linguagem e realidade social é um dado basilar como aspecto do mundo.

Foram a sistematização desse pensamento e as evidências científicas disso que nos levaram a perceber que a linguagem, então, não é somente um canal por meio do qual acessamos o mundo ou o resultado de como pensamos — conforme diferentes epistemologias previam antes deste paradigma —, mas é um dos fatores centrais para a nossa existência. A mudança que os modelos epistêmicos predominantes acerca da linguagem vivenciaram a partir desse olhar sobre a centralidade da função da linguagem na realidade social vem sendo chamada de "virada linguística" ou "virada pragmática". Como parte da dimensão potencial da vida humana (de acordo com Baskhar, 1978) e como item do rizoma de articulação com outros elementos da vida (como pensado por Harvey, 1992), que nos garante que só há uso linguístico se este estiver em interação com outros elementos, esse paradigma da virada linguística nos revela que a linguagem é a própria existência da realidade social, como defendem Berger e Luckmann (2004).

O segundo nível, ou estrato, para Baskhar (1978), é composto pelos esquemas de ativação da articulação do domínio potencial. Em outras palavras, trata-se de como aplicamos as nossas bases fundantes da vida humana nos mais diversos contextos que vivenciamos. Novamente me volto ao que estamos, você e eu, vivendo agora (faço essas ilustrações metalinguísticas porque acho bastante ilustrativas para pensarmos na relação teoria/prática que este capítulo propõe). Tal atividade, produzida aqui na escrita/leitura deste texto, prevê, como havia citado, relações sociais de diferentes naturezas entre quem escreve e quem lê (mesmo que isso não implique identidades fixas); promove exercícios cognitivos relativamente específicos (de atenção, concentração, associação, entre outros), característicos de um enquadre interlocutivo como este; evoca valores éticos que garantem a cooperação entre nós; mobiliza recursos materiais necessários para a existência deste texto (papel, computador etc.); e integra uma seleção ou um posicionamento de elementos textuais *stricto sensu* (escolha lexical, composição sintática, uso de recursos pragmático-interacionais e de imagens não verbais etc.), que formam um dizer. Tudo isso aglutinado produz uma interação particular capaz de mudar conforme as diferentes e infinitas possibilidades de articulação dos elementos do domínio potencial e também das diferentes e infinitas possibilidades de articulação interna aos elementos gerados pela articulação desse mesmo domínio.

Para ficar mais claro, podemos dizer que, de acordo com Baskhar (1978), o domínio potencial produz o nível do domínio realizado, o qual se realiza por meio de elementos como relações sociais, cognição, valores, recursos materiais e discurso — todos eles identificados nos exemplos dos traços que citei no parágrafo anterior sobre nossa interlocução aqui. O domínio realizado é a combinação de efeitos da articulação de aspectos do domínio potencial, mas que não se restringe a um conjunto de produtos desse domínio; ele é também, por sua vez, gerador da existência e do reconhecimento do domínio potencial. Por exemplo, na medida em que temos a capacidade de usar a linguagem — como um dos elementos do domínio potencial — fazemos uso dela por meio das inúmeras habilidades ao usá-la, ou seja, produzimos aquilo que dentre os elementos do domínio realizado chamamos de discurso. Como esse exemplo, podemos aplicar muitos outros na relação entre esses primeiro e segundo domínios que cito. Embora uma didatização visual da relação entre o domínio potencial e o domínio realizado seja de difícil expressão pictórica, indico a leitura da imagem seguinte (Figura 3).

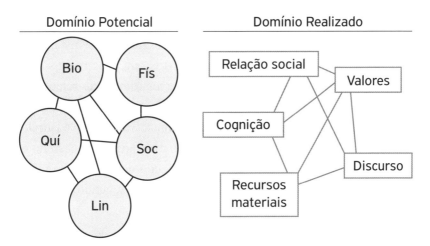

Figura 3. Domínio potencial e domínio realizado, seus elementos e suas articulações.

Podemos entender a articulação do domínio realizado como uma série de padrões que seguimos na condução da vida humana. Nesse contexto, de novo a linguagem ganha espaço — dessa vez, por meio do discurso —, o que só reforça a sua função vigorosa nos sistemas de nossa vida e ratifica a importância da virada linguística nos novos paradigmas de pensamento sobre a realidade social — argumento essencial para nos direcionarmos ao coração deste capítulo, que é pensar características e princípios para o que viemos chamando recentemente de linguística *queer*.

Como outro estrato da vida social, Baskhar encerra sua tríade dialética com o que chama de domínio empírico. Enquanto o domínio potencial nos garante a matéria-prima para a realização da vida, que ganha regularidade no domínio realizado, o domínio empírico é o mais alto grau de situacionalidade das experiências humanas; são as concretizações do mundo, as diferentes cenas, os muitos momentos, as mais distintas ações humanas. Reportando-me, novamente, ao aqui deste capítulo, o ato de escrevê-lo e o ato de lê-lo constituem expressões do domínio empírico.

Baskhar não registra elementos do domínio empírico, como o fez nos outros dois, mas diz que ele incorpora os elementos dos demais, uma vez que situa e atualiza a força potente do domínio potencial, que já é por si moldada nos *templates* culturais do domínio realizado. Em outros termos, o domínio empírico é a materialização e a articulação de todos os elementos citados nos outros domínios para a manifestação do eu-aqui-agora. Nesse sentido, Lilie Chouliaraki e Norman Fairclough (1999) dizem que o domínio empírico se dá por meio da infinidade de textos (em suas muitas modalidades) que ocorrem para concretizar os discursos (dimensão relativamente abstrata), os quais já propõem dar contornos ao potencial da linguagem que possuímos (dimensão totalmente abstrata). Portanto, Chouliaraki e Fairclough (1999) apontam haver um contínuo que vai do mais ao menos abstrato entre os domínios potencial, realizado e empírico, tendo na linguagem a melhor forma de ver essa diferença (primeiro, um potencial; segundo, um modelo; terceiro, uma aplicação).

A realização, desse modo, do domínio empírico se dá em si por situações que chamamos de textos. Isto aqui que você lê é uma aplicação (um texto) de uma possibilidade de um modo de usar a língua na escrita de um capítulo de livro (um discurso), que só é capaz por causa da capacidade linguística de quem o escreveu e o leu (a linguagem como competência/ potencial humano). Assim, sem perder de vista que a linguagem (*stricto* e *lato sensu*) tem lugar especial no pensamento sobre a vida humana e na sua realização, Chouliaraki e Fairclough (1999) afirmam que os domínios teorizados por Baskhar (1978) são a estrutura (potencial), a prática (realizado) e o evento (empírico) do nosso viver, que respectivamente engendram a linguagem como poder vital, discurso e texto ao mesmo tempo. A Figura 4 categoriza os três domínios.

Figura 4. Domínios potencial, realizado e empírico

Uma análise que se comprometa a investigar a relação entre a linguagem como prática e a vida social precisa dar conta (1) das articulações dialéticas entre os elementos no interior das dimensões, (2) das articulações dialéticas entre elementos de dimensões diferentes e (3) da transformação que essas articulações promovem na realidade social. Não é tarefa fácil; exige um esforço transdisciplinar e, por que não dizer, indisciplinar, como propõe Luiz Paulo da Moita Lopes (2011). Cobra de nós que nos voltemos à linguagem como opaca, escorregadia, insubmissa e potente de subversão, isto é, como algo que não produz sentido sem a relação de diálogo com os outros elementos da vida social que não possuem caráter eminentemente semiótico.

Não se trata aqui de encarar aprioristicamente que a linguagem é ação no mundo, seguindo uma visão pragmaticista — até porque já ficou bem clara a visão ambivalente de linguagem como construtora e constituinte dos outros elementos da vida humana, conforme Baskhar (1978). Falo, de fato, aqui, de entender que o filtro hermenêutico para a compreensão da linguagem é essencial para as leituras que fazemos das existências humanas, das fenomenologias, das mudanças sociais e das transformações políticas em geral. É nessa "pegada" que me refiro à linguagem como objeto de uma visão indisciplinar. Não há como fechá-la na caixa da linguística ou da filosofia da linguagem. Ela é, sim, ao mesmo tempo, fenômeno e fato da vida que vivemos.

Quando mexemos na linguagem no nível dos eventos — no texto —, podemos des/re/articular a linguagem no nível das práticas — do discurso — e, como consequência, podemos chegar a uma mudança no nível da estrutura — dos sistemas de linguagem que nos formam. O extermínio de uma comunidade da fala nos exemplifica muito bem isso. Esse extermínio pode se dar por meio do genocídio ou pela colonização cultural, que, a conta-gotas, em eventos, pode promover outros modos cada vez mais silenciados de usar o discurso — anuladores de práticas culturais autênticas — e, por fim, pode apagar completamente a existência de uma língua, ou seja, de um potencial de linguagem. Reconhecemos isso na matança secular da nossa população indígena no Brasil.

Em outras palavras, o primado da hegemonia preconizado por Antônio Gramsci (1995), no qual a mudança social é um exercício de poder que acontece a partir das transformações do universo micro ao macro, se aplica completamente ao pensamento dessa divisão de estratos da vida humana e da parte que nos cabe aqui: estudar o papel da linguagem nessa estratificação. Essa mudança, já nos lembram Chouliaraki e Fairclough (1999), se dá paulatinamente e para que uma estrutura seja maculada é preciso que muitos eventos reconfigurem um sem-número de práticas até se mudar um modelo cultural já cristalizado. Acho exemplar o caso da evolução humana. Conforme as teorias evolucionistas, constituímos mudança em nossos corpos ao longo dos milênios, porque mudamos hábitos, modos de viver. Saímos da condição de seres monocelulares até chegarmos ao que somos hoje, uma vez que eventos naturais e culturais se deram, inovando as práticas até uma mudança estrutural, que é a dos nossos corpos e das nossas articulações biológicas. Todavia, também sabemos que uma mudança social e na vida de uma população específica pode ser de modo abrupto, desde que esta seja acometida por uma transformação de alto impacto, como a força dos fenômenos naturais de grande porte, por exemplo, maremotos ou terremotos; ou interpelada por um poder totalitário como aquele proveniente de um golpe de Estado. O interessante é perceber que, de uma forma ou de outra, a agência de transformação é sempre, nesses casos, empreendida por um poder descomunal, de base natural ou sociopolítica.

Contudo, nem sempre podemos dizer que a mudança assim é contundente. Ela pode se dar paulatinamente e pelo consenso. A nossa capacidade de resistência a situações de desigualdade pode gerar mudanças desse tipo. Os corpos humanos e as linguagens que eles produzem são formas de resiliência também e atuam num processo de transformação que é lento. Uma pessoa que não se enquadra nas normas sociais que são impostas pode subverter essas normas e faz assim com discurso, com a alteração das práticas. Pessoas negras que resistem ao embranquecimento cultural, pessoas indígenas que resistem à colonização não indígena, pessoas trans que desmantelam os marcos lhes imputados de gênero; todas essas são reinventoras de suas peles, de suas vestimentas, de suas maneiras de estar no mundo e isso se dá na forma como elas se apresentam, falam, conversam; se dá nos eventos, nos textos que, por sua vez, promovem mudanças nas práticas, nos discursos, de maneira progressiva, o que, às vezes, transforma as estruturas.

Alguns aparelhos ideológicos fazem um serviço contrário a isso, provocando também um contínuo hegemônico pelo consenso. Isso, por exemplo, acontece secularmente com o discurso de algumas práticas científicas e religiosas, que vêm disseminando a representação de pessoas cuja orientação de desejo erótico foi taxada de homossexual (inclusive, pela medicina), como pessoas doentes e pecadoras. Além disso, a justiça em alguns países trata ainda tais pessoas como criminosas. Essas representações não se dão apenas no campo das ideias, mas se consolidam por discurso, sedimentadas por práticas como recorrentes publicações de textos científicos, palestras em rituais religiosos, leis e outras formas de produção de sentido que se repetem e ganham regularidade.

Essas repetições da linguagem, tratadas pela filósofa Judith Butler (2003, 2004, 1997) e, já há algum tempo, pela pragmática, com Austin (1990), têm poder performativo e geram ações no mundo, fazendo criar situações, sistemas de (re)conhecimento e crença, regulações, que ficam enraizados por um bom tempo na nossa sociedade. Isso se dá quando repetimos expressões semióticas ao longo do tempo, que citam e reiteram uma maneira de ser. Esse processo, que Butler (2003) ao falar de gênero vem chamando de performatividade, é um norte na forma de encararmos a agência na linguagem. Pessoas de vidas periféricas têm suas linguagens periféricas e produzem discursos periféricos; são vozes silenciadas, ocultadas, mas que possuem, em sua própria condição periférica, já nos lembra também Butler (2003), a capacidade de reverter os sistemas da estrutura social, exatamente por serem periféricas. Suas condições de dissidentes as tornam potentes demais para, em si mesmas, propiciarem biopolíticas de transformação social. Ratificando essa perspectiva, Borba (2014a) considera que os corpos só atingem significado cultural quando envolvidos numa rede complexa de regulações, vigilâncias, punições que paradoxalmente fornecem os recursos de sua própria contestação. Tal rede é constituída por sistemas de saber/poder e saber/discurso historicamente específicos que são, em grande parte, produzidos e sustentados por práticas linguísticas.

Saber que esses corpos e suas desobediências são possíveis e que existem por meio de operações de linguagem nos leva a procurar nos munir dessas operações e conhecer um arcabouço de categorias que estão no bojo da LQ. Na próxima seção, então, vamos entender um pouco como tem se dado essa perspectiva.

Feições da linguística *queer*

Segundo Butler (2003), existem normas por meio das quais determinados corpos são lidos e reconhecidos numa sociedade. O conjunto de tais normas, ainda que intuitivamente, chamamos de gênero. Termo vastamente usado, o gênero é a primeira norma que atribuímos a alguém quando nasce. Em nossa sociedade ocidental e urbana, tradicionalmente, dividimos a relação entre as pessoas por uma designação de gênero, que é uma nomeação de economia política, conforme Oliveira (2017). Essa divisão distingue as pessoas entre um grupo chamado de "homens" e outro tratado por "mulheres" e que, respectivamente, recebem a concepção de suas ações no mundo por meio das classificações "masculino" e "feminino", tendo como justificativa — inclusive inspirada em pressupostos que se dizem científicos — a existência de determinados traços genitais, reprodutivos e genéticos. Ao nascer, homens são aqueles que se apresentam munidos de pênis, próstata e têm arquitetura cromossômica XY; as mulheres nascem com vagina, ovário, trompas, útero e têm código genético XX.

A concepção de gênero é entendida como uma designação de economia política não por causa de tais atribuições físicas, mas porque, de acordo com Gayle Rubin (1975), essa divisão binária é parte de um projeto de divisão de atribuições, acessos e oportunidades; sendo assim, são rotulados como homens, em nossa sociedade, quem está na posição alfa, de tomada de decisão, de responsabilização e emancipação de si; são caracterizadas como mulheres as pessoas conduzidas à proteção, limitadas em suas atividades e resguardadas à reprodução da espécie humana. Compreendendo que essa leitura sobre o real é uma criação histórica e que ganha resistência nos corpos de muitas pessoas, alguns estudos dos últimos instantes do século XX e do começo do XXI passaram a pensar sobre as artimanhas usadas para garantir que o gênero seja imposto como norma, sobre o que isso tem a ver com o sofrimento de muitas pessoas que não se reconhecem sob a sombra dessa imposição e sobre quais mecanismos de combate as pessoas insubmissas a essa norma usam para reagir. Esses estudos, aliados aos ativismos feminista, de gays e lésbicas e contra o racismo, já contundentes nos anos 1970, foram se misturando a novas propostas de movimentos que se declaravam *queer* e ganharam força como área de conhecimento, gerando, cada vez mais, a inquietação de pesquisadoras e pesquisadores no mundo inteiro.

Como braços desses estudos, surgiram as abordagens *queer* em diversas áreas: no jornalismo, na pedagogia, nas artes e, como não poderia deixar de ser, na linguística, que, embora já tenha dado alguns passos por alguns caminhos dentro de diferentes disciplinas (sobretudo na sociolinguística), vem agora se edificando com um papel mais trans/indisciplinar e se encontrando, como comentei no começo deste texto, com estudos mais críticos e aplicados. É, portanto, a LQ uma área que, resumidamente, investiga os contemporâneos discursos dos e sobre os corpos que se levantam para interrogar as normatividades sociais — em especial aqueles dissidentes por gênero e sexualidade — e colabora com o debate público para pensarmos novos discursos na educação e no fazer política sobre as línguas: uma discussão sobre a democratização de gênero na tessitura das referências pessoais dos textos (como indico fazer aqui); um letramento escolar mais atento à diferença humana; uma prática de interação mais equânime, valorizando nomes sociais (antropônimos) de pessoas trans e formas inclusivas de representação de atores sociais de sexualidade e gênero periféricos (Moita Lopes, 2003; Borba e Ostermann, 2008; Melo, no prelo). Esses são alguns exemplos de uma atuação, ainda que da micropolítica, capaz de mudar práticas e com vistas a desregular as estruturas, conforme discutimos na seção anterior.

Sob o horizonte então do questionamento aos binarismos reguladores, às normas encaixotadoras e ao sofrimento que isso causa, a LQ investiga performatividades como construções sociais, que são reproduzidas pela repetição de determinadas maneiras de usar o discurso, criando uma série de efeitos que são tomados como essenciais (ver também os capítulos de Barrett e de Hall, neste volume). Como exemplo um pouco distante dos principais objetos da LQ, uso novamente este texto e outras possibilidades interacionais de contextualização predominantemente acadêmicas. Muito da forma como escrevo aqui ou como vemos escreverem em livros como este, dirigidos a pessoas interessadas em estudar as línguas, é uma recorrência causada pela performatividade dos discursos sobre língua/linguagem publicados em livros impressos na nossa cultura brasileira. Mudar qualquer que seja o *script*, isto é, o plano discursivo já repetido em práticas de escrita como esta, é uma nova possibilidade de performatividade que "quebra" a regularidade já compreendida.

No entanto, se pensarmos, com os estudos enunciativos, que o instante já imprime outra enunciação — mesmo que o texto apresente a mesma construção locucional que outro, ou seja, outra produção de linguagem, a qual certamente agrega nova significação — entendemos que, ainda que reiteremos as "mesmas" formas de dizer num texto como este capítulo, não há como fugir da atualização por que ela passa. Num outro momento do dizer, o modelo de aplicação deste texto pode ser o mesmo ou até a textualidade pode ser a mesma, mas noutra enunciação, com outro tempo, interlocutores diferentes ou outro suporte, por exemplo, haverá um novo discurso. Nesse sentido, falar de "ser", com esse olhar de atualização a cada enunciação, pode significar falar de "estar". Em contrapartida, há regularidades nessas atualizações enunciativas e é isso que nos dá a ilusão do "ser". Se pensarmos isso, na epiderme das subjetividades, vemos que a cada modo de nos mostrarmos realizamos novas subjetividades.

Já que essa é uma condição inerente ao ser humano, podemos dizer que também é inerente a nossas subjetividades a permanência na mudança, que se dá pela rearticulação dos elementos da prática (como apresentamos) em cada nova performance. A diferença nos constitui intrinsecamente. Negar isso ou ocultar essa faceta tem sido o papel de muitas instituições que, no mundo da homogeneização neoliberal e da higienização dos corpos, ocupam-se de acabar com quem ousa deixar a "natureza" humana seguir. Alguns exemplos são: a mídia hegemônica, instituições de ensino conservadoras e religiões ortodoxas. O exercício político de aniquilamento (simbólico ou físico) dos corpos que ousam ser diferentes — não cedendo à conjuntura das normatividades vigentes — chamamos de necropolítica (Mbembe, 2014). Exercício este desenvolvido com muito esmero por essas instituições e um dos alvos de crítica da LQ (ver Melo e Moita Lopes, neste volume).

Alvo porque, no conjunto das perspectivas teóricas que ela adota, cada vez mais, vem se interessando em examinar práticas sociais que outrora foram concebidas como isentas de ideologia. Nesse contexto, uma das palavras de ordem mais constante é, sem dúvida, *criticidade*, termo que, desde as teorias apresentadas pelos membros da Escola de Frankfurt,[2] norteia muitos campos do conhecimento que passaram a postular o lugar de *ciências críticas*. Campos esses que, segundo Ruth Wodak (2005), não se concentram apenas em questões

---

2. A Escola de Frankfurt corresponde ao agrupamento dos trabalhos que alguns intelectuais alemães de tendência marxista (Theodor Adorno, Max Horkheimer, Walter Benjamin, Herbert Marcuse, entre outros) desenvolveram no início do século XX, responsáveis por traçar as primeiras teorias críticas sistematizadas sobre a sociedade de consumo e produzir pesquisas que investigaram como a lógica capitalista interfere no desenvolvimento humano. Essa tradição de estudos legou diferentes correntes teóricas nas ciências humanas (Zuin *et al.*, 1998; Guareschi, 2005; Vandenbergue, 2010).

puramente acadêmicas ou teóricas, mas tomam também, como ponto de partida, problemas sociais predominantes e latentes, adotando uma posição política explícita sobre eles e analisando os meios em que ocorrem, quem são seus responsáveis e como resolver tais problemas. Segundo essa linguista, podemos distinguir as ciências definidas como críticas em função de três traços dos seus posicionamentos epistemológicos, os quais são aplicáveis também à LQ.

1. *O tipo de evidências capazes de comprovar* — a LQ não revela realizações do mundo, mas descreve e avalia o processo de encobrimento naturalizado dessas realizações (em geral situações de opressão), bem como suas causas e seus efeitos. Em outras palavras, ela explora o que não é visível, mas perceptível de algum modo no convívio social, como as manifestações ideológicas que aparelham inúmeras práticas de nossas vidas, levando-nos a acreditar que essas práticas sempre foram como são, in natura. Um bom exemplo disso é a ideologia cis-heteronormativa.[3] Desse modo, a LQ é *denunciativa* de um estado de coisas ofuscado por interesses particulares.

2. *O grau de envolvimento com o objeto analisado* — os estudos da LQ não têm como propósito a manipulação bem-sucedida de um mundo externo a si, sendo, desse modo, de função instrumental. Possuem, sim, caráter reflexivo, na medida em que se reconhecem no mundo do objeto que analisam e, portanto, tratam, em parte, de si mesmos e de seus problemas. Por isso, os estudos em LQ são *engajados*.

3. *O modo como se relacionam com o público de suas pesquisas* — um dos principais objetivos da LQ consiste em jogar luz à reflexividade dos sujeitos para que eles consigam compreender o que subjaz ao notório, munindo de

---

3. Por ser um termo largamente usado hoje, mas ainda de significado pouco compreendido, é importante esclarecer que por cis-heteronormatividade compreende-se a legitimação do modelo heterossexual e cisgênero como norma regulatória das relações sexuais e de gênero na sociedade ocidental contemporânea. É, com isso, "o conjunto de instituições, estruturas de compreensão e orientação prática que se apoia na ideia de que no par heterossexualidade/homossexualidade não há simetria, [mas] [...] díades [respectivas] como norma/desvio, regra/exceção, centro/margem. A [cis]heteronormatividade só pode existir fixando o periférico e, a partir dele, se definindo como central" (Miskolci e Pelúcio, 2008, p. 16).

ferramentas perceptivas principalmente quem se encontra em desvantagem social, buscando tornar essas pessoas conscientes das coerções ocultas que sofrem, permitindo que elas se livrem dessas opressões e alcancem uma posição que lhes possibilite determinar onde se encontram seus verdadeiros interesses. Por esses motivos, a LQ pode ser considerada *pedagógica*.

Esse modo denunciativo, engajado e pedagógico de investigar a construção da realidade encontrou refúgio em modelos teóricos da linguística no último quartel do século XX, momento em que essa ciência reorientou seu foco de investigação — que recaía predominantemente sobre estruturas formais isoladas (abordagens formalistas) — para a perspectiva de análise sobre o funcionamento do processo de produção e consumo de textos orais e escritos situados sócio-historicamente (abordagem funcionalista ou discursiva). Tais modelos ensejaram o surgimento de pesquisas que contemplam o papel de cientistas da linguagem na análise crítica da relação que as práticas linguísticas mantêm com outros elementos das práticas sociais, demonstrando cientificamente que a capacidade linguística de produção de significado é um produto da estrutura social, mas que, ao mesmo tempo, essa estrutura social, agenciada por grupos e relações sociais, influencia o comportamento linguístico e não linguístico dos sujeitos, incluindo a sua atividade cognitiva (Van Dijk, 2004).

Nesse contexto, a LQ se enquadra bem numa perspectiva crítica dos estudos linguísticos por procurar usar teorias já propostas pelas ciências sociais — e, em alguns casos, reestruturá-las —, explicando a relação que podem manter com a linguística e projetando estratégias pedagógicas para a conscientização e o empoderamento social (ver os capítulos de Rocha e de Santos Filho, neste volume). Essas características exigem das pessoas que se reconhecem como linguistas *queer* serem intelectuais que se engajam em pequisas que possuem cariz tanto teórico quanto aplicado, "uma exigência da relação teoria/prática sem a qual a teoria pode ir virando blábláblá e a prática, ativismo" (Freire, 2007, p. 22).

Nesse sentido, quando falamos de LQ, destacamos os seis seguintes princípios.

1. *Ímpeto crítico* — entendendo que, em atividades humanas, as interconexões e as redes de causa e efeito podem ser distorcidas a ponto de saírem do

campo de visão (Fairclough, 1985), a LQ não se centra em apenas elementos especificamente linguísticos (vale também dizer, semióticos). Seus enfoques implicam mostrar conexões e causas ocultas nos textos que constroem e desconstroem práticas dominantes de poder sobre vidas consideradas não viáveis, uma vez que as estruturas hegemônicas e seus discursos estabilizam as convenções sociais e as convertem em algo natural, fazendo com que as mais variadas práticas ideológicas sejam, muitas vezes, tidas como inquestionáveis (Fairclough, 2001). Ao fazer isso e ao tornar visível o que antes pode ter sido invisível e aparentemente natural, linguistas *queer* pretendem mostrar o modo como as práticas linguístico-discursivas se imbricam nas estruturas sociopolíticas do biopoder e da dominação, isto é, pretendem desenvolver, como já citei, uma atividade crítica diante da realidade que analisam. E, na medida em que as estruturas atuam numa sociedade em detrimento de grupos particulares, esperam produzir mudanças não apenas nas práticas discursivas, mas também, nas práticas e estruturas sociopolíticas que as apoiam. Desse modo, a LQ vem-se mostrando como um instrumento eficaz para a aplicação de suas descobertas a questões práticas, possibilitando aos indivíduos se tornarem cada vez mais conscientes das influências da linguagem e da estrutura social.

2. *Explicitude político-ideológica* — a LQ comunga da ideia de que a ciência não pode ser vista como uma prática em si, pois isso a configuraria num universo que anularia a dimensão pragmática da dimensão epistemológica. Em outros termos, ela não propõe "enclausurar" a ciência como se esta fosse uma prática que bastasse a si mesma, sob pena de perdermos de vista o papel político que postula e que é inerente ao exercício do saber. Ao contrário, a LQ busca perceber o fazer científico como um conjunto de práticas que está ligado a elementos extracientíficos, quais sejam, a posição ideológica de cientistas e o efeito social de sua investigação. É sob essa linha de raciocínio e, ao corrigir uma subavaliação muito divulgada da importância da linguagem na produção, manutenção e mudança social, que linguistas *queer* partem do princípio de que devem adotar veementemente uma posição política diante das pesquisas que empreendem (ver Borba, neste volume). Em outras palavras, linguistas *queer* explicitam seus propósitos com o objetivo

claro de revestir a prática científica como um projeto de intervenção que estreite a relação do conhecimento científico com a sociedade em geral e produza mudanças favoráveis às pessoas que se encontram em situação de vulnerabilidade. Assumem, portanto, que a neutralidade perante as estruturas sociais numa pesquisa torna pesquisadoras e pesquisadores cúmplices de tais estruturas. Por isso, a LQ recusa o mito da isenção científica e, agindo assim, diferentemente de outros saberes, não nega, mas explicitamente define e defende seu próprio posicionamento político. Isto é, a LQ não é neutra — e tem orgulho disso.

3. *Indisciplinaridade* — no mapa conceitual dos estudos contemporâneos sobre linguagem, teorias de diversas áreas do conhecimento têm mantido com as ciências sociais críticas estreita relação teórico-metodológica. Tais teorias estruturaram-se sistematicamente através de pesquisas desenvolvidas por linguistas de áreas como a linguística de texto e a semiótica social e demonstram interesse pela sociologia, ciências políticas, antropologia e psicologia social. Isso exige um trabalho de articulação e recontextualização disciplinar que a LQ imprime ao estudo de questões sociais mais amplas do que a linguagem. Linguistas *queer* reconhecem, assim, que a transgressão dos limites entre as disciplinas é um pressuposto básico para a análise de problemas sociais produzidos discursivamente. Uma das principais características para o estabelecimento da teoria torna-se, então, a busca por ações transformadoras em prol da consolidação e garantia dos direitos humanos, sociais, políticos, culturais e econômicos nas mais distintas sociedades. A LQ tem, portanto, uma relação dialógica com outras teorias e métodos sociais. No entanto, engaja-se com eles não apenas de maneira *interdisciplinar*, nem *transdisciplinar*, mas *indisciplinar* (Moita Lopes, 2016), entendendo que coengajamentos particulares dos estudos discursivos sobre determinados aspectos do processo social devem suscitar avanços teóricos e metodológicos que transpassam as fronteiras das disciplinas.

4. *Aplicabilidade* — as pesquisas em LQ não são feitas para as estantes das bibliotecas, tampouco para a satisfação pessoal de quem as desenvolve.

Devem, sim, servir para promover resultados concretos de mudança social na vida de pessoas, funcionando como práticas para atender a questões sociais iminentes e sendo propulsoras de transformações no modo de olhar e agir das pessoas. Em outras palavras, o trabalho da LQ deve estar à disposição de diferentes campos, revestindo-se de uma perspectiva aplicada e colaborativa e configurando-se numa pesquisa realizada não apenas *sobre* os sujeitos ou *para* os sujeitos, mas *sobre*, *para* e *com* os sujeitos, através da qual eles possam ter a capacidade de agir criativamente, no sentido de operar suas próprias conexões entre as diversas práticas sociais e as ideologias a que são expostos.

5. *Acessibilidade* — o estilo hermético deve ser incompatível com os objetivos fundamentais de um estudo em LQ, visto que, se os sujeitos a quem interessa tal tipo de pesquisa não conseguem entendê-la, não podem tampouco aprender com ela. Nesse sentido, a LQ advoga que o obscurantismo promove a imitação cega em vez do discernimento; por isso qualquer trabalho realizado por ela deve ser ensinável, claro e acessível na socialização das análises e dos resultados de pesquisa. A LQ busca, assim, passar a limpo as coisas mais complicadas e almeja ser simples, sem deixar de ir às raízes dos problemas.

6. *Empoderamento social* — em face dos esforços para que pesquisas sejam aplicáveis e acessíveis, alguns questionamentos da LQ revelam a necessidade de que as investigações sirvam para aumentar a consciência de como a linguagem contribui para a dominação de algumas pessoas sobre outras, entendendo a tomada de consciência como o primeiro passo para a emancipação dos indivíduos. A LQ funciona, desse modo, como ferramenta de empoderamento social. A LQ vê-se como um selo de pesquisa politicamente envolvida com uma exigência emancipatória. Ela procura ter um efeito na prática e nas relações sociais, por exemplo, no desenvolvimento pedagógico, na elaboração de modelos para o uso linguístico não machista ou em propostas para aumentar a inclusão de vozes marginalizadas em notícias e textos jurídicos. Algumas posturas estão ao alcance de linguistas *queer* para

que suas pesquisas impliquem, de fato, formas de empoderamento na direção da justiça social, como:

a) a constituição de redes interinstitucionais compostas por pesquisadoras e pesquisadores com diferentes origens acadêmicas, compartilhando interesses por problemas sociais particulares e comprometendo-se a divulgar ao máximo os resultados dos projetos de pesquisa articulados, transpondo os limites da academia;

b) a articulação da LQ com a etnografia em pesquisas de campo engajadas e potencialmente transformadoras dos modos de compreensão da realidade social, podendo resultar em efeitos positivos para participantes de pesquisas com movimentos sociais que atuam em lutas por direitos e por justiça social;

c) pesquisas sobre práticas pedagógicas e relações institucionais em contextos diversos, representações discursivas de grupos específicos na mídia e ainda sobre discriminação contra grupos dissidentes particulares, as quais forneçam respostas sobre os resultados alcançados pelas pessoas que servem de sujeitos de pesquisa.

Esses princípios fazem parte das propostas de consrução de uma LQ que, em tempos tão sombrios, visa ampliar um pouco a visão daquilo que costumeiramente chamamos de estudos linguísticos, trazendo à discussão questões iminentes sobre gênero, sexualidade e outros marcadores sociais em suas interfaces com o linguístico, mas, principalmente, como já dissemos, em sua integração com a linguagem na condição de propulsora da desigualdade, de aniquiladora da diferença, de alijamento dos corpos já marginalizados. Ao contrário do que se propala comumente, com este capítulo, acredito que não tratar de gênero e sexualidade, em qualquer âmbito, não suprime esses traços da experiência humana, mas apenas contribui para a desinformação a respeito de tais temas, para a perpetuação de estigmas e para o sofrimento que dessa ausência decorre.

Por isso, a LQ não quer apenas tratar dessas questões, responsabilizando o lugar da linguagem na exclusão social e no exercício do abuso de poder. Pretende, também, "enfiar o dedo nas feridas", tais como o extermínio das subjetividades, a escravidão das psiques, as inúmeras violências por razão de gênero e sexualidade e o silêncio sobre as causas dessas violências. Nesse sentido, compreende-se, no bojo da LQ, que tratar de tais temas não implica influenciar pessoas, doutrinar mentes, tampouco estimular práticas sexuais. Significa ajudar a pensar e compreender a sexualidade e as possibilidades de gênero, buscando saídas, no discurso, para combater práticas de discriminação e a violência pelo uso semiótico.

Muitas vezes me pergunto em que medida o ensino de língua promove o aprendizado da leitura e da escrita como ações sociais, que, interconectadas às suas culturas, constroem tanto habilidades sociocomunicativas quanto o desenvolvimento de sociabilidades para o estranhamento das normas de gênero e sexualidade que estão performadas na linguagem. Para responder a essa questão, atualmente, há uma perspectiva epistemológica reconhecida como letramento *queer* (LtQ), advogada na pedagogia linguística e na linguística aplicada contemporâneas (Moita Lopes, 2006a; Nelson, 2006; ver também Rocha, neste volume). Partirei dela, na próxima seção, para ilustrar minha reflexão analítica e pensar o papel da LQ no processo de ensino-aprendizagem, dimensão de grande interface com os estudos linguísticos aplicados.

Um exemplo é muito bom para pensar melhor

De acordo com Matêncio (2002), a escola cumpre duplo objetivo que lhe é intrínseco: promover a construção do conhecimento (a partir da legitimidade social a que historicamente lhe é atribuída como lugar, por excelência, do saber) e contribuir para o desenvolvimento de sociabilidades (afinal, o espaço escolar consiste em mais uma célula social em que subjetividades, identidades, representações e relações sociais são situadas e construídas). No entanto, numa sociedade como a nossa, marcada pela violência da desigualdade de classe, onde o autoritarismo colonialista e patriarcal prepondera como signo da convivência humana, a escola — na medida em que se afirma, muitas vezes, como mais um lócus de legitimação dessa sociedade (Bourdieu e Passeron, 2014) — elege alguns conhecimentos e sociabilidades à revelia do silenciamento de outros, tornando-se, assim, um lugar não apenas de testemunha das narrativas hegemônicas da vida social, mas também um dos mais importantes aparelhos propulsores dessas narrativas (ver, nesse sentido, o capítulo de Barboza e Borba e o de Rocha, neste volume).

Inserido num mundo cicatrizado por múltiplas e onipresentes formas de semiose que fomentam o status central da escrita impressa no jogo das mais diferentes relações sociais, é papel dessa mesma escola contribuir para o desenvolvimento de competências e, portanto, conhecimentos que nos ajudem a lidar com diferentes eventos de letramento, isto é, com as diferentes situações de sociabilidades mediadas pela leitura e escrita. Porém, tanto a partir de sua função como conhecimento quanto sociabilidade, o letramento na escola tradicional é influenciado pela ideia de escrita como habilidade universal e neutra em que o texto é uma entidade autônoma (Brockmeier e Olson, 2009), em detrimento de entendê-lo como discurso e, portanto, como prática social engendrada por ideologias promotoras de representações e construtoras de identidades (Fairclough, 2003).[4]

Na contramão dessa perspectiva e enxergando a escola como promotora de reflexão crítica sobre a sociedade, os estudos críticos do letramento (Street, 2014; Gee, 1999) entendem as práticas de letramentos escolares — como igualmente pensou Matêncio (2002) em relação à escola — inerentemente como práticas epistemológicas e sociais e, por isso, fontes de subjetivação, ethos, representações, identidades e relações sociais (Moita Lopes, 2005; Kleiman, 2003). Em outras palavras, a legitimação da concepção de práticas de leitura e escrita na escola como algo universal e autônomo é igualmente a legitimação de certas sociabilidades, quais sejam, aquelas que se expressam

---

4. A escola tradicional é marcada pela ideia de letramento como habilidade universal em que o texto escrito e impresso é uma entidade autônoma (Brockmeier e Olson, 2009). Para Rocha (2012), isso implica duas questões: (1) o letramento escolar como essa habilidade universal desconsidera que há variadas práticas de letramentos e, portanto, várias práticas sociais mediadas pela escrita. Além disso, (2) essa visão legitima uma única maneira de ser e agir relacionada ao letramento; contudo, as práticas de letramento consistem em práticas sociais de participantes de uma comunidade de prática e, portanto, práticas de letramento se relacionam com performances e sociabilidades (Moita Lopes, 2002), são fontes de identidades e diferença (Kleiman, 2003). Em outras palavras, a legitimação de uma única prática de letramento é igualmente a legitimação de uma única sociabilidade ligada a ela.

sem ideologias, sem situacionalidades históricas, culturais e sociais, o que não é possível, pois letramentos se realizam em práticas sociais e, como tais, nos dão pistas sobre o que somos e fazemos quando lemos e escrevemos.

Os eventos de letramento são parte da dimensão semiótica das práticas sociais nas quais os sujeitos se constituem e constituem as suas sociabilidades, performando suas subjetividades, identidades e diferenças que envolvem, em grande medida, gênero e sexualidade. Eles, como diferentes outros de nossa existência, são desempenhados pela e na linguagem, assim como pelas e nas práticas de letramento e tradições discursivas da leitura e escrita em nossa cultura. Entretanto, a construção de conhecimento e sociabilidades sobre gênero e sexualidade na escola é predominantemente apresentada a partir do discurso hegemônico cis-heteronormativo (Louro, 2014); por exemplo, a sexualidade humana é frequentemente apresentada numa perspectiva classificatória e prescritiva por meio de discursos muito restritos como as conservadoras aulas de ciências e biologia, que tratam da heterossexualidade reprodutiva, representação altamente excludente dos potenciais tanto epistemológicos sobre a sexualidade quanto de performances das subjetividades que não se identificam com a norma heterossexual do modelo reprodutivo.

Nesse sentido, é importante denunciar o perigo pedagógico de muitos dos modelos de escolarização e letramento que regem o apagamento das diferentes possibilidades de leitura e escrita, bem como os múltiplos sentidos nas práticas de letramento/sociabilidades, especialmente no que tange aos traços de gênero e sexualidade. Sedimentados pela repetição do ensino normativo que caracterizamos aqui, tais modelos se mostram como naturais e a única saída no ensino-aprendizagem de letramento na escola.

Na contramão dessa tradição, devemos advogar outra possibilidade: um olhar *queer* sobre a linguagem, notadamente sobre as práticas de letramento que o currículo escolar promove, a partir das feições de uma LQ que discuti acima.

A abordagem *queer* se caracteriza pela compreensão da relação entre a prática de letramento como ação linguística e de sociabilidade e a performance de gênero e sexualidade como discurso. Para uma proposta assim, fazem-se necessários os seguintes pressupostos básicos para a apresentação do que seria uma prática de letramento *queer* na escola: (1) os usos da escrita são sempre engendrados por ideologias e situados sócio-historicamente;

(2) a escrita é um mecanismo semiótico da prática social; (3) o exercício do letramento constitui um evento de sociabilidade na medida em que instaura relações entre sujeitos sociais numa cena discursiva. Além disso, é importante identificar alguns dispositivos teóricos que subjazem ao letramento *queer*: (1) gênero e sexualidade são traços que se realizam no discurso; (2) gênero e sexualidade na escola são performados por uma visão cis-heteronormativa.

Entendendo, portanto, a prática de letramento como uma ação no mundo e, desse modo, uma maneira de realização das sociabilidades, podemos, sob a perspectiva da LQ, reconhecer três níveis de traço do gênero e da sexualidade na abordagem pedagógica sobre o uso social da escrita:

1. por meio da já tradicional tematização, isto é, ao reconhecermos que um texto trata de gênero e sexualidade e, ao ser este texto trabalhado em sala de aula, eis a possibilidade de o tema vir à tona como forma de representação do assunto, como conteúdo;
2. na constituição dos posicionamentos dos sujeitos sociais que usam os textos lidos e escritos nas práticas de letramento da sala de aula, ou seja, em geral professores/as e estudantes — nesse caso, a questão se apresenta para uma reflexão sobre em que medida o *ethos* e as identidades de gênero e sexualidade são construídos no fluxo da interação por meio da leitura e escrita dos textos usados na aula;
3. no exame das vozes (enunciados) que se revelam nos discursos dos textos, ou seja, na observação dos traços discursivos e interdiscursivos que remetem a traços de gênero e sexualidade (porém, para a verificação desse nível, requer-se conhecimento mais aprofundado de estratégias enunciativas e dos modos de representação da voz de outrem no discurso).

Considerações não tão finais assim

Para além dos direitos anos a fio reivindicados por pessoas de gênero e sexualidades periféricos, a premente necessidade de liberdade que sentem denuncia uma série de traços culturais que a nossa sociedade precisa transformar. Traços esses que estão na base da estrutura social brasileira desde sua formação: conservadorismo, patriarcalismo, misoginia, puritanismo, entre outras características flagrantes do povo brasileiro, ensinadas, incutidas, reproduzidas, reforçadas por meio de muitos modos de sociabilidade, desde aqueles mais imediatos e rotineiros (uma conversa familiar ou entre amigas e amigos), passando por outros rituais institucionalizados, marcadamente ideológicos (religioso ou pedagógico, por exemplo), até os mais mediados e massificados sob a lógica do mercado da comunicação (mídia em geral e imprensa em particular).

A compreensão de que o funcionamento desses traços é parcialmente discursivo e que tem sua realização no processo de produção gramatical é um dos principais desafios às novas abordagens da linguagem, sobretudo ao percebermos que "a Linguística, depois de mais de 40 anos de sua introdução oficial nas universidades brasileiras, permanece invisível e inaudível para a sociedade em geral" (Lara, 2009, p. 27) e tem seu espaço de questionamento ainda restrito, quando muito, ao ensino de língua. A imobilidade dos estudos linguísticos frente aos problemas sociais reverbera como verdade inquestionável entre linguistas que defendem ser unicamente o estudo imanentista da palavra, da sentença e do texto o dispositivo de ação científica de pesquisadoras e pesquisadores da linguagem. A nulidade de reflexão sobre o quão intricada é a relação entre essas esferas empíricas da prática social e os outros elementos que constituem a realidade acaba por fustigar as possibilidades de atuação da linguística perante problemas sociais que se fortalecem por meio de estruturas semióticas (re)produzidas.

Longe de serem isentos de linguagem, os traços culturais que listei não podem ser percebidos e combatidos — em nome da garantia de liberdade de expressão e do direito à felicidade de todas as pessoas — se não for por uma reflexão crítica sobre o semblante semiótico que possuem e por um exercício de empoderamento acerca dos mecanismos discursivos que os sustentam. Isso significa que um importante caminho ao exercício de superação das cruéis contingências sociais que levam à exclusão humana se faz pela conscientização de que a linguagem e o texto são ingredientes inerentes às estratégias de discriminação/preconceito/violência de qualquer sujeito social que ouse questionar os padrões canônicos de poder sustentados pelos referidos traços culturais.

Diante disso, cabe lembrar um aspecto epistemológico importante que ampara este capítulo. Conforme havia apresentado na introdução, numa perspectiva de estudo da linguagem como a LQ, do mesmo modo que as estruturas sociais são concebidas como coerção das atividades e dos sistemas semióticos, devem também ser entendidas como recurso que serve a essas mesmas atividades e a esses sistemas na medida em que a relação entre a realização dos domínios e as versões semióticas tem caráter recursivo na vida social. Isso é possível para a LQ, pois os indivíduos são capazes de manter e transformar as estruturas que utilizam, uma vez que a sociedade, por um lado, só existe nas próprias ações humanas que utilizam alguma forma constituinte da ordem social (como os sistemas das línguas) e, por outro lado, sempre provê as condições necessárias e indispensáveis para a ação humana.

Nesse sentido, se aplicarmos a reflexão dessa dialética que citei na primeira seção à seara dos letramentos que usei como exemplo anteriormente, vemos que o sucesso de uma prática de letramento escolar decorre de diferentes estratégias textuais-discursivas utilizadas pela escola para transformar um evento da realidade em conhecimento (isto é, a perpetuação de uma prática e a consequente manutenção ideológica) e pode também servir de dado para a reflexão acerca dessa prática e para o empoderamento de tais estratégias a fim de se produzir um instrumental crítico sobre ambos tanto em circunstâncias como essa que analisei quanto em outras semelhantes (ou seja, funcionar como mote desencadeador de ação). Exemplifico, assim, que estudos linguísticos, qual a LQ, que se arvoram a ultrapassar os limites de descrição formalista da linguagem e procuram entender a relação do discurso (inclusive na sua dimensão micro, como a lexicogramática) com os contextos de situação e cultura, norteados por óculos críticos (como destrinchei na terceira seção), podem oferecer contribuições à análise social sem que uma anule a outra.

O que pude constatar com todo o percurso que trilhei até chegar a esse ponto exemplifica o potencial indisciplinar que a LQ hoje pode nos oferecer. De forma denunciativa, engajada e pedagógica, ou seja, ao modo de uma ciência crítica, foi possível atualizar os valores dos estudos da linguagem a um enfoque metodológico que nos fez rever constantemente o quanto os itens semióticos de textos são expressões de um padrão particular para impor verdade. Isso só foi possível depois de entendermos que nenhum componente textual de análise está deslocado da conjuntura sociopolítica em que foi produzido, mediado e para a qual aponta, mas, ao contrário, que todos constituintes textuais produzem sentidos capazes de localizar e nortear essa conjuntura.

Sob uma lente crítica acerca desses sentidos, evidenciamos que essa prática está carregada de sentidos construídos por elementos semióticos verbais que, por meio de sua estrutura e organização nas ordens de discurso, são capazes de engendrar representações particulares e construções identitárias divulgadas em alta escala e, portanto, consumidas por muitas pessoas, que, por sua vez, podem ratificar essas representações e identidades no jogo cotidiano de perpetuação das imagens sociais. Assim, a principal contribuição que este capítulo intentou foi levantar o véu dos mecanismos ligados a esses elementos semióticos a fim de mapear tais potenciais da linguagem no âmbito da LQ. Diante disso, foi possível revestir este estudo de uma feição propositiva que sugere o uso das características e dos princípios da LQ para sensibilizar pessoas a munirem-se, em diferentes ordens sociais e discursivas, das ferramentas epistêmicas que abordei, demonstrando que os estudos *queer* da linguagem não estão de brincadeira.

CAPÍTULO 6

LINGUÍSTICA *QUEER* A PARTIR DE APONTAMENTOS DISCURSIVOS E TRANSFEMINISTAS

Beatriz Pagliarini Bagagli

Introdução

Este capítulo propõe algumas articulações teóricas entre a linguística, os estudos *queer*, o transfeminismo e a análise do discurso. Discuto algumas questões que concernem à identidade de gênero nos seus aspectos distintivos entre transgeneridade e cisgeneridade — a primeira enquanto um conceito que designa as identidades e formas subjetivas que não se apresentam em relação de conformidade com as expectativas de gênero socialmente consolidadas e a segunda que designa o seu antônimo. Para tanto, vou me deter acerca dos desenvolvimentos da epistemologia estruturalista que se dão a partir da noção de língua enquanto sistema na sua relação com alguns aspectos que concernem às identidades de gênero, à abjeção e às considerações psicanalíticas sobre a (de)negação. Além disso, proponho a articulação destas considerações com as perspectivas e discussões teóricas que levam em consideração o gênero como ato performativo.

Dessa forma, parto do entendimento de que as relações que constituem as identidades de gênero se dão no interior de um sistema de significação e exclusão, ou, para usar uma provocação transfeminista, um "cistema" que contribui para a sustentação da cisgeneridade como um fato natural e pré-discursivo da vida social. Para tanto, mobilizo os seguintes conceitos da análise do discurso e dos estudos de gênero para pensar o funcionamento da cisgeneridade como sistema de normatividade: pré-construído e gênero; denegação e cisgeneridade.

A estrutura do sistema

O *Curso de linguística geral* de Saussure (2011) é frequentemente referenciado como ponto de partida das reflexões que deram origem ao estruturalismo. A linguística é por vezes tomada metonimicamente por estruturalismo talvez não por acaso: Henry (1992, p. 83) afirma que é precisamente a ideia da língua como sistema que abre a possibilidade de uma teoria geral da língua. É importante notar que Saussure jamais empregou, em qualquer sentido, a palavra estrutura, e sim a de sistema (Benveniste, 1995, p. 98).

Contudo, é por meio da teorização de Saussure sobre o sistema linguístico que o conceito de estrutura pôde ser formulado.

Segundo Benveniste (1995, p. 5), a novidade do enfoque saussuriano consistiu em tomar consciência de que a linguagem em si mesma não comporta nenhuma outra dimensão histórica, de que é sincronia e estrutura, e de que só funciona em virtude da sua natureza simbólica. O autor argumenta também que a língua, assim como outros sistemas de signos, se estrutura na condição essencial de poder significar. Toda tentativa de formalização do funcionamento desta estrutura deve levar em consideração este caráter incontornável que diz respeito à significação.

A estrutura, por sua vez, refere-se ao arranjo de um todo em partes e a solidariedade entre as partes do todo (Benveniste, 1995, p. 9). As unidades pertencentes a um sistema definem-se pelo conjunto das relações que mantêm com as outras unidades e pelas oposições que produzem: são uma entidade relativa e opositiva, como explica Benveniste (1995, p. 22). O dado linguístico, argumenta o autor, não é um dado primeiro acessível diretamente como unidade isolada, pois é desde o princípio um complexo cujos valores resultam sejam das propriedades de cada elemento, das condições de sua organização ou das suas condições objetivas (como as que envolvem o contexto situacional e de enunciação). Segundo Saussure (1954, p. 63),

> A lei absolutamente final da linguagem consiste, se ousarmos dizê-lo, em que não há nada, jamais, que possa residir em *um* termo; isso é consequência direta do fato que os símbolos linguísticos não têm relação com aquilo que devem designar; assim, pois, *a* é impotente para designar algo sem o concurso de *b* e o mesmo ocorre com este, sem o concurso de *a*; ambos só têm valor pela sua diferença recíproca, ou nenhum valor, mesmo por uma parte qualquer dele mesmo (suponho "a raiz" etc.), a não ser por esse mesmo plexo de diferenças eternamente negativas (*apud* Benveniste, 1995, p. 43-44).

Em contrapartida, Haroche (1992, p. 33-34) afirma que a própria noção de significação, como a de sentido, leva a questionar o caráter absoluto ou relativo da autonomia do sistema; é querer, por meio deste gesto (que se interroga acerca destas noções), saber mais sobre o sistema, a língua e os arranjos entre signos. Levar em consideração o caráter sistemático da língua nos coloca numa posição de *querer saber mais* sobre como a significação funciona. Segundo a autora, ao se interrogar sobre o sistema corre-se o risco, mesmo que provisoriamente, de abalar a linguística como ciência. Paradoxalmente, como cogita Pêcheux (2009, p. 78), se a linguística se constituiu como ciência foi precisamente no interior de um constante debate sobre a questão do sentido, sobre a melhor forma de banir de suas próprias fronteiras a questão do sentido. Levar em consideração a língua como sistema, argumenta Normand (2009, p. 48), também nos faz questionar a oposição clássica entre sentido literal e figurado:

> A língua como sistema de diferenças, sem termos positivos, implica (contém, mesmo que não seja realmente produto) o desaparecimento do pressuposto clássico de um sentido sempre já lá, idêntico a si mesmo sob formulações diversas (pois a identidade linguística é apenas uma relação). Desaparecimento, portanto, também do sentido próprio, original, que perde seu poder de jurisdição, uma vez que todas as diferenças se equivalem; em um campo sincrônico, nenhuma delas pode valer-se de privilégios com base em qualquer tipo de anterioridade. Assim, elimina-se a referência à origem e o problema é reformulado em termos de funcionamento, de jogo, de mecânica.

A linguística como o estudo das línguas naturais, sendo o conceito de língua entendido como um "puro sistema de significação", é facilmente tida como um modelo para o estudo de outros objetos, seja uma instituição, um mito, um sonho, as relações de gênero e sexualidade... Ou seja, estes outros objetos passam a ser pensados também como um conjunto estruturado de significações. Em todo caso, quando falamos destes "novos" objetos está posto o desafio crucial de estabelecer a especificidade do funcionamento de um determinado sistema de significação, isto é, seus valores próprios. Neste aspecto, Robin (1973, p. 17) destaca que "nada nem ninguém escapou ao caráter heurístico e aos limites deste paradigma fundador e inaugural de todas as ciências". Benveniste (1995, p. 17) acrescenta que "são tão particulares as condições próprias da linguagem que se pode estabelecer como um fato que não há apenas uma, porém várias estruturas da língua, cada uma das quais possibilitaria uma linguística completa".

Trata-se, diria, de uma possibilidade de abertura para leituras de leituras, num incessante trabalho de reinterpretação teórico que implica escolhas, tomadas de posição, como sugere a colocação de Normand (2009) sobre abordagens teóricas que se definem em termos de leitura. Talvez paradoxalmente a linguística tenha sido interpretada como "ciência-piloto" (numa atitude que não deixa de soar um tanto megalomaníaca) ao mesmo tempo em que estas leituras de leituras tenham cada vez mais se afastado das questões de linguística geral que interessavam Saussure originalmente.

Henry (1992) descreve um espaço contraditório ocupado pela linguística nos campos das ditas ciências humanas. Segundo o autor, a linguística se situaria num espaço designado como complementar entre a ordem do psicológico e do social. Em decorrência disto, a língua acaba se reduzindo ora ao psicológico ora ao social, o que constituiria um entrave (ao mesmo tempo em que a sua própria condição de possibilidade) a se pensar precisamente o conceito de língua como uma "ordem de realidade autônoma". Este espaço complementar pode ser designado como paradoxal, pois ao mesmo tempo assinala uma dependência e autonomia em relação aos campos da psicologia e sociologia. Este funcionamento é descrito pelo autor não meramente como um fato consumado de ora dependência, ora autonomia, mas uma espécie de perigo constante e contraditório em que a especificidade epistemológica da linguística pode ser a todo momento encoberta por um ou outro termo da dupla psicológico e social.

Um dos dilemas próprios a este campo da complementaridade diz respeito à formulação de uma articulação do extralinguístico no quadro da sociolinguística. Robin (1973, p. 91), neste aspecto, qualifica a sociolinguística como ambivalente, pois,

> Faz avançar as pesquisas de articulações entre "língua" e "estruturas sociais" e, no mesmo momento, parece-nos insuficiente, movendo-se no quadro da homologia ou da não homologia, nos universos paralelos do linguístico e do social, sem que seja pensado o estatuto da relação entre a ordem do discurso e a ordem sócio-histórica. Postula-se, além disso, que o progresso a ser realizado neste domínio deve ser procurado do lado da interdisciplinaridade.

Articulações *queer* e transfeministas: em torno de sistemas de exclusão

Falo a partir de uma posição explicitamente assumida: transfeminista. Enquanto acadêmica e ativista transfeminista me proponho a falar sobre identidades que de alguma forma não cumpram com as expectativas cisnormativas socialmente estabelecidas; em outras palavras, sobre identidades trans, transexuais, travestis, transgêneras. Também enquanto transfeminista me coloco como teórica, tendo em vista que o campo feminista diz respeito tanto à prática quanto à teoria — entendendo a teoria enquanto uma prática específica.

Como aponta Coacci (2013), o movimento transfeminista se insere conjuntamente às discussões contemporâneas acerca das fronteiras do sujeito político do feminismo: a(s) mulher(res). Estas discussões suscitam frequentemente disputas que dizem respeito, como aponta o autor, a "quem e quais corpos podem ou não se [reivindicar] feministas e falar pelo feminismo e quem pode ou não ser mulher" (ibid., p. 136). Ele indica que tais disputas desvelam também uma "tensão gerada pela presença de sujeitos transgêneros em espaços feministas" (ibid., p. 136-137).

Pessoas trans, neste contexto, referem-se a todas as pessoas cuja identidade de gênero não coincida com aquela designada ao nascimento e, segundo Jesus e Alves (2010), são estas pessoas, tendo em vista certas especificidades das mulheres transgêneras, transexuais e/ou travestis, que o transfeminismo deve representar. As autoras entendem o transfeminismo como uma "filosofia" assim como uma "práxis acerca das identidades transgênero que visa a transformação dos feminismos" (ibid., p. 14). Jesus (2014, p. 249) reconhece a história de lutas das travestis, das mulheres transexuais e das experiências pessoais da população trans como "elementos fundamentais para o entendimento do feminismo". Nesse sentido, as autoras explicam que

> Os movimentos de mulheres transexuais — e das travestis, integrantes de uma parcela numerosa e historicamente mais visível da população trans — têm na aproximação com o pensamento feminista um referencial teórico e prático

poderoso para resistirem e construírem suas próprias forças quando confrontadas, no cotidiano, com vivências de opressão impostas pela dominação masculina (Jesus e Alves, 2010, p. 15).

Falar sobre identidades trans é desde sempre falar sobre questões que concernem certos campos de significação. Há uma questão forte em relação à significação quando reivindicamos o reconhecimento de "mulheres trans"; "homens trans"; "pessoas não binárias"; uma questão em sentido forte, pois é o próprio caráter de estabilidade referencial do sexo que está em jogo, isto é, a problematização da relação unívoca entre palavras e entidades no mundo. Isto implica aderir, como qualifica Motschenbacher (2010, p. 2), a uma teorização pós-estruturalista acerca da construção discursiva do binário de gênero que não mais faça um uso inquestionado dos termos homens e mulheres como se fossem macrocategorias biologicamente autoexplicativas e mutuamente excludentes. É preciso considerar, portanto, estas categorias como possuidoras de contornos difusos e negociáveis. Segundo o autor, isto não implica que "homem" e "mulher" não possam mais ser utilizados como categorias analíticas, mas sim que seja necessário demonstrar uma consciência crítica da materialização discursiva e normatividade que as acompanham.

Há muitas formas através das quais o problema da significação é abordado em termos teóricos. Uma perspectiva de compreensão da significação incidiria na tentativa de estabelecimento das condições de possibilidade de as palavras poderem referenciar objetos no mundo. Dessa forma, a significação pode ser compreendida através da relação entre objetos e palavras a partir de cálculos de verdade. Outra perspectiva, mais afeita a levar em consideração a autonomia (mesmo que relativa) do sistema da língua, poderia, ao contrário, suspender a preocupação com o estabelecimento da relação entre palavras e os objetos do mundo e se ater propriamente às relações entre as próprias palavras (nesse sentido, ver Barrett, neste volume). Assim, antes de implicar uma relação com objetos do mundo, a significação seria produzida a partir de leis internas ao próprio sistema linguístico.

Os estudos comumente designados enquanto "teorias *queer*" frequentemente são descritos como estudos que abordam questões referentes às identidades de gênero e sexuais não normativas. Contudo, gostaria de assinalar que antes mesmo de se tratar de um gesto meramente descritivo acerca destas identidades, as teorias *queer* assumem, de fato, um posicionamento (que poderíamos qualificar enquanto ético e político) bastante específico em relação a tais identidades. Isto porque não podemos falar sobre normatividade em relação a gênero e sexualidade a partir de qualquer posição epistêmica.[1] É neste aspecto que Borba (2015, p. 96) afirma que "uma perspectiva *queer* é, acima de tudo, ter uma visão crítica dos discursos sobre sexualidade que normatizam uns e marginalizam outros". A dita teoria *queer* é, antes de uma teoria em abstrato, uma tomada de posição epistemológica, uma perspectiva acerca da compreensão das relações de gênero e sexualidade.

É nesta imbricação necessária entre perspectiva/tomada de posição e teorização que a teoria *queer* irá descrever o sistema da heteronormatividade (e cisnormatividade, acrescento a partir de perspectivas mais nitidamente transfeministas). Berlant e Warner (1998) definem a heteronormatividade como um conjunto de "instituições, estruturas de compreensão e orientações práticas que fazem a heterossexualidade ser vista não apenas como coerente — ou seja, organizada como uma sexualidade — mas também privilegiada" (p. 548) e como um "motor fundamental para a organização da sociedade" que produz relações de exploração e desigualdade dentro mesmo da própria sociedade heterosexual (p. 564). Ela não é apenas sustentada pela circulação massiva dos discursos sobre o amor romântico, mas também através do casamento, leis de família, arquitetura doméstica, divisão do trabalho e política (ibid., p. 562). Jackson (2006) defende que o conceito de heteronormatividade deve levar em consideração, como forma de mobilização analítica, uma dupla regulamentação social que se impõe sobre os indivíduos que estão tanto dentro quanto fora da identidade heterossexual. Neste sentido, uma perspectiva teórica *queer* entende que todas as categorias identitárias são potencialmente problemáticas, não apenas aquelas que explicitamente designam o padrão hegemônico (como "heterossexual"),

---

1. É neste aspecto, por exemplo, que falar sobre normas talvez, neste contexto, não se desvincule de uma perspectiva que se coloque desde o princípio enquanto uma crítica a tais normas, mesmo que possamos admitir perspectivas as mais diversas sobre o que viria a ser o estatuto teórico e político destas críticas e normas.

pois todas elas de certa forma regulam e excluem pessoas que não atendem plenamente aos seus requisitos normativos (Motschenbacher e Stegu, 2013, p. 523). Jackson também afirma que a regulação da heteronormatividade incide tanto sobre o gênero como sobre a sexualidade — mesmo assumindo que gênero e sexualidade sejam pertencentes a fenômenos de ordens diferentes. A heteronormatividade não incide apenas sobre a regulação de práticas sexuais, mas também sobre tudo o que envolva um "estilo de vida normal" (Jackson, 2006, p. 107).

A cisgeneridade, um mecanismo que subjaz e sustenta a heteronormatividade, é entendida por Vergueiro (2015) como um eixo que constitui uma matriz de práticas repetidas as quais todas as pessoas são impelidas a performar[2] para a produção de coerências e evidências acerca do sexo. Envolve, assim, "um conjunto de dispositivos de poder colonialistas sobre as diversidades corporais e de gênero, sendo tais dispositivos atravessados por outras formas de inferiorização, marginalização e colonização interseccionais" (Vergueiro, 2015, p. 72). O funcionamento desta matriz, argumenta Vergueiro (2015), exige que certos tipos de identidade não possam existir, tornando-as inviáveis. Desta forma, há uma relação intrínseca entre a produção de coerências por esta matriz cisnormativa e a exclusão (constitutiva) das transgeneridades, relação esta que projeta sentidos de abjeção e subalternidade sobre as identidades ininteligíveis. As contribuições teóricas de Vergueiro, que dialoga com e a partir de Butler, nos permitem compreender como a cisnormatividade e heteronormatividade se sustentam mutuamente em seus efeitos nas produções das identidades inteligíveis nos campos, respectivamente, da identidade de gênero e orientação sexual.

A descrição e investigação acerca destes sistemas não se dissociam, desta forma, da crítica às normas que estruturam gênero e sexualidade enquanto sistemas de exclusão. Tais sistemas de exclusão funcionam de forma a alocar as posições heterossexuais e cisgêneros no centro da constituição do sujeito de desejo e de gênero, produzindo propriamente formas de vida consideradas

---

2. Vergueiro (2015) dialoga a partir de contribuições teóricas de Butler (2003) para mobilizar as noções de performatividade e o seu funcionamento como matriz de gênero e identidades inteligíveis. O conceito de performatividade de gênero será explicitado adiante neste capítulo.

"normais" nestes âmbitos de subjetivação. Em outras palavras, trata-se de uma normatização/normalização da heterossexualidade e cisgeneridade como formas pretensamente corretas da estruturação do desejo, da constituição subjetiva e de nossas ações diárias. Ou, para usar uma provocação transfeminista, um "cistema" que contribui para sustentação da cisgeneridade como um fato natural e pré-discursivo da vida social. A criação do conceito de abjeção funciona como um nó fundamental entre estes dois movimentos constitutivos na/da teoria.

Segundo Louro (2001), os sujeitos designados enquanto abjetos são "socialmente indispensáveis" para o funcionamento destes sistemas, já que "fornecem o limite e a fronteira", isto é, "fornecem o 'exterior' para os corpos que 'materializam a norma', os corpos que efetivamente importam" (p. 549). A teoria *queer* é, neste aspecto, uma tomada de posição ética e política em relação a este "fora" necessário, a estes corpos que não importariam, que aparecem espontaneamente como se estivessem excluídos ou rejeitados enquanto um efeito do funcionamento do próprio sistema. O gesto de interpretação *queer* faz, neste processo de crítica, uma espécie de reinclusão deste outro excluído em nível teórico enquanto a própria causa do sistema. Um aspecto digno de ser discutido neste processo de construção teórica diz respeito ao fato de as identidades abjetas aparecerem, enquanto efeitos, como acessórias e dispensáveis quando são, de fato, a partir desta perspectiva, indispensáveis. Ou, dito em outras palavras: por aparecerem enquanto dispensáveis para o funcionamento do sistema é que elas se tornam incontornavelmente indispensáveis.

Diante destas considerações, podemos vislumbrar alguns pontos de convergência entre a linguística e a teoria *queer*. Santos Filho (2017a, p. 162) argumenta que uma linguística *queer* é capaz de fazer uma contraposição a estudos sociolinguísticos que não consideram questões de sexualidade ou orientação sexual e que, ao abordarem gênero, tomam-no como algo não problemático, ligado ao sexo do falante (assumindo sexo como se fosse um dado bruto da biologia, para fora das relações do discurso). Uma linguística *queer*, portanto, deve ser capaz de questionar os pressupostos teóricos e metodológicos que acabam por tomar o campo do gênero, sexo e sexualidade como algo não problemático ou da ordem da natureza. Para o autor, não se trata somente de uma linguística que procure analisar as falas ou discursos de pessoas LGBT, mas sim de problematizar as normas de inteligibilidade e suas subversões que ganham vida no discurso e a relação entre sujeito, identidade, linguagem e significado tendo em vista a existência da cis-heteronormatividade (ver Borba, neste volume).

Pré-construído e gênero

Uma das questões teóricas postas pelos estudos da linguagem que levam em consideração o conceito de língua diz respeito ao estatuto da exterioridade (extralinguístico) e do sujeito. Entre as formas da língua e os processos concretos de significação há que tipo de relação? É possível estabelecer algum tipo de limite entre os processos de significação que dependam "exclusivamente" do sistema da língua para garantir seus princípios de legibilidade e aqueles nos quais teríamos que lançar mão, na teoria, de algum tipo de sistema não linguístico, seja ele um sistema de crenças ou uma ideologia? Em suma: o que da significação é especificamente linguístico e o que não seria? E, para início de conversa: em que medida esse limite é possível de ser traçado? Poderíamos supor um sujeito epistêmico que sustentaria coordenadas comuns a todos os sujeitos falantes de uma língua? Uma língua poderia ser um sistema de pensamento compartilhado de forma homogênea por falantes tal como um instrumento universal? Estas questões são abordadas por Henry (1992) ao refletir sobre o estatuto da pressuposição linguística em algumas teorias linguísticas e/ou filosóficas. O autor discute precisamente como as teorias lidam com o "saber" implícito contido na pressuposição linguística, o que nos leva a observar qual teoria acerca do sujeito e exterioridade deve ser usada para sustentá-lo e o quanto este saber é passível de generalização/universalização em nome do sistema linguístico.

Haroche (1992), neste aspecto, cogita a existência de um poder que exploraria certas propriedades de linguagem tendo em vista o posicionamento do sujeito como responsável e mestre de seu dizer. Tais propriedades, que se inscrevem no postulado geral de toda gramática, a saber, a exigência de clareza, a imposição da transparência e de perfeita legibilidade, assim como os ideais da completude da regra e desambiguização, passam a ser problematizadas, isto é, passam a ser objetos de debate. A autora questiona se tais propriedades realmente seriam inerentes à língua e ao pensamento ou se configurariam como respostas, em formas "gramaticais", a um imperativo de poder. Este tipo de poder classifica os indivíduos em categorias, identifica-os, amarra-os, aprisiona-os em sua identidade, buscando transformá-los numa entidade homogênea e transparente (Haroche, 1992, p. 21). A autora argumenta acerca da existência de práticas jurídicas manifestadas por estas relações de poder que funcionam de forma silenciosa na história da gramática. Isto porque, segundo a autora, no aparelho jurídico a letra se pretende inteligível, ao menos em aparência, e o sujeito de direito é instado como responsável pelo uso "correto" da língua.

Duas noções acerca do sujeito são destacadas como passíveis de análise crítica por Henry (1992): uma enquanto origem do ato de linguagem (mesmo se se considera que esse sujeito interioriza um sujeito universal que regula a atividade) e outra que toma a própria sociedade como sujeito, numa instância capaz de exercer um controle jurídico sobre a língua.[3] É importante considerar, neste aspecto, uma solidariedade mútua entre essas duas concepções de subjetividade entre o individual e o universal,

> [...] que se acham como em confronto pressupõem uma à outra, ou, mais precisamente, que, se a teoria nos apresenta uma forma universal de subjetividade como condição de possibilidade e existência da subjetividade individual, é na realidade o inverso, a saber, a hipótese individual, sua "evidência", que torna necessária a hipótese racionalista de uma forma de subjetividade universal, no caso, de uma "essência da linguagem humana". Em outros termos, é porque consideramos um sujeito fonte de comportamento, de conduta, de decisões, tendo opiniões, convicções etc. que o problema das condições de possibilidade desses comportamentos, condutas etc...., na medida em que eles são organizados, aparece sob a forma da existência de uma subjetividade universal que representa as propriedades de *todo* sujeito possível, na medida em que ele é

---

3. Em ambas as concepções, Henry afirma que se trata de considerar o indivíduo falante como sujeito simples e, ao mesmo tempo, lugar e sujeito dos seus próprios pensamentos.

capaz de pensar e falar. Assim, não é surpreendente que o que se apresenta como externo à língua na linguagem esteja relacionado com opiniões, convicções, crenças etc. que cada sujeito pode partilhar ou não (Henry, 1992, p. 52).

Uma definição de pressuposição de Ducrot é trazida e trabalhada criticamente por Henry (1992, p. 61), como "as representações necessárias ao ouvinte para que o enunciado se integre a uma comunicação normal". Esta definição faz do reconhecimento dos pressupostos por ouvintes uma condição para o emprego normal de um enunciado. O pressuposto também é definido em termos de uma cumplicidade fundamental que liga entre si participantes do ato de comunicação. Esta cumplicidade, assinala Robin (1973, p. 32), faz com que as informações implícitas do pressuposto estejam fora de causa, evidentes, incontestáveis, aprisionando interlocutores, mesmo contra a sua vontade, num sistema de pensamento que pode mascarar uma ideologia.

Henry entende que as duas noções de sujeito mencionadas acima (individual e universal) são solidárias à ideia de que as "opiniões, crenças, convicções" passíveis de serem partilhadas (ou não) entre os sujeitos são do domínio do extralinguístico. Para Haroche (1992, p. 162), a distinção entre "ser qualquer um (não importa quem)" e "ser alguém (preciso)" faz parte da mesma relação entre ser "uma pessoa" e "uma pessoa bem definida". A distinção, portanto, de sujeito universal e individual faz parte de uma mesma problemática teórica. Esta problemática acerca do sujeito se relaciona com a pressuposição na medida em que a pressuposição suscita um aspecto particularmente polêmico quando não é igualmente compartilhada por falantes.

Afinal de contas, como aponta Henry, o conteúdo da pressuposição não deve ser necessária ou meramente admitido por ouvintes, pois deve fazer antes "papel de hipótese ou de posição a partir da qual o locutor enuncia alguma coisa". Com isso, Henry formula que o reconhecimento dos conteúdos contidos nos pressupostos necessários para uma "comunicação normal" não funciona enquanto um imperativo universal que deveria simplesmente se abater de forma homogênea a todos os sujeitos falantes (como se se tratasse de um princípio geral da língua e do sentido literal dos enunciados), na medida em que o caráter de unanimidade destes conteúdos pode ser suspenso, fazendo com que, antes de designar condições propriamente de "normalidade" da função comunicativa, os pressupostos configurem um "modo de apresentação específico" dos conteúdos.

Com este gesto de interpretação, a recusa do compartilhamento de certos pressupostos também sai do campo da pura contingência individual (isto é, do campo das crenças, convicções e opiniões que um indivíduo pode ou não eventualmente compartilhar com outro indivíduo) e passa a entrar no da ideologia. Ideologia, por sua vez, entendida precisamente como um "um conjunto complexo de atitudes e de representações que não são nem 'individuais' nem 'universais', mas se relacionam mais ou menos diretamente a posições de classes em conflito umas com as outras" (Haroche, Pêcheux e Henry, 2008, s/p.).

Torna-se necessária, a partir destas considerações, a intervenção de uma teoria das relações entre língua e discurso. Nesse sentido, Henry (1990, p. 58-59) entende, a partir da consideração da língua como entidade relativamente autônoma,[4] que não seja possível, em nível teórico, atestar a priori os limites que demarcariam, de forma exclusiva, as regras de formação provenientes das determinações sintáticas (provenientes da autonomia da língua) daquelas de determinações discursivas (provenientes das formações ideológicas) na produção e interpretação de superfícies discursivas dadas. Esta teoria do discurso, por sua vez, deve relacionar os conceitos de sujeito universal e identificação, a saber, a teoria das ideologias[5] e das formas de existência da subjetividade (Robin, 1973, p. 76). O pressuposto, assim, não é situado unicamente na língua, pois é dependente das formações ideológicas e passa a ser pensado como pré-construído. Segundo Marandin (2010, p. 130), o pré-construído designa uma situação onde o modo de apresentação do objeto é indistinguível de seu modo de interpretação, qualificando a forma de expressão na medida em que limita a interpretação.

---

4. Segundo Henry (1990, p. 58), a noção de autonomia relativa da língua caracteriza a independência de um nível de funcionamento do discurso em relação às formações ideológicas. É sobre tal nível de funcionamento autônomo que a linguística faz a teoria na qual a língua é vista como pré-requisito indispensável de qualquer processo discursivo.
5. A mobilização da teoria das ideologias neste quadro teórico da análise do discurso provém das elaborações althusserianas (ver Marques, neste volume).

Em outras palavras,

O pré-construído remete ao que todos sabem, aos conteúdos do pensamento do "sujeito universal", ao que cada um, numa dada situação, pode ver e ouvir, aos conteúdos do "contexto situacional" pressuposto pela comunicação. O pré-construído remete às representações e, em particular, à imagem da "realidade", à evidência empírica. É assim que uma mesma frase será constituída por dois elementos heterogêneos um ao outro: o discurso do pré-construído e, encaixando-o, um outro discurso, sendo a ligação realizada pela imagem da realidade (Robin, 1973, p. 118).

Collinot e Mazière (2010) afirmam que o tratamento do pré-construído é difícil, pois se trata de assinalar, no próprio nível das manifestações linguísticas, a presença de fenômenos discursivos não identificáveis na superfície do texto. Trata-se, portanto, de traços apagados de um "outro discurso", não ditos, mas inscritos no interior do discurso que os sustenta. Eles podem ser recuperados através da deslinearização do texto e sua reconfiguração em desníveis enunciativos (Collinot e Marière, 2010, p. 186). Estes desníveis enunciativos são pensados por Henry (1990, p. 61) a partir de relações designadas como intra- e intersequências que se realizam sem serem conscientemente discriminadas.

O que as reflexões acerca do pressuposto linguístico e do pré-construído podem dizer a respeito das questões de gênero e, mais especificamente, das identidades trans? Tomemos em consideração que a própria discussão sobre a significação das palavras é equivalente a polemizar sobre os pressupostos. Esta forma de ato polêmico torna-se correlato da própria transgressão de uma lei da língua na medida em que se supõe[6] que a sociedade confere juridicamente às palavras um sentido literal. A recusa dos pressupostos constitui uma atitude diferente da crítica dos conteúdos postos do enunciado a ponto de Ducrot (*apud* Robin, 1973, p. 33) assinalar neste gesto um caráter agressivo, de afrontamento pessoal, na medida em que se trata de desqualificar não apenas o enunciado, mas a enunciação do qual o pressuposto procede.

---

6. Henry (1992) imputa à Ducrot a posição de considerar que as significações literais de uma língua podem ser pensadas em termos de determinação jurídica e se coloca crítico a esta perspectiva.

Veremos, contudo, que as considerações seguintes irão nos encaminhar muito menos para a polêmica no nível de uma eventual agressão intersubjetiva do que uma problemática que diz respeito a posicionamentos ideológicos e teóricos.

Tomemos então as seguintes proposições que constituem o senso comum sobre identidades trans:

(1) *Uma mulher trans é um homem que se identifica como mulher.*
(2) *Uma pessoa trans é aquela que se identifica com o gênero oposto.*
(3) *Uma pessoa trans é aquela que se identifica com o outro gênero.*

Elas são, ao mesmo tempo, perfeitamente enunciáveis como se se tratassem de meras descrições de certos objetos e fatos do mundo sustentados por um sujeito epistêmico, mas também são índices, por meio dos implícitos que sustentam na formulação linguística (i.e., "mulher trans não é mulher"), de uma série de problemáticas teóricas e políticas que dizem respeito a uma forma de reconhecimento paradoxal destas identidades. Problemáticas estas que serão trabalhadas pela teoria transfeminista de outra forma (i.e., através de uma ruptura crítica), capaz precisamente de atingir os pré-construídos em relação à significação da identidade de pessoas trans. As proposições acima se sustentam a partir de um ponto de vista que se passa como se fosse universal, mas que também dissimula uma ideologia que podemos designar como *cisnormativa*. Nesse sentido, uma linguística *queer* informada pela teoria transfeminista terá o trabalho de reelaboração conceitual que incide sobre as identidades trans na sua relação com esta presumida verdade dos sexos que havia sido estabilizada previamente por esta ideologia.

Caso quiséssemos, então, expor a proposição (1) à opacidade por meio de uma crítica a esta episteme espontânea, substituindo, para tanto, os elementos nas mesmas posições sintáticas da proposição original, incorreríamos inevitavelmente em uma proposição tautológica, produzindo as seguintes reformulações:

(4) *Uma mulher trans é uma mulher que se identifica como mulher.*

Ou ainda,

(5) *Uma mulher trans é uma mulher trans que se identifica como mulher trans.*

Estas reformulações acabam por demonstrar o caráter vazio da proposição original. É preciso, portanto, se perguntar pelas condições em que a proposição (1) é capaz de dissimular um efeito não tautológico. Ou seja: as proposições (1), (2) e (3) só são interpretáveis como fruto de uma "comunicação normal" a partir da assunção de um sujeito epistêmico que "conhece" o gênero de pessoas trans enquanto marcado por um paradoxo de reconhecimento e sentido. Este paradoxo marca uma defasagem entre uma suposta verdade do sexo inscrita previamente como um dado empírico e uma identidade de gênero que se constrói *a posteriori* e *a despeito* desta verdade. A identidade de gênero é colocada, pela forma de encaixe na formulação linguística, em desacordo com esta verdade que emana de um presumido referente estável e empírico, colocado em posição de pré-construído por mais que seja apresentada na proposição como asserção (i.e., "é homem"). Segundo Lagazzi (1988, p. 23), a asserção (diferentemente das formas de expressão da dúvida, negação e possibilidade) é a forma mais segura da expressão do poder, da expressão da autoridade, porque é onde existe o menor espaço para qualquer mudança.

Nestas proposições é preciso se deter para um funcionamento específico em que os efeitos de pré-construído se manifestam a partir da própria asserção realizada pelo verbo "ser" (i.e., "é homem") em contraposição ao verbo "identificar-se" e seu complemento (i.e., "que se identifica como mulher/ com o gênero oposto/com o outro gênero") que aparecem como efeito de construído. O que, pelo encaixe da formulação, deveria manifestar-se como efeito de construído (i.e., "é um homem"), pois asserido, acaba por funcionar como pré-construído (ou seja, encaixa-se como se fosse dito alhures em uma enunciação apagada), enquanto que o que deveria manifestar-se como efeito de pré-construído, já que introduzido por uma relativa restritiva[7] (i.e., "que se

---

7. O julgamento expresso por uma relativa restritiva é considerado de maneira em geral, de acordo com Henry (1990, p. 46), como não afirmado, pois a relação de determinação produzida pela relativa restritiva

identifica como mulher"), acaba por funcionar como se fosse asserido pelo efeito de sentido que adquire como construído. Este funcionamento particular se dá em virtude, parece-me, de a construção linguística tentar sustentar uma definição paradoxal, a saber, *mulher* significando pelo seu próprio antônimo (*homem*) por meio de um encaixe de enunciações desniveladas que distingue hierarquicamente o "ser" do "se identificar".

O funcionamento restritivo da relativa, presente nas proposições acima, na medida em que lhes fornece o seu sentido "normal", decorre de uma relação intersequência que se apresenta como se fosse intrassequência, de acordo com Henry (1990, p. 61), pois a relação intersequência é apagada pela relação intrassequência. É possível, desta forma, assinalar um desnível enunciativo que é linearizado sintaticamente pela cadeia significante que relaciona o "ser" com o "identificar-se" de forma a pressupor que se possa "se identificar com algo que não se é e se possa ser algo com que não se identifique". Neste aspecto, (a) "uma mulher trans é um homem que se identifica como se fosse uma mulher", (b) "uma mulher trans é um homem que acredita ser mulher" e (c) "uma mulher trans é um homem que diz ser mulher" são paráfrases[8] possíveis (mesmo que apresentando alguns deslizamentos sutis de sentidos na medida em que estabelecem uma relação mais explícita com os seus pressupostos) para a proposição (1) acima. Há, portanto, necessariamente enunciações opostas que são encaixadas pela relação intrassequência: a voz dita alhures e anteriormente que representa o "ponto de vista" da mulher trans sobre si (através do verbo "identificar-se") e outra, que subordina esta primeira ao afirmar explicitamente o contrário (i.e., "é homem"). Com essa análise, assinalo o que Pêcheux (2009, p. 89) descreve como um efeito de

---

está ligada a uma "forma de identificação prática no mundo das coisas ou do pensamento": "se identificar como mulher" é determinante de "homem" na relação que especifica "mulher trans" na ordem das coisas ou do pensamento. Neste funcionamento, é como se a ordem das coisas ou do pensamento pudesse explicar a ordem do discurso e o fundamento da relação determinante-determinado. Henry argumenta que o efeito de sentido das relativas não é exclusivamente sintático, sendo também discursivo.

8. Como nos lembra Henry (1990, p. 61), a relação de paráfrase pode operar sem que ela se realize sob a forma material de sequências efetivas, pois ela pode operar fora da consciência de quem fala, lê, escuta ou escreve. O processo de paráfrase, tal como se postula nesta perspectiva teórica, faz mobilizar noções de memória e esquecimento discursivos.

sentido que se assenta na relação dissimétrica de discrepância entre "dois domínios do pensamento".

Robin assinala um aspecto do domínio do pré-construído que diz respeito ao fato de o discurso prévio (i.e., os saberes implícitos) que sustenta o pré-construído ter as suas próprias condições de produção (i.e., as coordenadas espaço-temporais da enunciação) elididas e apagadas. Postula-se, desta forma, um esquecimento do lugar do/a locutor/a destes discursos anteriormente sedimentados.

No que diz respeito às formas de significar as identidades trans nas proposições (1), (2) e (3) acima poderíamos supor que se trata da enunciação do próprio desígnio do sexo como ato de linguagem que é apagado e que garante a estabilidade referencial e de sentido do verbo ser. Podemos pensar o apagamento deste ato de linguagem a partir do conceito de performatividade formulado por Butler (1993). A performatividade de gênero, não por acaso, foi precisamente pensada pela autora a partir da teoria dos atos de fala de Austin (1990). Austin introduz a categoria de performatividade como forma de se contrapor à categoria clássica da constatação (cuja problemática suscita o valor de verdade de uma proposição). Isto porque a performatividade introduziria uma categoria diferente de elocuções, já que elas não possuiriam valor de verdade na medida em que agem sobre o mundo ao invés de descrevê-lo.

Pensar gênero como ato performativo implica considerar que o seu próprio modo de existência se efetiva por meio do seu pronunciamento feliz (Livia e Hall, 2010, p. 121). As elocuções de gênero são performativas, pois não são nunca meramente descritivas, mas prescritivas (Livia e Hall, 2010, p. 122). A felicidade (ou sucesso) de um ato performativo depende, por sua vez, da sua capacidade de citar a lei (Butler, 1993). Portanto, para que o desempenho desta ação seja compreensível (ou feliz) é necessário que se invoque reiteradamente a lei ou as normas regulatórias. Isto não implica considerar, como advertem Livia e Hall (2010, p. 124), que o ato generificado possa ser simplesmente reduzido a um conjunto dominante de convenções hegemônicas heterossexuais — já que é através da reiteração paródica das próprias normas que as suas contradições internas e exclusões constitutivas podem ser desveladas. As autoras também argumentam que a noção de performatividade de gênero articulada por Butler permite sair de um solipsismo identitário que certas perspectivas do socioconstrutivismo implicam, pois a performatividade permitiria pensar categorias de sexualidade e gênero como relativamente generalizáveis a ponto do estabelecimento de paralelos entre diferentes culturas e contextos históricos se tornar viável pela teoria.

É por meio deste apagamento performativo que em (1) "homem" funciona como pré-construído por mais que seja asserido na proposição a partir do verbo ser; e "que se identifica como mulher" aparece como se fosse asserido, ou seja, como uma asserção submetida à discussão no enunciado por mais que se introduza por uma relativa. Os desígnios jurídico e médico de sexo ao nascimento funcionam enquanto pré-construído e a identidade de gênero aparece como algo a ser construído. O fato de *identidade de gênero* ser textualizada como se fosse asserida na proposição na medida em que *sexo* é tomado como um pré-construído não nos é fortuito, pois nos parece assinalar uma recorrência que diz respeito a processos não apenas de construções linguísticas, mas também discursivas e ideológicas que significam as relações sociais contraditórias de sexo/gênero. É precisamente o esquecimento deste desígnio de sexo como ato performativo de linguagem que determina as coordenadas referenciais para os termos "oposto", na proposição (2) acima, e "outro", em (3); tais termos se configuram como dêiticos de uma enunciação apagada. Este modo de funcionamento significante determina a transgeneridade enquanto objeto paradoxal.

Denegação e cisgeneridade

Benveniste (1995), ao refletir sobre as relações entre linguagem e psicanálise, afirma que a/o analista, ao operar sobre o sujeito a partir de sua escuta, busca revelar a ele uma relação de motivação que desempenha uma função de causa. Trata-se de provocar a emergência, na lembrança e na fala de pacientes, de um dado "histórico" enterrado, ignorado na memória do sujeito, "quer este deva ou não consentir em 'reconhecê-lo' e identificar-se com ele" (1995, p. 82). Cabe ressaltar que os fatos biográficos ou os acontecimentos empíricos por si só não são capazes de carregar sozinhos o peso de uma conexão causal, adverte o autor, a não ser pelo fato de eles serem verbalizados e assumidos por quem diz — mesmo que sob a forma da (de)negação.

A reflexão sobre o funcionamento da negação em psicanálise e linguística parece apontar, cada qual à sua maneira, para uma divisão subjetiva (uma divisão implicada no sujeito que enuncia uma negação). Esta divisão subjetiva decorre, respectivamente, pela forma como a negação pode ser frequentemente ignorada nos processos inconscientes[9] e pelo fato de que a negação linguística se caracteriza pela capacidade de anular apenas o que é enunciado, tendo que apresentar o conteúdo negado explicitamente no enunciado para suprimi-lo. Isto permite que Benveniste (1995, p. 91) afirme que um julgamento de não existência tenha necessariamente também o status formal de um julgamento de existência e que a negação seja, em primeiro lugar, uma forma de admissão.

Quanto a este aspecto linguístico, Ducrot (1987) irá pensar a negação a partir de uma teoria da polifonia e distinguirá a negação polêmica da negação metalinguística. Para tanto, o autor distingue a figura do locutor da de enunciador.[10] Locutores são figuras a quem se atribui a responsabilidade pela enunciação. Enunciadores representam distintas vozes ou pontos de vistas que podem ou não serem assumidos pelo locutor. Na negação polêmica, há a expressão simultânea de dois pontos de vista enunciativos antagônicos (i.e., um que afirma e outro que nega) entre os quais o locutor irá se identificar somente com aquele que nega; na negação metalinguística a negação incide não sobre um enunciador (i.e., ponto de vista), mas sobre a própria enunciação de um locutor, sendo, desse modo, capaz de refutar pressupostos.

No que diz respeito à interpretação psicanalítica, Freud (2011, p. 250) afirma poder tomar a liberdade de simplesmente ignorar a negação da fala de seus pacientes e "extrair o conteúdo da ideia". Também segundo o autor, um conteúdo reprimido de uma ideia ou imagem pode abrir caminho até a consciência sob a condição de ser expresso pela negação. Através do símbolo da negação, o pensamento se livra das limitações da repressão e se enriquece de conteúdos de que não pode prescindir para o seu funcionamento (Freud, 2011, p. 251).

---

9. Ver, nesse aspecto, a discussão que Benveniste (1995) realiza acerca do artigo de Freud (1996) denominado "A significação antiética das palavras primitivas ".
10. Utilizo o masculino genérico aqui para ser fiel aos conceitos cunhados por Ducrot.

Além da divisão, temos o conflito. Ou melhor, na medida em que falamos de divisão subjetiva talvez seja incontornável a abordagem de algum tipo de conflito, o que nos permite o diálogo com outros campos teóricos, como o do materialismo histórico, tal como formula Fedatto (2015, p. 83-84):

> De maneira geral, podemos afirmar que a história discursiva dos conceitos de ideologia e inconsciente pode ser retraçada e compreendida pela noção de conflito. Não há via única, estável, verdadeira ou certa porque os sentidos são fluidos e o desejo infindo. Freud afirma, em 1914, na sua *História do movimento psicanalítico*, que "a teoria da repressão [recalcamento] é o pilar em que repousa o edifício da psicanálise". E o recalcamento nada mais é do que uma das formas de expressão do conflito psíquico. Assim como no aforismo de Marx, que anuncia a importância da divisão e da disputa na construção da história, esse enunciado freudiano evidencia o papel do dualismo e da ambivalência na constituição do sujeito.

Freud afirma que pela negação o recalcado pode se manifestar na consciência do sujeito, contudo, mantendo o "essencial da repressão". O autor até mesmo admite que a negação pode ser plenamente superada por meio de uma aceitação intelectual do recalque mediante processo psicanalítico, mas a repressão em si, em contrapartida, não é passível de ser cancelada ou anulada em termos afetivos. Há, portanto, uma disjunção entre função intelectual e processo afetivo.

O juízo negativo é o substituto intelectual da repressão (Freud, 2011, p. 251). A negação desta forma é uma maneira de tomar consciência do recalcado, uma espécie de suspensão ou supressão do recalcamento, mas não uma aceitação plena do recalcado em si. O recalque, por sua vez, implica uma recusa prévia da admissão de um conteúdo de representação ou pensamento indesejado. Fedatto (2015) pontua que a perspectiva freudiana a respeito da negação incide sobre a ambivalência do termo "suspensão" (ou "supressão") de modo que a denegação seria uma forma intelectual de promover uma suspensão de um conteúdo que cause desprazer ao sujeito, na medida em que o conteúdo "suspenso" só pode ser introduzido na consciência na condição de ser negado.

O termo "denegação" passa a ser frequentemente usado em psicanálise para assinalar este aspecto particularmente ambivalente, do ponto de vista subjetivo, da negação. Segundo Roudinesco e Plon (1998), a denegação é um meio de todo ser humano tomar conhecimento daquilo que recalca em seu inconsciente: pela lógica da negatividade, o pensamento é capaz de se libertar de certas limitações do recalque. Indursky (1990, p. 118) afirma que através da denegação o sujeito "diz sem de fato dizer, apresentando-se dividido entre o desejo de dizer e a necessidade de recalcar", o que permite a ele formular o recalcado sem admiti-lo. Para Haroche (1992, p. 195) a denegação permite escapar ao dualismo negação/afirmação, contornando a oposição clássica entre implícito e explícito e colocando entre parêntesis o funcionamento do princípio de não contradição. A emergência do desejo expressada pela denegação se produz no sentido para além da sintaxe e da lógica (Haroche, 1992, p. 195).

Indursky (1990) propõe pensar o funcionamento da denegação no campo epistemológico da análise do discurso. Ela argumenta que a descrição linguística da negação polêmica pela teoria da polifonia inscrita em uma semântica da enunciação tal como formula Ducrot (1987) guarda semelhanças e diferenças com a perspectiva discursiva. São semelhantes na medida em que admitem a fragmentação dos sujeitos/locutores, mas diferem a partir do momento em que a análise do discurso concebe explicitamente a determinação ideológica deste sujeito fragmentado. Para a análise do discurso, portanto, o sujeito estabelece relação com distintos pontos de vistas representados por enunciadores em termos de divergência, antagonismo, conflito, aliança, identidade etc., a partir de uma determinação ou instância ideológica.

Diante destas considerações acerca da denegação para a constituição da subjetividade, podemos pensar acerca de alguns sentidos sobre cisgeneridade. A palavra cisgênero tem sido utilizada para designar o antônimo de transgênero. A cisgeneridade, por sua vez, tem sido utilizada como conceito transfeminista de análise crítica das normatividades de gênero, como em Vergueiro (2015). Assumo, para o escopo deste capítulo, que estas palavras se definem conceitualmente e/ou linguisticamente a partir do campo das identidades de gênero, envolvendo alguma espécie, respectivamente, de continuidade e descontinuidade entre estas identidades e expectativas sociais de gênero estabelecidas a partir de um desígnio jurídico de sexo ao nascimento. Diante de uma perspectiva saussuriana, assumimos que o valor diferencial destas palavras é puramente relacional e negativo, o que nos permite abstermo-nos de procurarmos algum tipo de coerência identitária referencial (seja a respeito das continuidades como das descontinuidades) baseada em algum tipo de substrato biológico, psicológico ou social, a priori. Segundo Barbai (2015, p. 211)

> A materialidade do corpo não é sua unidade imaginária da qual já se tentou fazer uma história das mentalidades. O que nos dá corpo é a linguagem. Assim, o que faz o destino do ser humano não é a anatomia, mas o discurso. E aí está a materialidade, já que como destacou Lacan, no *Aturdito*, homem e mulher não é um problema de anatomia, é um problema do sujeito. É preciso lembrar que os órgãos do corpo, o que dá a esse elemento uma estrutura de saber, é o fato de que há linguagem. O corpo é onde o eu se aliena: na evidência primeira do sentido, eu sou isso!

A denegação parece ocupar um lugar central para a forma como os sentidos acerca da cisgeneridade são mobilizados para a constituição do sujeito de identidade de gênero, isto é, a cisgeneridade aparece frequentemente denegada pelo sujeito na sua busca pelo reconhecimento como homem ou mulher. Interesso-me, sobretudo, pelos enunciados negativos como "eu não sou cis" mobilizados não para afirmarem implicitamente a condição transgênera, mas justamente para negá-la, isto é, tão somente (e espontaneamente) para sustentar os sentidos evidentes sobre homens ou mulheres. Neste funcionamento, trata-se de reafirmar algo pela negação através da denegação.

Normand (2009, p. 59) afirma que o estatuto dado por Freud à negação vem ao encontro do problema da metáfora. A autora entende que a negação consciente funciona em uma estrutura de desconhecimento-reconhecimento que entra na mesma lógica de substituição que constitui o funcionamento metafórico. O problema da metáfora está inscrito no funcionamento dos processos psíquicos no qual o mascaramento, o deslizamento (de sentido) se revela como o lugar de seu contrário: o desmascaramento, o surgimento do sentido, o conhecimento a partir do desconhecimento (Normand, 2009, p. 60).

Pêcheux (2014), nesta direção, define precisamente o efeito metafórico como um fenômeno semântico fabricado por uma sinonímia local ou substituição contextual (isto é, os elementos x e y só são substituíveis, sem mudar sua interpretação, em determinados contextos de uso), produzindo um deslizamento de sentido. Segundo o autor, esse "deslizamento de sentido" entre x e y é constitutivo do "sentido" designado por x e y; esse efeito é característico dos sistemas linguísticos "naturais", por oposição aos códigos e às linguagens artificiais, em que o sentido é fixado em relação a uma metalinguagem "natural" (Pêcheux, 2014, p. 96). O efeito metafórico é, pois, constitutivo de todo efeito de sentido, isto é, do sentido em si, na medida em que resulta de uma palavra, uma expressão ou uma proposição por uma outra palavra, uma outra expressão ou proposição. Neste aspecto, Pêcheux (2014) formula a hipótese de que as sinonímias locais são a regra e que as sinonímias não contextuais (em que os termos x e y são sempre substituíveis, independente de qualquer contexto) são excepcionais.

Partindo dessas considerações, entendo que a denegação da cisgeneridade substitui a identidade de gênero. A denegação da cisgeneridade é uma forma de dupla negação, pois produz uma negação também sobre a transgeneridade e a possibilidade, implicitamente, do pertencimento "normal" das pessoas trans às identidades masculinas e femininas. Isto é, a afirmação do pertencimento espontâneo às identidades de homens e mulheres parece se vincular constitutivamente à denegação estruturante da cisgeneridade, ou seja, da denegação do gênero como construção performativa de linguagem.

Compreendo que esta construção performativa do gênero está fadada ao fracasso, pois se estrutura a partir de uma hiância necessária entre a identidade e expectativas em relação a esta identidade nunca plenamente atingidas. A denegação da cisgeneridade diz respeito à recusa da alteridade em relação à transgeneridade. A transgeneridade é colocada como um conteúdo que causa desprazer ou abjeção. O que subsiste do recalque, como nos lembra Benveniste, não é nada mais do que uma repugnância do sujeito em identificar-se com este conteúdo sem que ele tenha poder sobre a existência desse conteúdo. Minha hipótese explicativa para esta recusa reside no fato de que a transgeneridade, ao ocupar estruturalmente a posição de descontinuidade em relação às expectativas de gênero, localiza-se simultaneamente numa posição social de abjeção ou interdito.

A denegação da cisgeneridade, na melhor das hipóteses, faz lembrar o sujeito do seu fracasso constitutivo em relação à sua identidade de gênero e produz o reconhecimento de uma relação de motivação com o outro trans como sua própria causa (abrindo, dessa forma, a possibilidade do devir): "eu não sou cis logo poderia ser trans". Por outro lado, na pior das hipóteses, a denegação reintroduz a transgeneridade como abjeta e como um interdito, pois a exclui dos limites que constituem a coerência de sua identidade: "eu não sou cis, pois ser trans está fora de cogitação". Segundo Fedatto (2015, p. 93),

> O esquecimento da divisão do sujeito em diferentes instâncias psíquicas e ideológicas organizaria um ego delineado em torno de algum saber sobre si, a partir de limites colocados pelo 'não', entendido seja pelo viés do devir e todas as possibilidades abertas pelo não ser, seja pela via das interdições produzidas pela ideologia e pela sociedade (o impossível num dado momento histórico do qual o superego é o estandarte).

A denegação pode ser compreendida como um mecanismo pelo qual a cisgeneridade obtém o seu status não marcado de normalidade, hegemonia, verdade e naturalidade biológica. Este status de neutralidade construída expressa os seguintes traços interdependentes da cisgeneridade, designados por Vergueiro (2015, p. 61) como: pré-discursividade, binariedade e permanência. A pré-discursividade é definida por essa autora como

> o entendimento sociocultural de que seja possível definir sexos-gêneros de seres a partir de critérios objetivos e de certas características corporais, independentemente de como sejam suas autopercepções ou das posições e contextos interseccionais e socioculturais em que elas estejam localizadas (Vergueiro, 2015, p. 61-62).

A binariedade, por sua vez, se expressa pela ideia de que os corpos, se "normais", terão gêneros definidos a partir de duas, e somente duas, alternativas mutuamente excludentes: macho/homem e fêmea/mulher (Vergueiro, 2015, p. 64). Vergueiro questiona a pretensa universalidade científica deste modelo dualista na medida em que ele depende de uma perspectiva euro-americana de compreensão do mundo que é situada sócio-historicamente. Por fim, a permanência é a premissa de que o gênero, ao ser biologicamente determinado e fixado no nascimento, seria imutável e que os corpos "ideais" apresentam uma certa coerência fisiológica e psicológica em termos de seus pertencimentos a uma ou outra categoria de 'sexo biológico', e que tal coerência se manifeste nas expressões e identificações vistas como 'adequadas' para cada corpo de maneira consistente através da vida de uma pessoa (Vergueiro, 2015, p. 65-66).

A resistência da cisgeneridade em ser nomeada se expressa espontaneamente pela forma da denegação. No entanto, é também pela denegação que a cisgeneridade pode, enfim, surgir na consciência dos sujeitos como opacidade, como um significante, um nome, que demanda significado. É por meio de um processo de construção conceitual/teórico e crítico deste significado que podemos assinalar a existência de certas rachaduras no cistema.

Considerações finais

Se entendemos, como afirmam Motschenbacher e Stegu (2013, p. 520), que o objetivo da teoria *queer* é a reconceitualização dos discursos dominantes que moldam a nossa compreensão sobre gênero e sexualidade, encontraremos instrumentos teóricos importantes na linguística e nos estudos da linguagem para tanto. Talvez, contudo, nem a linguística nem a teoria *queer* permaneçam intocadas a partir destes esforços de teorização interdisciplinares. Isto porque se instrumentalizamos um conceito proveniente da linguística para pensarmos questões de gênero e sexualidade, ou instrumentalizamos um conceito dos estudos de gênero para interrogarmos os processos de significação que constituem os sujeitos, nos deparamos com novas questões, ou formulamos novas questões até então não plenamente enunciáveis. As reflexões acerca da língua como um sistema podem ser úteis para compreendermos os sistemas cis-heteronormativos, ou cistemas. Isto se dá, pois o funcionamento desses sistemas se baseia, pelo menos em parte, na produção de sentidos que excluem certos sujeitos da inteligibilidade. Este capítulo, ao buscar a articulação de conceitos como performatividade de gênero com pré-construído linguístico e denegação com cisgeneridade, buscou complexificar e adensar a elaboração teórica entre estes dois campos.

CAPÍTULO

IDEOLOGIA HOMOFÓBICA E REFERENCIAÇÃO: ANÁLISE DE UMA PREGAÇÃO NEOPENTECOSTAL

Matheus Odorisi Marques

Introdução

Durante muito tempo, o Brasil foi considerado o maior país católico do mundo. Porém, nos últimos anos, duas grandes mudanças ocorreram nesse cenário religioso: o crescimento do número de igrejas evangélicas neopentecostais e a influência que elas passaram a exercer na mídia e, mais gravemente, na política. Esse crescimento é análogo à onda conservadora recente no país, estimulada pela extrema direita brasileira que utiliza principalmente o antipetismo como sentimento de base para a construção de seu discurso contra minorias. A influência de personalidades evangélicas na política levanta diretamente questões sobre o Estado laico brasileiro, visto que políticos e políticas dessa denominação religiosa defendem medidas e leis baseadas em seus dogmas e promovem campanhas contra importantes temas progressistas como a legalização do aborto, a legalização das drogas e os direitos da população LGBT.

O discurso homofóbico, que sempre existiu no Brasil, confortável no leito estendido pela base ideológica machista e patriarcal que impera no país, é reafirmado não somente no espaço religioso e privado, mas no espaço público e político. No que concerne à luta contra direitos LGBT, o discurso evangélico conservador é particular ao construir a identidade do indivíduo homossexual: ele é um ser não apenas contra as leis de Deus, mas também um pária e um inimigo que ameaça a unidade familiar e o bem-estar comum. Essa construção de identidade, em um primeiro olhar, pode ser considerada somente religiosa, opinativa, protegida sob o guarda-chuva da liberdade religiosa e de opinião. Porém, uma análise mais profunda nos permite considerá-la ideologicamente perigosa e relacionada a uma agenda maior do que a simples visão sobre determinados indivíduos. A análise da ideologia no discurso aponta os caminhos da construção do sentido do que está dito, mapeando as crenças que baseiam o discurso de ódio — esse nem sempre explícito — e relacionando-as com determinadas atitudes, inclusive, a violência (ver Melo, neste volume). Dessa maneira, ao analisar os caminhos da construção discursiva, joga-se luz sobre a base do ódio e de atitudes LGBTfóbicas.

Este capítulo analisa como a identidade do indivíduo homossexual é construída em uma pregação do pastor neopentecostal Silas Malafaia, importante líder de igreja que detém influente espaço na mídia e na política, sendo um notório representante dessa corrente religiosa conservadora. Ao entender a importância do discurso para a construção das identidades sociais, dos sujeitos e dos grupos assim como o pareamento das estruturas do discurso e das estruturas da sociedade, faz-se necessária uma análise linguística que seja criticamente *queer*, ou seja, que analise de um ponto de vista linguístico crítico à cis-heteronormatividade (Motschenbacher e Stegu, 2013, p. 522). Analisaremos, dessa forma, uma pregação do pastor Malafaia que versa sobre a homossexualidade. Para tal, partiremos da noção de ideologia nas obras de Althusser (1996), Eagleton (1991) e Zizek (1995), autores de inspiração marxista, relacionando esse conceito com a performatividade butleriana, noção pós-estruturalista essencial para compreendermos os processos discursivos de construção identitária, assim como a noção de *sujeitamento*, também presente em Butler (2001). Assim, demonstraremos como o conceito de ideologia pode servir também para um estudo em linguística *queer*. A análise dos traços textuais que colocam em evidência a construção ideológica de determinados grupos será baseada nos estudos sobre referenciação, sobretudo nos trabalhos de Koch (2013) e Schwarz-Friesel (2007).

Ideologia e linguística *queer*

Denominam-se teorias *queer* os estudos pós-estruturalistas que buscam em diferentes áreas do conhecimento analisar como certos sentidos de identidades são construídos, nomeados e marginalizados. Central para essa empreitada é a desconstrução de relações de exclusão que, em grande medida, culminam justamente na utilização de palavras pejorativas como o próprio termo *queer*, cuja origem na língua inglesa apresenta objetivo de depreciar gays, lésbicas e demais desviantes da cis-heteronorma (ver Borba, neste volume). A primeira utilização acadêmica do termo "teoria *queer*" deu-se por Teresa de Lauretis em uma conferência de 1991 para marcar em seu estudo uma distância crítica da norma ao mesmo tempo em que uma afirmação de autoria. A partir de então, o contexto de transformação da sociedade e a explosão discursiva do sexo, influenciada por vários fatores na década de

1980, como o ápice da aids, criaram a demanda por estudos que analisem as relações de poder entre grupos de "centro" e de "margem" nas quais as noções de centro e margem são em si produzidas. Dessa forma, esses estudos apresentam grande intersecção com os estudos de ideologia. Os estudos *queer* lançam luz sobre as estruturas de opressão construídas na sociedade a partir de um modelo social, político e sexual restrito. Um dos pilares desse modelo é justamente a cis-heteronormatividade. Como declara Moon (2010),

> A teoria *queer* oferece aparatos para desafiar a [cis]heteronormatividade ao oferecer uma compreensão complexa das relações de poder e estabelecer uma significativa e efetiva resistência a elas, especialmente em relação ao gênero e à identidade sexual. Ela [a teoria *queer*] nos convida à reteorização dos processos psicológicos (e sociais) e à constituição por meio da linguagem (discurso) mas sempre em relação ao poder e à autoridade. Ela fornece uma compreensão da identidade como profundamente relacional e oferece objeção à retificação, ao mesmo tempo em que desafia fundamentalmente a patologização dos discursos (Moon, 2010, p. 34, tradução nossa).

Sob o ponto de vista de resistência, os estudos *queer* são, essencialmente, ideológicos, ao questionar o status quo, ao lançar luz sobre estruturas de poder e de organização social. Porém, ao afirmar que um dos objetos de estudo da linguística *queer* são as construções discursivas ideológicas, é necessário contextualizar o conceito histórico de ideologia, já que esse aparece em diferentes abordagens teóricas. A partir do conceito de ideologia de que trataremos aqui, a própria definição de discurso ideológico é tautológica, pois acreditamos que não haja construção de realidade sem ideologia assim como não há construção de realidade sem discurso.

Apesar da origem dos estudos sobre ideologia ser anterior à obra de Karl Marx, é inegável a contribuição marxista como marco teórico a partir do qual o termo foi associado à falsa consciência que mascara a realidade e opera na relação de controle entre as classes sociais (ver, por exemplo, Marx e Engels, 2007). Nesse pensamento, a ideologia é um conjunto de ideias que serve para criar uma impressão do real que justifica a hierarquia existente entre classe dominante e dominada. É, nessa abordagem, um aparato que esconde a realidade, impedindo as pessoas oprimidas de perceberem a situação de opressão em que se encontram. Pós-marxistas como Hegel se ocuparam de investigar a ideologia como distorção da realidade, constituindo, assim, um tipo de pensamento que gira em torno da bipolaridade entre verdade e mentira, controlada pelas classes dominantes em um sistema capitalista regido pela luta de classes.

Autores como Ducrot (1986) e Pêcheux (1995) vão apontar para uma ideologia inerente à realidade, indissociável. As diferentes abordagens são justificadas justamente por diferentes conceitos de realidade: em uma conceptualização de realidade como construção social, a ideologia flutua entre instrumento de manipulação e peça fundamental da própria construção da realidade.

Se, para Marx e Engels (2007), haveria uma realidade preexistente sobre a qual o Estado incide de maneira a manipular o que se entende por verdade, em um processo essencialmente intencional e premeditado, para Lacan (2013), o que vivenciamos como realidade sempre é a simbolização do real, o que significa que nunca experienciamos o objeto puro, mas o já simbolizado. A luta de classes, por sua vez, na visão lacaniana, origina essas simbolizações, sempre renovando o real, o que nos permite afirmar que, para o psicanalista, a ideologia simboliza construindo realidade. Slavoj Zizek, filósofo e psicanalista dedicado ao estudo da ideologia, também se afasta da dualidade marxista, acreditando que (1995, p. 5) crenças ideológicas moldam a própria compreensão que temos sobre os fatos:

> A lição teórica que podemos extrair disso é que o conceito de ideologia necessita ser desassociado da problemática "representacionalista": a ideologia nada tem a ver com "ilusão", com erros, ou com uma representação distorcida de um tema social. Para colocar de maneira sucinta: um ponto de vista político pode ser totalmente acurado (verdadeiro) em relação ao seu conteúdo objetivo e, ainda assim, ser substancialmente ideológico; e, vice-versa, a ideia dada a partir de um ponto de vista político sobre um tema social pode ser comprovadamente errada, e, ainda assim, não haverá nada de ideológico nisso (tradução nossa).

Assim sendo, Zizek nega que a ideologia incida sobre fatos já construídos; antes, ela atua na própria construção. Dessa maneira, não haveria verdade ou mentira a ser mascarada por preceitos ideológicos, mas uma construção ideológica dos fatos, o que torna o estudo do conceito ainda mais importante, já que nega um status necessariamente negativo de ideologia como mentira ou sobreposição da realidade ao mesmo tempo em que posiciona o conceito como base para a análise do discurso.

Podemos, de maneira resumida, assumir que há pelo menos duas versões principais do conceito de ideologia: a primeira supõe que a ideologia trabalha sobre conceitos já construídos e que somente incide sobre o que se deseja manipular, partindo de interesses ligados a grupos sociais, enquanto a segunda acredita que não há fuga da ideologia, que todas as pessoas estão imersas em uma realidade essencialmente ideológica, construída com base em interesses. Essa segunda versão, de cunho pós-estruturalista, atende aos nossos propósitos e objetivos de análise. Acreditamos que é a partir do discurso que se constrói realidade, essa sempre ideológica, já que a ideologia é constructo do real. Dessa forma, vamos ao encontro de Eagleton (1991, p. 214), que acredita que não existe assim um material "cru" sobre o qual a ideologia interfere, mas um processo de certa forma tautológico. Há ideologia por conta de interesses sociais e estes, ainda segundo o autor, são também os motivos pelos quais os grupos sociais são formados.

Althusser (1996) acredita que a ideologia só existe como prática, construída por e para os sujeitos, produzindo-se através de rituais (como o batismo ou casamento na Igreja) e dos Aparelhos Ideológicos do Estado (AIE), conceito que cunhou para representar as distintas instituições especializadas em produzir determinadas realidades inseridas em um contexto ideológico, como o aparelho escolar, familiar ou judicial. Althusser propõe duas versões de ideologia: enquanto uma é bastante próxima à versão marxista — "A ideologia é a relação imaginária dos indivíduos com suas condições reais de existência" (Althusser, 1996, p. 126) — na segunda, o autor se afasta das dualidades verdade/mentira e realidade/ideologia aproximando-se mais ao pós-estruturalismo, ao afirmar a ideologia como "existência material" e "prática social". Cita o exemplo de Pascal — "Ajoelhe-se, mexa os lábios numa oração e terá fé" (Althusser, 1996, p. 130) — para apontar que o poder discursivo e a ideologia aí inserida produzem realidade, já que os atos discursivos de se ajoelhar e começar a rezar produziriam a própria fé. Ao performar a religião, segundo Pascal, se construiria fé.

É justamente em Althusser que Butler (2001) busca base para suas contribuições sobre os processos de formação do sujeito no discurso e a relação entre poder e formação de identidade. Butler (2001) recorre ao exemplo clássico em que o autor explica o conceito de *interperlação*, operação em que a ideologia atua na construção do indivíduo. Segundo Althusser (1996, p. 133),

> [...] a ideologia "age" ou "funciona" de maneira tal que "recruta" sujeitos entre os indivíduos [...], ou que "transforma" os indivíduos em sujeitos (transforma-os a todos), por essa operação muito precisa que denominei *interpelação*, e que pode ser imaginada nos moldes da mais corriqueira operação da Polícia (ou de outro): "Ei, você aí!". Presumindo-se que a cena teórica que imaginei ocorra na rua, o indivíduo se voltará. Por essa mera virada física de 180 graus, ele se torna sujeito. [...] ele reconheceu que o chamado "realmente" se dirigia a ele, e que "era realmente ele que estava sendo chamado".

Na situação proposta por Althusser, o indivíduo torna-se sujeito ao ser chamado e atender a essa interpelação do policial, ao se virar, criando uma *evidência* da categoria sujeito. O autor ainda exemplifica outra situação: quando batemos na porta de um amigo e ele pergunta quem é, respondemos com um "Sou eu" (Althusser, 1996, p. 132). A resposta, pouco informativa, produz a existência do sujeito linguístico, discursivo e, para Althusser, ideológico. Esses exemplos são rituais de reconhecimento ideológico nos quais o indivíduo passa a se tornar sujeito a partir de validação discursiva, que é ideológica para o autor, fazendo com que a construção do sujeito seja uma das operações da ideologia. Em outro exemplo, Althusser aponta como a criança, antes de nascer, já é sujeito se é validada pela configuração ideológica familiar, que busca meios para essa validação do "sujeito por vir", como o conhecimento do seu sexo biológico, que faz com que a criança já tenha um lugar a ocupar antes mesmo de nascer (Althusser, 1996, p. 135).

Para Butler (2001), as situações usadas por Althusser para explicar o processo de interpelação ideológica são esforços feitos pelo autor para destrinchar as dinâmicas linguísticas pelas quais o sujeito é produzido e são também precursoras dos pensamentos de Foucault sobre a construção discursiva do sujeito (Butler, 2001, p. 16). A autora ainda pontua que a autoridade da voz policial, no primeiro exemplo de Althusser aqui citado, interpela o indivíduo e forma o sujeito. Essa interpelação, ainda segundo Butler, é o funcionamento psíquico de uma norma reguladora; e o ato de fala nesse contexto policial é *performativo* quanto à atribuição de poder e autoridade. A interpelação de Althusser e o exemplo da "volta" do indivíduo chamado pela polícia são pontos fundamentais para se entender as noções butlerianas de *sujeitamento* e *performatividade*, conceitos básicos para se pensar uma linguística *queer* (Borba, 2014a, 2015; Livia e Hall, 2010). De forma central, o trabalho de Althusser nos ajuda, ainda, a notar o caráter ideológico que é inerente às construções discursivas. Os conceitos de sujeitamento e performatividade são ainda cruciais para compreendermos o poder do discurso na formação do sujeito e, ainda, como figura em nosso objetivo, compreender a formação discursiva de certos sentidos de identidade de um grupo e suas implicações sociais. Dessa forma, é necessário descrevê-los, o que faremos a seguir.

Uma das maiores contribuições de Butler para os estudos *queer* é sua visão construtiva de gênero, que se opõe à visão tradicionalista e biológica que equipara e condiciona o conceito ao sexo. Para a autora, o indivíduo não é um gênero, mas *pratica* o gênero de maneira processual e contínua. Butler baseia-se no conceito de *atos de fala* de Austin (1975), que aponta como determinados enunciados não somente são representações do mundo, mas realizam ações — como no clássico exemplo do "Eu vos declaro marido e mulher", proferido pelo padre nos ritos do casamento, que não aponta a realidade, mas cria uma realidade, já que é a declaração que faz de um casal, cônjuges. A teoria de Austin é posteriormente refinada e vai servir a Butler para construir seu conceito de *performatividade*. Nesse sentido, gênero seria uma "repetição de performances"; a sexualidade, assim como a identidade, seria formada de maneira contínua pela construção que o sujeito realiza, inclusive, também, no discurso (Butler, 2002b, p. 45-46). O gênero, assim, não seria estanque e categórico, mas constante e performático, sendo necessários atos performativos — realizados discursivamente, como os atos de fala de Austin — para reafirmá-lo:

> Nesse sentido, o gênero não é um substantivo, mas tampouco é um conjunto de atributos flutuantes, pois vimos que seu efeito substantivo é performativamente

produzido e imposto pelas práticas reguladoras da coerência de gênero. Consequentemente, o gênero mostra ser performativo no interior do discurso herdado da metafísica da substância — isto é, constituinte da identidade que supostamente é. Nesse sentido, o gênero é sempre um feito, ainda que não seja obra de um sujeito tido como preexistente à obra. [...] não há identidade de gênero por trás das expressões do gênero; essa identidade é performativamente constituída, pelas próprias expressões tidas como seus resultados (Butler, 2003, p. 56).

Para Butler, o gênero, assim como a identidade do sujeito, é "efeito de práticas discursivas" e "reguladoras" (Butler, 2003, p. 45). Essas normas reguladoras produzem as "verdades do sexo", como aponta Foucault (1988), e projetam coerência a partir de uma matriz de normas que permitem e proíbem certas configurações entre sexo biológico, gênero construído e práticas sexuais (Butler, 2003, p. 44). Assim, apesar de discursivamente construído, o gênero, como performance, é regulado e, assim, certas práticas são proibidas, o que faz com que não seja possível, por exemplo, cambiar livremente identidades de gênero e expressões de desejo. A centralidade dessas normas é chamada por Butler de heterossexualização do desejo. O sujeito, segundo Butler, é uma

> categoria linguística, um coringa, uma estrutura em formação. Os indivíduos chegam a ocupar o lugar de sujeito (o sujeito emerge simultaneamente como lugar) e adquirem inteligibilidade somente quando estão, por assim dizer, previamente estabelecidos na linguagem. O sujeito oferece a oportunidade linguística para que o indivíduo alcance e reproduza a inteligibilidade, a condição linguística de sua existência e potência (Butler, 2001, p. 22, tradução nossa).

Para o indivíduo tornar-se sujeito e assim inteligível, como apontado acima, ele deve passar por processos de *sujeitamento* pelos quais os indivíduos se tornam subjugados ao poder ao mesmo tempo em que se tornam sujeitos. Essa subjugação, para a autora, é inevitável: o sujeito é efeito do submetimento ao poder (Butler, 2001, p. 22). Nesse ponto, Butler vai de encontro a Althusser, que pensa que a ideologia "interpela os indivíduos como sujeitos" (Althusser, 1996, p. 13), ou seja, para o autor, a categoria de sujeito é criada pela ideologia e o poder submete ao mesmo tempo em que cria o sujeito. Essa operação circular aproxima-se da discussão de Foucault sobre as leis e os sistemas jurídicos de poder, que, ao produzir normas, exercem poder sobre a vida e criam os próprios sujeitos que dizem apenas representar (Foucault, 2009, p. 150-152). Partiremos, então, das ideias de que a formação do sujeito, seja pelo sujeitamento ou pela interpelação, é produto da ideologia, como afirmam Butler e Althusser, e aplicaremos à análise de construção de identidade de um grupo. Se o poder que opera no discurso sujeita e torna o indivíduo inteligível, o poder também constrói certos sentidos para identidades de grupo para assim construir identidades dos sujeitos que participam desses grupos. As categorias sociais criadas para dividir indivíduos em grupos operam ao mesmo tempo em que achatam subjetividades — efeito próprio de toda categorização — criando relações de poder. Assim, partiremos da noção de que a ideologia cria grupos sociais, assim como interpela indivíduos, sujeitando-os.

Dessa forma, observaremos como na pregação neopentecostal analisada neste capítulo é criado, pelas relações de poder produzidas pelos processos performativos de sujeitamento, o próprio grupo oposto: os homossexuais. Assim, de maneira análoga ao que analisa Foucault (1988) sobre o sistema jurídico, o discurso neopentecostal — observado na pregação do pastor Silas Malafaia — cria o próprio inimigo. Na proposta de análise crítica do discurso defendida por Van Dijk (2006), estratégias como a elaboração de tópicos negativos sobre um grupo divergente, o controle ao ser vago ou preciso em uma descrição no texto, a construção de esquemas de generalização e até o uso de pronomes possessivos ou demonstrativos são construtores de ideologia no discurso, pois criam uma divisão entre grupos ao mesmo tempo em que produzem os próprios grupos. Podemos considerar que, ao aplicar essas estratégias, falantes criam discursivamente o grupo do qual falam e ao qual se opõem. Assim, essas estratégias seriam performativas. Essa polarização discursiva é demonstrada em um esquema simples, reproduzido a seguir, que ilustra a relação entre os grupos no discurso:

Enfatizar NOSSOS pontos bons	Enfatizar os pontos ruins DELES/DELAS
Amenizar NOSSOS pontos ruins	Amenizar os pontos bons DELES/DELAS

Quadro 1. Tradução do quadrado ideológico, a partir de Van Dijk (2006, p. 396)

Podemos chamar o conjunto retratado no Quadro 1 de macroestratégia, analisável quando observamos o texto no nível mais geral. O quadrado ideológico mostra quatro ângulos de um esquema de representação de grupos com dois movimentos: (i) enfatizam-se os pontos bons de participantes do grupo e os ruins do *exogrupo* — *Eles/as*, os/as outros/as —; e (ii) amenizam-se os pontos ruins de participantes do grupo e os bons do exogrupo. Dessa maneira, não há equilíbrio entre a relação, pois o discurso produz uma realidade na qual um grupo é sempre superior ao outro. Em alguns discursos, a representação do grupo *Nós* — *endogrupo* — pode não estar aparente, ou seja, o grupo é formalmente "escondido" no discurso. Esse fato acontece comumente nos discursos do corpus que iremos analisar nos quais a comunidade de indivíduos evangélicos por vezes não é citada nem caracterizada. Nesses casos, a autodenominação é construída no "silêncio": a descrição do exogrupo é a base para a construção do endogrupo no momento em que se define em significativa oposição àquele. O mesmo, é claro, pode acontecer no inverso: a presença de traços característicos no grupo *Nós* pode representar a ausência desses mesmos traços no exogrupo. Ao caracterizar de maneira enfática possíveis defeitos dos/as outros/as, define-se também qualidades próprias, já que só é possível observar a falta do que se conhece. Só é possível falar do negativo quando se conhece o positivo. Como essa construção de identidade de grupo — e consequentemente de sujeitos que fazem parte desse grupo — é discursiva, é também performativa, inclusive baseada em regulações, como veremos nos julgamentos aplicados a esse grupo. O grupo, assim como o sujeito, passa a existir como categoria linguística a partir do discurso alheio.

Ideologia homofóbica

Analisamos homofobia como uma ideologia baseada em regulações à sexualidade dos indivíduos. Essa ideologia gera várias atitudes excludentes em relação a indivíduos que divergem dessa regulação, como a exclusão de direitos civis. Consideramos a ideologia homofóbica pertencente a uma estrutura que funciona em um sistema de opressão maior, estabelecido nas entranhas da sociedade e responsável por outros tipos de opressão. O discurso homofóbico, que demonstraremos por meio dos traços deixados na pregação analisada, insere as pessoas homossexuais em uma realidade que as desqualifica e parte da mesma base que oprime também as mulheres ao escalar papéis sociais baseados em noções binárias de gênero (i.e., homem/mulher) e sexualidade (i.e., heterossexual/homossexual). Dessa forma, não vemos sentido em falar de homofobia sem relacioná-la às questões que envolvem sexo, gênero e identidade, tornando-a, assim, um problema não restrito.

A sexualidade é tratada, no senso comum, como assunto tabu que exige situações de comunicação muito específicas para seu trato. Porém, há nessa restrição um paradoxo: apesar de encerrado nessas situações específicas, o sexo é continuamente presente. O discurso do sexo é motivo, ao mesmo tempo, de vergonha e curiosidade, timidez e vontade. Como aponta Foucault (1988), a ideia de repressão aplicada ao sexo em termos de regulação, ou seja, como assunto proibido, provoca esse efeito contraditório: ao tornar-se assunto condicionado a situações específicas (como contextos de educação ou patologização, por exemplo) e regulamentado, o sexo acaba também por se tornar tema recorrente e presente no senso comum, mesmo que seja para falar de sua própria interdição (Foucault, 2009, p. 17). Ao falar de sexo, fala-se de indivíduos e, ao falar de controle do sexo, fala-se de controle de práticas individuais e coletivas. Como aponta Foucault, o sistema capitalista regula o sexo no sentido de condicioná-lo ao restrito lugar de prazer que ocupa atividades ociosas na vida dos indivíduos. Qual seria a função do sexo em uma sociedade na qual de todas as ações se esperam objetivos? O prazer como fim é improdutivo nesse modelo de sistema. Por outro lado, há o sexo como atividade geradora de outros seres, que para o mesmo sistema significa atividade que produz mão de obra, e sobre a qual, inclusive, deve-se legislar diretamente (ver políticas de controle de natalidade). Esses "dois sexos" são caracterizados a partir de uma base comum: as noções de funcionalidade e não funcionalidade remetem a um ato de proporções sociais — o sexo que produz indivíduos — ou pessoais — o sexo que produz prazer. Com isso, é compreensível que Preciado (2011) fale em uma política do sexo — uma *sexopolítica* nos termos do autor —, já que nele se configuram articulações para o controle e ajuste sociopolítico das atividades sexuais, baseadas em uma lógica capitalista. De acordo com este filósofo,

> A sexopolítica não pode ser reduzida à regulação das condições de reprodução da vida nem aos processos biológicos que se "referem à população". O corpo *straight* é o produto de uma divisão do trabalho da carne, segundo a qual cada órgão é definido por sua função. Uma sexualidade qualquer implica sempre uma territorialização precisa da boca, da vagina, do ânus. É assim que o pensamento *straight* assegura o lugar estrutural entre a produção da identidade de gênero e a produção de certos órgãos como órgãos sexuais e reprodutores. Capitalismo sexual e sexo do capitalismo. O sexo do vivente revela ser uma questão central da política e da governabilidade (Preciado, 2011, p. 12).

A ótica capitalista torna o sexo funcional, assim como aplica normas à sua prática e o regulariza; ao ver sexo e sexualidade a partir da lógica do capital, constroem-se entendimentos sobre o que é funcional, regulável, ajustável, assim como todas as demais práticas inseridas no sistema. O corpo, instrumento de manifestação da sexualidade, é então regulado, partido, controlado, proibido, estatizado. Assim, uma das consequências de o sexo figurar como tópico de interesse comum é justamente a reafirmação de sua norma centralizadora, a monogamia heterossexual (Foucault, 2009, p. 39). Como qualquer assunto que flutua sobre o interesse comum, o sexo necessita ser loteado, necessita que reivindiquem seu controle. É necessário, dentro de uma lógica de poder, regular as práticas da mesma forma que se regulam os indivíduos. Foucault (2009) analisa a regulamentação dessa norma como qualquer outra regulamentação de poder: intervenções descendentes, que têm como objetivo censurar por meio de aparelhos e instituições sociais. Assim como qualquer tipo de controle social, o sexo é regulado a partir de estruturas hierárquicas, ao mesmo tempo em que reafirma essas próprias estruturas. As pregações neopentecostais conservadoras, por exemplo, figuram como uma censura realizada por meio de uma instituição, a igreja, apoiada por práticas que ecoam a normativização de que fala Foucault. O poder controla o sexo e, dessa forma, podemos falar de poder e de controle sexual, ou de sexopolítica, nas palavras de Preciado (2011), assim como falamos de poder político, poder econômico etc.

A norma centralizadora é aplicada, então, no sentido de uma heterossexualidade compulsória a partir de uma visão binária que define como padrão as relações entre pessoas de sexos opostos (e o próprio binarismo normativo permite pensar que sexos "opostos" são características contrárias e marcadas), naturalizando-as e conceituando, por sua vez, as relações homossexuais como divergentes. A norma aplicada à sexualidade não lhe é exclusiva. Constitui, na verdade, uma base que se aplica a toda realidade, tornando-se uma crença que incide sobre diferentes conceitos. A oposição hétero/homo parte da oposição masculino/feminino; ambas são reafirmadas pela heterossexualização do desejo que, como aponta Butler (2015a, p. 44),

> institui a produção de oposições discriminadas e assimétricas entre "feminino" e "masculino", em que estes são compreendidos como atributos expressivos de macho e fêmea. A matriz cultural por meio da qual a identidade de gênero se torna inteligível exige que certos tipos de "identidade" não possam "existir".

Organiza-se, então, o mundo a partir dessa visão da heterossexualidade como padrão, inserida no que Butler chama de matriz cultural, que inclusive aplica assimetria entre as categorias ao empoderar o masculino. Essa norma incide sobre os indivíduos, regulando suas identidades, organizando-os em grupos e tornando-os sujeitos. Ao subjugar-se à norma reguladora em relação à identidade, torna-se um sujeito inteligível.

Discursivamente, a norma produz também efeitos performativos no que toca os conceitos. Ao pensarmos, por exemplo, em casamento, o conceito padrão é a união, regulamentada pela religião ou pela lei, entre duas pessoas de sexos "opostos". Essa definição faz parte do conhecimento genérico, produto de uma cis-heteronorma. Organizam-se assim os sujeitos desse ato, que são escalados a partir de etiquetas binárias em oposição: macho e fêmea. Por ser uma crença compartilhada por um grupo maior, esse conceito torna-se cultural e a palavra casamento constrói o conceito binário cis-heteronormativo da união.

A cis-heteronormatividade, dessa forma, organiza a visão de mundo, tornando as pessoas que dela divergem seres invisíveis, excluídos ou marginalizados, ao padronizar uma única opção para a sexualidade. Essa é uma das bases para a homofobia, como aponta Tim (2008, p. 17):

> A profunda origem da homofobia encontra-se, sem dúvidas, no heterossexismo, a regra compulsória da heterossexualidade sobre a qual a escritora e poeta feminista Adrienne Rich tece críticas. Esse regime tende a construir a heterossexualidade como a única legítima experiência sexual possível, ou até mesmo cogitável, o que explica o porquê de muitas pessoas passarem a vida sem ao menos considerar a realidade homossexual. Mais do que uma norma — a qual necessitaria explicação — a heterossexualidade torna-se, para os quais ela é condicionada, o não pensamento sobre a maquiagem psíquica particular e o apriorismo de toda sexualidade humana em geral. Longe de ser óbvia, essa transparência do ser, que é uma exclusão forçada do outro, constitui um dos fundamentos do aprendizado social. Em sua rigidez, termina sendo, não somente para os heterossexuais, um modelo que guia a percepção do mundo, dos indivíduos e do gênero (tradução nossa).

A sexualidade, embora parte significante do sujeito, não lhe é particular, já que lhe é discursivamente regulada. Vê-se a sexualidade como um ato coletivo, que diz respeito a toda uma comunidade e, de fato, lhe é significativa. Dessa maneira, a cis-heteronormatividade perpetua a identidade gay não assumida por meio de violências reais e simbólicas, construindo um cenário de exclusão em que identifica o indivíduo homossexual para podá-lo. Essa é a equação da homofobia, que encontra uma definição no trabalho de Borillo (2009, p. 15):

> atitude de hostilidade para com os homossexuais. O termo parece ter sido utilizado pela primeira vez nos Estados Unidos, em 1971, mas foi somente no final dos anos 1990 que ele começou a figurar nos dicionários europeus. Embora seu primeiro elemento seja a rejeição irracional ou mesmo o ódio em relação a gays e lésbicas, a homofobia não pode ser reduzida a isso. Assim como a xenofobia, o racismo ou o antissemitismo, ela é uma manifestação arbitrária que consiste em qualificar o outro como contrário, inferior ou anormal. Devido a sua diferença, esse outro é posto fora do universo comum dos humanos.

A homofobia, como aponta Borillo, é um fenômeno complexo devido ao fato de se manifestar em diferentes níveis, desde violências reais, como piadas jocosas, apelidos e agressão física, a violências simbólicas, como a falta de reconhecimento que priva homossexuais da vida social plena. Os dois tipos, entretanto, manifestam-se por meio de práticas discursivas. Há, tanto em uma agressão física quanto em um uso ridicularizado de referente, o *discurso de ódio*, que atua regularizando indivíduos e performativamente construindo sujeitos.

Referenciação

Os processos referenciais que analisaremos são descritos a partir de uma abordagem sóciocognitiva, que toma o texto como um processo dinâmico, não como um produto estanque e acabado. Dessa maneira, acreditamos que no texto haja interação na construção de sentidos, em um jogo que envolve a pessoa que escreve, quem a lê e os textos em si. Essa relação depende de autoria e coautoria, já que o papel de quem lê é ativo, pois acessa o concreto textual e constrói sentido a partir não somente do que o texto lhe oferece, mas também de suas experiências e conhecimento de mundo. Sob essa perspectiva, o texto não existe senão como uma realização situada em que se consideram relações culturais, sociais, históricas e interativas (Cavalcante *et al*., 2010, p. 227). O processo textual é formado por mecanismos que levam a pessoa que lê a construir sentidos, contribuindo de maneira coautoral na produção de realidade.

Os processos referenciais são responsáveis por ativar e reativar os referentes no texto. Esses referentes são entidades mentais, ativadas concretamente no texto, mas que são essencialmente discursivas. Não são apenas palavras nem conceitos, mas construções conceituais ativadas e alimentadas a partir do uso concreto das palavras. Quando se lê em um texto a palavra "universidade", por exemplo, esse referente é ativado não apenas textualmente, mas também cognitivamente — quem lê busca em seu repertório informações sobre o que é universidade, suas experiências reais ou relatadas sobre tal conceito. Essa abertura do referente textual pode ser alimentada no texto: ao retomar "universidade" por uma anáfora como "instituição", retorna-se ao arquivo inicial, agora alimentado de maneira guiada pelo texto, que predica universidade como uma instituição, não apenas um lugar. Dessa maneira, constrói-se no texto uma rede referencial de sentidos, que pode, por consequência, atender a determinados interesses, quando se predica axiologicamente referentes de maneira anafórica. Quando, em um texto que defenda o fim das universidades públicas, se usa "essa custosa instituição" como uma anáfora de "universidade", por exemplo, essa retomada não é apenas textual, mas discursiva, pois se guia a construção do referente para que se pense que as universidades são custosas. Dessa maneira, a referenciação está vinculada diretamente a processos interacionais de construção textual. Segundo Mondada e Dubois (2003), os referentes apresentam características instáveis, pois podem ser acessados e reacessados, construídos e reconstruídos, não existindo senão no ato da enunciação. Schwarz-Friesel (2007, p. 6) define que os processos referenciais são realizados pelas anáforas que atuam por meio de três movimentos básicos em relação ao elemento no discurso, quais sejam, ativação, reativação e desativação:

> A ativação de um referente textual acontece quando um novo arquivo mental (formalmente representado como um nó em uma rede) é aberto. O referente é ativado e armazenado como uma etiqueta conceptual, e a entrada de informações sobre o mesmo referente será arquivada sob essa etiqueta. Esse processo será caracterizado como reativação, visto que o já estabelecido nó no modelo mundo-textual é trazido novamente para a memória episódica. Se um novo referente é ativado no texto, o referente até então em foco é desativado, enquanto, ao mesmo tempo, um arquivo para o novo referente é aberto e armazenado como um nó adicional no modelo mundo-textual (tradução nossa).

Segundo a autora, abrimos arquivos mentais, ou seja, espaços referenciais armazenados na memória, que são destinados à conceituação de objetos de discurso sempre que um novo objeto é ativado. Esse arquivo é preenchido com informações a partir de predicações (diretas ou indiretas) e por meio das etiquetas utilizadas que nomeiam o próprio arquivo, no caso, as anáforas. O movimento de reativação seria então realizado pelo processo anafórico, responsável por reacessar o referente, (re)construir categorias e catalisar o avanço textual. Já a desativação ocorre juntamente quando um novo referente é ativado no texto, tirando o foco do primeiro.

Assim que um arquivo mental é aberto, há espaço para que crenças ideológicas sejam expressas por meio de predicações. Há o princípio da aceitação prévia quando uma anáfora é utilizada, já que o sucesso do processo referencial depende da relação entre o elemento referido e o item que o retoma. Toda relação anafórica é uma afirmação de identidade entre dois elementos e essa relação pode operar em vários níveis, desde simplesmente pronominais, como metafóricos ou metonímicos. Na construção do discurso, essa afirmação de identidade intrínseca ao processo anafórico pode ser utilizada com valores ideológicos, estrategicamente por não ser tão explícita como uma predicação frasal.

Acreditamos que a referenciação é um processo que carrega força performativa e, por isso, pode figurar em uma análise *queer*. Ao ativar referentes, construir arquivos mentais e predicar intrinsicamente não somente se representa a realidade, ela é construída. Não haveria apenas constatação, nos termos de Austin, mas atuação na realidade, ao organizar conceitos performativamente. Não há diferença entre a construção de um conceito no texto e a aplicação desse conceito "na vida real", já que o objetivo, no discurso, é produzir realidade. Mostraremos, a seguir, como a referenciação, como estratégia textual, constrói uma realidade dual e polarizada dividindo dois grupos e criando sujeitos inteligíveis e não inteligíveis, produzindo o inimigo que o próprio locutor (i.e., Silas Malafaia) diz combater. Nesses termos, percebe-se que é possível uma análise *queer* do processo de referenciação, já que esse pode ser ferramenta de construção de uma realidade que é discursivamente regulada pela cis-heteronorma. Portanto, a análise da referenciação é de interesse da LQ já que esta se configura

> como uma área de investigação que estuda o espaço semântico-pragmático entre os discursos dominantes (i.e., heteronormatividade) e a performance linguística situada e tem-se mostrado, assim, como um campo promissor para o estudo de como fenômenos macrossociológicos que produzem certos indivíduos como

seres abjetos, inferiores ou patológicos são sustentados e/ou desafiados nos detalhes mais ínfimos de nossa vida social, notadamente, a linguagem em uso (Borba, 2015, p. 94).

Se o processo de referenciação, como veremos a seguir, serve como aparato para a criação insidiosa de grupos inimigos na qual se aplicam regulamentações de normas excludentes e manifestações de poder discursivo (i.e., a cis-heteronormatividade), sua análise pode ser produtiva para entendermos e, quem sabe, desafiarmos dinâmicas de sujeitamento que performativamente produzem sujeitos legítimos e ilegítimos. As dinâmicas de referenciação são ao mesmo tempo cognitivas, sociais e discursivas e à sua análise a próxima seção se dedica.

Amostra de análise

Expostas nossas teorias basilares, partiremos para a análise de alguns segmentos de uma pregação do pastor Silas Malafaia na qual observaremos o efeito performativo do discurso na construção de um entendimento sobre a identidade homossexual a partir do uso dos processos referenciais. Os dados que formam o corpus originam-se de um vídeo de um culto do pastor disponibilizado por grupos evangélicos e pela própria igreja Vitória em Cristo por meio do site YouTube. Os trechos apresentados são transcrições adaptadas aos fins propostos neste capítulo. Dessa maneira, não apontamos traços relacionados à entonação ou quaisquer elementos fonéticos ou fonológicos.

Na pregação "O cristão e a sexualidade",[1] que dura um pouco mais de uma hora e foi realizada na Igreja Assembleia de Deus, na Penha, na cidade do Rio de Janeiro, Malafaia define a atividade sexual ideal do casal segundo as crenças evangélicas. Vejamos o seguinte segmento retirado da pregação:

---

1. Disponível em: https://www.youtube.com/watch?v=Q7vDk9FmAsY.

Excerto 1

Agora qual é o padrão de Deus para a sexualidade do ser humano? Está aqui na profecia de Adão. Gênesis 2:24, Adão profetizou, foi profeta. É meu irmão, tá aqui: "Portanto deixará o varão o seu pai e a sua mãe, e a pegar-se a sua mulher, e serão ambos uma só carne". Aqui tá o padrão de Deus pra sexualidade: um homem e uma mulher que se tornam um. Um homem e uma mulher que se tornam um.

Ao definir o padrão de Deus para a sexualidade do ser humano, o pastor restringe todas as suas observações sobre as relações para casais heterossexuais, constituídos de um homem e uma mulher. Nesse momento, há um importante enquadramento do grupo: Deus fala sobre um determinado grupo de pessoas, que está no escopo desse determinado padrão de relações, que configura casais formados por homem e mulher. Essa configuração é reiterada no fragmento que segue:

Excerto 2

Só se torna um, um homem e uma mulher.

A unidade formada no casal só se aplica, segundo o texto, quando se trata da relação entre um homem e uma mulher. Aqui já temos a polarização entre casais heterossexuais x qualquer outro tipo de casal, ou seja, entre *Nós X Eles/as* (Van Dijk, 2006). Essa polarização objetiva especificar uma primeira divisão estabelecida anteriormente no texto, expressa categoricamente no trecho abaixo:

Excerto 3

A sociedade que vive fora do contexto da palavra, tem regras e tabus na questão da sexualidade. Com todo o liberalismo que existe, com toda a promiscuidade que existe, assim mesmo, lá fora, na sociedade do mundo, existem muitos tabus. E na igreja de Cristo, muitas vezes a coisa é pior ainda, porque eu explico: porque muita gente viveu uma vida devassa lá fora, e ele vem pra igreja e transfere pro casamento aquele conceito de pecado que ele próprio tinha com as relações pecaminosas sexuais da vida devassa lá de fora.

No excerto acima, estabelece-se uma fronteira entre sujeitos evangélicos e não evangélicos, na qual o endogrupo do qual Silas Malafaia, o enunciador, faz parte, o *Nós* discursivo, e o exogrupo, que se opõe ao grupo do enunciador, o *Eles/as* discursivo, são estabelecidos no discurso por meio do emprego do referente "a sociedade que vive fora do contexto da palavra" e logo após na "igreja de Cristo", criando-se assim um eixo opositivo. O sintagma nominal "a sociedade que vive fora do contexto da palavra" refere-se às pessoas que não fazem parte da igreja neopentecostal pela qual prega o pastor e, por consequência, não seguiriam a palavra de Deus. Esse é o exogrupo, que mais adiante é retomado através do dêitico de lugar "lá fora", "na sociedade do mundo", que recategoriza o referente e acrescenta-lhe uma noção metafórica espacial: enquanto "lá fora" distancia espacialmente e estabelece uma fronteira divisória a partir da noção DENTRO X FORA, o sintagma "na sociedade do mundo" generaliza, descaracteriza e insere o grupo na desordem, já que seu espaço não é nomeado e eles estão, simplesmente, no mundo. A relação espacial e de pertencimento ativada pelo eixo dêitico está esquematizada no Quadro 2 a seguir, que destaca os objetos de discurso e as informações predicadas a eles.

Depois de ser introduzido pelo sintagma a sociedade que vive "fora do contexto da palavra", o exogrupo é retomado novamente por meio do dêitico de lugar "lá fora" e, finalmente, com a anáfora recategorizadora "vida devassa lá de fora". Essa última traz a maior carga axiológica anafórica através da adjetivação do núcleo do sintagma: ao caracterizar a vida lá de fora como "devassa", o ministro traz para o discurso o julgamento cristão, presente marcadamente em relação ao comportamento sexual. Ao definir a vida fora da igreja, ou seja, a vida das pessoas que não são evangélicas, como devassa, o pastor aponta para a falta de regras em relação à vida sexual e insere um julgamento sobre esse comportamento, categorizando-o como exagerado, o que pode ser interpretado, além de fora dos padrões sociais e religiosos, como perigoso.

Já o endogrupo no Excerto 3 é introduzido no discurso com o sintagma "na igreja de Cristo" e retomado pela anáfora direta "igreja". A falta de elementos que ressaltem aspectos positivos do endogrupo pode ser explicada pela presença expressiva de elementos que apontam para aspectos negativos do exogrupo. Nesse caso, colocados estruturalmente no discurso como opostos, os aspectos negativos do exogrupo (i.e., viver fora da palavra, viver no mundo, viver uma vida devassa) são projetados de maneira contrária no endogrupo (i.e., vivem dentro da palavra, vivem na igreja, vivem uma vida regrada e respeitosa), não sendo necessário ressaltar seus aspectos próprios de maneira concreta no texto.

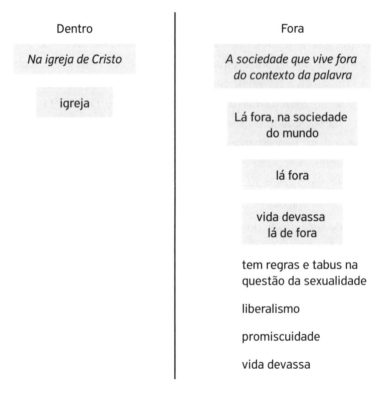

Quadro 2. Esquema de relação espacial em "O cristão e a sexualidade"

Temos, então, nos Excertos 1, 2 e 3, a especificação sobre para quem se direciona o texto bíblico e pastoral: casais evangélicos heterossexuais (e muito provavelmente cisgêneros). Dessa maneira, o pastor apresenta o padrão para a sexualidade de acordo com a igreja e, pelo eco textual, a sexualidade fora desse padrão: casais não evangélicos fora de um relacionamento heterossexual, ou seja, divergentes da cis-heteronormatividade. Trata-se aqui, por um lado, da inteligibilidade das relações heterossexuais, regularizadas pelas normas, como aponta Butler (2015), contra a exclusão da divergência e, por outro lado, do ininteligível, do anormal. Percebe-se também, sob a ótima foucaultiana, como esse grupo é criado no discurso para ser excluído, ou seja, a voz que o cria é a própria voz que o exclui; a norma que o cria, é também a norma que o exclui. Esse exogrupo é determinado concretamente no texto, assim como é definido seu escopo, na seguinte passagem:

Excerto 4

Agora que outras relações estão fora do padrão de Deus? Primeira instância: toda relação sexual fora do projeto de Deus, de um homem e de uma mulher. Qualquer relação fora do compromisso do casamento tá fora do projeto de Deus. Vamos salientar, o adultério. O que é o adultério? Relação de casados fora do cônjuge, com outros casados ou solteiros. Prostituição, eu nem vou nem entrar no detalhe da palavra, né? Porneia, né, pornos, e outros no grego e tal, mas a palavra prostituição de maneira geral na Bíblia significa sexo ilícito, toda prática sexual ilícita: entre solteiros, solteiros com casados, entre pessoas do mesmo sexo, sexo bestial com animais, toda prática sexual ilícita, isso é, fora do casamento, é prostituição e tem julgamento de Deus, isso é, juízo de Deus. A homossexualidade, que é a prática sexual de pessoas do mesmo sexo, condenada também, e aí, eu vou destacar mais uma vez, de maneira vergonhosa, usam um texto que trata de sexualidade, de homossexualidade, pra poder dizer que tipo de intimidade tá no casamento.

Nesse trecho da pregação, podemos observar a referenciação atuando como catalisadora da progressão textual, criando uma rede referencial ao mesmo tempo em que constrói uma realidade ideológica por meio da seleção dos tópicos e do léxico. Malafaia inicia o trecho definindo as relações que estão fora do padrão de Deus. Ao nomeá-las, constrói uma rede referencial de forte carga axiológica que lança mão de abertura e fechamento de arquivos mentais e suas respectivas etiquetagens e hierarquias para criar uma realidade discursiva baseada na ideologia da igreja assim como em sua própria agenda. As associações — que serão esmiuçadas a seguir — entre os tópicos eleitos para o discurso não somente colaboram para a progressão textual, mas também para a criação de relações no discurso entre conceitos que, a priori, não se inter-relacionam. Essa construção discursiva cria uma relação real entre esses elementos, configurando a realidade no discurso. Vejamos como essa construção se dá.

A anáfora "outras relações estão fora do padrão de Deus" atua como um encapsulador — uma anáfora que resume e etiqueta axiologicamente outros referentes que ainda serão citados; aí se define todas as relações não heterossexuais. Essa estratégia não abre caminhos para a dúvida sobre como perceber as práticas sexuais e os relacionamentos descritos no trecho: são contra Deus. Além do próprio uso ideológico do encapsulador, o termo "projeto de Deus" é usado nesse trecho no sentido de marcar o próprio determinismo divino no que toca à sexualidade: o homem foi feito para se relacionar com a mulher e a mulher para se relacionar com o homem. Sair dessa norma significa ir contra o projeto de Deus, o mesmo que ir contra Ele. Apesar de parecerem predicações constatativas, esses sintagmas definem o que é a favor e o que é contra. Assim, é importante voltarmos à Butler que diz que "em termos filosóficos, a proposição assertiva [ou constatativa] é sempre, até certo ponto, performativa" (Butler, 2002b, p. 32). Não há realidade prévia na afirmação de que a heterossexualidade é divina, enquanto outras formas de relação são mundanas. Essas afirmações escondidas nas relações textuais não apontam o existente, mas criam a própria exclusão.

Voltando à cadeia referencial, o arquivo mental de "outras relações fora do padrão de Deus" é aberto e restringe o escopo dessas relações com a ajuda da anáfora "relação fora do compromisso do casamento" que reativa o arquivo, retomando o referente. O pastor, então, diz que, dentre essas relações fora do casamento, salienta-se "o adultério" e, com isso, introduz um novo referente, abrindo um novo arquivo mental ao mesmo tempo em que ainda se refere às outras relações que estão fora do padrão de Deus. Logo após a definição de adultério, abre-se outro arquivo mental com o antecedente "prostituição" que, assim como o que o precede, também está etiquetado pelo encapsulamento inicial. Este, por sua vez, é retomado pela anáfora "a palavra prostituição" e definido através de uma série de configurações relacionais, dentre elas relações entre indivíduos solteiros, entre pessoas solteiras e casadas, entre pessoas do mesmo sexo e até mesmo relações entre humanos e animais, chamadas pelo pastor de relações bestiais.

Na sequência, "prostituição" é retomada através da anáfora "toda prática sexual ilícita", que resume as configurações de relacionamento previamente descritas sob a tarja de ilícitas. A ilegalidade no sintagma é ideológica já que evoca o valor relativo ao sistema de leis de uma sociedade e o recategoriza a partir da ideologia evangélica como julgamento segundo as leis de Deus.

O último antecedente do trecho encontra-se marcado em "a homossexualidade", que já constava no arquivo mental aberto por "prostituição", mas agora aparece em foco. O item é retomado sem acréscimo, apenas na repetição do termo, e o pastor segue explicando que a condenação presente no texto de Romanos nada tem a ver com práticas sexuais entre heterossexuais, mas entre pessoas do mesmo sexo. Novamente, há uma ação performativa, já que a condenação está na própria ação discursiva do pastor. Percebe-se também que o indivíduo é sujeitado como homossexual a partir das construções realizadas na pregação pelo pastor, que criam essa imagem do homossexual relacionada a outros conceitos condenados pela norma cristã, como o adultério e a prostituição.

Um pouco mais adiante na pregação, o religioso faz uma recapitulação estrutural dos pontos já tratados a fim de localizar a plateia sobre o andamento do texto, além de restabelecer os conceitos levantados. Nesse momento, ele lança mão novamente de encapsuladores de carga axiológica, dessa vez de maneira mais simples e direta:

Excerto 5

Eu já falei quem fez o sexo,[2] *eu já falei sobre o padrão de Deus pra sexualidade, eu já falei da diferença do padrão de Deus pras outras relações, o que são relações erradas, e agora eu quero falar sobre princípios da intimidade da relação aprovada por Deus, que é um homem e uma mulher que são um, no casamento.*

---

2. Malafaia inicia a pregação falando sobre a criação do sexo, este feito por Deus segundo preceitos pastorais, e apresenta passagem bíblica para justificar seu pensamento.

No trecho anterior, percebemos como o pastor resume e recategoriza, ou reforça a recategorização, dos temas tratados. Quanto aos relacionamentos divergentes do padrão, anteriormente comentados por ele, estes são retomados com os encapsuladores "outras relações" e "relações erradas" e logo são contrapostos pela anáfora referente à relação no modelo cristão, em "relação aprovada por Deus". Nesse momento, o julgamento é categórico e expresso diretamente na oposição certo x errado, aparada por Deus como juiz.

Nos Excertos 4 e 5, então, notamos um jogo de abertura e fechamento de arquivos mentais através da ativação de referentes no texto, que se relacionam em um nível hierárquico de cunho ideológico estruturado por estratégias de referenciação. A seguir, reproduzimos um esquema para ilustrar essa relação discursiva e, portanto, ideológica e performativa, entre os termos definidos nesses trechos pelo pastor:

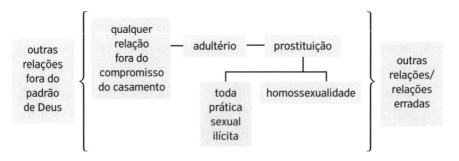

Quadro 3. Esquema da estratégia de referenciação em "O cristão e a sexualidade"

No Quadro 3, podemos ver que a cadeia é aberta e fechada com encapsuladores: inicialmente é usada a anáfora encapsuladora "outras relações fora do padrão de Deus" que, por fim, é relacionada a outras anáforas encapsuladoras tais como "outras relações" e "relações erradas". Assim, o pastor faz uso de uma estratégia discursiva que "cerca" ideologicamente os conceitos através do uso de sintagmas de carga axiológica baseados na norma evangélica, na oposição entre relações praticadas dentro do grupo e as praticadas fora dele e no julgamento de certo e errado baseado nas práticas do grupo. O sintagma "qualquer relação fora do compromisso do casamento" introduz um referente especificado e, ao mesmo tempo, retomado por "adultério". Já "prostituição" figura como um tipo de "adultério", além de designar também "toda prática sexual ilícita", dentre elas, a "homossexualidade".

É interessante observar a rede referencial que se estabelece no texto do pastor baseada na polarização discursiva. Quando o pastor focaliza o tema que é de interesse na análise, ou seja, a homossexualidade, a alimentação do arquivo mental referente a esse grupo, seja por meio de pistas ou por processos anafóricos, é negativada de maneira direta através das escolhas lexicais ou pela proximidade textual de tópicos escolhidos para se tratar na mesma estrutura, como o caso de prostituição ou sexo com animais, como vimos nos exemplos. Esse deslocamento do tópico e seu desdobramento em outros subtópicos que também apresentam carga axiológica negativa é performativo, pois busca alocar o sujeito homossexual em um determinado lugar de margem, inclusive o relacionando com outras práticas culturalmente ininteligíveis. No Quadro 4, podemos analisar as escolhas dos referentes ativados e suas relações com cada grupo.

ENDOGRUPO	EXOGRUPO
padrão de Deus para a sexualidade (2x)	A sociedade que vive fora do contexto da palavra
na igreja de Cristo	lá fora, na sociedade do mundo
igreja	lá fora
	vida devassa lá de fora
	outras relações estão fora do padrão de Deus
	o adultério (2x)
	prostituição
	a palavra prostituição
	toda prática sexual ilícita
	a homossexualidade (2x)
	outras relações

Quadro 4

A divisão das escolhas referenciais a partir de oposições (i.e., Quadro 4) e a estrutura da tessitura referencial (i.e., Quadro 3) com base em anáforas encapsuladoras mostram esquematicamente uma construção ideológica amparada em estratégias textuais que expõem, assim, a construção discursiva da norma homofóbica. A pregação de Malafaia não apenas aponta trechos da Bíblia, mas produz o sujeito homossexual ao usar o poder da Igreja — baseado tanto em premissas da própria religião quanto em trechos destacados da Bíblia — como força interpeladora que constrói sujeitos pertencentes a um grupo que se deseja, ao mesmo tempo, odiar. A ideologia homofóbica e pentecostal cria o grupo de "homossexuais" ao mesmo tempo em que o regulariza e pune discursivamente.

Observa-se, em certo ponto, o que Althusser (1996) chama de *materialidade* da ideologia, já que a sua operação produz exclusão e divergência tanto no nível textual quanto no âmbito social. Ao pensarmos na pregação como um ato discursivo, podemos notar seu caráter performativo primordial: criar o objeto do discurso de ódio, no caso, o sujeito homossexual, ato que se inicia na própria eleição desse tema como assunto, ou tópico para discussão. Os efeitos desse processo de interpelação são diversos e incluem a legitimação do endogrupo e a marginalização do exogrupo.

Conclusão

A análise dos segmentos da pregação do pastor neopentecostal Silas Malafaia nos permite observar como a ideologia opera no discurso, construindo sentidos e estruturando o texto. Essa operação cria uma identidade divergente e opositiva do indivíduo homossexual, categorizado como perigoso e associado a outros indivíduos e práticas condenadas não somente do ponto de vista religioso, mas também do social. Sua própria existência é textualmente construída como perigosa, ameaçando a ordem desejável e desafiando o normal. O processo referencial atua, como demonstrado, criando uma segregação ao dividir grupos e polarizá-los, assim categorizando os homossexuais como *o outro* e, consequentemente, como inimigos.

Essa construção realiza-se no texto e no discurso por meio de predicações ideológicas que utilizam como aparato performativo o processo anafórico. Dessa forma, o processo de referenciação figura na pregação como uma estratégia para construção performativa do grupo ao mesmo tempo em que também é base para a norma que regulariza e torna divergente o grupo do qual se fala. Descrever como a ideologia interpela o sujeito, identificar traços linguísticos que jogam luz sobre atos de exclusão e violência acabam por ser mais do que análise textual, mas uma análise das estruturas da própria sociedade. A análise sob a ótica da LQ propõe justamente essa crítica. Ao destrinçar os fios textuais amarrados pelas estratégias ideológicas no corpus, percebemos como afluem para crenças que sustentam uma realidade em que relações de poder oprimem indivíduos.

O poder do discurso é social; as relações criadas no discurso são criadas na sociedade. Perceber o funcionamento da performatividade desses atos discursivos é negar a sua essencialidade. Não se trata de falar sobre uma verdade, mas produzir uma realidade de exclusão guiada por uma norma que pune os mais vulneráveis. Contudo, quanto mais expostas são essas relações, mais vulnerável é o argumento de quem nos oprime; quanto mais descritas são as violências, mais possíveis tornam-se as mudanças que nos levarão a uma realidade social mais justa e humana de convivência entre diferentes grupos.

CAPÍTULO

(RE)FAZENDO A TRADIÇÃO, (DES)CONSTRUINDO GÊNERO: APROXIMAÇÕES ENTRE ANÁLISE DA CONVERSA E LINGUÍSTICA *QUEER*

Alexandre do Nascimento Almeida

"Questões de gênero, certo?": um convite para estranhar o cotidiano

Como pensar a relação entre o uso da linguagem e a construção de gênero no contexto escolar? Esse questionamento foi o ponto de partida para uma pesquisa de cunho etnográfico desenvolvida em uma escola pública durante um ano, período no qual foram observadas e registradas diversas cenas cotidianas, as quais muitas vezes passam despercebidas e não são estranhadas por quem já se acostumou com aquilo que é "comum". Foi preciso, então, enfrentar o desafio de estranhar o óbvio, bem como refletir sobre os processos pelos quais muitas dessas cenas se tornam "normais", sem que nos demos conta de como as ações cotidianas constroem o mundo social no qual vivemos.

Ancorado na perspectiva de que é necessário atentar para o que ocorre a todo o momento em cada encontro mediado pelo uso da linguagem, faço o convite inicial para adentrarmos o cotidiano de uma escola e, a partir da vinheta narrativa abaixo reproduzida do diário de campo, refletirmos sobre os processos pelos quais socialmente nos tornamos "meninos" e "meninas" e — analogamente — "homens" e "mulheres":

"Sexta-feira. Em meu primeiro dia de visita à turma A12, a tarde está ensolarada e a temperatura agradável. Ideal para levar as crianças para o pátio, penso. A aula a ser observada é a de Educação Física. Reflito sobre o fato de que há, pela primeira vez, uma oportunidade de observar uma turma fora do cenário da sala de aula. Isso acena como uma possibilidade de enriquecimento de minha compreensão dos processos de interação entre participantes, já que uma aula de Educação Física em espaço aberto possibilita arranjos interacionais distintos daqueles que eu observara até então. Procuro por Flávia em frente à sala de aula. As crianças aguardam em duas filas: meninos de um lado, meninas de outro.

"[...] No caminho para o pátio, Flávia se aproxima de mim e inicia uma conversa sobre os propósitos de minha pesquisa. Parece estar bastante consciente do foco de meu trabalho: 'Questões de gênero, certo?'. Após minha aquiescência, Flávia fala da importância de compreendermos como esse tópico é importante, pois acredita que, na escola, muitas vezes, há um incentivo à prática de certos 'brinquedos de meninos e de meninas'. Comento sobre meu interesse pelo assunto e pela contribuição que pretendo oferecer para a escola como um todo: compreender as relações de gênero desde os primeiros anos de escolarização até a conclusão do Ensino Fundamental. Logo após essa breve conversa, passo à observação participante das atividades daquele dia, com certa expectativa de que as brincadeiras ou atividades propostas nesta aula sejam, de certa forma, diferentes daquilo que se costuma postular na literatura sobre gênero e ensino.

"Há, nesse sentido, um consenso geral de que a escola contribui para a construção dicotômica de identidades de gênero ao reforçar atividades, características e expectativas em relação a meninos e meninas. Muitas dessas construções apontam para a ratificação de certas masculinidades e feminilidades tidas como hegemônicas na sociedade, ainda que apresentem traços locais distintos que as tornam bastante específicas e que revelam, a partir de um olhar criterioso, a sutil sinergia existente entre o global e o local. Consciente desse cenário, não consigo, na tarde de 5 de maio de 2006, evitar uma pequena esperança (se assim posso dizer) de que esta aula seja um evento diferente. Como observador participante, espero que a conversa inicial com Flávia revele seu engajamento em práticas diferentes daquelas mesmas apontadas por ela: 'brinquedos de meninos e de meninas'.

"[...] Após a primeira atividade, a de pega-pega, Flávia propõe que a turma brinque de Rosa Juvenil,[1] uma cantiga popular brasileira que será encenada pelo grupo, com a possibilidade de alternância de participantes nos papéis de rosa juvenil, bruxa má e belo rei. As crianças parecem conhecer a letra, pois se engajam na atividade, cantando enquanto a história é encenada. [...]

"Minha expectativa inicial é, aos poucos, desconstruída. Alunas e alunos parecem concordar com os comentários de Flávia sobre o modo como, por

---

1. Nesta brincadeira, meninos e meninas fazem parte da roda, que forma o cenário para a história da rosa, da bruxa má e do rei. São escolhidas três crianças para representar esses papéis. A rosa saltita no centro da roda até adormecer e ser enfeitiçada pela bruxa má (ao comando da cantiga). A roda representa o tempo passando (correndo rápido) e o mato que cresce e se fecha em torno da rosa (levantando as mãos e fechando a roda ao redor da rosa). Mas surge o belo rei, que afugenta a bruxa e desperta a rosa (tocando a sua cabeça). O rei e a rosa acabam saltitando felizes e escolhendo quem os sucederá nos papéis (Almeida, 2009).

exemplo, o rei deve pegar a rosa. 'Não pode ser de qualquer jeito', mas sim com 'a delicadeza com que se trata uma princesa'. [...] Penso como a conversa inicial com Flávia parece contrastar com o que está sendo feito, isto é, a cena observada parece contribuir, de maneira bastante explícita para mim, para a manutenção daquilo que havíamos chamado de 'brinquedos de meninos e de meninas'. Num sentido mais amplo, a brincadeira ratifica uma masculinidade hegemônica e uma feminilidade a ela associada, i.e., a rosa é salva pelo rei, o que reforça a ideia da passividade da mulher ante a ação do homem".

* * *

A leitura do trecho do diário de campo acima, produzido a partir de notas tomadas durante a observação participante de aulas em uma turma de primeiro ano do Ensino Fundamental, pode revelar o caráter dinâmico com que as identidades são trabalhadas por participantes de uma interação mediada pelo uso da linguagem. Esse diário foi produzido como parte dos procedimentos de pesquisa de natureza qualitativa sobre a construção de masculinidades no uso da linguagem no cenário escolar. Durante o ano de 2006, acompanhei o cotidiano das atividades em uma escola pública municipal na periferia socioeconômica na cidade de Porto Alegre, estudo realizado no âmbito do Projeto de Pesquisa "Interação social e etnografia do projeto político-pedagógico da escola pública cidadã".[2] Essa escola foi escolhida para o desenvolvimento de uma pesquisa que possibilitasse o registro (micro) etnográfico das práticas locais que legitimam o projeto político-pedagógico, implementado dentro de um sistema ciclado de ensino.[3] Construída na periferia econômica e geográfica da cidade, a escola pesquisada atendia à época a aproximadamente 300 discentes e era conhecida por seu forte compromisso com uma educação inclusiva.

---

2. O projeto foi desenvolvido com apoio do CNPq (Processo nº 400872/2006-4), concedido ao pesquisador principal, Pedro M. Garcez (UFRGS).
3. O Ensino Fundamental nas escolas públicas municipais de Porto Alegre estava, à época, organizado em ciclos de formação. São três ciclos, tendo cada um a duração de três anos, o que já ampliava, desde a sua implantação total na rede municipal em 1998, a escolaridade obrigatória para nove anos. O sistema ciclado de ensino, ao romper com a lógica da seriação, pretendia promover práticas de ensino e aprendizagem significativas e coerentes com a formação de cidadãos (Almeida, 2009).

Em meu primeiro dia de visita a essa turma, pude perceber a importância das brincadeiras para a construção de identidades sociais de gênero no cenário escolar. Mesmo estando ciente da necessidade de questionar brincadeiras de "meninos e meninas" — a julgar pela conversa que teve comigo no deslocamento para o pátio —, Flávia, em muitos momentos, propunha atividades que ressaltavam a dicotomia de opostos binários, como a predeterminação de certos papéis a meninos ("belo rei") e a meninas ("rosa" e "bruxa"). A vinheta narrativa acima demonstra como a organização proposta para certas atividades pedagógicas pode vir a reforçar uma dicotomia baseada na diferença de corpos socialmente generificados (ver Rocha, neste volume).

A observação neste grupo tornou-se significativa para a compreensão das masculinidades e feminilidades construídas durante as tarefas pedagógicas que envolvem aspectos lúdicos ou atividades ligadas ao folclore brasileiro e gaúcho. Nesse sentido, é importante que possamos perceber como certas tarefas propostas para turmas de crianças podem reforçar estereótipos de gênero presentes na sociedade, como a passividade de uma rosa (ou uma princesa) esperando ser salva por um rei. É oportuno, pois, que todas as pessoas envolvidas com educação possam problematizar o papel das atividades pedagógicas na construção de identidades e dediquem "mais tempo à análise daquilo que a atividade está trazendo para as crianças, tanto em termos do currículo definido quanto do currículo oculto" (Moyles, 2002, p. 165).

O olhar proposto aqui está voltado para as instâncias mais cotidianas de uso da linguagem no contexto escolar. Compreendendo a escola como uma das instituições sociais em que gênero é (re)produzido, a análise que proponho se concentra no escopo dos estudos de "fala-em-interação", termo usado para se referir à alternância entre diferentes interagentes que participam de trocas de fala: essas trocas são compreendidas como partes numa sequência de atos, sendo que cada ato tem seu sentido a partir da localização nessa sequência (Duranti, 1997). Torna-se importante, pois, analisar questões como quem fala a seguir e de que maneira, como interagentes lidam com problemas de escuta e/ou de entendimento, ou, ainda, de que modo o direcionamento de olhar e os movimentos do corpo — entre outros recursos de uso da linguagem — contribuem para o entendimento mútuo.

O objetivo deste capítulo é tecer aproximações iniciais entre a análise da conversa (AC doravante) e os estudos linguísticos sob a perspectiva *queer* na discussão sobre os processos de (des)construção de gênero pelo/no uso da linguagem. Na próxima seção, apresento brevemente o cenário teórico-metodológico no qual essas tradições de pesquisa se inserem, bem como reflito sobre as intersecções possíveis entre duas correntes de investigação aparentemente distintas. Nas três seções seguintes, trago à discussão excertos analíticos interpretados sob a ótica da AC, destacando como certas identidades de gênero são normalizadas no discurso e como o olhar investigativo sobre esse processo de normalização torna possível a contribuição dos estudos de fala-em-interação (nos quais a AC se insere) para a linguística *queer* (LQ daqui em diante). Por fim, argumento que as pesquisas que privilegiam um olhar êmico e situado sobre o uso da linguagem podem contribuir para estranharmos aquilo que se torna comum, cotidiano, normal. Esse estranhamento é necessário para que possamos compreender como a visão cis-heteronormativa de mundo constrói as pessoas em estereótipos binários de gênero.

Linguagem e gênero: um breve olhar para o cenário teórico-metodológico

Para situar este trabalho nos estudos de linguagem e gênero, é necessário definir o que se entende por "linguagem" nesta pesquisa. A perspectiva adotada aqui tem suas raízes nos estudos etnometodológicos, os quais compreendem o domínio da linguagem natural como a pedra fundamental da socialização humana (Garfinkel e Sacks, 1970). Schegloff (2007) afirma que "parece que todas as sociedades e suas subunidades têm como um recurso central para sua integração uma organização da interação — uma organização da interação informada pelo uso da linguagem" (p. xiii). Uso da linguagem, nessa perspectiva teórico-analítica, deve ser entendido como a fala-em-interação social, ou — como o autor prefere — conversa. Ao analisarmos interações de ocorrência espontânea, podemos nos aproximar da perspectiva que participantes de um encontro social têm do que está acontecendo no aqui e agora, pois ao longo da interação continuamente demonstram o entendimento mútuo das ações de seus pares conversacionais.

Essa aproximação ao entendimento de participantes da interação é chamada de visão êmica. Portanto, a perspectiva êmica privilegia o ponto de vista das pessoas que integram a comunidade em estudo e tenta descrever como essas próprias pessoas "atribuem sentido a um certo ato ou à diferença entre dois atos diversos" (Duranti, 1997, p. 172). Êmico opõe-se, dessa forma, a ético. Duranti (1997) salienta que estudos de natureza êmica buscam a identificação com integrantes de um grupo a fim de propiciar uma visão "de dentro", isto é, a visão que essas pessoas têm do fenômeno em questão.

O estudo relatado aqui foi desenvolvido à luz dos princípios teórico-metodológicos da corrente de pesquisa conhecida como análise da conversa de tradição etnometodológica.[4] Podemos entender o termo "conversa" como a orientação de participantes à implementação de organizações genéricas e universais no uso da linguagem, tais como a tomada de turnos de fala, o gerenciamento de sobreposições, o reparo conversacional, a projeção do fim de um turno de fala e a alocação do próximo, entre outros fenômenos. A conversa cotidiana apresenta uma organização estrutural em que cada turno de fala ocupa uma posição sequencial em relação ao outro, sendo que falantes se alternam conforme a interação se desdobra num espaço temporal. Um turno de fala pode ser compreendido como as unidades que uma pessoa pode usar quando participa de uma conversa, abrangendo tanto uma única palavra como sintagmas ou frases. Os turnos são, portanto, um "espaço" em que a linguagem é acomodada por meio dessas unidades de construção de turno. Interagentes trabalham as organizações estruturais da conversa para procederem à troca de falas de uma maneira organizada e sistemática (de modo que cada pessoa fale de uma vez e que, se sobreposições ocorrerem, que sejam breves).

Algumas formas de fala-em-interação, contudo, apresentam uma modificação do sistema de tomada de turnos uma vez que, em certos cenários (tribunal, escola, igreja etc.), há geralmente um sistema preestabelecido para a alocação das falas. Isso causa uma assimetria organizacional na interação, na medida em que alguém (ou um grupo seleto de participantes) pode controlar a tomada de turnos por meio da seleção de falantes, tópicos e extensão do turno, entre outros recursos. Esse fenômeno é conhecido como "fala-em-interação institucional", diferindo da conversa cotidiana não apenas no gerenciamento da tomada de turnos, mas em outros aspectos importantes, como a orientação por parte de pelo menos uma das pessoas que interagem

---

4. Recomendo a leitura de Loder e Jung (2008) e Loder e Jung (2009) para uma visão introdutória da AC embasada em pesquisas com dados de português brasileiro.

para alguma meta, tarefa ou atividade fulcral (ou conjunto delas) convencionalmente associada com a instituição em questão (por exemplo, proferir uma palestra, realizar uma anamnese, julgar alguém ou dar aula). A pesquisa aqui relatada, portanto, situa-se nesse escopo.

Gênero é entendido neste trabalho como um construto constituinte das relações sociais baseadas nas diferenças percebidas entre os sexos — referindo-se aqui aos corpos biológicos socialmente significados —, representando um campo primário no interior do qual ou por meio do qual o poder é articulado (Scott, 1995). Na nossa sociedade, criou-se uma dicotomia pretensamente natural entre masculino e feminino, categorias às quais são associadas certas convenções do que vem a "ser" homem ou mulher, implicando uma oposição naturalizada entre esses polos (homens e mulheres seriam naturalmente diferentes), bem como uma coerência interna (homens compartilhariam características comuns entre si; mulheres pensariam e agiriam da mesma forma). Essa dicotomia, além de naturalizar as diferenças, ignora a intersecção de gênero com outros construtos sociais, como raça e classe social.

Uma das perspectivas com mais impacto nos estudos de gênero na contemporaneidade é a chamada teoria *queer*, a qual trouxe à discussão os processos históricos, sociais e culturais pelos quais a cis-heteronormatividade se instaura como a regra ao mesmo tempo em que cria uma fronteira entre os sujeitos ditos "normais" e os sujeitos abjetos, aqueles que "são relegados à humilhação e ao desprezo coletivo" (Miskolci, 2012, p. 25). Mais do que defender uma demanda de aceitação de padrões que desviam do que se entende por normalidade, a teoria *queer* tece uma crítica contundente às convenções culturais que instauram as normas de gênero. Apesar de ser necessário entender que a chamada teoria *queer* pode se referir a um conjunto de pesquisas bastante amplo e diverso, costumamos associar a essa perspectiva o pensamento de Judith Butler. Para essa filósofa, é importante entender gênero como "um conjunto de atos repetidos no interior de uma estrutura reguladora altamente rígida" (Butler, 2003, p. 69), estrutura essa que busca uniformizar a heterossexualidade e a cisgeneridade como compulsórias, criando uma aparência de substância, de algo pretensamente natural.

Gênero assume, então, um caráter performativo: os vários atos de gênero criam a ideia de gênero; nesse sentido a própria noção de sexo é produzida como pré-discursiva, como se fosse algo natural, anterior à cultura (ver

Bonfante, neste volume). Certas configurações de gênero assumem o status de "real", consolidando uma visão hegemônica na qual há uma naturalização daquilo que se espera de homens e mulheres. É de se compreender, portanto, que a chamada matriz heteronormativa crie uma suposta coerência entre corpo, gênero e orientação sexual. Butler (1993, 2003) afirma que não há nada dado a priori na natureza, uma vez que são requeridas repetidas performances de gênero — adequadas a uma matriz de caráter rígido e regulador — para que se atinja essa aparência de substância, de naturalidade. Isso corrobora a visão de Scott (1995): "homens" e "mulheres" são categorias ao mesmo tempo vazias (não há nada nelas intrinsicamente natural) e abundantes (estão abertas a construções diversas que tendem a reforçar essa oposição binária).

O pensamento de Butler influenciou diversas correntes nos estudos de gênero, tendo chegado, também, aos estudos linguísticos, como ilustram os capítulos desta coletânea. Em nossa área, uma postura *queer* requer que se busque refletir sobre como as experiências sociais de uso da linguagem corroboram ou resistem a práticas regulatórias nas quais se fundam as normas de gênero (Hall, 2013; Leap, 2013). Dessa forma, a LQ questiona construtos discursivos centrais, tais como a cis-heteronormatividade (incluindo a análise dos recursos linguísticos que constroem a heterossexualidade) e o binarismo de gênero (no qual as diferenças de gênero são construídas como naturais), mecanismos que instauram aquilo que Butler chama de matriz heterossexual (Motschenbacher e Stegu, 2013). Aqui posso destacar, inicialmente, uma aproximação entre a AC e a LQ: é preciso investigar as práticas de uso da linguagem pelas quais as normas de gênero são construídas, sem que se atribuam categorias discursivas existentes a priori (ver Borba, neste volume).

Speer (2005) argumenta que a teoria de performatividade proposta por Butler é amplamente reconhecida por ter desafiado a visão essencialista de gênero, ainda que se apresente como uma teorização de caráter abstrato no que diz respeito aos processos que sustentam essa performatividade. Essa crítica à abordagem de Butler não deve ser entendida, contudo, como uma limitação teórica em relação aos processos de construção de gênero no escopo da teoria *queer*. Creio ser possível, portanto, debruçar-se sobre estudos de caráter microetnográfico que possam flagrar instâncias em que gênero é construído pelo/no uso da linguagem, de modo que percebamos como a matriz cis-heteronormativa é discursivamente (re)produzida.

Uma das perspectivas que possibilitam o entendimento de como gênero se torna relevante contextualmente para interagentes é a análise proposta por Hopper e LeBaron (1998) e o que os autores chamam de "sequências de infiltração de gênero na fala". Os autores argumentam que gênero se torna relevante gradualmente durante a interação através de sequências de percepção, processo que ocorre em três estágios. Essa infiltração é visível turno a turno, a partir de um primeiro estágio em que a indexicalidade[5] de gênero tem um uso periférico, não sendo destacada por participantes. Se houver a percepção dessa indiciação, um segundo estágio é atingido e, caso essa se torne relevante, ocorrerá a extensão da referência fazendo com que interagentes trabalhem questões de gênero nos próximos turnos de fala. Os autores argumentam que é exatamente através dessas sequências de percepção que as pessoas interagem com contextos em que gênero se torna relevante em cenas da vida social. Esse modelo teórico-metodológico proposto por Hopper e LeBaron (1998) traz à tona os processos pelos quais falantes constroem gênero cotidianamente, podendo revelar como a rígida estrutura reguladora de gênero (e, por conseguinte, a matriz cis-heteronormativa) é atualizada pelo uso da linguagem. Portanto, através da análise turno a turno de fala sobre como essa normalização de gênero é construída pela linguagem torna-se possível pensarmos em algumas aproximações entre AC e LQ, ainda que essas correntes teóricas apresentem visões distintas do que vem a ser linguagem, por exemplo.

As cenas da vida social sob análise aqui foram geradas na escola mencionada anteriormente durante o período de um ano, no qual foram acompanhadas cinco turmas do Ensino Fundamental (do primeiro ao nono ano). Para a geração e a análise dos dados, foram adotados procedimentos de pesquisa interpretativa, como a negociação de entrada na comunidade escolar, a obtenção de consentimento de todas as pessoas envolvidas na pesquisa, a observação participante, a familiarização com o equipamento, a

---

5. A indexicalidade de gênero pode ocorrer por meio de um termo generificado (homem, mulher etc.) ou pela associação de uma atividade a uma categoria de gênero (meninos dançam com meninas, por exemplo), entre outros recursos. Para um entendimento mais detalhado sobre o processo de indexicalidade de gênero na fala, recomendo a leitura de Ochs (1992).

gravação em vídeo das interações, bem como o uso de pseudônimos, tanto nos diários de campo como nas transcrições das interações.[6] Para o recorte de discussão neste capítulo serão explorados dados gerados na turma de primeiro ano.

De uma tarde ensolarada no mês de maio, passemos agora a uma tarde chuvosa no mês de setembro. Em consequência da chuva, muitas crianças estavam ausentes. Flávia, após o cumprimento do ritual de boas-vindas e chamada, passa a explicar a necessidade de que as atividades de Educação Física sejam, naquele dia, realizadas na sala de aula. Há uma concordância geral e Flávia propõe que seja executada a Dança do Pezinho, em função da comemoração do feriado da Revolução Farroupilha.[7] Como parte do trabalho com esse tema, Flávia solicita, então, que a turma pratique mais uma vez a dança, reforçando que essa é uma dança de tradição. Para a realização de tal atividade, a organização dicotômica meninos/meninas se torna, mais uma vez, necessária. Entretanto, devido ao caráter de comemoração da Semana Farroupilha, outros sentidos são acrescentados a essa divisão da turma: é necessário que as prendas fiquem de um lado e os peões, do outro. A Dança do Pezinho pressupõe, assim, que o par seja formado por um menino e por uma menina.

A discussão dos dados será apresentada em três excertos[8] analíticos, distribuídos nas próximas seções.

---

6. Para a transcrição foram utilizadas as chamadas "convenções Jefferson de transcrição" (Loder e Jung, 2008; Howitt e Cramer, 2011). O Anexo 1 apresenta esse sistema de transcrição, que pode ser compreendido como um conjunto estável de convenções detalhadas que representam em texto o caráter sequencial e dialógico das interações (Garcez, Bulla e Loder, 2014).
7. É comum que, nas escolas no Estado do Rio Grande do Sul, sejam realizadas atividades alusivas ao feriado estadual de 20 de setembro, incluindo a realização de atividades que celebrem a tradição gaúcha (como a Dança do Pezinho, por exemplo). Na comunidade em questão, era comum ver estudantes usando trajes de prenda e peão (termos usados para se referir à menina e ao menino com roupas tidas como típicas, respectivamente), ou participando de rodas de chimarrão (Almeida, 2009).
8. Utilizo aqui o termo metatextual *excerto* em referência a trechos de transcrição que se debruçam sobre um foco central de análise. Os excertos são convencionalmente transcritos em linhas numeradas, que marcam o início e o fim do recorte analítico feito a partir do corpus da pesquisa. Neste capítulo, cada excerto recebeu um título e está dividido em partes sequenciais para fins de apresentação; essas partes, contudo, integram uma única unidade analítica.

"Jair, tu é bicha": gênero como critério para organização dos corpos

Durante a organização do grupo em duas filas distintas (a de prendas e a de peões), Flávia começa a orientar as meninas na disposição para a dança. Sem que seja preciso solicitar, uma fila é formada. Nesse momento, Jair posiciona-se atrás de uma colega (linha 07), o que se torna uma ação sequencialmente relevante para o grupo. A proposta de organização inicial parte de Flávia (linhas 01 e 02), que separa inicialmente a fila das meninas e acrescenta um critério de organização interna: a altura.[9] Flávia reforça a orientação para a formação da fila, lembrando as meninas a se organizarem da maior para a menor (linha 04), o que seria, também, um aspecto na criação dos pares (linha 08).

Enquanto Flávia orienta as meninas a se perfilarem, Jair dirige-se à fila das meninas, posicionando-se atrás de Ana E. (linhas 07 e 08), o que pode dar a entender, sequencialmente, que ele estaria esperando para ser colocado na fila das prendas, conforme demonstrado no seguinte trecho do excerto em análise:

Excerto 1: Os meninos do lado de cá

```
01  Flávia:    →   >tá certo então< vamos fazer a fila por altura das
02                 meninas
03  Ana:           (      ) par,
04  Flávia:        por altu:ra né:: a meno:r depois a maio:r
05  Ana:           (     )
06  Flávia:        (    o que Ana,) (.) isso=
07             →   =((Jair dirige-se à fila e se posiciona atrás de Ana
08                 E.)) vamos arrumar os pares por tama:nho
09                 (0,6) ((Flávia começa a organizar a primeira fila
10                 somente com as meninas; Juliana, Treice, Ana,
11                 Ana E. e Jair esperam na fila, nesta ordem))
```

---

9. Uma variedade de participantes segue esse critério em momentos distintos da interação: Ana E. (nas linhas 21 e 24), Leonora (nas linhas 28 e 31) e Leonardo (nas linhas 41, 43 e 45), em momentos transcritos mais adiante.

Jair, ao perceber que Juliana, Treice, Ana e Ana E. perfilam-se para serem orientadas por Flávia, corre em direção à fila para aguardar a sua vez e se posiciona atrás de Ana E. Essa ação é tornada relevante por Ígor (linha 23) quando percebe a movimentação de Jair, usando, para tal, o termo "bicha" para se referir ao colega. Para Ígor, Jair, ao se dirigir à fila das meninas, não corresponde a uma prática local relacionada aos meninos, já que eles devem permanecer organizados em filas com participantes do mesmo "sexo":[10]

```
12  (Juliana):      °po:r ta[ma:][:nho°
13  (   ):                 [°( )°]
14                  ((Flávia coloca Ana ao lado de Leonora))
15  Flávia:                    [A:na a[qui::,]
16  Ígor:                              [po::::r] tamanho
17                  [po::::r tamanho]=((cantarola enquanto pula))
18  Flávia:         [Ana Eckert a]qui::=((coloca Ana E. ao lado de Ana))=
19                  =acho [que nós podemos] =((toca em Juliana; César
20                  dirige-se para a fila, atrás de Jair))
21  Ana E.:              [as [mais PE][que:nas] ((aponta para si, Ana e=
22  (   ):                    [↑I::]
23  Ígor:      →                 [JAI::R] tu é BI::cha
24  Ana E.:         =Leonora))
```

Ígor sobrepõe seu turno em relação à orientação de Flávia (linhas 18 a 20) e à observação de Ana E. em relação à sua altura e a das colegas (linhas 21 e 24). Para tal, direciona seu olhar a Jair e, em seguida, o categoriza como "bicha" (linha 23), utilizando recursos como o termo de endereçamento (nome), o tom de voz alto e o alongamento de vogais. Jair torna-se o alvo da categorização feita por Ígor, mesmo não sendo o único a

---

10. Uso neste capítulo o termo "sexo" como categoria êmica usada por Flávia quando essa explica à turma o critério para organização das filas. Não escapa, todavia, a reflexão de que, no contexto pesquisado, o que pauta a significação da noção de sexo são convenções sociais e culturais sobre corpos biológicos, ou seja, há uma leitura de gênero sobre corpos naturalizados e dicotomicamente divididos entre meninos e meninas.

estar posicionado junto às meninas, já que César havia procedido da mesma forma (linhas 19 e 20).

A orientação a essa categoria identitária projetada por Ígor acontece de maneiras distintas. Os risos de participantes (linhas 26 e 27) ratificam essa projeção, tornando-a relevante sequencialmente (Ochs, 1992). Nesse momento, Flávia está engajada na organização da fila das prendas (linhas 28 a 37). A categorização feita por Ígor é ratificada, também, por Jair, que tenta revidar a ação do colega (linha 36). A ação de Jair, semelhante aos risos, não ocorre por turno de fala: Jair empurra Ígor para o lado de Leonora, o que colocaria o colega na fila das prendas e, supostamente, também o associaria à categoria identitária de "bicha":

```
26   ( ):            [°há há há°]
27   ( ):            [°hi hi hi°]
28   Leonora:        so- ô so::[:ra é por ta][ma:nho:,] ((dá passo para trás=
29   ( ):                       [(c↑ara d↑ele::)]
30   (Ana):                                [( )]
31   Leonora:        =e pergunta a Flávia))
32                   (.)
33   Juliana:        ó [eu vou com] ela::,=((apontando para Ana))=
34   Flávia:           [é por tama:nho]=((colocando Treice ao lado de Ana E.))
35   Leonora:        =é aqui a fi[:la,= ((Ígor olha para Leonardo, rindo))
36   Flávia:     →              [NÃ:::O] ((Jair vai até Ígor e o empurra)) é
37                   uma do ladi:nho da outra a[ssim ó]((alinha Leo, Ana e AE.))=
38   ( ):                                     [ah-]=
39   Ígor:       →   =a:i Jai:r=((empurrando Jair))=
40   Juliana:        a:i bo[ta [a]qui ai bota a][li:=((cantando música))
41   Leonardo:             [é [po:r] TAMA:NHO]
42   Flávia:     →   [°tá°]                    [e os me[ni:nos=
43   Leonardo:                                        [tu é=
44   Flávia:     →   =do lado de: cá:]
```

Ígor refuta essa tentativa de Jair, reclamando do colega e o empurrando (linha 39), numa elocução contígua ao turno de fala de Flávia (linhas 36 e 37), que está ocupada em alinhar Leonora, Ana e Ana E. na fila das prendas. A ação de Ígor, ao revidar a imposição física de Jair, pode ilustrar que "reconhecer-se numa identidade supõe, pois, responder afirmativamente a uma interpelação e estabelecer um sentido de pertencimento a um grupo social de referência" (Louro, 2000, p. 12). Ígor não reconhece seu pertencimento à identidade de "bicha" e refuta a ação de Jair.

É possível percebermos, num recorte microetnográfico, o desafio realizado pela ação de Jair àquilo que Butler (1993, 2003) chama de estrutura reguladora de gênero quando esse se perfila com as meninas: não é esperado que um corpo compreendido socialmente como masculino execute performances de gênero esperadas de corpos femininos. Podemos notar que, em seguida, Flávia promove a manutenção dessa estrutura reguladora, ao destacar que os meninos ficam do outro lado da fila e ao conduzir Jair para a fila dos meninos (linhas 42 e 44), sinalizando com a mão o local onde ele e os demais devem ficar. Por fim, a dicotomia meninas/prendas de um lado e meninos/peões de outro é novamente estabelecida.

Ao aplicarmos a noção de Hopper e LeBaron (1998) de que questões de gênero infiltram-se gradativamente na fala-em-interação, podemos perceber que no excerto em análise a indiciação de gênero inicia com a proposta de organização da turma para a atividade, tendo, em princípio, um caráter de uso periférico (meninas, linha 02). Contudo, com o decorrer das ações de alunas e alunos, ao se dividirem em filas em que opostos binários são explicitamente marcados (meninos/meninas), gênero se torna sequencialmente relevante para Ígor, que categoriza Jair ("bicha", linha 23). A relevância de gênero na interação pode ser constatada pelas ações que ratificam essa infiltração, a saber, o riso de participantes (linhas 26 e 27) e a tentativa de Jair igualar a posição de Ígor na fila (linha 36).

O excerto analisado acima possibilita uma melhor compreensão de como gênero torna-se relevante nas situações mais corriqueiras de nossas vidas, além de oferecer uma análise detalhada das ações de interagentes no trabalho de categorização. Quando os itens de pertencimento a grupos sociais — "meninos" e "meninas" — não subvertem as construções tidas como heteronormativas (Kitzinger, 2005), participantes da interação parecem estar em um "mundo comum". Entretanto, um menino, ao posicionar-se em uma fila supostamente organizada para as meninas, tem sua ação generificada por seus interagentes, que se engajam num trabalho de categorização até que a ordem de gênero pressuposta para a realização da tarefa — ou seja, a "normalidade" — seja restabelecida.

Percebemos que, na escola em análise, certos procedimentos tidos como convencionais, como a formação de filas, por exemplo, podem vir a constituir uma questão a ser trabalhada por participantes. Comumente, na turma observada, o trabalho interacional em relação a gênero é deflagrado por ações que desafiam um regime hegemônico (a divisão em grupos com participantes do mesmo sexo).

O estabelecimento de opostos binários na proposta da Dança do Pezinho pode ser representado pelas dicotomias meninos/meninas, peões/prendas e o lado de cá/o lado de lá. Na sequência de organização para a atividade, Flávia vai formando os pares, já que a execução dessa dança tradicionalista pressupõe a formação de duplas organizadas, tendo como base a diferença biológica entre os corpos. A última menina a ter seu par formado é Treice, que recebe a recusa de cinco meninos. Flávia, como organizadora da atividade, permite que Treice escolha o seu par (Osmar). Isso faz com que sobrem quatro meninos (Diego, Jair, Paulo e Roger), que haviam se afastado do grupo e se colocado junto ao quadro, suscetíveis a outro critério na formação dos pares. Esta interação é discutida na próxima seção.

O trabalho de gênero a partir da dicotomia "lado de cá"/"lado de lá"

No início do próximo excerto, Flávia questiona se há algum problema em dançar com uma menina, sem reconhecer, contudo, que o problema da recusa desse grupo pode ser entendido como uma tentativa de exclusão de Treice.[11] No início da interação, Flávia questiona Diego, Jair, Paulo e Roger se há algum problema em dançar, pressupondo, aqui, formar um par com uma

---

11. Através da observação participante e do registro audiovisual de atividades nesta turma, percebemos que Treice era discriminada por colegas por ser negra e pobre. No Excerto 2, notamos que César passa boa parte do tempo chamando Treice de "a mais feia do colégio", justificando o fato de ninguém

menina para a execução da Dança do Pezinho. Podemos perceber sua projeção de uma identidade institucional: a de professora. Uma das características da fala-em-interação institucional é uma orientação a uma meta a ser cumprida, o que geralmente atribui a alguém (ou a um grupo de participantes) certas ações ligadas à instituição.

Nesse caso, Flávia está engajada em organizar a turma para a dança e em questionar a atitude de quatro meninos que se recusam a atender a um pressuposto da tarefa proposta, a formação de pares (linha 01). É neste exato momento que Flávia obtém a afiliação de Juliana, que propõe uma saída para o impasse: ela aponta para os colegas e separa claramente o grupo de meninos em dois, aqueles que dançam com "umas" (meninas) e os quatro que dançam entre si (linhas 03 a 05), conforme percebemos no trecho reproduzido a seguir:

Excerto 2: Ninguém vai virar menina

```
1    Flávia:         tem alguma coisa de [ma:l em] dança:r,]
2    (    ):                              [>hã hã<]
3                    ((Juliana aponta para os meninos e olha para Flávia))
4    Juliana:   →                         [então os] guri:s] vã:o- dançam
5               →    com umas [e o Jair com o [(    )]
6    (    ):                  [(             [    )]
7    Flávia:    →                            [é:::][agora vai ter que ser]=
8    (    ):                                       [(                 )]
9    (    ):                                       [(                 )]
10   Flávia:    →    =[homem com homem né::,]
```

A orientação de Juliana a essa atividade institucional a ser cumprida por Flávia (a de organizar os pares para a dança) é reforçada por sua aproximação corporal em direção à interlocutora a fim de fazer a sugestão. Juliana aponta, ainda, para os quatro meninos junto ao quadro, dividindo-os em dois pares. Flávia prontamente legitima a contribuição e, antes mesmo de Juliana terminar de falar, sobrepõe o seu turno para ratificar a ideia de

---

querer dançar com ela. O tratamento dessas questões identitárias sob uma perspectiva interseccional, contudo, está além do escopo deste capítulo.

que agora terá que ser "homem com homem" (linhas 07 e 10). Temos, aqui, a noção de que as dicotomias — meninos dançam com meninas, as meninas ficam de um lado e os meninos do outro — são subvertidas para dar andamento à tarefa pedagógica. Isso cria um contexto em que a pressuposição de organização de uma dança tradicional gaúcha é contrariada: não é comum, em danças típicas, que pares sejam formados por dois peões, e sim por um peão e uma prenda.

Podemos perceber a articulação desse contexto (i.e., executar uma dança gaúcha com um par do mesmo sexo), analisado aqui em uma abordagem de pesquisa microetnográfica, com construções de natureza macrossocial. É importante, todavia, que evitemos o estabelecimento de uma relação de causa e efeito e que procuremos, em contrapartida, entender a intricada relação existente entre fenômenos tanto de ordem "local" como "global". Connell e Messerschmidt (2005) propõem uma nova compreensão da geografia das masculinidades, destacando que a investigação empírica da existência de masculinidades hegemônicas possa abranger construções tanto em nível *local* (na interação face a face), como *regional* (em termos de cultura e de Estado) e *global* (aspectos como política mundial, negócios e mídia, entre outros). Reconhecem, ainda, que "é tentador assumir uma simples hierarquia de poder ou autoridade, partindo do global para o regional e para o local, porém isso seria enganoso" (Connel e Messerschmidt, 2005, p. 850).

No contexto criado no início do excerto, percebemos o tensionamento entre questões tanto de ordem regional (peões dançam com prendas) como local (alguns meninos terão que formar pares entre si, sendo que dois deles ficarão na fila das meninas). Na sequência da interação, contudo, são as construções locais que se tornarão relevantes para os quatro meninos: a questão a ser tratada não será o fato de terem que dançar entre si, mas sim a necessidade de se perfilarem com as meninas.

A afirmação de Flávia de que há a necessidade de um homem dançar com outro homem (linhas 07 e 10) provoca risos (linha 11) e uma manifestação de reforço da situação (linha 12). Em seguida, Flávia procede à categorização dos quatro meninos, tornando público o fato de que só havia sobrado "macho" (linha 13), afirmação que também provoca risos (linha 14). Flávia faz um gesto com as mãos, dando a entender que, para os meninos restantes, não há outra alternativa de organização. Após um período de silêncio (linha 15), Flávia se dirige ao quadro e tenta organizar o par Diego/Jair, tentando conduzi-los pelo braço até as filas.

Essa ação de Flávia provoca, novamente, risos (linhas 22 a 26) e Diego, imediatamente, resiste a essa configuração, verbalizando sua rejeição do novo arranjo (linhas 27 e 30). A identidade projetada por Flávia por meio da categorização é trabalhada por Diego quando esse se nega a ocupar seu lugar na fila. Para ele, a associação à categoria "macho" e a organização de um par menino/menino se tornam problemáticas, na medida em que ele nega essa possibilidade e volta para onde estava anteriormente (linha 30):

```
11  (    ):            [                a::] >h:ã hã<=
12  (    ):          =[A:::::]
13  Flávia:     →     [só sobrou] [ma:cho aqui,]
14  (    ):                       [°.hã h ↑.hã<°]
15                   (0,3)
16                   ((Flávia vai em direção ao quadro e organiza os pares))
17  (    ):          (ti  [__  ê:)
18  Flávia:     →        [então vai ser o Diego [com o:: Ja][i::r:,]=
19  (    ):                                     [°vai dança::r°]
20  (    ):                                                       [Ô: HÁ:]=
21  Flávia:     →    =((pega Diego e Jair pelo braço))
22  (    ):          =[HÁ HÁ HÁ HÁ [HÁ HÁ]
23  (    ):          =[HÁ HÁ HÁ HÁ [HÁ HÁ]
24  (    ):          =[HÁ HÁ HÁ HÁ [HÁ HÁ]
25  (    ):          =[HÁ HÁ HÁ HÁ [HÁ HÁ]
26  (    ):          =[HÁ HÁ HÁ HÁ [HÁ HÁ]
27  Diego:      →              [nã:o nã:o [não >não não<= ((Diego solta=
28  (    ):                                [( ã:    ru ru   é:      )=
29  (    ):                                [(                       )=
30  Diego:           =o braço de Flávia e volta para o quadro))
```

Podemos perceber que Diego recusa a atividade de dançar com alguém do mesmo sexo, enfatizada pela categoria homem/macho usada por Flávia para organizar os novos pares. Ela tenta rearranjar os pares, colocando Roger com Jair (linha 37) e, por fim, Diego com Paulo (linha 43):

```
31   (     ):         =[(                 )
32   (     ):         =[(                 )
33   Flávia:    →    [e o::::::[:::: Paulo e o Ro:]ger [>daí<] ou então=
34   (     ):                   [lá:: lá::::::::]
35   (     ):                                         [tch]((estalo))
36   (     ):                                         [ã:::]=
37   Flávia:    →    =aqui o Pa-][o Roger com o Jai:r:,]=
38   (     ):         =é::: ã:::]
39   (     ):               [(vem cá: Ana::      a::]ra)
40   Flávia:          =((toca e aproxima Jair e Roger))
41                    (0,3)
42   César:           a [ma::::::::is fe::::ia::::::] do:::=
43   Flávia:    →    [e o Diego e o::: Paulo tem que se:r guris
```

Em seguida, ela justifica a necessidade dessa formação de pares como sendo a única alternativa para a realização da atividade (linhas 43 e 44). Diego reclama e deixa a formação (linhas 27 e 30), ao passo que Jair acha graça (linha 45). Tendo organizado os pares, Flávia vai em direção ao aparelho de som para dar início à dança. Nesse momento, Paulo, que está organizado em um par menino/menino, porém alinhado na fila dos guris, ressalta a situação em que Jair e Diego se encontram:

```
43   Flávia:    →    [e o Diego e o::: Paulo tem que se:r guris
44                    [não tem] outro je:ito
45   Jair:            [há  há:]
46   César:           =co[lé:::::::::°gio°
47   (     ):         [>>hã hã [hã hã<<
48   Paulo:     →            [BÁ:::: duas [meniNI:::nha::::s]=((aponta=
49   César:                                [é::: a::: Trei::ce:::::]=
50   Paulo:           =para os colegas))
51   César:           =((cantando, tapando a boca))
52                    (0,3)
53   Paulo:     →    [a Jaí:ra e a Die:ga]=((apontando colegas))
```

Como a organização de alguns pares de meninos proposta por Juliana e posteriormente ratificada por Flávia é a única possibilidade de a atividade pedagógica continuar, essa nova configuração acaba por se tornar relevante na sequência da interação. Enquanto César continua engajado em chamar Treice de "a mais feia do colégio" (linhas 42, 46, 49, 51 e 54), Flávia dá por resolvida a questão de criação dos pares e tenta dar início à dança.

É interessante notar que, embora Paulo e Roger estejam organizados com seus pares Jair e Diego, eles não se encontram na fila das meninas. Portanto, as categorias que passam a ser relevantes para esses quatro meninos (em especial para Paulo) são "o lado de cá" e o "lado de lá". Esse trabalho interacional pode ser percebido quando Paulo usa nomes femininos e o diminutivo para se referir a Jair e Diego (linhas 48, 50 e 53), associando esses dois participantes a identidades de "menininhas", o que se torna problemático na sequência da interação. Paulo reforça o seu turno, apontando para os interlocutores de tal categorização (linhas 48 e 50).

Jair, que já havia sido categorizado como "bicha" por Ígor (Excerto 1), reclama para Flávia, ressaltando sua identidade de professora, ou seja, de responsável por resolver conflitos em uma sala de aula, selecionando-a como interlocutora por meio de uma categorização (linha 55). Essa reclamação concorre com duas atividades distintas: o deboche de César em relação a Treice (linha 54) e a atenção de Flávia que estava voltada anteriormente para o aparelho de som.

Diego emprega estratégia semelhante à de Jair, quando esse foi chamado de "bicha" por Ígor. Ele tenta trocar de lugar com Paulo, fazendo com que o colega se coloque no lado das meninas (linhas 62 a 64). Paulo reage e recoloca Diego em seu lugar, isto é, no lado de lá, o lado das meninas. Esse procedimento é imitado por Jair:

```
54  César:       [a:: ma::is fe:ia do:: co]lé::::gio::[::::::,
55  Jair:                                    [ô so:ra,
56  ( ):                                     [>ha hã
57              [hã hã<
58  ( ):        [olha [ali:
59  ( ):              [ah::::::[::::::
60  ( ):                       [( a::to::::)]
61  Flávia:                    [ago::ra si::m PX::::
62              ((Diego e Paulo alternam posições; Jair tenta trocar de
63              Lugar com Roger; Leonardo empurra César em direção a
64              Juliana))
```

Embora possa parecer um paradoxo, o que está em jogo para esses meninos não é dançar com alguém do mesmo sexo, mas sim ficar organizado numa fileira de prendas.[12] Flávia se vê, então, obrigada a tratar a questão, que abrange a recusa de Diego em ficar alinhado com as meninas e um comportamento inadequado em sala de aula, o de ficar empurrando um colega. Podemos perceber que participantes cuja estilização do corpo (Butler, 2003) contraria aquilo que é pressuposto para seu gênero (neste caso, estar na fila das meninas para executar uma dança "tradicionalmente" executada numa oposição binária — meninos de um lado, meninas de outro) estão suscetíveis a — e se engajam em — ações regulatórias que visam restabelecer uma normalidade, ainda que essa esteja sendo contrariada na configuração das filas.

Flávia dirige sua fala inicialmente a Diego e Paulo (linha 66), solicitando que parem, e reconhece, em seguida, que o que está em jogo para esses participantes (assim como para Jair) é o fato de alguns meninos estarem posicionados em uma configuração diferente do proposto no início da tarefa. Ela diz que esse pensamento não é procedente e que nenhum menino trocaria de sexo ("virar menina") por estar dançando com outro menino (linhas 66 e 68). A dicotomia estabelecida por Flávia, contudo, difere daquela que se tornou relevante para esses meninos. Enquanto, para ela, o deboche pelo uso dos nomes femininos poderia ser entendido pelo fato de alguns meninos dançarem com alguém do mesmo sexo, para Diego, Paulo e Jair a oposição estabelecida é entre o lado de lá/ali (das meninas) e o lado de cá/aqui (dos meninos). Paulo justifica sua ação, o que faz com que Flávia trate a questão com a turma toda:

```
65                      (.)=((Diego e Paulo ainda se empurrando))
66  Flávia:     →   agora [sim Die:go Pa:ulo nã:o] nada a ver ninguém=
67  (    ):                [(paste    a:        )]
68  Flávia:     →   =vai virar meni:na,
69  Paulo:      →   °meni:no aqui meni:na [  ali-° ]
70  Flávia:                               [nã:o Pa:ulo]
```

---

12. Conforme registrado no diário de campo, a turma já havia dançado anteriormente a Dança do Pezinho, o que reforça a hipótese de que os passos e gestos de cada fila (prendas e peões) já eram conhecidos.

```
71                    (0,5)
72  Flávia:           só um pouqui:nho eu quero que to:do mundo escu:te
73                    (1,4)
74  Flávia:       →   será: que a gente vira meni:::na ou meni:[no por] estar=
75  Juliana:                                                  [  não  ]
76  Flávia:           =dança:ndo com algué:m do mesmo sexo,
77  Juliana:          não=
78  Diego:            =[nã::::o=
79  (     ):          =[°nã::::o°=
80  Diego:            =>hã hã [há há há<
```

Após intervir na disputa de lugar entre Diego e Paulo, tratando do comportamento inadequado, Flávia deixa clara a sua recusa da relação de se "mudar de sexo" por estar dançando com outro menino (linhas 66 e 68). Paulo, entretanto, não se afilia a Flávia e retoma a organização primeira para a atividade: meninos de um lado e meninas do outro (linha 69). Paulo incrementa seu turno, apontando para os lugares estabelecidos por Flávia para a execução da tarefa.

Essa associação de Paulo reforça a construção local que a turma faz da execução da tarefa. Tal associação revela estar em consonância com aquilo que comumente é visto na execução da Dança do Pezinho (é possível, aqui, referir-se ao que é entendido como construções culturais em nível macrossocial). Tendo tornado relevante sua identidade institucional de professora ao reprimir a atitude de Diego e Paulo, Flávia tem que, sequencialmente, dar tratamento à questão de gênero. Para isso, ela inicialmente não se afilia a Paulo (linha 70) e dedica-se à obtenção da atenção do grupo ao estabelecer um piso conversacional único (linha 72).

Flávia passa, então, a questionar a pressuposição de que alguém mudaria de sexo por ter que dançar com outro menino ou menina (linhas 74 e 76), obtendo a afiliação de Juliana antes mesmo de terminar seu turno (linha 75). Podemos entender essa ação de Juliana por dois motivos: primeiro, Juliana reconhece uma aproximação de um ponto de transição entre turnos, mas acaba por falar em sobreposição à elocução de Flávia; segundo, tendo sido a responsável pela proposta da organização de pares entre meninos, Juliana reforça a ideia de que dançar com alguém do mesmo sexo não significa transformar-se em menina. Flávia obtém a afiliação de três participantes (linhas 77 a 79), inclusive de Diego, que acha graça (linha 80).

Em seguida, Flávia, tornando relevante sua identidade institucional, prossegue com o questionamento acerca das pressuposições que foram explicitadas por Diego, Paulo e Jair. Questionados se já viram duas pessoas do mesmo sexo dançando juntas (linhas 81 e 83), dois participantes respondem negativamente (linha 85 e 86) e outros acham graça (linhas 82 e 88). Não tendo obtido resposta, Flávia pergunta se alguém já foi a uma festa com dança (linha 90). Em meio a respostas positivas e negativas, Paulo se oferece como interlocutor (linha 94), mas acaba por não sustentar o tópico:

```
81  Flávia:     →          [>vocês< nu:nca vi:RAM [dança:r] >homem com=
82  (    ):                                       [>há há<]
83  Flávia:     →          =homem mulher com mulher,<
84                         (0,3)
85  (    ):                [°(nã:- o::)°]
86  (    ):                [°(nã:- o::)°]
87                         (.)
88  (    ):                HÁ HÁ HÁ::::::
89                         (.)
90  Flávia:                quem é que já foi em fe:sta que tem da:nça,
91  (    ):                E::[:U::::
92  (    ):                   [nã::o:::
93  (    ):                °não°
94  Paulo:                 eu já [fu:i no Nú:mero U:m]
```

A não sustentação do tópico por parte de Paulo se deve ao fato de ele ter usado como exemplo um clube noturno popular perto da região em que mora, o Número Um, onde geralmente são realizadas festas que não poderiam ser frequentadas por alguém de sua idade.[13] Paulo usa como argumento o

---

13. À época da geração de dados, era possível visualizar no clube mencionado por Paulo o seguinte aviso pintado no muro, ao lado da escada de acesso: "Permitido a entrada de maiores de 16 anos acompanhado com maior de 18 anos com documento" (Almeida, 2009).

fato de não ter dançado (linha 104), o que é recebido por Flávia (linha 106). Em seguida, um participante se dirige a Flávia, chamando-a de [profes]sora e relembrando que há uma tarefa a ser executada, a Dança do Pezinho. O reconhecimento de que "este evento é uma aula" (linha 110) pode ser entendido pela introdução do tópico de que há necessidade de se tocar uma música para a execução da tarefa. Nesse momento, Flávia se vê obrigada a prestar contas de sua interrupção do evento "aula" para o tratamento de questões de gênero:

```
94    Paulo:          eu já [fu:i no Nú:mero U:m]
95    (   ):                [(              ]Ê::::  [Ê:::::]
96    Flávia:                                       [e co-]
97                    [tu já fo:i no Nú::mero U::m,]
98    (   ):          [(a::::: eu e o Rafa)]
99                    (0,2)
100   Flávia:         tá e aí: como é que é: que da:nçam
101                   [lá,
102   (   ):          [(esse tudo passo)]
103                   (0,5)
104   Paulo:          eu não dancei,
105                   (.)
106   Flávia:         tu não [dançou,
107   (Paulo):               [(é que     junta)]
108                   (0,6)
109   (   ):          °tá°
110   (   ):      →   (>sora a mú:sica<)
```

Flávia justifica a interrupção pelo fato de perceber que há muitos riscos gerados pela configuração entre pares (linhas 112 e 113) e questiona se dar a mão para um menino ou menina significa casamento (linhas 116 a 118). Após um período de silêncio, Juliana novamente se afilia a Flávia (linhas 122 e 123), que prossegue na tentativa de dissuadir as associações feitas em relação à "mudança de sexo" de meninos posicionados na fila das meninas:

```
110  (    ):      →   (>sora a mú:sica<)
111                   (.)
112  Flávia:     →   tá: mas é que eu eu fico vendo assim vocês
113                   [ri:ndo <até pare::ce::> px:: Die:go:,
114  Diego:            [ele tá te olha::ndo ali]=((aponta para câmera))
115                   (0,4)
116  Flávia:     →   até: pare:CE que porque vai dar a mão para a menina ou
117                   p- para o menino e:: dança:r
118                   >pa[rece< que vão se casa:r,]
118  (    ):           [(                        ] s:::)
120                   (1,1)
121  (    ):       P- RÉ:::: [RÉ::: (    )]
122  Juliana:              [ô:: a gente] um di:a a gente faz ↑i:::sso
123                   [n↑é:,
124  (    ):       [(        [              )]
```

Flávia, mais uma vez, refuta essa construção (linha 125) e ressalta que Jair e Roger, mesmo posicionados na fila das meninas/prendas, continuam a ser meninos (linhas 127 e 128), já que ninguém muda de sexo desse modo (linha 131):

```
125  Flávia:              [nada a ve:::r ge::nte] nada a ve:r
126                   (0,2)
127  Flávia:       e aqui o:: Jai:r e o Ro:ger que estão do lado de cá:
128              →   das: das meni:nas eles continuam sendo meni:nos,
129                   ((Flávia coloca as mãos nos ombros de Jair))
130                   (0,8)
131  Flávia:     →   ninguém muda de se:xo assim
132                   (0,3)
133  Juliana:      É::
```

É interessante notar que Flávia coloca as mãos nos ombros de Jair (linha 129), o que pode ser justificado pela proximidade física entre participantes ou pelo fato de que Jair já havia sido alvo da categorização identitária de "bicha" por ter se dirigido à fila das meninas na organização inicial. Juliana, mais uma vez, se afilia a Flávia (linha 133). Tendo resolvido a questão, Flávia inicia a demonstração da dança, sendo que Paulo oferece o cotovelo a Diego ao invés da mão (linha 147), o que seria uma maneira de executar a dança sem a necessidade de dar a mão ao colega, como fazem os pares formados por meninos e meninas:

```
147 Paulo:      =ó=((aponta cotovelo para Diego))
148             (0,2)
149 Juliana:    Ó:=((aponta para Jair e Roger formarem um par))
150 Jair:       tem que tirar a mão do bo:lso né
```

Juliana colabora na organização da tarefa ao apontar para Jair e Roger, solicitando que formem um par (linha 149). Jair, por fim, pede que Roger tire a mão do bolso (linha 150).

Em suma, podemos perceber no excerto analisado acima que a organização dicotômica de filas de meninas e meninos torna-se um problema para a turma, que associa a presença de meninos na fila das prendas ao fato de esses virarem meninas, mediante o uso de nomes no feminino e a tentativa de ficarem perfilados ao lado de outros meninos (ainda que seus pares para a dança sejam reconhecidos como pertencentes ao "mesmo" gênero). A organização da turma para a tarefa pedagógica não parte apenas da participante à qual aprioristicamente poder-se-ia associar a identidade de professora, uma vez que diferentes interagentes podem vir a se engajar na execução do evento "aula" (neste excerto, notoriamente Juliana, que contribui para a configuração do grupo na execução da dança).

Um oposto binário criado a partir da composição de pares de meninos para a execução de uma dança tradicionalista gaúcha é trabalhado por quatro meninos que julgam problemático estarem perfilados com meninas, o que se sobrepõe ao fato de estarem organizados em duplas com participantes do mesmo sexo. Vemos aí que os sentidos associados a uma masculinidade hegemônica local fazem com que o fato de meninos dançarem com meninos não corresponda a outras masculinidades hegemônicas regionais ou globais,[14] uma vez que, numa dança tradicionalista gaúcha, não há pares de peões, e sim uma construção baseada na lógica da diferença biológica entre os sexos. Os meninos que se posicionam na fila das meninas podem virar alvo de chacota ou risos ao terem seus nomes transformados em nomes femininos, o que corrobora a visão de que, na escola, muitas pessoas aprendem desde cedo "piadas e gozações, apelidos e gestos para dirigirem àqueles e àquelas que não se ajustam aos padrões de gênero e sexualidade admitidos na cultura em que vivem" (Louro, 2000, p. 29).

Os excertos analisados demonstram que questões de gênero se tornam o foco na fala-em-interação quando a oposição binária pressuposta para uma atividade é subvertida. A análise sequencial turno a turno da interação revela o processo de infiltração de gênero na fala, demonstrando como certos índices ultrapassam um uso periférico, são percebidos por participantes e estendidos ao longo do evento. Assim, a associação de determinadas atividades a certos itens de pertencimento social pode se tornar problemática (no caso, as atividades de dançar com alguém do mesmo sexo e de um menino ser posicionado na fila das meninas, atividades essas associadas às categorias "homem" e "macho").

Podemos compreender como as ações (tanto verbais como não verbais) de interagentes visam garantir uma certa normalidade de gênero, funcionando como estratégias reguladoras que mantêm aquilo que é socialmente esperado de corpos masculinos e femininos. Percebemos a força coercitiva das ações de interagentes, desempenhadas pelo uso da linguagem e reveladas pela análise microetnográfica turno a turno da interação, que trabalham para garantir uma inteligibilidade de gênero, revelando a construção situada daquilo que Butler (2003) chama de metafísica da substância (ver, também, Rocha, neste volume). Gênero torna-se, portanto, um efeito performativamente produzido pelo uso da linguagem, uma vez que as práticas reguladoras convergem para garantir uma certa coerência de gênero (por exemplo, "só sobrou macho aqui" ou "ninguém vai virar menina").

---

14. Essa "subversão" à organização da Dança do Pezinho é ressaltada por Flávia, quando afirma que "não tem outro jeito" (linhas 43 e 44).

Se pensarmos como essas identidades masculinas interagem com aspectos regionais ou globais, perceberemos que uma contradição é criada nesta aula. Ao mesmo tempo em que participantes mantêm a tradição por meio da Dança do Pezinho, acabam por desafiar — com a execução da dança — um regime de gênero, uma vez que essa dança tradicional não é executada por pares de meninos, homens, "machos" ou peões em Centros de Tradição Gaúcha, por exemplo. Isso ajuda a compreendermos a tensão que é gerada para Diego, Paulo, Jair e Roger quando esses se veem numa posição que, além de contrapor um regime de gênero local, não corresponde a um ideal tradicionalista trabalhado no grupo durante a Semana Farroupilha e presente naquilo que se poderia associar a uma masculinidade hegemônica regional (construída na cultura gaúcha) ou global (se analisarmos, por exemplo, o papel da mídia), nos termos de Connell e Pearse (2015).

Embora a organização de pares menino/menino, portanto, peão/peão, para a organização da dança seja permitida, podemos observar a vigilância daquilo que é adequado a corpos socialmente significados, como veremos na seção a seguir.

A vigilância dos procedimentos legitimados

Nesse momento da dança, quase todos os pares estão organizados em duplas de meninos e meninas, com exceção de um. Esse par é formado por Ígor — que categorizou Jair como "bicha" por esse ter se dirigido à fila das meninas —, perfilado ao lado de outros meninos, e por Jair, posicionado entre as meninas. Percebemos que, ao ouvir as instruções de Flávia sobre como executar os movimentos previstos na Dança do Pezinho, Jair ri e demonstra hesitação entre simular o movimento com um suposto vestido (representado pela barra de seu casaco) e reproduzir o movimento executado por outros meninos, que estão, para ele, do lado de "lá".

Excerto 3: É isso aí que tem que cuidar

```
01                    ((as duas filas se posicionam de frente uma para a
02                    outra; a música está tocando))
03   Flávia:          para::do na fre::nte cada u:m do seu la:do é isso aí:
04                    que tem que cuida::r né::
05                    (0,2)
06              →     ((Jair olha para os lados; as mãos estendidas ao longo
07                    do corpo; Jair pega a barra do casaco com a mão direita;
08                    Jair está entre Juliana e Ana E.))
09   Leonardo:  →     >olha ali o Jair<
10                    (0,3)
11   Jair:            HÁ há HÁ
12                    (.)
13   Flávia:    →     as meninas ficam segu[rando] a sa:ia: [os (guris)] com
14   (    ):                               [(>°hã hã°<)]
15   (    ):                                              [>hã hã<]
16                    a mão pra trá:[s::,
17   Leonardo:  →                   [va:i Jaí:ra=((demonstra como Jair deve
18                    segurar a saia; Jair, rindo, começa a atender a sugestão
19                    de Leonardo)) °fica a[ssi:m°
20   Flávia:    →                         [nÃ:o o Jaí:r tem que botar
21                    as mãos pra trá:s ele e meni:no que boba:gem é e:ssa:,
22                    (0,2)
23   (    ):          (↑ã:)=((com voz aguda))
```

Flávia orienta o grupo na execução da dança enquanto a música toca (linhas 03 e 04). Jair, perfilado junto às meninas e podendo ver que elas estão segurando uma saia fictícia, mantém os braços estendidos ao longo do corpo, enquanto olha para os lados (linhas 06 a 08). Rindo e aparentemente indeciso, Jair segura a barra do casaco com a mão direita, direcionando o olhar tanto às meninas que estão ao seu lado quanto aos meninos da outra fila. Essa postura contrasta com a dos meninos que estão no outro lado (o "lado de lá") mantendo as mãos para trás, conforme a orientação dada anteriormente por Flávia.

A aparente hesitação de Jair acaba por atrair a atenção de Leonardo (linha 09), que se orienta ao posicionamento do colega. Após um breve período de silêncio, Jair acha graça (linha 11). Na sequência, Flávia relembra qual é a postura adequada para as meninas (i.e., segurar a saia) e para os meninos (i.e., mãos para trás) (linhas 13 e 16). Leonardo parte, então, para uma associação de ações necessárias para Jair. Já que o colega se encontra perfilado com as meninas, que representam prendas e que seguram uma saia, Leonardo orienta Jair para que faça o mesmo.

A elocução de Leonardo é marcada pelo termo de endereçamento feminino Jaíra (linha 17), uma flexão generificada do nome de Jair. Leonardo sugere, ainda, o modo como Jair(a) deve segurar uma suposta saia (linhas 17 a 19), estendendo os braços num movimento semelhante ao executado pelas meninas. Essa sugestão de Leonardo é prontamente rejeitada por Flávia (linhas 20 e 21), que classifica a ideia como "bobagem". Para tal, ela reforça o fato de Jair ser menino e, portanto, ter de executar o passo previsto para um peão, ou seja, colocar as mãos para trás.

A necessidade do tratamento imediato de um comportamento que, aparentemente, transcende a fronteira entre gêneros na atividade em foco pode ser justificada pelo fato de que a "vigilância para garantir a masculinidade dos garotos é, então, exercida [...] pela escola" (Louro, 1997, p. 45). Essa concepção, assim como outras práticas recorrentes neste grupo, acaba por reforçar certas características e atividades em relação a meninos ou meninas e sua separação em partes de binários opostos.

Análise da conversa e linguística *queer*: uma aproximação possível?

Após a análise dos excertos apresentados, com o objetivo de retomar os sentidos associados às masculinidades e, numa perspectiva de relações de gênero, às feminilidades construídas interacionalmente, convido a relembrarmos o meu primeiro contato com a turma, ocorrido numa tarde ensolarada no mês de maio. A execução de uma cantiga folclórica brasileira apresentava, a priori, uma alternância de papéis de rosa a ser resgatada e de bruxa má entre meninas, ao passo que os meninos poderiam desempenhar o papel de rei que resgata a rosa (é possível, aqui, ligar essa personagem a uma visão idealizada nos contos de fada: a princesa a ser salva pelo príncipe encantado). Já numa tarde chuvosa no mês de setembro, podemos perceber como a turma lidou com o fato de meninos estarem perfilados com meninas para executarem uma dança tradicionalista.

Os dados analisados neste capítulo sugerem que certas construções de gênero estão em consonância com o que é descrito na literatura como uma visão dicotômica das relações entre homens e mulheres. As crianças são introduzidas a práticas pedagógicas que tomam como base as diferenças sociais construídas sobre os corpos, levando à ratificação de uma visão cis-heteronormativa do mundo (Butler, 2003). A organização do grupo em filas para a execução de tarefas e a realização de atividades que pressupõem papéis generificados (rosa a ser resgatada, bruxa má, belo rei, peão e prenda) reforçam certas visões dicotômicas do mundo em que meninos e meninas se encontram em grupos diferentes entre si e internamente coesos.

A sinergia das masculinidades hegemônicas local, regional e global pode ser entendida pelas diferentes práticas que visam garantir que meninos — assim como meninas — tenham suas identidades sociais de gênero e sexualidade vigiadas. As ações analisadas neste capítulo oferecem uma visão da orientação espontânea de participantes a questões de gênero, mostrando como certas identidades são projetadas e ratificadas em situações corriqueiras de nossas vidas. Essa visão pode ser corroborada pela compreensão de que a escola está engajada na missão de "garantir que seus meninos e meninas se tornem homens e mulheres 'verdadeiros', o que significa dizer homens e mulheres que correspondem às formas hegemônicas de masculinidade e feminilidade" (Louro, 1997, p. 41-42).

Se manter a tradição significa não subverter um regime de gênero, participantes desta turma constituiriam uma exceção, ainda que, em certos momentos, não consigam uma total subversão ou tenham que prestar contas por essa tentativa. Alguns meninos lidam com a imposição da necessidade de executarem uma dança gaúcha com um participante do mesmo sexo (novamente aqui uma referência ao sentido êmico do termo). Isso faz com que tenham que trabalhar interacionalmente a dicotomia pressuposta por uma organização motivada pelo caráter histórico e cultural dos movimentos tradicionalistas gaúchos. Ao enfrentarem essas questões, são obrigados a atenderem tensões geradas pela associação de certas atividades a categorias de pertencimento social imputadas a eles (dançar com alguém do mesmo sexo à categoria "macho", por exemplo). A nítida divisão proxêmica da turma entre "o lado de cá" e "o lado de lá" torna-se o foco da interação em muitos momentos, possibilitando, sequencialmente, que questões de gênero se infiltrem na fala, que certas identidades masculinas sejam projetadas, ratificadas ou negadas e, ainda, que certas masculinidades hegemônicas combinem traços locais que reforçam ou questionam determinadas construções regionais e/ou globais.

É importante, portanto, que compreendamos a construção de masculinidades como um produto e não apenas um recurso identitário disponível utilizado da interação (Bucholtz e Hall, 2005). A análise microetnográfica desse processo de construção revelou como interagentes se orientam localmente ao que está acontecendo aqui e agora, atendendo a visões generificadas do mundo que podem estar associadas a aspectos como folclore, cultura, tradição, tarefas escolares, entre outros.

A proposta da análise apresentada aqui é a busca pela compreensão das interações a partir da aproximação aos sentidos que participantes atribuem à interação em foco. A linguagem, como forma de agir no mundo (Duranti, 1997), possibilita que as pessoas construam a si mesmas e às outras como seres sociais. A possibilidade da ratificação, da subversão ou do questionamento de certas identidades hegemônicas existe em muitos momentos de nossas vidas, que, de tão corriqueiros, podem passar despercebidos para a maioria das pessoas.

É exatamente esse olhar sobre o cotidiano que se torna possível a partir do construto teórico-metodológico da AC. Ainda que não livre de críticas,[15]

---

15. Dentre as críticas dirigidas à postura teórico-analítica da AC, está a adoção de um sistema de transcrição detalhado para tentar reproduzir, para fins de análise, os detalhes que as próprias pessoas

essa tradição de pesquisa pode ajudar a descortinar os métodos empregados pelas pessoas para construir pertencimento social, para reforçar a divisão dicotômica do mundo entre meninos e meninas, peões e prendas, homens e mulheres — ou, ainda, para resistir a essas construções. Torna-se importante compreendermos que os estudos de caráter microetnográfico não pressupõem uma oposição binária entre o micro e o macro, mas revelam minuciosamente como aspectos macrossociais são (re)produzidos nas instâncias mais corriqueiras de nossas vidas, numa constante sinergia. Nessa visão, as pessoas constroem o mundo social umas para as outras, demonstrando seu entendimento do que é um mundo comum, intersubjetivo.

Erickson (2004) reconhece que, no estudo da fala, os aspectos "descendente" e "ascendente" dos processos sociais devem ser levados em consideração; entretanto, uma miríade de analistas, segundo o autor, não sabe ainda como fazê-lo. Essa tensão entre o local e o global pode ser entendida como fruto de diferentes abordagens teóricas do processo de socialização humana, assim como de construção de identidades. Ao mesmo tempo em que se procura evitar o determinismo biológico, o apriorismo metodológico ou a tipologia social predeterminada, é possível perceber que, em alguns estudos que se opõem a uma postura etnometodológica, coloca-se em cheque o quanto uma pesquisa centrada na orientação de participantes possa parecer "acrítica", ou ainda apresentar uma visão "estreita" do relacionamento entre contexto e identidade (Kiesling, 2006). Se ainda é difícil alcançar certo equilíbrio na análise dos universos micro e macrossocial — não entendidos aqui como dicotômicos —, creio ser possível afirmar que as duas proposições seguintes devem ser necessariamente consideradas ao investigarmos a fala-em-interação: (1) a fala como ocorre em tempo real é única, trabalhada pelas pessoas localmente, para a situação específica de uso no momento da elocução; (2) a conduta da fala em interação social local é profundamente

---

envolvidas no aqui e agora da interação têm à sua disposição. Por esse motivo não "é incomum que leitores dos nossos relatórios, com quem queremos estabelecer interlocução — colegas da área de Educação, por exemplo —, manifestem publicamente que pularam 'as partes com essas coisinhas', ou que achem que mobilizamos 'a artilharia do Exército, da Marinha e da Aeronáutica para abater um pardal'" (Garcez, Bulla e Loder, 2014, p. 274).

influenciada por processos que ocorrem além do horizonte temporal e espacial da ocasião imediata da interação.

Ao considerarmos as proposições acima, podemos contrapor — à guisa de exemplo — a afirmação de Connell (2000) de que é somente longe da escola que melhor compreendemos a construção das masculinidades nessa instituição. As pesquisas de natureza etnometodológica podem contribuir para que essa dicotomia micro/macro e/ou local/global seja superada, uma vez que se comprometem com a investigação de como as pessoas trabalham as estruturas sociais "para todos os fins práticos". Neste capítulo, por exemplo, o exame minucioso dos recursos de uso da linguagem empregados por interagentes pode contribuir para que compreendamos como certas identidades sociais de gênero são normatizadas na sociedade, isto é, como se tornam comuns e são, consequentemente, tidas como óbvias.

Para fins de explorar a possível aproximação entre os estudos sob o escopo da AC e a LQ (Borba, 2015), há necessidade de que exploremos os sentidos associados ao termo "cis-heteronormativo" neste capítulo. Por "normal" entende-se aquilo que as pessoas demonstram, umas para as outras, fazer parte de um conhecimento de senso comum. A demonstração, tanto através da orientação a interagentes na construção de um turno de fala, como através da orientação sequencial a questões relevantes (gênero, por exemplo), é construída com base nos modos reconhecíveis e justificáveis (portanto, *accountable*) pelos quais o mundo social é concretizado nas ações mais corriqueiras por meio do uso da linguagem. A distinção entre normal — aqui entendido como comum — de normativo, prescritivo é, portanto, primordial. A discussão promovida por linguistas a partir de uma perspectiva *queer* (Barrett, 2002 e neste volume; Louro, 2004), de que é preciso questionar o "normal", pode ser enriquecida, de certo modo, por estudos êmicos com o compromisso em atentar para como esse "normal" é "normalizado".

Barrett (2002; ver também Barrett, neste volume) reconhece a possibilidade dessa interface ao destacar que o trabalho de sociolinguistas cujo foco sejam as categorias êmicas de identidade, i.e., categorias que são emergentes de práticas locais em oposição a rótulos identitários definidos externamente, contribui para o estabelecimento de um campo teórico e metodológico que atenda aos interesses políticos de investigação mas que, ao mesmo tempo, não procure nos dados uma adaptação a uma pauta ideológica definida externamente. Nesse sentido, é importante retomar as palavras de Garfinkel (1967): "A descoberta de uma cultura comum consiste na descoberta, de dentro da sociedade, por cientistas sociais, da existência de um conhecimento de senso comum das estruturas sociais" (p. 76-77).

Por fim, cabe pontuar que esta pesquisa se alinha à compreensão de que as identidades não são fixas nem dadas por uma essência calcada na natureza, mas sim constituem processos dinâmicos, fluidos e sensíveis ao contexto, tornando possível que as pessoas construam pela e na fala diferentes identidades de gênero para si mesmas e para as outras. Em uma época em que o país passa por um avanço do pensamento neoconservador no qual se defende a existência de uma "escola sem partido" ou livre de uma suposta "ideologia de gênero", torna-se primordial reafirmar a compreensão de que essa instituição sempre foi um contexto de normalização (Miskolci, 2012; ver, contudo, Rocha, neste volume). Portanto, conceber a escola como um cenário isento de construções de gênero ignora a necessidade de uma educação crítica que promova o respeito às diferenças e que tire da invisibilidade os processos pelos quais uma visão cis-heteronormativa do mundo é instaurada (Almeida, 2016).

A escola deve ser compreendida como uma das instâncias sociais nas quais a matriz da inteligibilidade de gênero é constantemente atualizada ao promover e ratificar práticas que naturalizam corpos socialmente compreendidos como masculinos e femininos. Ao mesmo tempo em que essa oposição binária é reforçada, são ratificadas performances de gênero que consolidam uma visão normalizadora — e normatizadora — de mundo, atendendo a "exigências prescritivas por meio das quais os corpos sexuados e com marcas de gênero adquirem inteligibilidade cultural" (Butler, 2003, p. 255-256).

Os processos pelos quais essa inteligibilidade é construída cotidianamente podem ser visibilizados para análise por meio de abordagens microetnográficas de investigação do uso da linguagem, as quais tornam possível o desafio proposto pela LQ de mostrar como construtos sociais aparentemente mais abstratos, i.e., a cis-heteronormatividade, estão presentes nas nossas ações diárias. Talvez o maior potencial de aproximação da AC à LQ resida exatamente na possibilidade de estranharmos o óbvio, o cotidiano, o normal, num paradigma de investigação que promova uma postura cada vez mais "queerificadora" (i.e., desafiadora, desnaturalizadora, ou desorientadora, como propõe Borba na Introdução desta coletânea) em relação ao mundo em que vivemos.

ANEXO — SISTEMA DE TRANSCRIÇÃO JEFFERSON

.	ponto final	entonação descendente
?	ponto de interrogação	entonação ascendente
,	vírgula	entonação de continuidade
-	hífen	marca de corte abrupto
↑ ↓	flechas para cima e para baixo	alteração de timbre (mais agudo e mais grave)
→	flecha para a direita	ponto de análise destacado
::	dois pontos	prolongamento do som
nu<u>n</u>ca	Sublinhado	sílaba ou palavra enfatizada
PALAVRA	Maiúsculas	fala em volume alto
°palavra°	sinais de graus	fala em voz baixa
>palavra<	sinais de maior do que e menor do que	fala acelerada
<palavra>	sinais de menor do que e maior do que	fala desacelerada
hh	série de h's	aspiração ou riso
.hh	h's precedidos de ponto	inspiração audível
[ ]	Colchetes	fala simultânea ou sobreposta
=	sinais de igual	elocuções contíguas
(2,4)	números entre parênteses	medida de silêncio (em segundos e décimos de segundos)
(.)	ponto entre parênteses	micropausa, até 2/10 de segundo
( )	parênteses vazios	segmento de fala que não pôde ser transcrito
( ):	parênteses vazios na coluna de identificação de participantes	participante não identificado
(palavra)	segmento de fala entre parênteses	transcrição duvidosa
((olhando para o teto))	parênteses duplos com texto em itálico	descrição de atividade não vocal

Parte 3

CORPOS, PRAZERES E (DES)IDENTIFICAÇÕES

CAPÍTULO 9

SEXUALIDADE INTERTEXTUAL: PARÓDIAS DE CLASSE, IDENTIDADE E DESEJO NAS FRONTERIAS DE DELI*

Kira Hall

---

* Tradução: **Pedro Rieger** e **Rodrigo Borba** a partir do texto original "Intertextual sexuality: parodies of class, identity, and desire in liminal Delhi", publicado no *Journal of Linguistic Anthropology*, v. 5, n. 1, em 2005. Aparece aqui sob permissão da autora e da American Anthropological Association. Fica vedada a reprodução. Revisão: **Rodrigo Borba**.

Introdução

Habitantes da cidade de Surat, no Estado de Gujarat, Índia, recentemente testemunharam uma disputa judicial entre um grupo de indivíduos eunucos da área, conhecidos em hindi como *hijras*, e um grupo de artistas que supostamente ofenderam seu modo de subsistência ao imitá-los. Tais artistas, personificando os papéis tradicionais de *hijras* como benzedeiras de crianças recém-nascidas, haviam começado a cantar e dançar em uma área da cidade que estava sob jurisdição de uma das mais antigas comunidades *hijra* em Surat. Sentindo os efeitos de uma forte redução do apoio provido por sua clientela, a comunidade *hijra* protocolou uma ação pública contra os impostores — localmente conhecidos como "fakes" — por invadirem seu território profissional e dar a elas uma fama indesejável. Quando o jornal *Indian Express* reportou o incidente (Sharon, 2000), sua construção discursiva acerca do conflito deu-se no sentido de representar uma guerra entre "aquelas que não têm e aqueles que têm",[1] veiculando um sentido de que se tratava de uma disputa tanto sobre anatomia quanto sobre classe. Esta representação é consistente com o modo como muitas *hijras*[2] se apresentam para pessoas de fora de sua comunidade. De acordo com a retórica *hijra* bastante conhecida, elas não têm genitais: *hijras* argumentam que um defeito de nascença divino as levou a ser um terceiro sexo que não se enquadra nem como masculino nem como feminino.

Em Surat, *hijras* usaram esta retórica a seu favor atribuindo uma libertinagem sexual aos imitadores que elas, enquanto pessoas de um terceiro sexo nascidas sem genitais, não compartilhavam. "A gente não se aventura fora de casa depois das seis da tarde", explicou a diretora do conselho legal

---

1. N. de T. A expressão inglesa "the haves and the have-nots" se refere ao potencial econômico de diferentes grupos. Classes abastadas são chamadas de "the haves"; grupos com menor poder de aquisição são chamados de "the have-nots". Aqui, a referência é ambígua. Remete-nos tanto à classe econômica de *hijras* (i.e., "the have-nots") e *kotis* (i.e., "the haves") quanto ao fato de o primeiro grupo ser conhecido na Índia por castrar seus órgãos genitais masculinos e o segundo por manter sua anatomia e relações matrimoniais heterossexuais.
2. N. de T. Utilizamos o feminino gramatical quando nos referimos às *hijras* para respeitar a preferência êmica dessa comunidade por essa designação (ver, nesse sentido, Hall e O'Donovan, 1996). Contudo, devido à fluidez que caracteriza o grupo de *kotis* aqui analisado por Kira Hall, tanto o feminino quanto o masculino gramatical serão utilizados indistintamente em sua referência.

de *hijras*. "Mas estas *hijras* falsas ficam perambulando até o amanhecer. As pessoas pensam que se trata da gente, mas não é". O depoimento de outra *hijra* para a matéria do jornal também carrega um tom de julgamento: "A gente nunca vai aceitá-los. Você traria uma prostituta para casa para ser sua esposa?". As implicações da libertinagem sexual verbalizadas nestes dois depoimentos também tiveram proeminência na ação pública movida pelas *hijras*, responsáveis por instruírem residentes da cidade sobre as formas para reconhecer os impostores: "Uso de linguagem abusiva, comportamento obsceno, fazem barracos em casamentos e outras celebrações, além de insistirem em receber dinheiro, com quantias variando entre 500 e 2000 [rúpias]".

O argumento usado na ação de que o uso de linguagem abusiva e obscena é indício das falsas *hijras* certamente seria interpretado por muitas pessoas como irônico, uma vez que, na Índia, *hijras* são famosas (e por vezes desprezadas) por causa desses mesmos comportamentos. De todo modo, ainda que sejam reconhecidas em todos os lugares por sua lascívia, em sua retórica se identificam como pessoas devotas que nunca se engajam em práticas sexuais. Esta postura é possível não somente em razão do imaginário sexual acerca de *hijras* como impotentes (o termo *hijra* em si significa "impotente" no uso comum da língua), mas também pelo status atribuído para si como "aquelas que não têm". Grande parte da população indiana desconhece o fato de que muitas *hijras* se submetem a castrações penianas e de seus testículos e, assim, atribui a ausência de genitália feminina ou masculina a uma determinante biológica que anula o prazer assim como a potência sexual. De fato, textos populares em psicologia e jornalismo teorizam esta ausência como motivadora do engajamento excessivo de *hijras* em práticas linguísticas consideradas vulgares, interpretando o uso de linguagem obscena como um reflexo da frustração física provocada pela impotência (ver Hall, 1997). Desse modo, no que diz respeito à agressividade verbal, os imitadores de *hijras*, enquanto possuidores de um pênis, são melhores *hijras* do que as próprias *hijras*, pois seu uso de linguagem obscena e sexual reflete não uma compensação psicológica por uma ausência anatômica, como popularmente se imagina ser o caso das *hijras*, mas um desejo sexual "real".

A forma como este desejo é considerado nocivo se reflete no tratamento dado às *hijras* falsas pela polícia indiana, mais notoriamente através de constantes assédios àqueles que "têm" por se passarem por aquelas que "não têm". A polícia frequentemente se atém à vida familiar como evidência para o status de "ter", já que as *hijras* falsas, no entendimento popular, diferem das originais, pois podem procriar. Uma notícia publicada na região de Bengala nos fornece um exemplo disso (Silliguri Barta, 2002). A polícia de Silliguri, alertada por eunucos da área, descobriu que um grupo de *hijras* usando pulseiras, batons e sáris coloridos era na realidade composto por homens travestidos a fim de ganhar dinheiro em troca de bênçãos falsas. Somente quando a polícia fez uma batida na casa de um homem chamado Ishua e descobriu, na ocasião, a existência de uma esposa e de dois filhos, é que uma prisão foi necessária uma vez que *hijras* "reais" são consideradas sexualmente impotentes. Quando um exame médico confirmou que Ishua era de fato homem e não uma *hijra*, ele foi preso por personificar um eunuco e condenado por acusações de extorsão. A saber, foi o envolvimento de Ishua em uma estrutura familiar heterossexual que o entregou como sendo um impostor. *Hijras* reais, de acordo com a ideologia dominante, cortam relações familiares como forma de se dissociarem do mundo da procriação.

Este capítulo examina performances de identidade sexual por pessoas que se identificam como *kotis,* um grupo de falsas *hijras* em Deli que, tal como as *hijras* por elas personificadas, afirmam ter uma identidade endógena que data do Império medieval Mughal. Embora *kotis* percebam suas identidades de maneira distinta das *hijras*, imitá-las é parte constitutiva de sua identidade como *kotis*; essa imitação acontece em um evento performático que chamam de *hijra aiktin karna* ou "personificação hijra". Nessa atividade performática, *kotis* imitam *hijras* com base na performance dos papéis desempenhados por elas como benzedeiras em nascimentos — uma paródia que faz referência a comunidades *hijras* de classes sociais mais baixas, bem como de sua clientela de classe alta. Como em toda paródia, estas performances colocam na berlinda a produção da identidade. As participantes exageram e caçoam de aspectos identitários que percebem como alheios a si, posicionando-se de forma normativa com relação às estranhezas que são projetadas para as pessoas que imitam. Desse modo, os "textos" que formam a espinha intertextual destas performances paródicas são tanto textos de identidade quanto textos dramáticos sobre a celebração de nascimentos efetuada por *hijras*.

Por ocuparem uma posição intermediária entre *hijras* de um lado e gays e lésbicas do outro, *kotis* elaboram paródias linguísticas com base no hindi obsceno falado pelas *hijras* e no inglês puritano de sua clientela. Essas paródias servem como uma crítica à crescente tensão entre novas e antigas identidades sexuais na Índia urbana — identidades que são divididas tanto em termos de classe quanto de linguagem. As duas últimas décadas permitiram uma mudança na configuração sexual da Índia. Essa mudança emergiu, em parte, como resultado de um processo crescente de globalização e por conta do ativismo em relação a HIV/aids. Mais notoriamente, uma identidade gay, falante de inglês, com acesso à educação formal se desenvolveu nos centros urbanos indianos; esta identidade rejeita a transgeneridade associada a suas predecessoras *hijras*, percebendo suas associações com o feminino como um marcador de uma sexualidade característica de uma classe social inferior. O hindi e o inglês, como línguas associadas a diferentes classes sociais, tornaram-se símbolos dessas distinções identitárias, sendo o uso do inglês associado a uma sexualidade gay cosmopolita e o hindi associado a uma sexualidade tradicional trans. No entanto, ainda que homens gays vejam o uso de hindi como um atraso sexual, *kotis* veem o uso de inglês como excessivamente polido. *Kotis* evocam este conflito ideológico em suas personificações de *hijras*, projetando a tensão entre sexualidades de classes econômicas mais vulneráveis e classes dominantes nas personas linguísticas de *hijras* e seus clientes. A polarização resultante deste processo cria espaço para a emergência de uma identidade alternativa que não é nem obscena (como a das *hijras*) nem puritana (como a de gays e lésbicas), mas irrefutavelmente *koti*.

Esta análise demonstra que a identidade sexual e o desejo sexual devem ser compreendidos como produções intertextuais interdependentes. Recentemente, a pesquisa dentro do campo de linguagem e sexualidade tomou a psicanálise como referência a fim de sugerir que pesquisas mudassem o foco de atenção para o desejo (ao invés da identidade) de modo a trazer o "sexo" de volta à sexualidade (Kulick, 2000; Cameron e Kulick, 2003). Esta é uma sugestão válida, particularmente se considerarmos que a literatura existente atualmente não contempla questões relacionadas ao desejo sexual, detendo-se sobre as complexas relações indexicais entre o uso da linguagem e a identidade social. Contudo, essas diferentes abordagens frequentemente caracterizam o estudo de identidade e o estudo do desejo como áreas intelectuais opostas, desta forma obscurecendo o fato de que a expressão do desejo é terminantemente social. Eu argumento aqui que o desejo não pode ser analisado de forma independente dos posicionamentos identitários ideologicamente enraizados através dos quais ele é constituído (ver Bucholtz e Hall, 2004). De fato, analistas das relações entre linguagem e sexualidade se beneficiariam ao lançar mais (e não menos) atenção a questões identitárias. Pesquisadoras e pesquisadores apenas começaram a considerar os diversos meios pelos quais a sexualidade é articulada na hierarquia social, com a classe socioeconômica constituindo uma das mais proeminentes ausências na literatura. Ainda que Foucault tenha reconhecido a existência de "sexualidades de classes" (1980, p. 127) — e, nesse contexto, regimes de desejo sexual específicos a determinadas classes — essa variável continua a ser negligenciada na literatura antropológica sobre as relações entre linguagem e sexualidade. As paródias feitas por *kotis* de sexualidades associadas às classes alta e baixa oferecem um bom exemplo do modo através do qual classe — ou, mais especificamente, as características sociais que vêm a ser ideologicamente associadas ao status socioeconômico — pode limitar e estruturar a articulação entre identidade sexual e desejo.

Neste capítulo, abordo um caso que exemplifica a interdependência destes dois aspectos a fim de ilustrar a importância da categoria identidade para a análise sociolinguística do desejo. A primeira seção deste capítulo foca no entendimento de *kotis* acerca de suas identidades tal como expressas em entrevistas e conversas cotidianas com o objetivo de expor como conceituam a relação entre identidade e desejo em suas vidas diárias. Seu posicionamento desafia o modo como sua comunidade tem sido representada em textos históricos e populares. A segunda seção discute a materialização da identidade *koti* em uma performance na qual imitam as *hijras*. Em sua atuação, *kotis* enganam sua plateia de gays e lésbicas de classes altas através da paródia de uma celebração de um nascimento. A performance revela as especificidades da correlação entre identidade e desejo, uma vez que *kotis* constroem sua própria identidade através de uma paródia crítica sobre os desejos sexuais associados a outras classes sociais. Na terceira seção, examino a relação entre *kotis* e sua plateia com o objetivo de argumentar que a expressão do desejo é intertextual por natureza, pois é construída através de "textos" ideológicos que falam sobre sexualidades e suas associações a determinados gêneros e classes socioeconômicas.

A quarta raça

Embora trabalhos recentes sobre sexualidade na Ásia Meridional argumentem que identidades urbanas como *koti* se desenvolveram apenas recentemente como um subproduto do ativismo relacionado ao HIV/aids, os *kotis* que entrevistei para este capítulo refutam este argumento classificando-o como mais um exemplo de como a sociedade é ignorante em relação à sua comunidade. O crescimento do ativismo relacionado à epidemia de HIV na Índia certamente contribuiu para a consolidação da identidade *koti* em centros urbanos como Deli. Contudo, *kotis* veem essa nova solidariedade como uma progressão lógica para uma comunidade que tem relações estreitas com o trabalho sexual desde o período medieval Mughal. De fato, uma análise detalhada da literatura histórica revela que *kotis*, ou outras comunidades entendidas como *hijras* falsas, existem ao menos por tanto tempo quanto se tem conhecimento sobre as *hijras*. Embora o termo *koti* seja escasso na literatura histórica,[3] um número significativo de textos do período colonial menciona grupos que remetem àqueles que hoje chamamos de *kotis* como ponto de comparação a fim de caracterizar *hijras* consideradas "mais autênticas". Desse modo, uma tensão entre o eunuco real e sua sombra artificial é proeminente na memória colonial.

---

3. Um dos primeiros registros do termo *koti* que encontrei na literatura antropológica remete a um artigo de Sinha (1967) sobre eunucos em Lucknow. Sinha contrasta *kotis* a *hijras* e *jankhas*, definindo-as como "pervertidos sexuais" que são vistos por outras pessoas como "futuras" *hijras* (Sinha, 1967, p. 172). As reverberações do termo *koti* irão variar a cada comunidade. Desse modo, não pretendo fazer generalizações sobre a identidade *koti* na Índia. Os resultados aqui apontados devem ser entendidos como particulares a este grupo de *kotis* em Deli, cujas reivindicações identitárias são produzidas através de entendimentos localizados de classe, sexualidade e gênero. Para ter conhecimento de um registro etnográfico bastante diferente sobre a identidade *koti*, veja, por exemplo, a discussão de Reddy (2005) sobre *hijras* em Hyderabad.

Pares contrastantes de identidades trans figuram na literatura do final do século XIX e no início do século XX e incluem *kojahs* versus *higrahs* (Shortt, 1873), *híjdás só no nome* (Faridi, 1899), *hijra* versus *zanána* (Ibbetson, MacLagan e Rose, 1911), *hijra* versus *khasua* (Russell *et al.*, 1916), e até mesmo *aquelas que se depilam* versus *aquelas que não se depilam* (Hirschfeld, 1935). Em tais contrastes, um grupo — a saber, aquele que de algum modo é visto como responsável por "escolher" o estilo de vida ao invés de ter nascido dessa forma — é geralmente representado como mais vil, mais imoral, mais sexual, mais obsceno. Esse retrato dicotômico de identidades de gênero na Índia tradicional, que se estende até o jornalismo contemporâneo, pode ser explicado pelo fato de que pesquisadoras e pesquisadores do período colonial coletaram seus dados de pesquisa a partir das próprias *hijras*, desse modo criando esta imagem de grupos trans que "competem" entre si. *Kotis*, se mencionados de alguma maneira nessa literatura, são, assim, representados como "falsos", "cópias", *hijras* "de araque", ou como prostitutos e sodomitas; pais de família que, de modo egoísta, imitam as *hijras* com propósitos econômicos. *Hijras* de verdade, por sua vez, são representadas de maneira mais favorável nestes mesmos textos como constituindo um "terceiro sexo" em razão de sua identificação como "nem homens e nem mulheres" (Nanda, 1990). Este lugar como o terceiro sexo, que é possibilitado pelo conhecimento popular sobre a impotência sexual das *hijras*, ironicamente autoriza seus papéis sociais como provedoras de bênçãos para fertilidade, especialmente nos contextos de nascimento e casamento nos quais suas bênçãos são entendidas como uma garantia de que haverá uma longa linhagem de filhos para o casal que as recebe.

Atualmente, analistas têm, do mesmo modo, perpetuado um viés tendencioso em relação a formas não *hijra* de transgeneridade na Índia, ainda que por uma razão distinta. O interesse pós-estruturalista em terceiras categorias de gênero levou com que focassem nas *hijras* em detrimento de outras identidades com menos visibilidade. Desse modo, perpetuou-se uma história única acerca da alteridade de gênero na Índia. De fato, grande parte destas pesquisas equivocadamente interpreta como *hijras* outras identidades trans representadas na literatura, mesmo quando o termo não é utilizado em referência às comunidades sob escrutínio. Dessa maneira, o estudo de Niccolau Manucci (1907) sobre eunucos nas cortes medievais, as análises de Abbé Dubois (1999 [1816]) sobre os prostitutos afeminados em regiões urbanas e a discussão elaborada por Freeman (1979) sobre travestis intocáveis representam esses grupos genericamente como *hijras* em suas revisões de literatura. A recente ênfase teórica promovida por Judith Butler (1990) sobre os aspectos libertários de performances de gênero subversivas a partir de sua teoria da performatividade de gênero encorajou essa confusão. Apesar da crítica cuidadosamente articulada de Lawrence Cohen (1995) sobre o uso descontextualizado da teoria crítica de gênero no contexto indiano, esta nova linha de investigação continua a agrupar a impressionante diversidade de gênero da Índia dentro de um conceito teórico de "terceiro lugar", banindo figuras como *kotis* para as margens das análises. Onde, por exemplo, *kotis* se enquadram na interpretação de Sabina Sawhney (1995, p. 212) sobre as *hijras* como um conceito metafórico que "demonstra a fragilidade da noção de 'gêneros autênticos'"? Já que *kotis* se identificam não como um terceiro sexo, mas como uma "quarta raça", como indicam as conversas que gravei em Deli, estariam eles assim meramente demonstrando a fragilidade da noção de "*hijras* autênticas"?

Autenticidade, embora raramente investigada de forma reflexiva como um conceito do âmbito da linguística sociocultural, continua a guiar pressupostos de pesquisa em relação à coleta e análise de dados linguísticos. Como argumentou Mary Bucholtz (2003, p. 398), o foco de pesquisas na *linguagem real* — ou melhor, "linguagem produzida em contextos autênticos e por falantes autênticos" — tem historicamente documentado de modo essencialista, ou, na melhor das hipóteses, de forma não representativa, comunidades de fala e as pessoas e práticas associadas a elas. Em uma série de artigos sobre o local ocupado pelo conceito de identidade na pesquisa sociolinguística (Bucholtz e Hall, 2004, 2005) nós argumentamos que a autenticidade deveria ser compreendida como resultante da prática sociolinguística ao invés de ser usada como uma orientação que, de algum modo, precede e prevê o uso de variáveis linguísticas específicas. Portanto, preferimos o termo *autenticação* que, por sua vez, destaca o fato de que autenticidade não é um fato dado, mas sim uma ação socialmente produzida em parte através da apropriação de variáveis linguísticas ideologicamente associadas a determinadas posições identitárias. Como tal, a autenticação, juntamente com a *desnaturalização*, é um dos diversos conjuntos de relações — ou táticas de intersubjetividade, como as chamamos — utilizados por falantes a fim de produzir identidades sociais. O interesse fulcral deste artigo é, portanto, a relação dialética que governa a produção de autenticidade. Quando *kotis* desnaturalizam a suposta assexualidade das *hijras*, por exemplo, o fazem a fim de estabelecer os limites mais "exatos" de suas próprias identidades.

Os *kotis* que conheci em Deli têm um entendimento radicalmente diferente em relação à sua comunidade daquele refletido em pesquisas prévias. Em sua opinião, as *kotis* são as originais; as *hijras*, um efeito tardio. Os indivíduos que reivindicam esta identidade urbana ricamente diversa veem-se como descendentes diretos dos guardas afeminados que zelavam pelas zenanas do período medieval Mughal, um fato que está bem documentado na literatura histórica. A esses guardas era atribuído o poder de proteger aposentos das mulheres em razão de seu suposto desinteresse nelas. De acordo com os *kotis* de Deli, um pequeno grupo destes guardas decidiu, mais tarde, renunciar a suas famílias, castrar-se, e formar a seita de eunucos que apenas posteriormente passaram a ser chamados de *hijras*.

O entendimento *koti* sobre seu pioneirismo histórico faz bastante sentido no presente, particularmente porque essa comunidade frequentemente abriga homens que mais tarde se tornam *hijras*. Como resultado das constantes idas e vindas entre estas duas comunidades, *kotis* e *hijras* inegavelmente têm muito em comum. Ambos os grupos entendem seus parceiros masculinos como *giriya,* um termo utilizado para designar homens que se identificam como heterossexuais, mas, em relações com pessoas do mesmo sexo, adotam o papel sexual de ativos. Além disso, ambos os grupos fazem uso de um código lexical secreto que chamam de *farsi*, um nome que remete à língua dominante nas cortes do período medieval Mughal. Embora o farsi falado por *kotis* e *hijras* não tenha relação com o farsi persa, é por elas classificado como tal, o que contribui para a construção de uma identidade sexual historicamente autêntica. No cenário de mudanças nas identidades sexuais da Índia, onde novas e emergentes comunidades gays se definem parcialmente em oposição às identidades trans mais antigas das classes populares, *kotis* e *hijras* usam o farsi como uma ferramenta que contrapõe o posicionamento anti-hindi que caracteriza a percepção das classes altas acerca do inglês como sendo uma língua sexualmente progressiva. Apesar das frequentes trocas entre estas duas comunidades, os *kotis* declaram assertivamente que têm uma identidade independente que precede a das *hijras*. Esse modo de pensar está encapsulado no argumento de que, nos relatos históricos, o termo *koti*, em farsi, precede o termo *hijra*, em hindi. Uma pessoa que se autodeclara *koti* me explicou que "a palavra *koti* tem sido usada há muito tempo, desde antes do tempo das *hijras*. De todas as palavras que as *hijras* usam para se referir a pessoas como nós, mantiveram *koti*".

As *kotis* de Deli dizem que a principal diferença entre elas e as *hijras* está localizada nos âmbitos da sexualidade e da família, o que, estranhamente, está em consonância com os relatos jornalísticos negativos, discutidos anteriormente, que os tratam como "falsos". Já que *kotis* mantêm seu envolvimento em redes familiares procriadoras que são essenciais à organização social da Índia — um envolvimento declarado por sua rejeição do desejo pela castração que é comum entre *hijras* —, não detêm a autenticidade necessária para dar bênçãos em rituais de procriação. Um grande número de *kotis* conduz vidas duplas, agindo como maridos quando estão em casa com suas esposas e prole, e como *hijras* quando estão na rua com amigos. No entanto, sua independência da comunidade *hijra* permite que não obedeçam a regras estabelecidas em relação à decência pública, o que para muitas *hijras* de Deli significa ficar longe das ruas à noite, relacionar-se sexualmente em ambientes privados e não públicos e fingir um falso ascetismo sexual para pessoas que desconhecem suas práticas. Esta não é uma preocupação entre *kotis*, como mostra o Excerto 1 abaixo. Os *kotis* orgulham-se de suas habilidades procriadoras e de sua participação em estruturas familiares normativas. Contudo, também se orgulham em adotar papéis passivos em relações sexuais com outros homens, desafiando a vergonha associada à passividade promovida por normas sobre a sexualidade masculina.[4]

---

4. Foram adotadas as seguintes convenções para a transcrição: fonte padrão indica hindi; *itálico* indica inglês ou "empréstimos" do inglês; <u>sublinhado</u> indica farsi; dois pontos (::) indicam alongamentos de sons; sinais de igual (=) indicam acoplamento (i.e., sem lapso de tempo entre turnos de fala); colchete ([) indica falas sobrepostas; uma flecha (↑) indica elevação do tom de voz na sílaba seguinte; um asterisco (*) representa palmas com as mãos e dedos esticados que acontecem simultaneamente com a sílaba seguinte; um par de circunflexos (^ ^) representa tom de voz agudo; um ponto final (.) indica entonação decrescente; vírgulas (,) indicam entonação crescente; parênteses individuais indicam falas não compreendidas ou possíveis interpretações da fala; parênteses duplos indicam comentários sobre a interação; abreviações gramaticais incluem pol. = polido, fam. = familiar, int.

Excerto 1[5]: Do lado errado

Sarvesh: Quero me tornar uma moça do lar.
Ginni: Até mesmo eu quero me tornar uma moça do lar (xxx)
Sylvie: (Eu vou me casar)
Uday: [(xxx)
Sanni: [*Actually* eu – *actually* eu realmente não posso me tornar uma moça do lar porque acabei de ficar viúva! ((risadas))
Shikha: Não, não é bem assim, já é tarde (xxx)
Sanni: Não, é assim, eu – eu (havia saído de casa)
A *doctor* me disse que eu tinha um útero, ela fez um *ultrasound* e disse que eu tinha um útero e tudo mais, mas que Deus colocou o buraco no lugar errado! (xxx) ((risadas))

Muitas *hijras*, ou pelo menos aquelas que se encaixam nos ideais dominantes de sua comunidade, evitariam discutir as especificidades de sua própria sexualidade de maneira tão explícita na companhia de pessoas desconhecidas. Quando Sarvesh e Ginni expressam seu desejo de se casar e tornar-se donas de casa, Sanni, jocosamente, se vangloria do fato de o casamento ser impossível para ela, uma vez que ela tinha acabado de enviuvar. "A médica disse que tenho um útero", interrompeu Sanni, tirando vantagem sobre a feminilidade de suas irmãs *koti* com um argumento de autenticidade biológica. "Ela fez um ultrassom e disse que eu tinha um útero e tudo mais, apenas que Bhagwan [Deus] havia colocado o buraco no lado errado!". Com esta pequena frase de efeito, Sanni subverte uma antiga história na qual a identidade *hijra* é vista como uma existência divina. Ao contrário das *kotis*, as *hijras* frequentemente repetem refrãos como "Nós nascemos assim" e "Bhagwan nos fez assim" quando falam com pessoas desconhecidas, enunciados que, em parte, funcionam como medida defensiva perante as crescentes ameaças à comunidade. Neste excerto, Sanni subverte estes enunciados ao caçoar e, por fim, sexualizar suas próprias origens divinas. Dessa maneira, ela simultaneamente constrói e critica a identidade *hijra*. De modo mais significativo, ela transforma o estado supostamente divino sancionado às *hijras* — que é quase sempre discutido por elas em suas narrativas de vida como produtor de

---

= íntimo. Foram usados pseudônimos para todas as pessoas que apareceram neste capítulo, assim como para a ONG onde estas performances ocorreram.

5. N. de T. No texto original, a autora usa transcrições das interações em hindi e suas respectivas traduções para o inglês. Por questões de espaço, aqui apresentamos somente a tradução para o português dos excertos, mas marcamos as alternâncias de código entre hindi e inglês por causa de sua relevância para as análises.

sofrimento — em algo aprazível. Além disso, ao evocar campos semânticos ligados ao nascimento (e.g., "médica", "ultrassom", "útero"), ela ao mesmo tempo relembra suas interlocutoras que tem a habilidade de procriar, ainda que seus métodos sejam pouco usuais.

Os *kotis* frequentemente se apresentam como pessoas que buscam prazeres mundanos em oposição ao ascetismo prestigioso que é associado a uma suposta autenticidade assexual *hijra*. No Excerto 2, Mani, Uday e Balli se engajam em um passatempo muito apreciado entre *kotis*, uma disputa verbal na qual as participantes tentam superar umas às outras em narrativas sobre ocasiões em que foram confundidas com *hijras*. Mani dá dois exemplos nesta passagem, ambos ocorreram na noite em que ela se travestiu para uma festa de *hijras*. Ela conta sobre seu sucesso em passar-se por *hijra* e relata como pessoas desconhecidas a trataram com respeito, oferecendo-lhe bênçãos e presentes que, na Índia, são tradicionalmente reservados às *hijras* por causa de seu suposto asceticismo religioso.

Excerto 2: Identidade equivocada

1	Mani:	No dia em que a gente estava indo para a *party* –
2		quando a Sonya teve sua última *party*,
3		a *party* anterior a esta *party*,
4		o motorista que levou a gente de táxi
5		não cobrou nenhuma quantia da gente
6		"Nos dê suas bênçãos como desejar"
7		E Sonya (xxx)
8		Então ele disse à Sonya, "Fique em pé"
9		e ele tocou os pés de Sonya
10		e disse, "Me dê muitas bênçãos"
11		e ele não levou nenhuma quantia em dinheiro, ele disse
12		"Eu estive trabalhando nos últimos 25 anos,
13	Uday:	E então ele tocou nossos pés.
14	Mani:	Então quando eu estava indo para a festa das *hijras*,
15		eh- quando eu estava sentada na parte de trás,
16		alguém me deu dinheiro também.
17	Balli:	Sim, ele me deu dinheiro também.
18	Mani:	<alto, rápido> <O que é que tu^{int} sabe?
19		((rindo)) Quando é que tu^{int} foi a uma *party*
20		de [*hijra*?>
21	Balli:	[Me contaram,
22		lá onde eu fiquei com as pessoas idosas.
23		Sim, 51 rúpias em dinheiro vivo.
24		e se eu tivesse te^{int} exposto como *koti*
25		tu teria que sair de lá!
26	Mani:	Encontrei ele na surdina e saímos dali.
27	Uday:	Ah, para com ↑isso!

Quando Balli conta sua própria história na forma de um desafio à bem-sucedida imitação *hijra* de Mani, relatando como ela recebeu 51 rúpias naquela mesma noite (linhas 17, 21-25), o diálogo se torna insultuoso. Interrompendo Balli com o que é normalmente entendido como "a voz *hijra*", Mani responde de forma rude usando o pronome de intimidade tu^{int} na segunda pessoa do singular, que é normalmente utilizado por alguém em uma posição superior para se dirigir a alguém em uma posição inferior: "O que é que tu^{int} sabe?", "Quando é que tu^{int} foi a uma *party* de *hijra*?" (linhas 18-20). De fato, o uso indiscriminado, em hindi, de formas pronominais e verbais íntimas (int.) ao invés de formas entendidas como mais respeitosas, tais como pronomes familiares (fam.) ou polidos (pol.), está ideologicamente associado à comunidade *hijra* de maneira mais abrangente, uma vez que sua renúncia ao sistema de castas, classe e família é compreendida como produtora de um comportamento linguístico antissocial. Somente quando Balli retruca o insulto e acusa Mani de não ser sexualmente atraente — ao sugerir que ela teria de partir caso seu cliente soubesse que se tratava de um *koti*, e não de uma *hijra* (linhas. 24-25) — é que Mani volta a agir como *koti*. Sua resposta, em tom de flerte e confronto, reescreve de forma sucinta a história entre a *hijra* e o taxista como se fosse uma relação ilícita entre prostituta e cliente. "Encontrei ele na surdina e saímos dali", disse Mani timidamente (linha 26), reafirmando-se como uma *koti* sexualmente desejável. O fato de que essa resposta é distintamente *koti* é indicado por Uday ao falar, em farsi, a expressão petulante, *kare kar ja* ("Ah, para com isso!"), uma interjeição que termina a disputa e declara Mani como vencedora.

Esta interação aponta para um aspecto central da identidade *koti*, tal como entendida por *kotis* em Deli: a habilidade de imitar as *hijras*. "Se dizem que são *kotis*", Balli explica no Excerto 3, "agem como *hijras*. Em todas as palavras, em todos os gestos, em todos os estilos, o comportamento é como o das *hijras*". De fato, as *kotis* em Deli inclusive têm uma expressão em farsi que usam justamente para falar de quem falha em agir como *hijras*: *kare tal ki* ("duras"). De acordo com Balli, esta expressão é usada para se referir a homens afeminados que se recusam a expressar sua feminilidade, ou, em suas próprias palavras, aqueles que "não agem tão abertamente como a gente".

Excerto 3: Elas se comportam como *hijras*

1	Balli:	Aqueles que são *koti* se assumem abertamente, certo?
2		aqueles que dizem "Sim, somos *koti*."
3		mas aqueles que chamamos de <u>kare tal ki</u> não se chamam
4		*koti*, eles não dizem que são *koti*.
5	Uday:	Mas eles mesmos se chamam de *koti*,
6		certo?
7	Balli:	Então
8		a gente chama de <u>*koti*-</u>
9		<u>*koti* kare tal ki,</u>
10		mas isso não é o que dizem,
11		que são *koti*
12		certo?
13		porque quando dizem que são *koti*
14		*agem* como hijras. (xxx)
15		em cada palavra, em cada gesto, no *estilo,*
16		o comportamento é como o das *hijras*.
17		Essas são as que se identificam como *koti*.
18		Agora aquelas que são <u>kare tal ki</u> [...]
19		não agem tão *openly*
20		como a gente.

No discurso *koti*, o termo "abertamente", em inglês *openly*,[6] não se refere ao ato de falar publicamente sobre sua sexualidade, tal como esta expressão é usada em comunidades gays urbanas. Entre os *kotis*, este termo é usado para se referir ao ato de usar roupas femininas e maquiagem em público — uma atividade que é geralmente associada às *hijras*. O uso divergente do mesmo termo aponta para uma das diferenças significativas entre as identidades *koti* e gay, de acordo com as pessoas que entrevistei para este capítulo. Se, por um lado, gays consideram o interesse das *kotis* em vestir trajes femininos e em assumir papel sexual passivo como símbolos de baixo status social e de atraso cultural, as *kotis*, por outro lado, criticam os gays por esconderem sua feminilidade sob presunções classistas acerca do desejo homossexual.

As *kotis* veem a habilidade de imitar uma identidade *hijra* não somente de forma instrumental à sua identidade como *kotis*, mas também como algo

---

6. N. de T. A autora se refere aqui à troca de códigos efetuada por *kotis*, que usam alguns termos da língua inglesa enquanto falam farsi (fenômeno que a tradução para o português não deixa transparecer). Neste caso específico, o enunciado no qual essa alternância de códigos acontece é o seguinte: "*is tarah vo ekdam* openly *nahi karte jis tarah se ham log karte ha i*".

que lhes confere prestígio na hierarquia social de gênero da Índia. Como Ginni orgulhosamente destaca no Excerto 4 abaixo, "*koti* é uma pessoa que pode assumir qualquer forma. Ela pode ser uma *hijra*, pode ser uma moça, pode ser um homem". O entendimento dos *kotis* acerca de si como pessoas com identidades mutantes é uma necessidade oriunda dos diversos papéis a elas delegados em suas rotinas diárias: quando estão em casa com a família, fazem o papel de homem; quando se encontram nas ruas com outras *kotis*, fazem o papel de *hijra*; quando acompanham clientes homens, fazem o papel de moça. De fato, esta atuação é essencial aos modos como *kotis* estabelecem suas interações diárias. No Excerto 5, por exemplo, Balli faz uso de uma voz grave e autoritária masculina quando nos conta como manda sua esposa servir o jantar (aqui referida como *mã*, i.e., mãe):

Excerto 4: A quarta raça

> Ginni: <u>*Koti*</u> é uma pessoa que pode assumir qualquer forma. Ela pode ser hijra, pode ser uma moça, pode ser um homem. Então, de certo modo, podemos chamá-la de uma quarta raça. Certo? Somente este *mundo <u>koti</u>* é assim, somente a <u>*koti*</u> recebeu esta forma. Então eu diria mais uma vez que elas deveriam ser chamadas de uma quarta raça. [...] Já vivi como *hijra*, e às vezes me sinto como uma mulher quando visto roupas de *ladies*. Quando alguém se comporta de modo inapropriado comigo, também me torno uma *hijra*. *Otherwise*, me torno um *homem*.

Excerto 5: Como homens

> Kira: Como você age quando está em casa?
> Balli: Como um homem – <voz grave, alta> <"Já faz duas horas! Mãe, por que você ainda não esquentou minha comida?"> Nós temos de passar por mudanças profundas quando vamos para casa. Temos de vestir pijamas *kurta*.

Como estes exemplos sugerem, os *kotis* consideram a habilidade de transitar como a essência de sua identidade. Este tipo de performance permite que aproveitem aquilo que percebem como os pontos fortes de cada identidade que assumem, seja a sexualidade de uma mulher, a sabedoria das *hijras*, ou o machismo de um homem. Percebe-se que esta personificação tripla é instrumental à identidade *koti* na medida em que ela se reflete no fato de que um grande número de *kotis* se entende como *cauthi nasal*, ou seja, uma "quarta raça". Tal como Ginni relata no Excerto 4, os três gêneros primários na Índia — homem, mulher e *hijra* — são identidades estáticas, mas *kotis*, ao se apropriarem de todas estas identidades como parte de si, são necessariamente uma quarta raça. A escolha do termo *raça* é reveladora na medida em que dá destaque a um hibridismo que não é permitido para categorias mais estáticas como o gênero. A identidade *koti* não é cerceada pelas regras anatômicas que controlam e distinguem o primeiro, segundo e terceiro gêneros na Índia; ao contrário, é cercada pelo não visto, por laços de sangue invisíveis, por assim dizer, que permitem que uma *koti* assuma as identidades dos três gêneros que a precedem na hierarquia generificada indiana.

Personificando as *hijras*

No restante deste capítulo, analiso como essa compreensão de si se materializa em um gênero performativo que *kotis* chamam de *personificação hijra*. Entre 1999 e 2000, eu assisti e gravei aproximadamente 20 horas destas performances em uma Organização Não Governamental (ONG) de Deli. A ONG, que tem como missão a disseminação de informações sobre sexualidade ao público, emprega pessoas com identidades de gênero e sexual alternativas, incluindo gays, lésbicas e *kotis*. Desse modo, este centro provê um nicho ideal para a condução de pesquisas sobre identidade sexual na Índia setentrional, já que aglomera uma comunidade diversificada em termos de classe, identidade, uso da linguagem e práticas sexuais. A performance discutida nesta seção, por exemplo, é elaborada por *kotis* de classes sociais populares e falantes de hindi. A ação se desenrola, no entanto, diante de uma plateia composta por gays e lésbicas de classe média alta que são falantes bilíngues de inglês e hindi. É importante notar que, no contexto desta ONG, que agrupa identidades sexuais mais antigas e também identidades modernas em um prédio de classe alta, as *kotis* são consideradas *"queer"*. Seu comportamento afeminado e o uso entusiasmado que fazem de trocadilhos sexuais são interpretados por muitas pessoas do local como, na melhor das hipóteses, algo estranhamente engraçado, se não vulgar ou de uma classe baixa. No entanto, em razão de a maior parte da plateia ser composta por gays e lésbicas, os *kotis* encontram nestas performances uma rara oportunidade de contrapor esta caracterização que lhes é atribuída. Ao reenquadrar a desaprovação das elites sobre o comportamento *koti* como um símbolo de uma sexualidade puritana ou enrijecida, as *kotis* conseguem "*queerizar*" as pessoas que assistem à performance e reafirmá-las como normativas.

Quando *kotis* ganham destaque público, como nessas personificações, a identidade que devem dominar, em termos linguísticos, é certamente a identidade *hijra*. De fato, os *kotis* de Deli enfatizam suas habilidades em imitar as *hijras* como sendo o principal traço distintivo em relação a outros grupos de pessoas trans que imitam somente mulheres. Os *kotis* geralmente não conseguem listar as características específicas que constituem uma personificação *hijra*. No entanto, como Balli certa vez me contou na ONG, as pessoas reconhecem do que se trata ao ouvi-las. O linguajar das *hijras*, assim como é imaginado e produzido por *kotis* em suas personificações, envolve diversos trejeitos fonéticos, notadamente tom de voz alto, nasalização, volume elevado e vogais alongadas. No entanto, possui também características pragmáticas como o uso exclusivo de construções verbais e pronominais da segunda pessoa que são associadas a um maior grau de intimidade, rejeitando, assim, formas mais socialmente aceitas e consideradas educadas. Esses aspectos linguísticos das *hijras*, juntamente com obscenidades, palmas, o uso de farsi e vocabulário associado a pessoas que falam dialetos rurais (consideradas não educadas) constroem uma imagem das *hijras* como pertencentes a uma classe extremamente baixa ou como pessoas que se encontram fora do sistema de classes (uma designação que as próprias *hijras* prefeririam).

Características da linguagem *hijra* (tal como imaginada e produzida por *kotis*)

- Tom de voz agudo
- Volume elevado
- Nasalização
- Vogais finais alongadas, geralmente em sílabas finais de unidades prosódicas

- Tom elevado nas sílabas finais de unidades prosódicas
- Uso da segunda pessoa em formas verbais e pronominais, por exemplo, $tu^{int.}$ (i.e., tu) em vez de $tum^{fam.}$ ou $ap^{pol.}$ (i.e., você)
- Uso de vocativo íntimo *beta* (i.e., garoto) para homens e mulheres
- Palmas com as mãos bem abertas e esticadas
- Insultos sexuais e insinuações
- Farsi assim como falado por *kotis*
- Interjeições associadas primariamente às *hijras*, tais como *ae:: hae::*
- Vocabulário associado a falantes de dialetos rurais sem educação formal

De fato, o padrão entonacional usado por *kotis* remete sua plateia à entonação artística utilizada em dramas folclóricos comuns em regiões urbanas e rurais como *nautankī* e *sāng*, respectivamente, que são frequentemente performados por grupos de viajantes rurais de classes mais populares. O uso de formas linguísticas e vocabulário antissociais aponta para a percepção comum de que as *hijras*, tendo uma existência que tangencia o mundo de mulheres e homens, são pessoas sem *śarm* ("vergonha"), livres das regras de decência que regulam o resto da sociedade. As *kotis*, ao contrário, como parte do mundo de mulheres e homens, são desprovidos da autenticidade necessária para fazer uso apropriado de linguagem antissocial, e esta é precisamente a característica que exageram em suas personificações de *hijras*.

A performance analisada aqui ocorreu em uma noite de terça-feira na ONG, ao início da primavera, logo após o fim do expediente de trabalho. Acessórios e vestimentas para o evento eram escassos, em parte porque os *kotis* empregadas pela instituição não têm autorização para se travestir. Já que a ONG se localiza em um bairro residencial de classe média alta, o diretor institucionalizou esta regra a fim de evitar a curiosidade de habitantes do bairro em relação às atividades ali desenvolvidas. É uma regra que infelizmente excluiu as *hijras* da ONG, já que a maioria delas se recusa a usar vestimentas masculinas em público. No entanto, na noite desta gravação, Mani e suas parceiras haviam dado conta de se maquiar com um pouco de sombra nos olhos e batom antes de adentrar a área onde ocorreu a performance.

Elas entram em cena carregando um lenço largo e brilhante de cetim avermelhado, quatro vezes mais longo que em relação à sua largura, e o envolvem em torno de si de forma sedutora, fazendo as vezes de véu e de sári. O lenço é repassado entre os *kotis* por cerca de uma hora, enquanto elas fazem uma variedade de poses afeminadas, derrubando o lenço vez ou outra para revelar um ombro atraente ou um olho vibrante. As melhores imitadoras carregam o lenço até o centro do palco — aqui nada mais que um chão gelado cercado de mesas e cadeiras — e o incorporam a uma apresentação de canto e dança de suas atrizes favoritas de Bollywood. Outras pessoas que trabalham na ONG, das quais muitas se identificam como gays ou lésbicas, observam estas atuações dramáticas enquanto terminam seus compromissos de trabalho, recostando-se nas cadeiras diante da possibilidade de diversão subversiva.

Uma vez que um número considerável de pessoas está reunido, Mani, reconhecida nessa pequena comunidade por sua proeza em personificar *hijras*, agarra o lenço e o envolve sobre seus quadris. Ela vai e vem entre as *kotis* com passos decisivamente rápidos, enquanto bate suas mãos com as palmas abertas e os dedos bem esticados. Depois de atrair a atenção da maioria das pessoas presentes, ela para abruptamente no meio da sala, grita em farsi *kare kar ja* ("dá um tempo!"), e chama sua discípula *hijra*, ou "noiva", para o seu lado. Os *kotis* presentes, que imediatamente reconhecem esse comportamento como o início de uma personificação *hijra*, se apressam para assumir papéis no novo círculo familiar de Mani, evocando as seguintes respostas em tom de voz anasalado e alto:

Excerto 6: Venha, minha mais nova noiva

Kotis/Papéis

Mani/*hijra* guru
Sanni/*hijra* bisavó da noiva
Balli/*hijra* noiva / discípula

1	Mani:	Venha, minha mais nova noiva,
2		sente-se aqui, menina
3		Vieste até a cúpula
4	Sanni:	^Ótimo, faça dela uma discípula em meu nome!^
5	Mani:	^Vida longa!^
6	Sanni:	^Bisneta, discípula daquela que tem a voz

```
7                doce!^
8 Mani:          ^Olha só, esta é uma grande família!^
9 Sanni:         ^Olha só, discípula do meu clã!^
10 Mani:         ^Olha só, você é uma discípula neta de quem, menina?^
11 Sanni:        ^Minha, e de quem mais?^ ((risadas))
12 Mani:         ^Olha só, sua bisneta! ^
13               [^Olha só, a família está tão grande e cheia!^
14 Balli:        [(xxx)
15 Sanni:        É, eu consegui tudo o que queria mas trouxeram
16               vergonha pra você ((risadas))
17 Mani:         Veja, Flor, Flor, Flor!
```

As *hijras* se organizam em sistemas familiares bastante alternativos, que atribuem diversos papéis femininos para as membras do grupo, entre elas tia, irmã, avó, neta, e até mesmo bisneta. Tal como sugerido no Excerto 6, este sistema se constrói em torno da designação da *hijra* guru como a sogra e a nova discípula *hijra* como a noiva. Essa compreensão permite às *hijras* expandirem suas famílias tanto horizontal quanto verticalmente, de modo paralelo às relações familiares de uma sociedade heterossexual. Faz muito sentido que as *kotis* comecem suas personificações *hijras* parodiando este sistema, uma vez que a diferença mais central entre as identidades *koti* e *hijra*, na opinião de ambos os grupos, é a rejeição das últimas às estruturas familiares normativas que *kotis* continuam a aceitar. Aqui, como em toda paródia, o traço que os *kotis* mais exageram é precisamente aquele que distingue os imitadores das pessoas imitadas.

O lenço vermelho ganha um novo papel na cena seguinte, quando Balli, assumindo o papel de uma mãe de classe média alta, o envolve estrategicamente ao redor de um travesseiro e o embala como se fosse uma criança recém-nascida. Outro acessório, que até então estava bem escondido, também entra em cena: um pênis feito de madeira medindo cerca de 18 a 20 centímetros. Balli o agarra e coloca entre o lenço e o travesseiro, transformando seu "bebê" em um rapaz bem-dotado. As *kotis* começam então a atuar em uma apresentação exagerada de uma celebração *hijra* de um nascimento na qual Mani mantém seu papel como a *hijra* guru e as demais *kotis* assumem papéis tanto como *hijras* quanto como clientes. Nas duas horas de personificações burlescas que seguem, os *kotis* produzem uma fissura entre as sexualidades da classe popular e da elite, dessa forma construindo a si mesmas como as alternativas desejáveis em oposição aos dois extremos indesejáveis. Questões de classe também estão intricadas em cada uma das interações, uma vez que estas personificações são estruturadas em torno da narrativa da *hijra* que demanda um pagamento mais adequado por suas bênçãos a uma cliente rica.

A diferença de classe se torna especialmente visível no uso diferencial da linguagem de *hijras* e clientes. Ainda que o uso de obscenidades por parte das *hijras* e o uso de uma linguagem mais contida por parte das clientes seja a característica mais óbvia neste caso, as personagens também diferem em seu uso dicotômico de formas pronominais da segunda pessoa (íntimo versus polido e/ou familiar), bem como pelo uso de vocabulário da norma culta e de vocabulário não culto. Em uma cena seguinte, reproduzida no Excerto 7 mais à frente, a *hijra* interpretada por Mani demanda em voz alta um presente exorbitante (ou *badhāī* em hindi) de 5.001 rúpias à mãe da bebê em troca de suas bênçãos. *Hijra* e cliente projetam uma oposição no que diz respeito ao uso da linguagem, com a *hijra* consistentemente utilizando a forma íntima da segunda pessoa (int.) em escolhas verbais e pronominais em contraste à linguagem usada pela mãe que usa formas mais familiares e respeitosas (fam.):

Excerto 7: 11.001 rúpias

Kotis/Papéis

Mani/*hijra*
Balli/mãe do recém-nascido
Uday/pai do recém-nascido, chamado Vikas

```
1 Hijra:    Hoje a gente vai fazer uma personificação hijra
2 Mãe:      No outro dia nós fizemos uma atuação first class, mas
3           hoje- hoje eu estou muito cansada (...).
4 Hijra:    Venha^int, senhora, ^
5           me dê^int 5.001 rúpias.
6           ^Boa mãe!^
7           ^Tu não vai^int dar nosso badhāī?^
8           Dá^int nosso badhāī, garota!
9           Dá^int nosso badhāī, garota!^
10 Mãe:     Por que você não se senta e canta^fam primeiro,
```

11	e aí então eu lhe[fam] dou badhāī.
12 Hijra:	Certo, vou cantar, mas vou levar 5.001 rúpias,
13	nada menos que isso
14	Toque[int], menina!
15	Hari, toca[int] o tambor.
16 Mãe:	Mas não posso lhe dar 5.001.
17 Hijra:	Por quê?
18 Mãe:	Por quê, o quê?
19 Hijra:	Quando tu tava se esbaldando (i.e. transando)
20	tu[int] deve ter se divertido muito
21	mas agora quando tu precisa dar dinheiro para as *hijras*
22	de repente tu tem[int] um problema?
23 Mãe:	[Olhe, escute Vikas –
24 Hijra:	[^(xxx) menina, eu não aceito levar uma rúpia a menos!^
25 Mãe:	Vikas, [dê[fam] a ela cem rúpias.
26 Hijra:	[mmm:::
27	Olha, agora vou levar 11.001!
28	Agora vou levar 11.001!

Além disso, as *hijras* fazem escolhas pronominais não usuais, tal como o uso da forma *tereko* ("pra ti") que lembra a língua punjabi (linhas 20, 22). Embora uma forma como esta não necessariamente chame a atenção já que habitantes de Deli usam formas pronominais não padrão, aqui ela indexicaliza uma diferença de classe quando comparada com o uso repetitivo que a mãe faz da variante extremamente culta *tumhe* ("para você") (linha 11). O contraste de classe entre *hijra* e cliente se intensifica quando a *hijra* passa a valer-se de insinuações sexuais, como quando, por exemplo, acusa a mãe de se recusar a gratificá-la financeiramente pela concepção da criança (linhas 19-22): "Quando tu tava se esbaldando tu deve ter se divertido muito mas agora quando tu precisa dar dinheiro para as *hijras*, de repente tu tem um problema?".

Conforme o drama se desenrola, progride também a diferenciação de classe com a fala da mãe ficando cada vez mais polida em contraste à fala da *hijra* que se torna cada vez mais vulgar. Esta intensificação é linguisticamente marcada através do uso feito pela mãe de formas imperativas polidas como *bat kijie* ("por gentileza, fale") (linha 44), *kijie* ("por gentileza, faça") (linha 58), e *a jaie* ("por favor, venha") (linha 61) e também pelo uso de certos vocábulos em inglês e não em hindi:

Excerto 8: *Hijras* são as mais vulgares de todas
Kotis / Papéis

Mani/*hijra*
Balli/mãe do recém-nascido
Uday/pai do recém-nascido

29 Mãe:	Ah, apenas dê^{fam} a ela cem rúpias.
30	Veja^{fam}, escute^{fam},
31	o parto do meu filho demandou uma *operation*
32	grande
33 Hijra:	mmm:::
34 Mãe:	Tudo bem?
35	Foi tão caro
36	que eu não tenho tudo isso, *please*. =
37 Hijra:	=Por que não?
38	Por que tu não pode me pagar?
39	Tu deve tá dizendo pro seu macho, "Vem^{fam}!
40	Vem^{int} brincar com a minha periquita!"
41	Certo?
42	E agora tu^{int} me vem com problemas, menina?
43	Agora tá^{int} com o cu na mão?
44 Mãe:	Por gentileza, fale^{pol} de forma apropriada!
45	Não^{fam} seja vulgar -
46	[Quem-
47 Hijra:	[Não? ae:::hae:::!
48	Se as hijras não forem vulgares
49	então quem vai chamar elas de hijras?
50	[daí a gente não seria garotas?
51 Pai:	[Mas as hijras agem de modo vulgar.
52 Hijra:	E?
53 Pai:	Hijras definitivamente são vulgares.
54 Hijra:	Com licença,
55	mas as hijras são as mais vulgares de todas!
56	Sim madame, tu me diz^{int} isso,
57	do contrário vou ficar pelada aqui mesmo
58 Mãe:	Certo, vamos por favor [fazer^{pol} uma coisa
59 Hijra:	[a:::h
60 Mãe:	Escute^{fam}, escute^{fam}, irmã
61	por favor retorne^{pol} no próximo mês, então ele
62	terá recebido o *salary* [e eu o darei a você.
63 Hijra:	[Ei, ei –
64	do que é que tu tá falando, "próximo mês"?
65	Já passou^{int} um ano inteiro agora,
66	Tu^{int} já celebrou o aniversário do menino
67	e ainda tá dizendo
68	"venha no próximo mês"?

O uso que a mãe faz das palavras inglesas *operation* ("operação"), *please* ("por favor") e *salary* ("salário") está em clara oposição ao uso da variante não culta de hindi empregado pela *hijra*, como por exemplo *lõda* ("menino") (linha 66) e *lõdiyã* ("garotas") (linha 50). Muitas pessoas em Deli associam o uso desses termos a falantes sem educação formal de regiões rurais da Índia. De fato, a incorporação do inglês é particularmente interessante, visto que a maioria dos *kotis*, inclusive Balli, sabe muito pouco inglês e fala essa língua de forma desajeitada. Isto produz uma forma clássica de esquismogênese, assim como descrita por Bateson (1936), com a divergência entre os estilos de fala de *hijras* e clientes se intensificando até uma ruptura. Incapaz de lidar com a fala explicitamente sexual da *hijra*, a mãe exasperadamente pede para que ela pare de falar dessa forma: "Por gentileza, fale de forma apropriada! Não seja vulgar!" (linhas 44-45). Seu pedido produz um momento de reflexividade linguística por parte da *hijra* que contra-argumenta que a vulgaridade é precisamente o que caracteriza uma *hijra*: "Se as *hijras* não forem vulgares, então quem vai chamar elas de *hijras*? Daí a gente não seria garotas?" (linhas 48-50). Ela então ameaça ficar nua, uma atividade associada com a identidade *hijra* desde pelo menos o início do século XX, quando colonizadores britânicos documentaram pela primeira vez este comportamento para o jornal *Bombay Gazeteer:* "Com licença, mas as *hijras* são as mais vulgares de todas! Sim, madame, tu me diz isso, do contrário vou ficar pelada aqui mesmo!" (linhas 54-57).

É neste momento da encenação, quando a autenticidade *hijra* é colocada na berlinda, que a interação entre *hijra* e cliente começa a tomar contornos claramente *kotis*. O que havia começado como uma disputa financeira entre cliente e *hijra* repentinamente adquire sentidos sexuais assim que a mãe começa a implorar para que a *hijra* dance. Aqui, como no exemplo sobre a "identidade equivocada" discutido anteriormente (Excerto 2), a interação respeitosa entre *hijra* e cliente é reenquadrada como uma interação ilícita entre *koti* e cliente, com a mãe agora oferecendo pagamento por serviços sexuais e não bênçãos. A implicação por trás desta ressignificação é evidente: a mãe, presa na moral restritiva de uma sexualidade de classe média, aparenta estar tão desesperada que sua única chance de experienciar desejo sexual é através da vulgaridade de uma *hijra* falante de hindi. Nesta ocasião, a mãe não se sente incomodada com as piadas que a *hijra* faz sobre o puritanismo de classes sociais mais altas, o que acontece através de insultos à sua filha por "estar se comportando de modo apropriado" (linha 103) e "sentir-se tímida" (linha 109). Pelo contrário, a mãe subverte a dinâmica interacional e posiciona a *hijra* como uma prostituta dançante e a si mesma como a cliente desejável: *e nac^{int} to sahi, mani, nac^{int} na randi* ("Ei, apenas dance^{int}! Mani? Por que tu não dança^{int}, prostituta!") (linhas 111-113).

Excerto 9: Comportamento adequado

Kotis/Papéis

Mani/hijra
Balli/mãe do recém-nascido
Uday/pai do recém-nascido, chamado Vikas
Rahim/filha (i.e. irmã do recém-nascido, chamada Sakima)

90 Hijra:	((a Vikas)) Ei *o que-, então tu tem vontade
91	de conhecer a vida das hijr*as, senhor?
92	O que tu vai saber sobre a vida das hijras?
93	Que deus *nunca te mostre^{int} a vida de uma hijra,
94	garoto!
95 Mãe:	Vem^{int} cá, vem^{int} cá, pelo menos dança^{int} primeiro,
96	então pagaremos você
97 Hijra:	Vem^{int}, Sakima, senta^{int},
98	Garota, esta mulher está dizendo
99	que vai dar 5.001 rúpias pra gente
100 Mãe:	Então ao menos dance^{fam},
101	darei a você tudo que eu tiver, mas primeiro dance^{fam}.
102 Hijra:	((gesticulando para Rahim)) Ah, agora
103	ela está se comportando de modo apropriado.
104 Todos:	((risadas))
105 Filha:	<com tom amigável> <amiga, tu^{int} é uma hijra.>
106	mas eu me vejo como uma garota.
107 Todas:	((risadas))
108 Hijra:	Ei, garota,
109	ei, tu tá tímida?
110 Mãe:	Venha^{int}, por favor, nos mostre sua dança^{pol}.
111	Ei apenas dance^{int}!
112	Mani?
113	Por que tu não dança^{int}, prostituta!

Elementos tipicamente associados às *kotis* transbordam deste texto. Primeiramente, a mãe usa o nome real de Mani nas duas últimas linhas. O uso subsequente que faz da palavra *randi* ("prostituta") confirma este transbordamento, uma vez que este é um termo afetuoso usado entre os *kotis* em suas interações cotidianas. Essas mudanças são instanciadas gramaticalmente pelo uso, por parte da mãe, de pronomes íntimos da segunda pessoa (linhas 111-113), em vez do uso habitual que faz de formas familiares e consideradas educadas. Seu uso repentino de formas linguísticas grosseiras, explicitamente em desacordo com seu personagem nesta encenação, sinaliza sua conversão para um tipo de desejo sexual que contradiz a "elegância" da sua posição de classe.[7]

A cena seguinte pode ser descrita como nada menos que caótica. A autoridade do texto, i.e., a aura mística que envolve a celebração *hijra* do nascimento, é irrevogavelmente destruída pela forma como Balli reverte a orientação esperada do desejo sexual. Como resultado, tem-se uma "maximização" da lacuna intertextual entre o modelo genérico e sua recriação (Briggs e Bauman, 1995[1992]), quando as participantes, juntamente com sua plateia, começam a desafiar a autenticidade *hijra* com uma vivacidade carnavalesca. Balli remove o pênis de madeira que havia colocado entre o lenço e o travesseiro e o aponta na direção de Mani. Com isso, Mani é exposta como sendo alguém que "tem" ao invés de ser alguém que "não tem", portanto, uma falsa *hijra*, uma impostora. As outras *kotis* reforçam o tom cômico ao agarrar o pênis de madeira e acariciá-lo, fazendo poses sugestivas. As dimensões anatômica e ascética da identidade *hijra* são ao mesmo tempo desnaturalizadas e deslegitimadas, expostas como construtos ideológicos que escondem a verdadeira natureza do desejo *hijra*. O jogo da autenticidade é, portanto, virado: as *hijras* são expostas como sendo nada mais que falsos *kotis*; em resumo: falam demais, agem de menos. Quando as mulheres da ONG imploram para que Mani fique nua — como Gita, Nilam e Bina fazem no Excerto 10 — elas acabam se deparando com uma prostituta *hijra* que é incapaz de cumprir a ameaça que anteriormente fizera. A identidade *koti*, declaradamente promíscua e antiascética, desta forma se reafirma como uma expressão mais moderna, se não mais realista, do desejo sexual:

---

7. Poderia ser dito muito mais sobre este exemplo, particularmente em relação às expectativas de gênero, mas meu interesse principal aqui é em relação à subversão da rigidez sexual das classes altas.

Excerto 10: Nuas!

Kotis ou espectadores/Papéis

Mani/*hijra*
Balli/mãe do recém-nascido
Uday/pai do recém-nascido, chama-se Vikas
Nilam, Gita, Bina/mulheres na multidão

256	Hijra:	Não, não,
257		Senhor, então eu vou ficar nua
258		aqui mesmo, ok?
259		Me paga de uma vez ou não vou ter opção.
260	Pai:	Ah!
261	Mãe:	Ei, irmã, o que é que você está^{fam} fazendo?
262	Nilam:	(xxx)
263		Bora^{int} lá, anda logo com isso e tira a roupa!
264	Todos:	((risadas))
265	Hijra:	Ei- ei guru, tu^{int} cala^{int} a tua boca, guru!
266		tu^{int} cala^{int} a tua boca, guru!
267	Todos:	((risadas))
268	Mãe:	Bora^{int} lá, ok, mas pelo menos dance^{fam}.
269	Bina:	É, você^{fam} nos mostra a dança, e então vemos!
270	Pai:	Ei, primeiro você dança^{fam}, e então vemos!
271	Gita:	Não, primeiro
272		deixem^{fam} ela tirar a roupa, bora^{int}
273		tira a roupa!

O pedido de Nilam para um show de strip (linha 263) juntamente com formas pronominais e verbais íntimas de segunda pessoa que denotam uma sexualidade "explícita" tiveram efeito, pois fizeram as *kotis* gargalhar. Ao perceber que Nilam havia roubado a cena, Mani manda que "calem a boca". Os poucos homens gays que permaneceram na sala se posicionaram de forma desconfortável nas paredes laterais. Mostravam-se simultaneamente extasiados e perplexos: atitudes que os *kotis* posteriormente identificaram como sendo outro exemplo do puritanismo classista em relação à sua sexualidade. No entanto, a ausência de participação desses homens passou despercebida naquele momento, pois as *kotis* se deleitavam por ter convencido as mulheres a abandonarem suas sensibilidades de classe alta. A expressão de um desejo sexual bruto e explícito é uma marca registrada dos *kotis*, algo que falta aos homens gays, que se colocam como superiores, e às *hijras*, que o escondem sob um pretenso ascetismo. Ao imitar as *hijras* e seus clientes, as *kotis* conseguem construir sua sexualidade e sua posição de classe de forma distinta: nem muito explícitas, nem muito contidas, mas na medida certa.

Conclusões intertextuais

Embora paródias tenham o potencial de expor a natureza construída da identidade (e, portanto, de desnaturalizá-la, tal como enfatizado por teóricas como Judith Butler em relação à performance de *drag queens*), elas também constroem uma identidade para o indivíduo que as performa. Esta não é, de modo algum, uma ideia nova na antropologia linguística, visto que uma série de artigos — inspirados em grande parte pela noção bakhtiniana de heteroglossia (Bakhtin, 1981, 1984), o entendimento de Voloshinov (1973) sobre a noção de voz e a ideia de Goffman (1974) sobre o eu dramatúrgico — procuraram explicar fenômenos como a paródia em termos do que esta significa para quem a performa. No entanto, o interesse antropológico na agência de falantes contradiz o espírito de grande parte dos relatos pós-estruturalistas sobre paródia. Esse é o caso da teoria *queer*, que entende a paródia primariamente em termos de seu potencial de subverter discursos dominantes sobre sexo e gênero. *Hijras* se tornaram particularmente vulneráveis a esse tipo de teorização em razão do foco dado por pesquisas pós-estruturalistas à natureza perturbadora de sua identidade. Vinay Lal, por exemplo, argumenta que as *hijras* oferecem ao Estado-Nação moderno uma "política emancipatória do conhecimento" (1999, p. 119). Segundo esse autor, a identidade *hijra* desafia paradigmas de classificação e enumeração que atualmente caracterizam a globalização para a classe média. Sabina Sawhney discute a identidade *hijra* como um tropo que, ao resistir a categorizações, "insistentemente questiona os parâmetros que delimitam o feminismo e seu alcance" (1995, p. 208). Geeta Patel está interessada nos efeitos causados pelas *hijras* em mulheres de classe média alta. Essa autora enxerga a *hijra* como um elemento que traz hibridismos para "a uniformidade impecável da heterossexualidade" (1997, p. 134). Acredito que todas estas discussões sejam intelectualmente estimulantes, mas me preocupa o modo como tais textos interpretam a identidade *hijra* como sendo ela mesma uma paródia que satiriza a dupla face de discursos que a antecedem, expondo suas imperfeições. Ainda que a diversidade entre as *hijra*s seja reconhecida nestes textos, sua representação das *hijras* é homogênea, reduzindo-as a seu potencial subversivo. É este modo de representação homogêneo que contribui para a invisibilidade de outras identidades de gênero, como os *kotis,* que não se enquadram dentro do tropo pós-estruturalista da academia.

Essa ênfase teórica é o resultado de diferenças analíticas: a etnografia da comunicação, de forma oposta a análises inspiradas por uma perspectiva derridiana, desde sempre tentou descrever os contextos culturais específicos que fazem com que certos atos de fala e as performances que os abrigam felizes (Hall, 2000). A insatisfação com o estudo de rituais como sendo meras repetições motivou pesquisadores como Dell Hymes (1975, p. 71) a defender análises bem contextualizadas da "estrutura como, por vezes, emergindo da ação". Quando Goffman (1974, 1981) discutiu o eu como sendo igualmente emergente da ação, entendendo falantes como um tipo de ator, a análise situada da identidade se tornou um ponto forte da antropologia linguística. A paródia, como um fenômeno inerentemente intertextual e reflexivo, é um lócus importante para esse tipo de análise (Bauman, 2000; Haney, 2000; Jaffe, 2000). De fato, a análise da paródia como um espaço para a contestação e negociação identitárias teve um papel fundamental para a linguística *queer* (Livia e Hall, 1997; Barrett, 1997, 1999; Bucholtz e Hall, 2004) que, de modo diferente da teoria *queer,* tenta embasar os estudos sobre sexualidade etnograficamente em comunidades de práticas situadas. Tais estudos examinam como a identidade sexual, longe de ser um traço essencial ou estático, emerge da tensão entre discursos ideológicos sobre sexualidade, que são indexicalizados por modos específicos de usar a linguagem. No entanto, o desejo sexual, formulado através desses mesmos discursos ideológicos, é também intertextual, pois depende do local de fala que o indivíduo ocupa nos regimes sexuais que o constituem. Percebemos isso nas performances burlescas feitas por *kotis* que parodiam as ações das *hijras* como benzedeiras em um nascimento. Nessas paródias, o desejo é expresso através da zombaria que *kotis* elaboram sobre o puritanismo e a lascívia associados à classe social de gays e *hijras*, respectivamente. Uma análise em que a identidade é subordinada às dimensões psicanalíticas do desejo, assim como propõem críticas recentes sobre o estudo das relações entre linguagem e identidade sexual,[8] seria incapaz de reconhecer a complexidade das especificidades de classe e sexualidade pelas quais o desejo *koti* é constituído.

A participação da plateia ao fim da encenação sugere que as conexões ideológicas entre linguagem, classe e desejo representadas na personificação *hijra* são reconhecidas por grande parte de falantes de hindi em Deli. De fato, o compartilhamento de pressupostos ideológicos sobre a expressão linguística de desejos específicos a determinadas classes sociais garante a eficácia destas performances e produz uma base interpretativa comum que aproxima as diferentes identidades de *kotis* e sua plateia. Quando as mulheres da ONG se inserem no texto no Excerto 9, uma relação intertextual é estabelecida entre o enredo da narrativa e a estrutura da performance. Isto é, a mudança na participação das mulheres (de espectadoras distantes a participantes engajadas e até mesmo bagunceiras) se dá de forma paralela à mudança de papéis. No roteiro improvisado, a mãe de classe média alta se desloca de uma posição distante e defensiva para uma posição de vivacidade sexual. A transformação da mãe, tal como representada nos Excertos 7, 8 e 9, é caracterizada, em parte, por seu uso fluido de pronomes de segunda pessoa. Seu uso do pronome informal *tum* no Excerto 7, se comparado ao uso por parte da *hijra* da forma íntima *tu*, insere sua interlocutora *hijra* em uma classe inferior e, portanto, destaca a distância de classe entre falante e destinatária. O pronome formal *ap*, no Excerto 8, é usado como uma medida de defesa à crescente lascívia da *hijra* e aprofunda este distanciamento, pois é associado à superpolidez ou hiperformalidade. Finalmente, o uso da forma íntima *tu* no Excerto 9 direciona o enredo em direção totalmente contrária, projetando uma relação de intimidade e desejo sexual. A progressão entre distância social para desejo sexual é consistente com as ações das mulheres

---

8. N. de T. A autora se refere aqui às críticas feitas por Kulick (2000) e Cameron e Kulick (2003) nas quais afirmam que a categoria "identidade" é incapaz de esclarecer a complexidade das relações entre linguagem e desejo sexual. Cameron e Kulick defendem que conceitos psicanalíticos podem contribuir para que entendamos como o desejo sexual é linguisticamente construído. Bucholtz e Hall (2004) criticam ferrenhamente essa posição e argumentam que a categoria "desejo" não pode ser desvencilhada da categoria "identidade", pois ambas são fenômenos sociais interdependentes que são discursivamente construídos.

presentes na ONG, também de uma classe social mais alta do que aquela das próprias *kotis*. Essas mulheres, ao fim das contas, se desprendem da tentativa de aparentar um certo distanciamento classista no modo de experienciar sua sexualidade e recorrem ao uso da segunda pessoa *tu* a fim de exigir que Mani tire sua roupa. Em resumo, o enquadre construído entre artistas e plateia reflete a transformação das relações entre a *hijra* e a mãe representadas na narrativa. Através deste tipo de intertextualidade multifacetada, a estrutura da encenação é parcialmente alinhada ao enredo da narrativa. Com isso, produzem colaborativamente uma sátira da natureza classista do desejo sexual.[9]

O sucesso da performance é facilitado pela incursão diária de *kotis* em práticas de trocas identitárias, um modo de vida necessário devido à sua decisão de se manter dentro de estruturas familiares. De fato, os *kotis* são compelidas por uma ideologia conjunta à performance de diferentes identidades de gênero, o que é em parte produzido através da apropriação de vozes que indexicalizam determinado gênero. Até mesmo os dados mostrados no início deste capítulo mostram que as *kotis* se apropriam de vozes masculinas (Excerto 5), vozes femininas (Excerto 1; Excerto 2, linha 26) e vozes *hijra* (Excerto 2, linhas 18-20). O domínio sobre estas diferentes vozes não é esperado somente dentro da comunidade *koti*; ele é fundamental para o modo como *kotis* vivem em sociedade — como marido, como namorada, e como *hijra*, alternadamente. Desse modo, os *kotis* são empreendedores[10] intertextuais, estrategicamente construindo suas próprias identidades através da adoção de traços linguísticos ideologicamente associados ao primeiro, ao segundo e ao terceiro gênero. No entanto, ainda que documentos da época colonial e registros jornalísticos contemporâneos tenham se referido às *kotis* como imitadoras, vemos nesse deslocamento intertextual entre uma celebração *hijra* de um nascimento e a paródia desse ritual que *kotis* elaboram muito mais que uma mera imitação. Embora *kotis* (com seus pênis e famílias) sejam desprovidas de autoridade para atuar como benzedeiras de crianças recém-nascidas, seu envolvimento com o mundo heterossexual da procriação e sua demonstração pública de desejo homossexual, permitem

---

9. Sou grata à Asif Agha por me ajudar a melhor formular os paralelos entre o enredo da narrativa e o enquadre da plateia participativa. Muitas das ideias expressas neste parágrafo são dele.

10. Agradeço a Asif Agha por me apresentar este termo que se adéqua bem ao contexto da situação.

uma recontextualização da celebração de nascimento que coloca o desejo *koti* como central para a encenação.

Essa centralidade, bem como o deslocamento que ela implica, depende de um contexto discursivo possibilitado pelas políticas identitárias sexuais em Deli. Inglês e hindi, por exemplo, são ideologicamente construídos de formas radicalmente diferentes por falantes de hindi de classes populares e falantes bilíngues de classe média alta, que menosprezam o hindi como uma língua que carrega noções tradicionais e opressivas de gênero e sexualidade. No entanto, se por um lado a língua inglesa é vista por membros desta classe como sexualmente progressiva e, portanto, como símbolo de uma política sexual "moderna", falantes monolíngues de hindi veem a recusa de classes dominantes em falar sobre sexo em hindi como um indicativo de sua sexualidade puritana. Os *kotis* estrategicamente incorporam este conflito nas personagens de *hijras* e clientes, uma incorporação que se torna especialmente significativa diante de uma plateia constituída por gays e lésbicas de classe média alta. É através da paródia intertextual de tudo aquilo que não é *koti* que as *kotis* conseguem demarcar uma sexualidade distinta para eles mesmos. Desse modo, esta pesquisa destaca o fato de que o desejo sexual e a identidade são em si empreendimentos intertextuais nos quais falantes autênticos e suas nêmeses inautênticas se esgueiram por trás de sua própria constituição.

CAPÍTULO 10

DA SUFIXAÇÃO À CORPORIFICAÇÃO: A ESTILIZAÇÃO LINGUÍSTICA DO CORPO NA PERFORMANCE DO DESEJO *BAREBACK*

Gleiton Matheus Bonfante

Introdução

Se a linguística *queer* (LQ) é um campo do conhecimento que questiona o *status quo* da cis-heteronormatividade (Livia e Hall, 1997; Barrett, 2002, neste volume; Motschenbacher, 2011; Borba, 2015), acredito ser de seu interesse a contestação de qualquer tipo de normatividade, inclusive a gramatical. Já que "o significado estilístico de uma variável linguística não pode ser determinado em isolamento" (Bucholtz e Hall, 2016, p. 180), a análise do sistema da língua deve expor suas fissuras e descontinuidades e, acima de tudo, a contextualidade dos significados de traços gramaticais. Assim sendo, este capítulo tem por objetivo investigar normatividades morfológicas (tanto no sentido gramatical, quanto corpóreo) através de um estudo que relaciona aspectos morfológicos da língua com a construção performativa do corpo. Em outras palavras, me proponho a rastrear quais efeitos materiais e ideológicos emergem das performances de si e de seus corpos quando sujeitos empregam sufixos formadores de substantivos, nomeadamente os sufixos -ão, -inho, -or, -eira, -udo e -eta, em grupos de *Whatsapp*® nos quais os participantes discutem sexo *bareback*, ou seja, sem o uso de preservativos. As formas pelas quais esses sufixos ressignificam o corpo, serão analisadas a partir do poder duplamente agentivo dos processos de sufixação na construção semiótica (1) do corpo e (2) do afeto — i.e., a produção de efeitos materiais — em outros corpos. Assim, lanço-me a discutir o que entendo por linguística através de uma perspectiva *queer*. Para tanto, proponho um movimento epistêmico que se desenha a partir das relações estabelecidas entre a linguagem em uso e o corpo.

O corpo tem sido resgatado na contemporaneidade como um lugar significativo de interesse científico, talvez por se erigir como um ponto de certeza material neste universo dinâmico, incerto e multissemiótico da atualidade. Contudo, a linguística, seduzida pelo seu papel precursor no estruturalismo, tem resistido ao fato de que a linguagem é uma prática corpórea (Bucholtz e Hall, 2016). No entanto, segundo Bucholtz e Hall, há um processo bilateral no qual o corpo produz significado social através da linguagem e a linguagem produz significado social através do corpo. Assim uma linguística *queer* assume (a) que a linguagem é um "fenômeno corporificado" (p. 176),

(b) que a corporificação está no cerne "do interesse sociolinguístico" (p. 178) e (c) que o "corpo tanto é discursivo quanto material" (p. 181).

Com base nesses pressupostos, na próxima seção, proponho que linguagem e corpos são indissociáveis e discuto a relação de constituição mútua a partir dos preceitos da teoria *queer*, situando suas influências conceituais para as ciências da linguagem. Proponho ressignificar o estudo linguístico a partir de um viés *queer*, ou seja, crítico de normalizações e normativizações subjacentes a práticas sexuais, corpóreas e semióticas. Na terceira seção, apresento a metodologia de análise e discuto o contexto da pesquisa, os grupos *bareback* (BB, doravante) de *Whatsapp*®, apresentando detalhes etnográficos que podem ser elucidativos para a análise dos fenômenos linguísticos e suas relações com fatores sociais e ideológicos mais amplos. A quarta seção se dedica a explicar os conceitos articulados na análise, notadamente indexicalidade e performatividade, e reitera seus ganhos político-metodológicos. Já na quinta seção do capítulo, discuto as produções sufixais e seus sentidos dentro dos grupos BB de *Whatsapp*®. A análise sublinha as implicações sociopolíticas de fenômenos linguísticos frequentemente considerados apenas do ponto de vista sistêmico. Finalmente, na seção de considerações finais, construo a crítica à cis-heteronormatividade e à normatividade linguística e corporal, apontando movimentos de resistência, de criatividade e estratégias afetivas que emergem da linguagem em uso.

Por uma linguística *queer* e corporificada

A teoria *queer* tem se popularizado desde a década de 1990 como uma crítica à normalização da vida social. Tal normalização é baseada em dois processos que estruturam matrizes de inteligibilidade: (a) heterossexualidade compulsória — i.e., um sistema que prevê a heterossexualidade como norma para a prática e expressão social da sexualidade — e (b) o aspecto anátomo-político do biopoder[1] — i.e., o controle dos corpos através de dispositivos

---

1. Além do aspecto anátomo-político do biopoder, que se refere aos dispositivos disciplinares encarregados de extrair do corpo individual sua força produtiva via controle do tempo e do espaço no

disciplinares e um condicionamento subjetivo para vivência "heterocapitalista" (Halberstam, 2005) do tempo e espaço. Para Borba (2014a), o objetivo da teoria *queer* seria desconstruir "essa matriz de inteligibilidade" (p. 446) porque isso "implica[ria] em um alargamento dos esquemas sociais e culturais pelos quais certos corpos são reconhecidos como humanos" (Borba, 2014a, p. 447). Em outras palavras, a teoria *queer* envolve uma atitude ética e política que visa atribuir visibilidade e legitimidade a corpos, sujeitos e práticas que escapam dos esquemas dominantes de sexualidade. De nosso perfeito enquadramento em tais esquemas depende nossa legitimidade como humanos. Nesse sentido, o empreendimento filosófico *queer* visa expandir a configuração dos "corpos que importam" (Butler, 1993) e enfrentar os problemas políticos contemporâneos mais pungentes: os fatos de que "nem todo mundo conta como sujeito" (Butler, 2009, p. 31) e de que "nem toda vida é digna de ser vivida ou digna de ser chorada quando perdida" (Butler, 2009, p. 23).

As linguistas Bucholtz e Hall definem *queer* como "uma perspectiva política e teórica particular em uma área de investigação intelectual" (Bucholtz e Hall, 2004, p. 490). Por ser uma corrente de pensamento ou, como sugerido acima, uma perspectiva, a teoria *queer* pode ser incorporada a diferentes disciplinas para endossar uma agenda política no combate de opressões a práticas sexuais estigmatizadas e identidades que delas emergem (ver Borba, neste volume). É chamada de teoria porque pode ser incorporada a diversas disciplinas. Contudo, o termo *"queer"* resiste à definição e faz da sua abertura e indefinição seu maior potencial político (ver Barrett, neste volume). O pensamento *queer* tem se desenvolvido, nas palavras do sociólogo Halperin (2003), como "uma insígnia genérica de subversão" (p. 341), de modo que a subversão e a instabilidade indexical são características celebradas pelo empreendimento *queer*.

Para a linguística, abraçar essa instabilidade semântica significa assumir uma dêixis radical na qual todos os elementos da língua possuem seus

---

interior de instituições como a escola, o hospital, a fábrica e a prisão, o biopoder também assume uma segunda forma: a biopolítica da população. Esta, por sua vez, se propõe a regular o corpo coletivo, utilizando-se de saberes e práticas que permitam gerir taxas de natalidade, fluxos de migração, epidemias, aumento da longevidade etc.

significados derivados do contexto social onde circulam e junto do qual são apreendidos. De fato, consoante às linguistas Livia e Hall (1997), "na teoria *queer* pós-moderna proposta por Butler, dêixis não corresponde a um conjunto limitado, mas a um princípio constitutivo da linguagem; palavras não têm sentido por si mesmas, exceto aquele construído no discurso" (p. 8). Assim, a LQ "segue a teoria *queer* ao se recusar a atribuir um significado fixo e categórico para *queer*" (Bucholtz e Hall, 2004, p. 490). Em decorrência disso, o termo *queer* passa a ser compreendido como temporário, situado e emergente do contexto social. Apesar disso, em todas as suas possíveis acepções, *queer*, nas suas facetas ativistas e acadêmicas, se refere às margens de sistemas cis-heteronormativos de desejos e práticas sexuais. Nesse sentido, "a compreensão relacional do termo significa que a linguística *queer* não se restringe ao estudo das homossexualidades, mas considera toda uma gama de identidades sexualizadas, ideologias e práticas que podem emergir em contextos sociais específicos" (Bucholtz e Hall, 2004, p. 490).

Esta indeterminação constitutiva se apresenta como uma resistência à normalização, questão primordial para as áreas de conhecimento que se filiam ao *queer* e seu empreendimento assumidamente anti-identitário. De acordo com Butler, "normalizar o *queer* seria, por conseguinte, seu triste fim" (Butler, 1994, p. 21). Domesticar ou docilizar um instrumento de desidentificação (Muñoz, 1999) a partir de expectativas de gênero, sexo e práticas sexuais significaria castrar seu poder de resistência contra organizações normativas, as quais são combatidas através da contestação de um presente normalizado e da re-imaginação *queer* de um novo futuro. A crítica *queer*, se refere, assim, a uma "zona de possibilidades promovida por um senso de potencialidade que ela não pode ainda articular" (Jagose, 1996, p. 2), pois instaura a desestabilização e transformação como tópicos necessários a pesquisas politicamente comprometidas com a dinamicidade do mundo contemporâneo e com o "desaprendizado" (Fabrício, 2006) de normas, consensos e axiomas tranquilizadores. Um destes axiomas é a noção de uma identidade inata e coerente.

Segundo Livia e Hall (1997, p. 6), a teoria *queer* seria uma "política radical de combate ao essencialismo", asserção que tem para a linguística um efeito desestabilizador e necessário: uma abordagem socioconstrutivista radical em detrimento de uma perspectiva essencialista inverte a relação epistêmica entre contexto de pesquisa e resultado da pesquisa. Identidades sociais não são categorias aproblemáticas acessadas a priori; elas emergem indexicalmente das práticas sociais. Nesse sentido, em vez de estudar a "linguagem gay", a "linguagem de mulheres" ou a "linguagem de políticos", a LQ também pode se preocupar com a descrição etnográfica de como certos sentidos de identidades emergem em negociações intersubjetivas em contínuo fluxo semiótico. A LQ, portanto, se configura como um empreendimento científico em que "categorias identitárias não são aceitas como entidades a priori, mas são reconhecidas como construtos ideológicos produzidos por discurso social" (Barrett, 2002, p. 28, ver Barrett, neste volume). Nas palavras de Bucholtz e Hall (2004), o interesse da LQ é entender "como sexualidade é produzida na linguagem" (p. 492). Ou seja, com a ajuda de métodos socioculturais de análise linguística contextualizada, a LQ propõe-se a analisar como sexualidade semioticamente emerge em contextos sociolinguísticos.

Como proposto por Borba (2014a), é justamente esse aspecto que as numerosas análises socioculturais que não levam em conta a linguagem obliteram. Na crítica de Borba (2014a), as semioses seriam centrais a qualquer empreendimento científico *queer*: "a linguagem e outros recursos semióticos são centrais [para a LQ] e, assim, não podem ser esquecidos em nossas análises, pois isso pode enfraquecer o potencial desestabilizador e transformador de sua teoria e descaracterizar sua aposta teórica e política" (p. 453). De fato, análises *queer* que se apoiam em conceitos como *performatividade*, *construção discursiva* e *agência* são indissociáveis da análise de sistemas semióticos. Os pilares do pensamento *queer* são fundados nos princípios de "regimes de verdade" (Foucault, 2009, 2014), "performatividade" (Austin, 1990; Butler, 1993) e "agência social" (Butler, 1993, 2004), conceitos inter-relacionados que entendem a linguagem e o discurso como instrumentos de ação social. Se, como propõe Austin (1990), "dizer é fazer", a transformação social passa necessariamente pela palavra.

No que tange à linguagem, o potencial transformador do *queer* não pode ser dissociado de sua performatividade. É a capacidade de produzir, de performar, de construir — a performatividade — que permite a possibilidade de mudança social. Performatividade, conceito central para a LQ (Bucholtz e

Hall, 2004; Borba, 2014a), é uma característica das linguagens — e do corpo — e se refere à sua capacidade de produção de efeitos com ações semióticas. Enquanto Austin introduziu a questão da ação social através de enunciados linguísticos, o filósofo Michel Foucault também se impõe como fundamental inspiração para a linguística *queer* ao discorrer sobre o constante processo de construção sócio-cultural-médico-política através dos discursos. Segundo Foucault (2014), "os discursos são práticas que formam sistematicamente o objeto de que falam" (p. 42), de modo que referência e categorização são constitutivas dos significados sociais e, portanto, da própria materialidade dos sujeitos. Como explicam Livia e Hall (1997), "a partir da categorização é criado ou constituído aquilo a que se refere" (p. 8).

Para Butler, inspirada tanto pelo pensamento foucaultiano quanto pela teoria dos atos de fala austiniana, é o ato da nomeação que traz existência e inteligibilidade social àquilo que é nomeado. Para ela, a nomeação precede o reconhecimento como humano (Butler, 1997) de modo que tudo que existe no plano material pressupõe uma prévia existência discursiva e onomástica. Sua posição admite que o sujeito, embora aja na linguagem, está submetido irremediavelmente aos discursos que o produzem. Nas palavras da autora, "agentes sociais são antes um objeto do que o sujeito dos atos que os constituem" (1988, p. 519). Nos exemplos que analiso neste capítulo, abraço o paradoxo butleriano "assujeitamento" x "agência social" para entender como os sujeitos nos grupos de *Whatsapp*® constroem ativamente certos entendimentos e morfologias sobre sua genitália no discurso, conquanto sejam também eles mesmos efeitos dos discursos circulantes. A genitália é performativa no sentido de que é trazida à existência através de práticas linguísticas e semióticas; elas adquirem diferentes materialidades no discurso.

A língua do corpo provém e a ele dá sentido. Essa relação simbiótica faz existir os dois: língua e corpo. Embora sejam fenômenos diferentes, ambos são categorias inextricavelmente imbricadas. Se o corpo que enuncia é performado na linguagem, isso se dá porque ele é trazido à existência em virtude dos efeitos de sua própria enunciação. Contudo, Preciado (2014) tece uma crítica ao construtivismo social de Butler alegando que ela prioriza "efeitos de discurso" em detrimento de formas de "incorporação" (p. 92) na teorização do gênero. Ao propor o resgate da materialidade, Preciado pretende discutir os limites da performatividade argumentando pela necessidade de considerar tecnologias de incorporação para a produção de uma identidade sexual. Através do que Preciado chamou de "empirismo radical *queer*" (2014, p. 95), ele propõe um olhar mais atento às práticas corporais em detrimento da concentração exacerbada em torno da identidade e suas políticas.

Apesar de a perspectiva de Preciado nos trazer o benefício de pensar que performatividade é tanto linguística como corporal, discordo quando alega que Butler negaria a materialidade do corpo. De fato, tanto linguagem quanto corpo operam na produção semiótica de realidades sociais e são relevantes para entendermos os funcionamentos sociais das performatividade (ver Borba, neste volume). Por outro lado, essa articulação do corpo à teoria da performatividade não foi um detalhe que passou despercebido a Butler. Ao contrário, ela abraça uma postura filosófica na qual a linguagem é entendida como a matéria-prima dos corpos. Embora desperte, com essa postura filosófica, certa desconfiança quanto à negligência de processos carnais do corpo fisiológico, as teorizações de Butler trazem dois benefícios teóricos para a área dos estudos da linguagem: (a) uma visão de que a linguagem é central a processos de corporificação e (b) uma desontologização do corpo já que ele não "antecede sua inscrição no discurso" (Pennycook, 2007, p. 70).

A partir da crítica *queer* que mobiliza, este capítulo denuncia (a) a necessidade de incorporar uma crítica à cis-heteronormatividade em toda pesquisa que discorra sobre práticas sexuais e (b) a premência de tecer uma crítica ao uso descorporificado de teorias linguísticas, no caso em tela, o estudo descorporificado e descontextualizado de morfologia sufixal. Concordo com Fabrício (2006) quando a autora alerta para a impossibilidade de "estudar a linguagem como objeto autônomo que existe em si mesmo e dentro de um domínio claramente delimitado" (p. 48). A partir dessa constatação, proponho que o estudo da morfologia deve ser contextual e não deve ser pensado em relação a normas ou generalizações tranquilizadoras. Os fenômenos morfológicos devem ser contrastados com a história, o corpo, as práticas sociais, os afetos, a reflexividade, a estilização subjetiva e quantas outras mais dimensões o contexto de uso de linguagem tornar relevantes. De fato, como lembram Bucholtz e Hall (2004), "qualquer análise linguística é incompleta se não reconhece a relação entre sistemas de poder e os modos como eles são negociados por sujeitos sociais em contextos locais" (p. 492).

Erótica dos signos nos grupos BB

Com o intuito de não obliterar as nuances de sentido produzidas pelo uso da linguagem *in situ*, a metodologia empregada nesta pesquisa é a "erótica dos signos" (Bonfante, 2016): uma etnografia de base semiótica que considera os signos pelos seus afetos corpóreos para rastrear seus movimentos indexicais e deslocamentos de sentido. Para tanto, foco meus esforços analíticos sobre os recursos semióticos — aqui a sufixação — empregados na performance de sujeitos, corpos e desejos *bareback* e como eles afetam os corpos e produzem efeitos. A metodologia que chamo de erótica dos signos possui uma dimensão autoetnográfica, que toma os efeitos produzidos no próprio pesquisador pelas performances de seus interlocutores[2] como dados relevantes para os resultados da pesquisa. Por acreditar que as linguagens são o principal veículo da vida social, proponho finalmente a análise linguística como forma de intervenção social (Fabrício, 2006; Pennycook, 2006, ver também Melo, neste volume).

O sexo *bareback* — ou BB, como frequentemente é abreviado nas redes sociais — se refere à prática de sexo sem o uso de preservativos. O termo (do inglês *bare* = nu + *back* = trás, parte traseira) origina-se da cultura *country* norte-americana na qual denota a prática da montaria sem o uso de sela. Contudo, como propõe Vörös (2014), o termo é um "significante escorregadio". Isso porque, de acordo com o autor, ele "foi ressignificado pela subcultura gay soropositiva na América do Norte para se referir ao prazer dos encontros sexuais sem preservativo e às trocas de fluidos corporais" (Vörös, 2014, p. 231). No Brasil, *bareback*, assim como empregado nas redes sociais, se refere ao sexo desprotegido. Desde 2016, tenho etnografado 42 grupos de *Whatsapp®* que reúnem homens para os quais o *bareback* se configura como

---

2. O uso do masculino gramatical aqui é proposital visto que todos os participantes da pesquisa, assim como o pesquisador, se identificam como homens cisgêneros.

performance desejável e prática sexual prazerosa.[3] Embora a população dos grupos seja flutuante e muitos sujeitos frequentem mais de um grupo, cada grupo conta em média com 150 participantes, cujas identidades sociais e traços autobiográficos como idade, classe social, gênero e etnia são altamente heterogêneos — quando performados nos grupos, já que as interações são frequentemente anônimas.

Os grupos diferem por título, conteúdo e temática, muitas vezes restringindo, através do controle dos DDDs que correspondem às regiões onde esses homens vivem, os participantes a específicas regiões geográficas. Muito embora os grupos sejam propostos com o intuito de encontros presenciais, as interações em geral parecem investir mais frequentemente em performances sexuais na tela dos celulares do que encontros *in presentia*. Na maioria das vezes, o único detalhe pessoal de identificação nos grupos é o número de telefone, o qual, nas análises aqui propostas, foi apagado para garantir o anonimato de meus colaboradores. O mesmo foi feito com nomes e apelidos. Os grupos fornecem uma abundância de dados de diferentes naturezas semióticas: (a) interações escritas entre os participantes, (b) descrições do corpo e da genitália, (c) filmes e (d) imagens: fotos, memes etc.

Os exemplos utilizados neste capítulo serão apresentados em listas e quadros. Isso se dá por quatro motivos principais: (1) os dados se apresentam ao pesquisador e aos participantes de forma fragmentada. Meu acesso a eles se deu fora do contexto conversacional, dado que eu não participo diretamente das interações (i.e., a observação etnográfica é de caráter não participante). Isso não implica necessariamente no fato de que os exemplos aqui analisados não estejam contextualizados, mas sim que, no meu campo, o contexto se refere mais centralmente ao gênero discursivo e à ritualização dos grupos de *Whatsapp*® do que a seu contexto microinteracional.

A familiaridade etnográfica com os contextos de aparição das inovações sufixais e a limitação da análise a esses contextos garantem (2) certa estabilidade do gênero de performance no qual as interações são formulaicas e os

---

3. Vale ressaltar que aqui analiso como homens negociam sentidos para o sexo sem preservativo em grupos de *Whatsapp*® que se propõem a reunir supostos praticantes do sexo *bareback*. Não é meu interesse averiguar as relações sexuais *off-line*. O foco deste capítulo, contudo, é justamente a *performance* discursiva desse desejo e não sua realização *de facto* (ver, no entanto, Felberg, 2015).

significados são mais ou menos estabilizados, o que nos permite afirmar que os exemplos listados se conformam ao mesmo contexto. Além disso, (3) a sobreposição típica vertical e temporal de conversas em tais aplicativos faz quase impossível recuperar conversas completas, discretas e não multivozeadas. Em decorrência disso, (4) a tentativa de documentar todos os casos de inovação sufixal no seu contexto microinteracional é impossibilitada pela limitação de espaço do capítulo.

Os sujeitos dos grupos de *Whatsapp*® investigados aqui intercambiam constantemente performances semióticas de desejo *bareback*[4]. Contudo, a atenção não é concentrada no rosto, mas nas práticas sexuais, genitálias e desejos. A sufixação lexical comparece de forma muito produtiva e abundante nessa produção semiótica de si. Entendo o uso dos sufixos na estilização do corpo nos grupos BB como ações reflexivas dos participantes: inovações criativas que distendem normas tanto linguísticas quanto sociais e que podem surtir efeito nos interlocutores.

Os sujeitos cujas performances aqui discuto navegam por ambientes semioticamente saturados de sexo e são perpassados por ideologias ora normativas ora disruptivas de conduta, de desejo e de corporalidade. Se, como alega Borba (2014a), "a realidade do sujeito que diz, do corpo que fala e age, é performativamente produzida *in situ* pelo que é dito e feito" (p. 448), então os sufixos são recursos linguísticos que nesses ambientes são empregados por sujeitos para (re)construir seus corpos, sua genitália e seus desejos. Nesses grupos BB, os sujeitos estão (meta)pragmaticamente atentos a signos que salientam características consideradas desejáveis. A sensibilidade dos participantes ao fato de específicas variáveis morfológicas indexicalizarem valores sociais específicos os compele a desenvolver estratégias morfológicas específicas na performance de desejabilidade. Assim, através de uma erótica dos signos, tento rastrear os movimentos indexicais produzidos pela sufixação em palavras que têm o potencial de afeto sexual. Na seção a seguir, detalho o procedimento analítico.

---

4. Performances semióticas de desejo *bareback* é como nomeio o conteúdo multimodal disponibilizado nos grupos BB: o compartilhamento de fotos, memes, vídeos, relatos e descrições cujos objetos são eles mesmos e outros sujeitos e cujo tema sempre versa sobre o desejo pelo sexo sem preservativos.

Performatividade, sufixação e indexicalidade

Os estudos morfológicos desenvolveram-se, em grande medida, através de abordagens estruturalistas. De fato, tanto em abordagens prescritivas quanto descritivas, estudar gramática significa compreender estruturas internas à linguagem. O estruturalismo focou seus interesses em padrões e regularidades dos fenômenos, assumindo a estrutura não apenas como foco de interesse científico, mas como essência interior da linguagem. Como essência da linguagem, a estrutura acabou por receber interesse especial em detrimento de outros fatos linguísticos.

Nesse sentido, Pennycook critica a "obsessão linguística com a interioridade da língua" (2007, p. 65), chamando atenção para o fato de que a gramática não antecede a língua, nem em tempo nem em relevância. "Uma gramática é a consequência não a precondição da comunicação: gramática é emergente já que estrutura ou regularidade surgem no discurso e são moldadas pelo discurso" (2007, p. 60). Consoante Pennycook, Foucault também aconselha, no estudo dos discursos, "suspender a soberania do significante" (2014, p. 48) e investir em análises que considerem a descontinuidade, a especificidade e a exterioridade da linguagem.

A teoria *queer*, movimento intelectual que se desvencilha do estruturalismo, foi largamente inspirada pelo pensamento foucaultiano e pode nos ajudar a repensar a morfologia (tanto da língua quanto do corpo), contrastando-a não com sistemas e paradigmas generalizantes, mas analisando os efeitos de seus empregos em contextos sociais específicos. Com razão, aconselham Bucholtz e Hall, a "análise estilística requer o exame do lócus de formas semióticas específicas dentro de um sistema mais amplo de significado social" (2016, p. 180). Para me lançar nessa empreitada analítica invoco os conceitos de performatividade e indexicalidade para o estudo da sufixação, acreditando que eles possam ancorar uma análise linguística contextualizada e corporificada.

A indexicalidade se refere à natureza dêitica dos signos, isto é, o fato de que signos contextualizados apontam para outros sentidos, muitas vezes fora dos esquemas e estruturas sociais. A dêixis radical que menciono acima se refere justamente ao entendimento dos significados como dependentes de contexto; portanto, analisar os movimentos indexicais significa examinar um "componente do significado das formas sígnicas em questão" (Silverstein, 2009, p. 756). Para uma linguística *queer* corporificada, "indexicalidade, ou a produção contextualizada de significado, surge do engajamento corpóreo com o mundo" (Bucholtz e Hall, 2016, p. 178). Como "princípio de contextualização linguística" (Silverstein 2009, p. 756), uma dimensão relevante da indexicalidade é "a 'efetividade' performativa das mensagens [que] se refere à capacidade de provocar consequências intersubjetivas nos contextos de comunicação" (Silverstein, 2009, p. 756). A dimensão da indexicalidade que Silverstein chama de criativa ou indexicalidade performativa se refere justamente ao foco de análise aqui: Como e por que atos linguísticos em contextos e rituais específicos podem afetar semioticamente outros corpos? Quais são os efeitos desses afetos semióticos?

Pennycook (2007), com base no trabalho de Judith Butler e John Austin, escreve que toda linguagem é performativa, não no sentido de que depende de um ato de fala ou de uma característica estrutural da língua, mas porque o ato de fala produz as condições que ele descreve. Enquanto *performativo* se refere ao potencial agentivo da linguagem e do corpo, *performatividade* se refere aos efeitos das performances que se sedimentam através de um jogo de repetição. Para Butler (2004; 1993), é a repetição de performances tanto linguísticas quanto identitárias que produz a consistência, a aparência de verdade (ver Borba, neste volume). O jogo da repetição, além de poder obliterar os discursos e normas sociais que condicionam a existência das performances, instaura uma noção de repetição que não é sempre a mesma, uma repetição que abraça o paradoxo da repetição/diferenciação simultaneamente.

Como escreveu Foucault, entrar na ordem do discurso significa

> dizer pela primeira vez aquilo que já havia sido dito e repetir, incansavelmente, aquilo que, no entanto, não havia jamais sido dito. A repetição indefinida dos comentários é trabalhada do interior pelo sonho de uma repetição disfarçada: em seu horizonte não há talvez nada, além daquilo que já havia em seu ponto de partida, a simples recitação (Foucault, 2014, p. 24).

Assim, uma lógica de iterabilidade governa as possibilidades de transformação social, já que performatividades — ou efeitos sociais das performances — emergem do jogo complexo entre repetir e diferir. Nesse jogo, a linguagem pode contribuir para mudança social. Embora a sufixação seja um processo entendido de forma descontextualizada e descorporificada, proponho aqui, com a ajuda de conceitos como performatividade e indexicalidade, enriquecer o estudo morfológico por uma perspectiva *queer*. Ao evitar o purismo e a padronização como ideologias linguísticas herdadas do estruturalismo, que norteiam muitas pesquisas em linguagem, abraço um estudo contextual que desconfia de generalizações estruturais e que assume compromisso com a discussão de normatividades sociais e linguísticas como forma de elaborar um estudo crítico da cis-heteronormatividade como matriz de inteligibilidade da vida social.

Variação sufixal e (re)construção do corpo

A partir da teoria da performatividade, pode-se assumir que toda "aparência de substância" (Butler, 1988, p. 520) corpórea se materializa através da "repetição estilizada de atos" semióticos (Butler, 1988, p. 519). A genitália, portanto, adquire seus contornos através da estilização constante do corpo, que por sua vez é "habitado" por discursos: "discursos, na verdade, habitam corpos. Eles se acomodam em corpos; os corpos carregam discursos como parte de seu próprio sangue" (Butler, 2002a, p. 163). Os atos performativos que constroem a genitália nos grupos BB, no entanto, não constroem apenas a substância social dos objetos que discursivizam, mas também as redes morais, normas e padrões de desejabilidade que passam a ser definidoras de específicos arranjos culturais e práticas sociais. É com esta ambivalência em mente, ou seja, a inflexão entre a "constituição discursiva" (Foucault, 2014, 2009; Butler, 1993) e a "linguagem como ação" (Austin, 1990) que prossigo à análise na qual discuto como a linguagem — por meio dos sufixos — produz existências corpóreas e simbólicas de corpos e genitais em performances desejantes nos grupos de *Whatsapp*® BB.

O aumentativo sufixal -ão e o diminutivo sufixal -inho

Tradicionalmente, os fenômenos linguísticos relativos ao aumentativo e ao diminutivo são teorizados como derivações morfológicas referentes a grau[5] (Câmara Júnior, 1970). Contudo, o linguista Sandmann (1980) propõe que existem, no português, outras formas de expressar grau, ou seja, ressaltar o tamanho dos objetos, de modo que os sufixos -ão e -inho competem com outros prefixos como mini-, mega-, micro-, macro-, super-. O autor acredita que estes últimos sejam mais neutros e afirma que, de fato, são mais usados em termos técnicos ou científicos. Em contrapartida, ele propõe que o aumentativo sufixal (-ão), assim como o diminutivo sufixal (-inho), sejam atrelados a um aspecto emotivo/subjetivo de falantes: "[p]ode-se afirmar sem receio que os sufixos de aumentativo e diminutivo -ão e -inho se prestam hoje mais à expressão do apreço e desapreço — contêm, portanto, elementos de emocionalidade — do que à expressão neutra do tamanho grande ou pequeno" (Sandmann, 1980, p. 74). Interessado em estudar a expressão morfológica da injúria linguística, Sandmann propõe que os sufixos -inho e -ão podem ser empregados tanto positiva quanto negativamente, dependendo do contexto. Portanto, o envolvimento emocional de falantes não seria expresso de forma intralinguística (i.e., dependentes dos morfemas em si) como tradicionalmente se postula, mas contextualmente (i.e., dependentes de relações intersubjetivas sócio-historicamente situadas). Nos grupos BB de *Whatsapp®* que fazem parte dessa pesquisa, o diminutivo e o aumentativo são muito produtivos para a estilização de si como sujeitos de desejo (na performance de si) e para a construção do objeto de desejo (nos anúncios de busca por sexo). Nas descrições, esses sufixos auxiliam na produção semiótica de características corpóreas como macheza, vigor, corpulência e potência sexual (no caso do sufixo -ão) e feminilidade, fragilidade, delicadeza, pequenez (no que tange ao sufixo -inho). Vejamos o Quadro 1 com exemplos selecionados do corpus.

---

5. No entanto, Mattoso Câmara (1970) propõe que o sufixo -ão, além do aumentativo, pode se referir ao gentílico (i.e., alemão, bretão) ou ao sufixo derivativo (i.e., cão, avião, compaixão).

Partes do corpo		Corporalidades		Subjetividades	
pirocão picão	——	negão morenão brancão ruivão	morenin pretinho branquinho	putão	putinho, putinha
rabão cuzão	rabinho cuzinho	gordão	gordinho	safadão	——
coxão	——	magrão	magrinho	marrentão	——
bração	——	fortão	fortinho	machão	——
——	barriguinha	saradão	saradinho	——	gatinho
——	leitinho			lekão	——
				paizão	——

Quadro 1. Os sufixos -ão e -inho

O aumentativo é comumente convocado à performance de si para a conquista de um determinado efeito discursivo que indexicaliza masculinidade hegemônica (i.e., "marrentão", "machão"). Essa relação emerge da saliência pragmática que -ão produz por ter capacidade de indexicalizar masculinidade. O aumentativo é frequentemente usado nos grupos para performar (a) uma identidade social: o macho ("machão"), o homem mais velho ("paizão"), o homem sexualmente disponível ("putão"). Contudo, também (b) constrói on-line um estado corpóreo: a corpulência ("coxão", "rabão"). As estratégias morfológicas na construção do desejo *bareback* mobilizam o sufixo -ão, portanto, na performance de (a) sentidos erotizados de identidades ("paizão", "putão"), (b) partes do corpo específicas ("pirocão", "coxão") e (c) corporalidades específicas ("magrão", "fortão"). O diminutivo na construção semiótica do corpo, nem sempre empregado em necessária oposição ao aumentativo, pode indexicalizar, por sua vez, valores relativos à inferioridade, à falta de potência física e ao feminino. Apesar da suposição de que diminutivo indexicalizaria apenas tamanho ou depreciação, nos contextos dos grupos BB, os sufixos possuem efeitos de sentido diferentes: (1) inferiorizar o outro; (2) amenizar uma característica (como em "peludinho") potencialmente indesejável para o contexto; (3) construir desejabilidade; (4) expressar carinho e ternura.

Conquanto alegue Sandmann que "salta aos olhos o fácil envolvimento emocional, depreciativo, das sufixações" (1980, p. 75), é necessário ressaltar que os sufixos -ão e -inho nos grupos BB não se referem apenas à depreciação. Ao construir desejabilidade, elogiar, expressar carinho, refazer o corpo, os sufixos nos grupos são recursos estilísticos que ao democratizar a desejabilidade têm o poder político de incluir mais corporeidades e subjetividades à lista dos "corpos que importam". Essas performances podem assim combater normatividades de todo tipo: higienista, corpórea, gramatical e de padrões de beleza, ao construir como desejáveis corporalidades como o "gordão" e o "pretinho", e subjetividades como o "paizão" e a "putinha". Apreciação e depreciação nestes ambientes são exercícios subjetivos e semióticos que podem construir no discurso qualquer característica como desejável, irrompendo normas corpóreas de desejabilidade que a própria língua sustenta. Frequentemente, a única estabilidade que suporta certas normas é a própria linguagem. Contudo, como sugerem as construções semióticas da desejabilidade nos grupos, "são as variáveis corporificadas que atribuem significado semiótico às variáveis linguísticas e não o contrário" (Bucholtz e Hall, 2016, p. 180).

Apesar de poder instaurar uma democratização da desejabilidade, com efeitos muito positivos politicamente, a normatividade anatômica do desejo gay também se expressa linguisticamente no par de oposições -ão e -inho, que estilizam respectivamente masculinidade e feminilidade. Entre as possibilidades de estilização do corpo, a oposição discursiva entre pênis grande e ânus apertado é popular nos grupos BB e se pode fazer marcada na língua através da oposição morfológica entre o diminutivo e o aumentativo. Através dessa performance polarizada se constrói não apenas redes de significação específicas para o ânus (delicado, ferível, inho) e para o falo (colonizador, colossal, ferino, potente, grandioso), mas também se coaduna uma gramática dos corpos que opera na construção de uma diferença social ligada à instrumentalidade do corpo no ato sexual: ativo (poderoso, -ão, viril) e passivo (submisso, -inho, delicado).

Tais construções linguísticas de diferenças corporais são estratégias de estilização do sujeito do desejo e do desejo em si, que podem contestar ou se conformar a normas e padrões desejantes. Afinal de contas, o desejo condiciona sujeitos, corpos e específicas experiências subjetivas e identitárias. Desejo inaugura espaços, especialmente na rede, já que "ambientes on-line originam espaços nos quais expressões de desejo, ou ideologias formadoras do desejo, podem ser retrabalhadas, alteradas e reimaginadas" (Edelman, 2015, p. 150). Nesse sentido, as performances de desejo não podem ser apartadas das condições sociopolíticas de seu surgimento. O uso do diminutivo em "leitinho", por exemplo, é uma ressignificação metafórica do sêmen que, ao adotar o diminutivo, rejeita a alta medicalização e vigilância do sexo no contexto pós-HIV e performa o sêmen através de um sufixo que o remete ao universo da nutrição.

Ao enlaçar a análise de desejo com aspectos sociais e realidades concretas dos sujeitos desejantes, pode-se assumir que essas performances de desejo podem contribuir, portanto, para a solidificação de uma hegemonia política, assim como sua subversão. Consoante Hall (2005), "desejo é intertextual por natureza, sendo expresso através de textos ideológicos sobre sexualidade" (p. 127, ver também Hall, neste volume). Se os discursos sobre o desejo aqui abrem espaço para contestação da higienização do sexo, eles fazem uso de sufixos para moldar o "cacetão" e o "cuzinho", investindo numa economia do desejo que alude a certa "normatividade genital"[6] que nos grupos BB se refere (a) ao tamanho do órgão sexual, (b) à sua funcionalidade (produção de sêmen) e (c) à adesão ao sexo desprotegido.

Finalmente, o uso dos sufixos -inho e -ão deve ser analisado também pelas expressões subjetivas de avaliações e de emoções em relação a sujeitos e corporalidades que instrumentalizam. Brandão (2010), em sua pesquisa sobre o sufixo -inho em materiais didáticos de português como língua estrangeira e em interação em sala de aula, notou que este sufixo indicava não apenas modalização e grau, mas principalmente expressava humor, ironia, desprezo, carinho. A polissemia das formas do aumentativo e diminutivo nos faz

---

6. Embora Edelman (2015) use o conceito de normatividade genital para se referir à insatisfação nutrida por pessoas trans quanto à sua genitália, aqui uso o conceito para me referir à normalização de qualquer genitália. Acredito, com base em Braun e Kitzinger (2001), que toda genitália é foco de atenção e normativização.

rejeitar uma estrutura semântica para os significados dos sufixos e concordar com Alves (2006) quando afirma que "[e]ste fenômeno linguístico é, portanto, lexical e/ou gramatical e, além do mais, se beneficia da consideração de fatores extralinguísticos, tais como a influência dos interlocutores e da situação comunicativa" (2006, p. 700).

Sufixação e subjetividade instrumental: o caso de -or e -eira

Através do emprego de morfemas como os sufixos -or em "comedor", "fodedor", "metedor", "arrombador" e o sufixo -eira em "britadeira", os sujeitos que participam desta pesquisa performam uma subjetividade baseada em uma prática sexual ao mesmo tempo em que produzem efeitos de excitação em outros sujeitos com tais performances. A estratégia semiótica de simultaneamente performar um estilo e produzir excitação em outros corpos através do uso de aspectos morfológicos da língua que ressaltam sua funcionalidade sexual como penetrador ("metedor", "britadeira"), insertor ("leitador", "inseminador"), ou performador de sexo oral ("mamador") é uma faculdade da linguagem prevista pela teoria austiniana de atos de fala. Para Austin (1990), os atos de fala possuem dimensões: atos ilocucionários (através dos quais o sujeito constrói a si como desejante, enfatizando características corpóreas) e atos perlocucionários (que são os efeitos que suas performances podem produzir, tais como tesão ou excitação). O Quadro 2 cataloga o uso de sufixos empregados nas suas dimensões ilocucionária (como estratégias de construção de si) e perlocucionária (como catalisadores de afeto) nos grupos BB:

Sufixo	Construção de subjetividade	Construção de parte do corpo
-or	mamador, leitador, comedor, bebedor, arrombador	
-eira, -eiro	britadeira, dadeira, furadeira	mamadeira

Quadro 2. Os sufixos -or e -eira

Primeiramente, nota-se que a morfologia do "-or", sufixo formador de substantivo que serve como índice de expertise em certa atividade (assim como em ator, trabalhador), é empregado nos *apps* pelo "metedor", "comedor", "furador", "socador", "mamador", aludindo a uma expertise em específicas práticas sexuais como "meter", "comer", "socar", "mamar", "furar". Além do sufixo -or, há também significativa ocorrência de nomes adjungidos do sufixo -eira, como em "mamadeira" para se referir ao pênis, "britadeira" e "furadeira" para se referir à funcionalidade do corpo na penetração sexual. Como o sufixo -or, estes exemplos também constroem um sujeito agente, porém com certas distinções.

Em primeiro lugar, o sufixo -eira é menos popular, porém muito significativo, porque, embora os participantes prefiram se identificar com formas masculinas na produção de si como viris, há nesse exemplo um rompimento da expectativa normativa de adequação entre gênero gramatical e gênero social. Também é notável o fato de as palavras *britadeira* e *furadeira* não serem neologismos, uma vez que já existem com o sentido de objetos usados para práticas específicas. Nos grupos de *Whatsapp®*, elas são ressignificadas metonimicamente para se referir a sujeitos que se identificam com práticas sexuais que as mimetizam. Almeida e Gonçalves (2007) propõem que o sufixo -eiro pode ser usado com os sentidos de "agentes profissionais", formando metonimicamente vocábulos através de seus locais de inserção como em "jardineiro", "açougueiro", ou através de objetos relevantes à atividade como em "sorveteiro", "sapateiro". Ou ainda na invocação do consumo de substâncias como "maconheiro" e "cachaceiro" e atividades ocasionais como "fofoqueiro".

Os exemplos dos grupos BB parecem não se adequar a essa gramática geral e inaugurar uma nova funcionalidade para tais sufixos: a construção de partes do corpo e de subjetividades ligadas a práticas sexuais. A definição proposta por Almeida e Gonçalves (2007), embora interessante, deve ser relativizada para tangenciar o objeto aqui em questão, pois os grupos semânticos estabelecidos pelos autores não recobrem a recorrência de palavras terminadas em -eira que, no contexto das performances de si em grupos BB, normalmente designam objetos cuja função é ressaltada. A pouca atenção a sufixos terminados em -a se dá pela assunção de serem apenas desinências de gênero, variações do masculino -eiro. Contudo, essa ausência protege a exposição de rachaduras em regras gramaticais — neste caso, de gênero gramatical, já que nos grupos o sufixo -eira é exclusivamente usado com referente masculino, no que tange a gênero e sexo. Contudo, apesar da tentação de pensar a produtividade desses sufixos como produtores de subjetividades agentes, há movimentos metafóricos em jogo que sugerem que as palavras "britadeira" e "furadeira" sejam empregadas não na referência a objeto específico, mas a uma característica sexual de um homem. Esses termos se referem à prática da penetração violenta, forte, vigorosa, contínua e, portanto, não se encaixam nas definições propostas por Almeida e Gonçalves (2007). Contudo, como propõem, "a criação lexical se dá regularmente por processos metonímicos, com base nos elementos que compõem a cena esquemática de ação" (Almeida e Gonçalves 2007, p. 11), mesmo que essa composição seja metafórica como nos casos aqui apresentados.

Destarte, é preciso considerar que, embora as palavras se submetam a processos metonímicos na sua formação, elas estão constantemente sujeitas a processos metafóricos relacionados com fatores contextuais. Um caso ilustrativo é o vocábulo "mamadeira" que, nos grupos BB, rompe semanticamente com os campos da infância e com o sentido locativo que corresponde a "objetos ou espaços que têm em comum o fato de reunirem/guardarem elementos múltiplos da espécie designada pela base: 'sal'/'saleiro', 'açúcar'/'açucareiro'" (Almeida e Gonçalves, 2007, p. 8) para reforçar a dimensão sexual da sucção e da própria boca, assim como a nutrição do "leite" (metáfora comum para sêmen nos grupos BB). Aqui, o sufixo -eira produz substantivos com sentidos de (a) masculinidade exacerbada e (b) funcionalidade corpórea, aludindo a uma distensão das regras morfológicas para falar do corpo. Os exemplos sugerem que todos os elementos da língua possuem seus significados derivados do contexto social onde circulam e junto do qual são apreendidos, animando a dêixis radical que mencionei antes.

A apuração dos sentidos da distribuição morfológica responde ao contraste com seu contexto, já que "o significado não é anterior às práticas discursivas" (Fabrício, 2006, p. 57). O estudo dos processos de sufixação nos grupos BB requer atenção analítica sobre os processos pelos quais a gramática (re)produz sentidos sobre anatomia, fisiologia e subjetividade, evidenciando assim a natureza corporificada da linguagem. Se posso dizer que os sufixos constituem estratégias linguísticas para performance de sujeitos desejantes, também é correto dizer que eles são mobilizados para significar corpos e, ao significá-los, acabam por materializar corporeidades e sujeitos em dois níveis interligados: (a) anatômico, já que as configurações entre lexema- + -ão, -inho, -udo e -eta performam corporeidades, como o "pirocão", "cuzinho", "rabudo" e (b) fisiológico-subjetivo pois lexema- + -eira ou -or performam específicas funcionalidades corporais como "britadeira" e "leitador" que indexicalizam identidades sociais ligadas a tais práticas sexuais.

Sufixação e hipercorporificação: o caso de -udo

O sufixo -udo é um recurso morfológico muito popular nas performances do sujeito desejante nos grupos BB de *Whatsapp®*, pois, como veremos, tem a função dêitica de apontar para uma parte do corpo, de indexicalizá-la, retomá-la, salientando certos traços estrategicamente. Vejamos os exemplos no Quadro 3.

Sufixo -udo	"pauzudo", "bundudo", "tesudo", "sakudo", "rabudo", "pirocudo", "galudo", "roludo", "pintudo"

Quadro 3. O sufixo -udo

Como explica Pezatti (1989), o sufixo -udo, derivado do latim -utu(m), "junta-se a lexemas substantivos, geralmente indicativos de partes do corpo" (p. 109). De forma semelhante, Sandmann (1980) propõe que "[o] sufixo -udo une-se preferencialmente a substantivos que designam partes do corpo (humano) grandes (pezudo, orelhudo) ou a substantivos que indicam características de personalidade (raçudo, sortudo)" (p. 73). Em sua investigação sobre a relação entre afixos nominais como -ento ("fraudulento"), -udo ("narigudo"), -ão ("chorão") e a expressão linguística de menoscabo e desprezo, Sandmann (1980) compilou uma lista[7] de sufixos que comparecem na composição de uma gramática da perjoratividade. Neste capítulo, revisito seu trabalho sob a ótica da LQ não apenas para salientar a necessidade de explicitação do contexto para tais levantamentos linguísticos, mas também para arguir pela dinamicidade da língua e seus vazamentos indexicais e distorções performativas.

No contexto dos grupos BB, os sufixos -udo e -eira deveriam ser reexaminados e trazidos para o campo do elogio. Como discutido na seção anterior, -eira, nos grupos de *Whatsapp*® que investigo, se relaciona, sim, com agência subjetiva e com objeto; contudo, sua vitalidade se dá como expressão da funcionalidade do corpo macho. A perjoratividade não está na língua em si de forma estrutural como sugere Sandmann, mas na recepção da linguagem pelo seu sujeito. A perjoratividade não habita uma lista de desinências encerradas em livros, mas é efeito performativo da linguagem em uso que encontra, toca e fere os sujeitos. O sufixo -udo, paralelamente, não tem a função de ressaltar uma corporalidade hedionda, como sugerido no estudo de Sandmann (1980); é um sufixo que aponta para o corpo, para uma parte dele cuja massividade, corpulência e atratividade se deseja ressaltar, sempre de forma positiva, como um atributo desejado.

Interessante é notar que através de construções como "pirocudo" e "picudo" o sufixo ressalta o corpo, aponta para ele e, assim, reforça uma normatividade morfológica do corpo do macho: ser grande, corpulento, massivo. Aqui, língua e corpo se unem na produção de normatividades corpóreas para os sujeitos homoafetivos *barebackers*. Normatividades que podem ser muito violentas para diversos sujeitos e que devem ser combatidas tanto nas práticas sociais quanto linguísticas. O sufixo -udo é também estratégia de estilização metonímica de si que ressalta partes do corpo que merecem atenção especial na produção do desejo BB: a genitália. Esse processo também é recorrente

---

7. Além dos sufixos listados acima, Sandmann (1980) também discute -eiro ("retranqueiro", "patrioteiro"), -esco ("dantesco"), -ista ("catastrofista"), -oide ("urbanoide"). O autor discorre também sobre sufixos que não se referem a sujeitos humanos como -ismo ("puxa-saquismo") e -ice ("breguice") que não estão no âmbito deste estudo, pois aqui me interessa a linguagem quando referida a si e ao Outro na estilização do corpo e do desejo subjetivo.

em outros contextos on-line de procura por parceiros sexuais, tais como os aplicativos *Grindr®* e *Scruff®*.

Como já discuti anteriormente (Bonfante, 2016), essas *metonímias perfeitas* aparecem como estratégias típicas de estilização de si para os sujeitos desejantes nesses aplicativos de pegação,[8] nos quais os participantes produzem a genitália como signo de si. Em outras palavras,

> Os sujeitos das metonímias perfeitas ou verdadeiras se reduzem a partes de seus corpos. Eles querem ser identificados como 'sujeito-pirocão', 'sujeito-rabão', sujeito-porra-abundante' etc. Fragmentar-se, estilizar-se por meio das metonímias verdadeiras pode ser uma forma de despersonalizar o sexo, e, assim, evitar laços, ou criar laços menos duráveis, forjados no tesão (Bonfante, 2016, p. 268).

Se, por um lado, o foco na genitália, no corpo e na corpulência pode ser uma estratégia para apartar o sexo de relações sociais, ele também pode evidenciar um capital erótico muito valorado no mundo gay: a boa forma física. Ademais, esse foco no corpo também sugere que a experiência semiótica tanto nos aplicativos de pegação (Bonfante, 2016) quanto nos grupos de *Whatsapp®* é definitivamente corpórea. Nesse contexto, os processos de sufixação podem funcionar como elementos centrais para a ação simbólica sobre o corpo, operando como gatilhos linguísticos que provocam efeitos materiais como excitação, tesão, ereção.

Para Pezatti (1989), o lexema base para a adjunção do sufixo (que indica partes inalienáveis do corpo) também é relevante para o sentido que o novo vocábulo vai convir. Nos grupos BB, -udo se relaciona basicamente com a genitália. O foco em partes do corpo direta ou indiretamente ligadas ao sexo e sua referência por meio de sufixos sugerem também que -udo pode funcionar como uma "marca avaliativa de intensidade" (Rio-Torto, 2005, p. 233). A alusão à massividade e intensidade dos órgãos genitais sugere que nos grupos de *Whatsapp®* analisados aqui, a genitália deve ser performada

---

8. Aplicativos de pegação são *softwares* baixados em dispositivos móveis com o intuito de estabelecer contato entre homens, forjar espaços virtuais de convivência interativa e possivelmente encontros sexuais. Veja Bonfante (2014, 2016) para discussão sobre estilização de si em *apps* de pegação.

juntamente com o corpo na produção semiótica de seu potencial de excitação. Nesse sentido, o estudo empírico dos sufixos na performance da genitália e do corpo sugere que a instabilidade dos significados de nossos corpos é cerceada pela linguagem que delineia nossa existência simbólica e corpórea a cada novo contexto.

Sufixação e hibridismo corpóreo: o caso de -eta

Como mostrado até agora, inovações lexicais através de sufixação são produzidas nas interações nos grupos BB e rendem efeitos contextuais. O sufixo -eta é menos produtivo e atua na formação de palavras como "cuceta" e "rabeta". Apesar de o sufixo -eta ser popularmente empregado como forma de diminutivo como em "caderneta", os exemplos nos dados nos levam para outro percurso analítico.

A análise desse sufixo deve levar em conta não apenas o processo gramatical de sufixação, mas um componente semântico muito relevante: a proximidade com a palavra "boceta", que remete à construção de um hibridismo genital forjado no discurso (Bonfante e Borba, 2018). "Cuceta" ou "rabeta", nos grupos BB de *Whatsapp*®, se referem a um ânus com propriedades de vagina. Os efeitos simbólicos desses neologismos parecem investir na performance de uma ambiguidade genital como estratégia de afeto, de modo que características como "larguidão" ou "extrema elasticidade", "disponibilidade constante para a penetração", "vontade/tesão", "profundidade" e "umidade" são performadas semioticamente como características desejáveis em sujeitos homoeróticos passivos. Assim como observou Edelman (2015) sobre a recepção de vídeos de homens trans em sites de pornografia, nos grupos que venho investigando também "a linguagem [...] reflete como corpos são produtos de construção social, na qual partes específicas podem ser flexivelmente femininas ou masculinas" (Edelman, 2015, p. 151).

A performance da "cuceta" denuncia a instabilidade e incoerência inerente dos sentidos do corpo, das genitálias e dos sujeitos. Mais especificamente, a palavra "cuceta" se constitui como uma estratégia morfolexical que pode desconstruir a naturalidade dos sexos e, portanto, dos gêneros no mundo social, ao expor possibilidades configuracionais outras. Nos grupos BB, "o corpo é construído e reconstruído pelos sistemas linguísticos disponíveis e pelas ideologias que os informam" (Bucholtz e Hall, 2016, p. 182), ora se conformando, ora distorcendo as ideologias por trás das normatividades — especialmente a genital. Como exemplo concreto de performance genital não normativa, esse neologismo vem perturbar explicações biológicas para sujeitos, sociedade e corpos, complexificando os limites ora seguros entre o ânus e a vagina e, assim, entre os gêneros masculino e feminino. Portanto, torna-se imperativo destacar o "papel central do discurso na manutenção e contestação das fronteiras ideológicas e tipos de corpos valorizados" (Bucholtz e Hall, 2016, p. 181).

Palavras finais

Este capítulo almeja ser uma contribuição para estudos lusófonos em LQ, perspectiva intelectual cuja agenda engloba um exercício de resistência à cis-heteronormatividade e ao biopoder enquanto regimes de verdade e de sujeição e normalização dos corpos, discursos e desejos. Este capítulo, assim, investigou a construção performativa do corpo e, mais especificamente, da genitália em grupos BB de *Whatsapp*® nos quais a corporalidade é trazida à existência através da prática linguística da sufixação. Do ponto de vista da LQ, investigar a relação entre corpo e linguagem significa explorar os processos semióticos através dos quais a genitália e o corpo são performados em grupos BB de *Whatsapp*® e, assim, construídos socialmente. A partir dos dados analisados pode-se estabelecer uma crítica à estaticidade dos estudos morfológicos estruturalistas, já que o significado emerge do contexto e não pode ser acessado a priori. Até a morfologia tradicionalmente pensada como sistemática e estática apresenta espaço para inovação semântica, redescrição corpórea e ação subjetiva.

A partir de outra perspectiva de linguagem, nomeadamente a perspectiva da linguagem como ação (Austin, 1990) e como corporificada (Bucholtz e Hall, 2016), proponho outra abordagem da gramática: uma que desaprenda seu status como fenômeno de interioridade, como conjunto de regras estáveis e cujo perfeito desempenho em seu emprego encabeça um sistema hierárquico social e político. Com essa crítica, podemos afastar a gramática de sua nuance normativa, estática e sistêmica. E, assim, traz-se à tona suas possibilidades de erro, de incoerência, de vazamentos e distorções. Com isso, uma LQ assumiria seu papel de responsabilidade política ao "reinventar conceitos e métodos" (Moita Lopes, 2016, p. 28), ao "duvidar de sistemas coesos" (Fabrício, 2006, p. 63) e ao "estranhar sentidos essencializados e dogmas mumificados" (Fabrício, 2006, p. 59).

Os sentidos aqui observados são altamente locais e dinâmicos e retratam como os sujeitos *barebackers* se usam de fenômenos gramaticais para construir a si mesmos e estilizar seus corpos, muitas vezes implodindo ou subvertendo normas e generalizações acerca do funcionamento da língua e acerca da predicação e construção corpórea e desejante. A disjunção entre norma e performance cria um espaço para a subversão de morfologias corporais ao mesmo tempo em que cria espaços para conformação com ideologias sociais do corpo e do desejo. A construção do corpo e, mais especificamente, da genitália através dos sufixos -ão, -inho, -or, -eira, -udo e -eta ora reproduz, ora desestabiliza normas corpóreas, discursivas e linguísticas. É neste terreno de ambivalência que esboço algumas conclusões.

O português é uma língua muito rica morfologicamente na expressão de afetos: tesão, humor, menosprezo, desejo, entre outras afecções podem ser engatilhadas por qualquer elemento linguístico, do morfema ao discurso. O emprego de sufixos na estilização de si, sobretudo na descrição e autonomeação de partes do corpo ou subjetividades ligadas à funcionalidade do corpo, tem a capacidade de indexicalizar sentidos, mas também de falar o corpo, de performar fenômenos corpóreos. Essa riqueza morfológica pode ser empregada na relação com o corpo de duas formas: para construí-lo, estilizá-lo ao desejo altero (atos ilocucionários da linguagem) e para afetar o corpo do Outro e, dessa forma, produzir através da linguagem efeitos materiais como tesão, ereção, gozo (atos perlocucionários).

As análises empreendidas neste capítulo indicam que a produção do corpo e principalmente da genitália são fenômenos semióticos que podem ser alcançados através do emprego de sufixos. Assim, os processos de sufixação ultrapassam a linguagem e tocam o corpo e nos ajudam a entender como ele é circunscrito pela linguagem, como são atribuídos seus contornos, os limites de suas existências, as nuances de suas subjetividades.

Os sufixos -ão e -inho foram notadamente produtivos na construção social da desejabilidade e indesejabilidade respectivamente, assim como da masculinidade e feminilidade. Enquanto os órgãos sexuais masculinos "ativos" foram predicados pelo aumentativo, o diminutivo foi aplicado com sentido positivo para se referir ao ânus. Isso alude ao fato de uma ideologia falocêntrica na prática sexual operar discursivamente a favor do privilégio do prazer do penetrador, uma ideologia que toca como uma demanda social todos os sujeitos penetrados: a demanda de privilegiar o prazer fálico. O elogio ao apertado é um discurso tão expandido que, como Braun e Kitzinger (2001) afirmam, "em muitas culturas, a vagina perfeita é produzida no discurso como sendo tão apertada como um ânus". Por outro lado, o diminutivo como em "leitinho" produz um efeito subversivo em que performa como terno, afetivo, nutritivo, um fluido corporal que pode transmitir ISTs, produzindo um embate discursivo entre os discursos médicos pós-HIV e as performances de desejo *bareback*.

No caso dos sufixos -or e -eira, embora um primeiro impulso fosse classificá-los como marcadores morfológicos de um sujeito agente, conclui-se que eles se referem não especificamente ao sujeito, mas a uma funcionalidade de seu corpo. Nos grupos BB, o lexema que acompanha o sufixo, responsável pela carga semântica, normalmente se restringe ao campo das práticas sexuais ou morfologias corporais, tendo seu significado em grande parte moldado pelo contexto em que o texto se insere. No limite, esses sufixos transformam práticas sexuais específicas em sujeitos: quem "mete" é o "meted**or**", quem "soca" é o "socad**or**", quem "mama" é o "mamad**or**" etc. Também é interessante notar que embora a desinência -a seja frequentemente associada ao feminino, expressões como "britadeira" e "furadeira" se referem a homens que performam macheza em gênero e sexo.

Já -udo, apesar de ser entendido como sufixo típico da injúria, nos grupos BB aqui analisados, é, por excelência, o sufixo do corpo e do elogio ao corpo. Ele chama a atenção para uma parte do corpo específica que precisa ser realçada na produção semiótica de si. Nos grupos BB, essas partes se referem principalmente à genitália, daí a produtividade de palavras como "pirocudo" e "rabudo" que viabilizam semioticamente performances metonímicas de si, ou seja, performances que realçam a corpulência, massividade de certas partes do corpo.

O sufixo -eta, por sua vez, também é empregado em performances que focam na genitália, mas uma genitália muito específica: a híbrida. Nos grupos BB de *Whatsapp*®, a "cuceta" possui características tanto de ânus quanto de vagina criando um órgão sexual ambíguo. A cunhagem desse neologismo através de um hibridismo categorial na morfologia da língua aponta para um hibridismo do órgão sexual, aludindo ao poder performativo da linguagem que pode atuar na transformação de corpos, realidades sociais e ideologias.

Tais sufixos foram analisados a partir de seu poder pragmático ou, nas palavras de Austin (1990), pelo seu poder performativo: a capacidade de criar coisas no mundo. Mais do que simplesmente convir sentidos, o uso desses afixos constitui formas de ação linguística, especialmente no que tange à construção do corpo. A partir dessa análise, que relaciona fenômenos gramaticais ao corpo, também pude inferir que masculinidade e corpulência são características valorizadas na gramática do desejo *bareback* e que os falantes usam recursos linguísticos para construir essas características semioticamente. Assim, as análises sugerem que a ambiguidade entre morfologia linguística e morfologia corporal deve ser explorada pela LQ na composição de uma linguística comprometida com a desnormativização do mundo social e com a natureza corporificada da linguagem.

CAPÍTULO 11

DISCURSOS, DILDOS E A PRODUÇÃO DE SUJEITOS

Elizabeth Sara Lewis

> [O]s acessórios [como dildos] […] permitem pensar sobre a genitalidade e sua articulação com fenômenos como a fragmentação do corpo e a dissociação entre gênero, sexo, materialidade corporal e orientação sexual.
>
> Gregori, 2016, p. 102

Introdução

Este capítulo investiga processos discursivos de produção de sujeitos generificados e sexualizados a partir de dados de duas pesquisas distintas: uma sobre narrativas orais de mulheres bissexuais e outra sobre narrativas digitais de praticantes de *pegging*, uma prática sexual na qual uma mulher penetra um homem (heterossexual) com um dildo[1] acoplado em um cinto. Já que a linguística *queer* (LQ, daqui para frente) investiga como sujeitos são produzidos em suas práticas situadas (Borba, 2015), aqui minha proposta é olhar para como discursos sobre a penetração com dildos, em situações distintas, produzem sujeitos generificados e sexualizados dentro de um sistema de restrições imposto pela sociedade.

Para pensar sobre processos de generificação e sexualização, podemos começar com a teórica *queer* Judith Butler (1990, 2002a, 2006). A autora é conhecida por sua teoria da performatividade, na qual o gênero não é visto como uma propriedade inata ou essencial do corpo, mas como algo constituído por estilizações corporais e atos de fala performativos (que não simplesmente descrevem, mas criam o que nomeiam). Por meio da repetição desses atos ao longo do tempo, o gênero ganha a aparência de ser algo natural e imutável (ver Borba, neste volume). Butler assevera que embora o gênero seja uma produção discursiva, não estamos totalmente livres para criá-lo da maneira que quisermos devido às limitações da *matriz cis-heteronormativa*. Essa matriz é um dispositivo, a meu ver ideológico, que exige que o sexo "biológico" das pessoas se alinhe com sua identidade de gênero e que os indivíduos sintam desejo por pessoas do sexo/gênero "oposto", marginalizando quem não se alinha desta maneira. A teoria de Butler é genial por frisar a força dessas limitações ao mesmo tempo em que insiste na possibilidade de subvertê-las, assim evitando os extremos da determinação social, de um lado, e do voluntarismo, de outro. Podemos, ainda, considerá-la uma teoria da subjetividade (Zivi, 2008), pois Butler também afirma que não há sujeitos preexistentes ao discurso; os sujeitos são formados (e generificados e sexualizados) por meio de discursos performativos.

---

1. Um dildo é um objeto usado por pessoas de diversas sexualidades para excitação sexual, geralmente envolvendo a estimulação do clitóris ou outras partes do corpo e/ou a penetração anal, oral ou vaginal. Apesar do seu formato, com frequência associado ideologicamente ao pênis, considero aqui o dildo não como um substituto de um pênis ou uma imitação deste, mas como uma "tecnologia contrassexual" (Preciado, 2014) do prazer, como será explicado em detalhe mais à frente.

Porém, os homens que praticam o *pegging* com frequência são chamados de "gays enrustidos" apesar de serem homens cisgêneros heterossexuais (ou seja, foram designados homens ao nascer, sua identidade de gênero se alinha com essa designação e sentem desejo por mulheres). Se a matriz cis-heteronormativa exige tal alinhamento sexo-gênero-desejo, como explicar o fato de os praticantes de *pegging* sofrerem preconceitos? A explicação se encontra no fato de que gostam de ser penetrados por dildos, um ato ideologicamente associado à homossexualidade. Assim, parece que Butler não especificou algo importante nas suas considerações sobre a matriz cis-heteronormativa. Como observam Sáez e Carrascosa,

> [d]ebaixo do dispositivo que conhecemos, que divide os sujeitos em homens e mulheres e as orientações sexuais em homossexuais, bissexuais e heterossexuais, existe outro dispositivo muito mais poderoso, baseado nos usos do cu [...]. Esses dois dispositivos (aquele baseado no sexo genital e aquele baseado no sexo anal) se entrecruzam e se solapam (2011, p. 173, tradução nossa).

Para os autores, nesse dispositivo,[2] a penetração e a feminilidade estão estreitamente vinculadas, já que um homem que é penetrado é "feminizado" ou até visto como uma mulher, enquanto uma mulher não penetrável é vista como "masculinizada". Isso leva os autores a afirmarem que "tanto a identidade de homem e de mulher, como o que se considera masculino e feminino, estão articulados em volta do cu, não da genitalidade" (2016, p. 181). Radicalizando mais ainda a proposta, afirmam:

> De fato, deveríamos colocar em primeiro lugar o cu como critério de inteligibilidade. Não existe um "homem" que depois de utilizar seu cu passivamente devém "mulher". O que existe primeiro são cus, penetráveis ou não penetráveis e, em função disso, o cu "produz" o sujeito mulher e o sujeito homem (2016, p. 181).

---

2. "Dispositivo" é um conceito usado amplamente por Foucault a partir dos anos 1970, embora o autor nunca tenha definido o termo de maneira muito específica. Como observa Chignola (2014, p. 6-7), na visão foucaultiana, o dispositivo é "o ponto de ligação de elementos heterogêneos: discursos, [...] mas também os regulamentos, soluções arquitetônicas, decisões administrativas, proposições filosóficas e morais, tecnologias". Assim, podemos considerar a matriz cis-heteronormativa um dispositivo no sentido foucaultiano, pois é sustentada por um conjunto heterogêneo de elementos que inclui tudo desde uma série de atos de fala performativos e estilizações corporais, até a centralidade do casamento (heterossexual) e da família reprodutiva.

Apesar de concordar sobre a necessidade de teorizar sobre os efeitos performativos da penetração anal como parte de processos de generificação e sexualização de sujeitos, tenho minhas dúvidas sobre a centralidade *absoluta* do ânus que Sáez e Carrascosa propõem. Isso é porque, ao ignorar a penetração vaginal, os autores arriscam acabar colocando a ênfase somente nos homens cissexuais. Podemos insistir na centralidade da penetração em geral, de qualquer orifício, ao invés de falar unicamente sobre a penetração do ânus. Apesar dessa ressalva, acredito que esse "dispositivo dos usos do cu" e seu entrelaçamento com a matriz cis-heteronormativa são extremamente úteis para a LQ, pois o deslocamento que os autores propõem nos ajuda a pensar como a penetração produz sujeitos dentro da matriz cis-heteronormativa.

Nesse contexto, meu objetivo principal aqui é investigar como discursos em narrativas sobre a penetração com dildos contribuem para criar sujeitos generificados e sexualizados. Neste capítulo, analisarei dois casos de práticas sexuais que os estudos *queer* frequentemente ignoram. O primeiro trata das performances narrativas de mulheres bissexuais que são ativistas LGBT e os preconceitos bifóbicos que sofrem dentro e fora do movimento. O segundo discute narrativas digitais de praticantes de *pegging* sobre os preconceitos que sofrem por causa dessa prática sexual. Em ambos, olharei para narrativas que discutem penetração por um dildo e as mudanças em (auto)identificações[3] de gênero e sexualidade que possibilitam. Ao comparar elementos das duas pesquisas, analisarei não somente como discursos sobre a penetração com dildos produzem sujeitos generificados e sexualizados, mas também como essa produção de sujeitos é moldada e limitada por estereótipos e ideologias cis-heteronormativas. Desta maneira, por estudar criticamente a cis-heteronormatividade através de uma visão linguística permeada por conceitos das teorias *queer*, o presente capítulo encaixa-se no que Borba (2015) identifica como a segunda fase da LQ.[4]

---

3. "(Auto)identificações" no sentido de olhar seja para como os sujeitos se percebem, seja para como são percebidos por outras pessoas.
4. Borba (2015) identifica duas fases na linguística *queer*. A primeira seria a aplicação da teoria *queer* (estadunidense) à linguística, focando na descrição de como seres vistos como abjetos por causa de suas performances de gênero e/ou sexualidade utilizavam a linguagem nas suas práticas sociais e negociações de suas identidades. No segundo momento, passou-se a estudar criticamente a cis-heteronormatividade através de uma visão linguística, sempre desafiando a ideia da heterossexualidade como a norma (ver também Motschenbacher, 2011).

Ao mesmo tempo, visa fazer algo que os estudos *queer* não têm feito: deslocar o foco para como vivemos nossos corpos nas práticas sexuais e para as formas pelas quais transar, penetrar, ser penetrado/a produzem sujeitos. Assim, pretendo contribuir para preencher uma lacuna nos estudos *queer*, assim evitando que essa também se torne uma falha na LQ. As teorias *queer* tendem a focar muito em performances identitárias, mas não em práticas sexuais, levando Paul B. Preciado (2014) a afirmar que há uma necessidade, depois de um momento de concentração em torno da identidade e suas políticas, de se voltar para as práticas. De modo parecido, Jack Halberstam (2008, p. 138) aponta que há uma falta de "projetos descritivos *queer* sobre o sexo". Olhar para as particularidades do que fazemos e pensamos quando nos engajamos em relações sexuais nos ajudará a visibilizar e criar inteligibilidades sobre "cenas e práticas sexuais e identificações de prazer que frequentemente são invisibilizadas pelo contínuo homossexual-heterossexual" (Halberstam, 2008, p. 141). Uma de tais práticas sexuais pouco estudadas é a penetração com dildos, como observou Paul B. Preciado. O autor buscou "tentar questionar os limites da teoria *queer*" ao teorizar sobre o dildo e outros "objetos impróprios" usados nas relações, procurando "começar uma reflexão sobre os efeitos de transformação da carne implicados em toda invocação performativa da identidade sexual, e [...] [fazer uma] tentativa de reformular a identidade de gênero em termos de incorporação prostética" (Preciado, 2014, p. 96). Ao olhar para como a penetração com dildos em atos sexuais específicos produz sujeitos generificados e sexualizados, espero contribuir para preencher as lacunas inter-relacionadas apontadas por Halberstam e Preciado (ver, nesse sentido, Lewis, 2018).

Performances narrativas

Nas duas pesquisas que embasam meu argumento neste capítulo, os discursos sobre penetração que analiso surgiram como parte de narrativas. Mais do que simples relatórios ou relatos de eventos (Bastos, 2008; Bauman, 1986), narrativas são "pequeno[s] show[s]" (Bastos, 2008, p. 77) através dos quais as pessoas realizam performances identitárias — não simplesmente num sentido teatral, mas no sentido butleriano de criar o que nomeiam — para si mesmas e para outras pessoas. De acordo com Bastos, "contar histórias é uma ação, é fazer alguma coisa — ou muitas coisas simultaneamente — em uma determinada situação social. Uma dessas coisas é, necessariamente, a construção de nossas identidades" (2008, p. 77). Portanto, cada ato de fala de uma narrativa tem o potencial de fazer parte de uma construção identitária e, como veremos mais adiante, de contribuir para reforçar e/ou subverter ideologias dominantes.

Ao analisar as construções identitárias, é importante lembrar que as narrativas são sempre situadas em relação a outros discursos sociais, culturais, históricos e institucionais (Riessman, 1993; Moita Lopes, 2009). Como esclarece Bastos,

> Construímos quem somos sinalizando e interpretando tanto afiliações a categorias sociais (classe social, gênero, profissão, religião etc.) e posições na hierarquia da interação (status e papéis), quanto atribuições de qualidades e qualificações de ordem mais pessoal [...]. Ao contar histórias, situamos os outros e a nós mesmos numa rede de relações sociais, crenças, valores; ou seja, ao contar histórias, estamos construindo identidade (2005, p. 81).

Em outras palavras, narrativas são simultaneamente "uma atividade global e localmente situada" (Oliveira e Bastos, 2002, p. 32), pois nossas histórias "locais" estão ligadas a histórias e repertórios mais amplos. Por isso, embora uma narrativa trate de experiências individuais, as construções identitárias nela performadas estão posicionadas em relação a outras expectativas socioculturais (Benwell e Stokoe, 2009). No caso das narrativas que serão analisadas neste capítulo, a falta de visibilidade social e aceitação da bissexualidade e do *pegging* significa que não há um repertório mais amplo de narrativas nas quais tais identidades são construídas. Ao mesmo tempo, porém, há grandes repertórios de outras construções identitárias ligadas aos discursos ideológicos sobre gênero e sexualidade da matriz cis-heteronormativa.

Contudo, a existência de tais repertórios dominantes não significa que outras performances narrativas não sejam possíveis. A análise das narrativas nos permite "avança[r] no entendimento sobre os modos como as práticas narrativas orientam, nos níveis situados de interação, os processos de resistência e reformulação identitária" (Bastos e Biar, 2015, p. 103). Em relação a tais processos, Langellier, ao conectar a noção da performatividade butleriana à análise das narrativas, assevera que

> performance narrativa se refere a um lugar de luta para identidades pessoais e sociais, ao invés de aos atos de um *self* com uma essência fixa, unificada, estável

ou final que sirva como a origem ou realização das experiências [...]. Desde o ponto de vista da performance e da performatividade, a análise das narrativas não é somente semântica, engajando-se na interpretação de significados, mas também deve ser pragmática: analisando a luta sobre os significados e as condições e as consequências de contar uma história em uma maneira particular. [...] A identidade é uma luta performativa (2001, p. 151, tradução nossa).

Portanto, parte do processo da criação performativa de identidades em narrativas é a negociação e luta para legitimá-las e/ou ressignificá-las. Ao narrar podemos simultaneamente legitimar certas identidades sociais e práticas e rejeitar outras (Moita Lopes, 2006c), naturalizando discursivamente hierarquias sociais, estereótipos etc. (Briggs, 1996). Por outro lado, certas "histórias não podem nem ser contadas nem performadas no contexto de outras narrativas hegemônicas" (Threadgold, 2005, p. 265). Porém, ao agir agentivamente na "luta sobre os significados", assim como descrita por Langellier, falantes também podem desnaturalizar, desconstruir e subverter essas hierarquias, estereótipos e narrativas hegemônicas. Isso é o que Threadgold chama de *política narrativa*, processo que envolve "visibilizar a parcialidade e os limites das histórias dominantes e oferecer histórias alternativas ou facilitar o contar de outras histórias [como] uma maneira de intervir no social para mudar o *habitus* ou ideologia dominante ou hegemônica" (2005, p. 264). Portanto, as narrativas oferecem oportunidades para (re)moldar interações sociais, mudando, assim, como certos discursos ideológicos são (re)produzidos performativamente e (re)interpretados. Isso é de interesse para a LQ, pois ao analisar as narrativas de uma ativista bissexual e de um adepto de *pegging*, além de estudar reiterações e subversões de discursos cis-heteronormativos relacionados a práticas sexuais específicas, também poderei realizar uma política narrativa visando mudar discursos ideológicos normativos sobre a penetração com dildos e, com isso, mostrar que narrativas alternativas às histórias dominantes são possíveis.

Pênis x dildo: desconstruindo a ideia da imitação

No senso comum, o dildo é ideologicamente associado ao pênis do homem cisgênero. É visto como uma imitação (pense em traduções como "pênis prostético") e até como um substituto que seria supostamente inferior e menos desejável que o pênis "de verdade" (pense em traduções como "consolo", sugerindo que o uso do dildo não pode ser um fim em si mesmo, mas algo para "consolar" quem o usa na ausência do "original"). Em relação à ideia de o dildo ser simplesmente uma imitação do pênis do homem cisgênero, em seu *Manifesto contrassexual*, Preciado inverte o jogo: "A contrassexualidade afirma que no princípio era o dildo. O dildo antecede ao pênis. É a origem do pênis" (2014, p. 23). Embora Preciado, sempre provocador, consiga romper com a centralidade do pênis, acredito que uma simples inversão do binário pênis/dildo não é suficiente. Nas oposições binárias, um lado é sempre privilegiado e o outro, marginalizado; então, como diz Lopes (2011, p. 185), "[p]ara mudar as relações de opressão, não é suficiente que sujeitos dominantes e subalternizados apenas troquem de posição, mas que alterem a lógica da própria dominação". Podemos ampliar essa ideia para além de sujeitos e pensar as oposições binárias em geral. No caso do binário pênis/dildo, inverter qual elemento seria o "original", ocupando o espaço de maior prestígio, não é suficiente para mudar totalmente a lógica do binário.

Porém, Preciado também comenta que o dildo é "o suplemento que produz aquilo que supostamente deve completar" (2014, p. 23), o que dialoga com a ideia de que os enunciados performativos produzem o que nomeiam e nos oferece uma pista útil para entender a lógica do binário, visando à sua mudança. Podemos ler essa citação como afirmando que, na relação pênis/dildo, os termos são interdependentes: precisamos do dildo para produzir o que entendemos como pênis, assim como a valorização ideológica deste último. O entendimento de que o pênis é superestimado por ser "original", em combinação com o enaltecimento do homem cisgênero na sociedade, nos permite entender por que o dildo é visto como um mero suplemento ou uma imitação.

Sobre a questão da imitação, Butler, em *Problemas de gênero*, desconstrói a ideia de um gênero verdadeiro que poderia ser a fonte absoluta de uma cópia ou imitação, o que a leva a propor o conceito de repetições paródísticas, que não devem ser confundidas com imitações (ver, nesse sentido, Hall, neste volume).

> A noção de paródia de gênero aqui defendida não presume a existência de um original que essas identidades paródísticas imitem. Aliás, a paródia que se faz é da

própria ideia de um original; [...] a paródia do gênero revela que a identidade original sobre a qual se molda o gênero é uma imitação sem origem (Butler, 2003, p. 197).

Em outras palavras, nunca existiu a mulher ou o homem "original" que produziu suas cópias; nas repetições dos performativos e estilizações corporais, temos somente cópias, de cópias, de cópias, sem original. Podemos estender essa ideia ao dildo: se não há um homem "original" com um pênis "original", o dildo não é uma imitação; é, isto sim, uma paródia do pênis. Preciado também parece perceber o diálogo possível com Butler no que diz respeito à desconstrução da ideia da imitação, pois afirma que

> O gênero se parece com o dildo. Ambos, afinal, vão além da imitação. Sua plasticidade carnal desestabiliza a distinção entre o imitado e o imitador, entre a verdade e a representação da verdade, entre a referência e o referente, entre a natureza e o artifício, entre os órgãos sexuais e as práticas do sexo (Preciado, 2014, p. 29).

Se o gênero não é uma questão de imitação, de uma representação de alguma verdade essencial, o dildo também não é. Mesmo se o dildo for muito "realístico", ou seja, visualmente parecido com um pênis, "[s]eria redutor afirmar que o acessório 'realístico' é um substituto do pênis. [...] [E]le deve ser visto como uma expressão carnal de múltiplas direções e cujo sentido só pode ser decifrado em contextos de uso particular" (Gregori, 2016, p. 102).

Finalmente, em relação à ideia de o dildo ser um substituto inferior que tenta em vão suprir a ausência do pênis "de verdade", Preciado nos lembra que o dildo é uma tecnologia sexual que "não vem compensar fantasmagoricamente uma falta [...], constitui um lado de intensidade produtivo" (2014, p. 208-209). Um aspecto desse lado produtivo, entre múltiplas possibilidades, é a produção de sujeitos generificados e sexualizados, como veremos a seguir.

"Ela era praticamente um homem": quando o dildo "masculiniza"

O primeiro excerto que será analisado faz parte de uma pesquisa sobre as performances identitárias de mulheres bissexuais que são ativistas LGBT e os preconceitos bifóbicos que sofrem dentro e fora do movimento (Lewis, 2012).[5] Essa pesquisa foi fruto de um trabalho de campo com um grupo de ativismo LGBT no centro do Rio de Janeiro, realizado entre março de 2010 e janeiro de 2012, envolvendo observação etnográfica das reuniões semanais e atividades de ativismo do grupo. Durante o período de trabalho de campo, foram gravadas três entrevistas individuais semiestruturadas com ativistas que se identificam como mulheres bissexuais, contabilizando aproximadamente quatro horas e quinze minutos de gravação, nas quais o assunto do uso do dildo surgiu espontaneamente em diversos momentos.

Nesta seção analisarei um excerto de uma entrevista com Flávia (pseudônimo), uma ativista LGBT do Rio de Janeiro, com 31 anos de idade no momento da entrevista, branca, provavelmente de classe média baixa (pressuponho com base nas várias histórias sobre suas dificuldades financeiras que me contou fora da entrevista). Em relação à sua performance identitária de gênero, Flávia descreve suas estilizações corporais como "femininas" e frisa a intersecção entre as identidades de mulher, mãe, trabalhadora, estudante e ativista LGBT. Flávia foi casada duas vezes com homens e tem dois filhos. O segundo casamento terminou quando Flávia se apaixonou por uma mulher, Dani (pseudônimo), que se identifica como lésbica. As duas fizeram um contrato de união estável no cartório e foram casadas por seis anos; durante esse tempo, Flávia se rotulava como lésbica. Separaram-se alguns meses antes da entrevista. Após a separação, Flávia começou a se rotular como bissexual, dizendo que não o fazia antes, em parte, para promover a visibilidade lésbica e, em parte, para não causar problemas com sua esposa, que não teria aceitado a identificação como bissexual.

Comecei a entrevista pedindo para Flávia me contar sua história de sair do armário, o que resultou na coconstrução de uma narrativa abrangente sobre essa experiência, com várias narrativas menores embutidas. O trecho a seguir trata do relacionamento de Flávia com Dani e contém duas dessas narrativas menores: (1) a história de como as duas mulheres começaram a namorar e (2) a história de como elas se separaram.[6]

---

5. Pesquisa financiada com uma bolsa da CAPES.
6. As convenções de transcrição seguem o modelo proposto por Sacks, Schegloff e Jefferson (1974) e podem ser encontradas no Anexo ao final deste capítulo.

Excerto 1

069	Flávia	e aí me apaixonei pela Dani. conheci a Dani no traba::lho,
070		me apaixonei por e:la, pela histó::ria, sei lá. eu ficava curio:sa, sabe?,
071		de tudo. curiosidade de (.) como é um relacionamento (.) entre mulhe:res,
072		eu acreditava mais (.) no cari:nho, na compreensão:, na (.) so-
073		na sensibilida:de. e aí >eu queria a Dani para mim<.
074		eu bo- botei na minha cabeça, ">eu quero isso para mi::m<,
075		já entendi o que eu que::ro, >é isso o que eu que::ro<, vou assumi:r,
076		e não <intere::ssa>, sabe?, quem seja contra".
077	Elizabeth	=ahã.
078	Flávia	aí:: (.) >assumi<.
		((linhas omitidas nas quais Flávia explica o processo de deixar seu marido para estar com Dani))
111	Flávia	e:: (.) e eu- na verdade assim, quando eu me relacionei com ela,
112		foi por curiosida:de.
113	Elizabeth	sim
114	Flávia	e me apaixonei. só que ela (.) eh: (.) como <vá::rias lé::sbicas>, enfim, tem-
115		existe< a >°sei la°< ehm di- di- diversidade de:, de sexualida::de
116		de praze::res, >°enfim°< ela não go::sta de de, de ser toca::da,
117		não go:sta >de ser<, de penetração::, ela fazi-, ela queria-, ela se veste (.)
118		masculiniza:da, e ela queria (.) eh (.) ela reproduzia para mim um homem!
119	Elizabeth	mm
120	Flávia	e aí isso, fiquei pensando tipo, sabe?, aos poucos eh. eu ama::va, eu tinha-
121		era, ela era minha companhei::ra (.) ma:s aquela coisa,
122		era casada com, <praticamente> com um homem, sabe?
123	Elizabeth	°sim°
124	Flávia	e e, assim, era pior:, porque o homem é- (.) gosta de ser tocado. né?
125		mas ela não:.
126	Elizabeth	°sim°
127	Flávia	e era só (.) para mim ((indica ser tocada)), tipo e aí, fui (.)
128		ficando de saco cheio. e aí f- foi passando o tempo e a gente já não- (.)
129		já não fazia- já não tinha mais relaçõe::s, e aí::, >não queria mai::s<, sabe?
130		e aí ela também não queri::a, e aí ficou:: foi rola:ndo,
131	Elizabeth	°sim°
132	Flávia	e teve (essa vez) a gente conversou, sentou conversou, nós (.)
133		nós separa::mos. e:: (.) agora tou- estou me senti:ndo (.) <livre> (.) sim eh (.)
134		na verdade estou sentindo uma liberda:de que nunca tive.
135	Elizabeth	mm
136	Flávia	fui de um relacionamento pro ou::tro,
137	Elizabeth	sim
138	Flávia	tou sentindo uma liberdade assim.
139		e:: eu- eu ficava naquela questão, quando, eh, quando (.)
140		a questão de (.) ela nao deixa ser- ser tocada e só eu receber?
141		aí eu me sentia como se (.) "então não sou lésbica", [sabe?]
142	Elizabeth	[mm]
143	Flávia	só pelo fato- por ela ser uma mulher. mas aí, s- só eu que recebo? sabe?
144		quer dizer, ela usava (.) eh es- esses brinquedinhos, cintos que eles usam (.)
145		e (.) sabe (.) para penetração, ela era praticamente um homem.
146	Elizabeth	mm
147	Flávia	sabe? >quer dizer<, então sentia também desejo de sair com um homem.
148		sabe? mas depende do homem, não- não qualquer ho:mem. sabe?
149		me desperta, eu- me desperta um homem com inteligê:ncia, sabe?

Flávia constrói a performance de gênero de Dani como ideologicamente associada à masculinidade de duas maneiras principais: por causa de sua estilização corporal, a partir de orientações como "ela se veste (.) masculiniza:da" (linhas 117-118), e de suas práticas sexuais, já que Dani não permitia que ela a tocasse (linhas 116-118, 140) e sempre usava dildos para penetrá-la (linhas 144-145).[7] A associação ideológica à masculinidade é fortalecida pelo contraste que Flávia constrói com as expectativas ideologicamente associadas à feminilidade que ela tinha para uma relação com uma mulher: "eu acreditava mais (.) no cari:nho, na compreensão:, [...] na sensibilida:de" (linhas 72-73).

Certos aspectos da relação de Flávia e Dani lembram o tipo de relacionamento caracterizado nos países anglófonos como *butch/femme*. Butch é um termo de língua inglesa[8] usado para se referir a lésbicas "masculinizadas" (frequentemente imaginadas no senso comum como sendo "ativas" nas relações sexuais) — categoria de certa maneira parecida com o termo "caminhoneira" em português brasileiro. Por sua vez, *femme* se refere a lésbicas "femininas" (frequentemente imaginadas como sendo "passivas"). Embora uma performance identitária *butch* envolva uma identificação com certas estilizações corporais, maneiras de falar, hábitos etc. ideologicamente associadas à masculinidade, isso não quer dizer que uma lésbica *butch* almeje ser um homem.

Em certos momentos, Flávia não só descreve sua companheira como "masculinizada", mas a caracteriza como homem: "ela reproduzia para mim

---

7. Interessantemente, ao construir e avaliar sua própria performance de gênero nas atividades do grupo LGBT, Dani geralmente mencionava gostar de fazer uma estilização corporal "masculinizada", mas insistia que sua personalidade tinha mais a ver com características ideologicamente associadas à feminilidade, caracterizando-se como sensível, doce, bem-educada etc. Além disso, Dani autorizava as falas de certos homens gays do grupo que a descreviam como "masculinizada por fora, mas feminina por dentro". Dessa maneira, nas suas próprias performances discursivas, Dani separava sua estilização corporal da sua "personalidade feminina", ao passo que nas performances discursivas de Flávia, todas as descrições que faz de Dani focam em elementos "masculinizantes".

8. É necessário ter cuidado com a aplicação de termos do "Norte Global" a situações em outros países, pois isso pode apagar especificidades locais. Nem Flávia nem Dani usam *butch/femme* para caracterizar suas identificações pessoais ou seu relacionamento. Aqui discutirei esses termos não para sugerir que sejam os vocábulos mais adequados para descrever as duas mulheres e seu relacionamento, mas para nos permitir fazer algumas comparações, reflexões e diálogos com posicionamentos teóricos *queer*.

um homem!" (linha 118), uma ideia que é enfatizada por meio de repetições de enunciados parecidos, como "era casada com, <praticamente> com um homem" (linha 122) e "ela era praticamente um homem" (linha 145). Porém, Flávia nunca chama Dani diretamente de "homem" — nunca diz que *era* um homem, mas que era *praticamente* um homem ou que *reproduzia* um homem. Assim, em certos momentos Flávia se expressa de uma maneira que sugere a compreensão de que ter uma estilização corporal "masculinizada" não é a mesma coisa que ser ou desejar ser um homem; porém, em outros, a associação ideológica entre a performance "masculinizada" e o homem cisgênero parece passar para o primeiro plano, como veremos a seguir.

Outro fator que contribuía para a masculinização de Dani, de acordo com Flávia, era sua preferência por não ser penetrada durante as relações sexuais. Interessantemente, em inglês existe um termo específico para lésbicas que preferem não ser tocadas sexualmente por suas parceiras: *stone butch*, uma categoria que é interessante por "ser, provavelmente, a única identidade sexual que se define quase completamente em função das práticas que *não faz*" (Halberstam, 2008, p. 149).[9] Para Halberstam, as lésbicas *stone butch* complicam mais ainda a ideia de que as lésbicas *butch* sejam imitações de homens cisgêneros, pois o fato de preferirem não ser tocadas na genitália durante as relações sexuais mostra a "existência de um código que permite diferenciar entre certa noção geral dos papéis sexuais do homem e dos papéis sexuais da *butch*" (2008, p. 150). Sáez e Carrascosa, comentando as reflexões de Halberstam, observam que a lésbica *stone butch* evidencia a "dupla moral que se aplica sobre a penetração que se dá no homem ou na mulher" (2016, p. 84). O homem intocável e impenetrável é considerado poderoso, enquanto a mulher intocável e impenetrável é considerada disfuncional e doente; ao contrário da mulher, o homem só passa a ser visto como "doente" caso ele seja penetrado. A lésbica *stone butch* complica mais ainda este cenário, pois é pela renúncia à penetração que ela é vista como masculina; porém, ao invés de ser considerada poderosa por ser intocável e impenetrável, ela continuará

---

9. Nos últimos anos, ganharam visibilidade outros rótulos deste tipo, por exemplo, o termo francês *gouine*. Inicialmente usado para se referir a lésbicas, agora o termo é usado por homens que gostam de ter relações sexuais com homens, mas sem sexo anal. Desta maneira, deparamo-nos com outra categoria identitária que se define principalmente com base nas práticas sexuais que *não* faz.

sendo vista como "doente" e fadada à infelicidade (Halberstam, 2008; Sáez e Carrascosa, 2016). Portanto, "mais uma vez, o critério de gênero vai filtrar a visão social da masculinidade e do penetrável [...]. O rígido sistema se aplica de novo: o impenetrável é somente coisa de bio-homens" (Sáez e Carrascosa, 2016, p. 84-85).

Embora Flávia nunca chame Dani de "doente" ou "disfuncional" e reconheça que nem todo mundo tem os mesmos desejos ou experimenta o prazer da mesma maneira ("existe a [...] diversidade de:, de sexuali̱da̱:̱:de de praze̱:̱:res", linhas 115-116), podemos ver que o fato de Dani não gostar de penetração nem de ser tocada lhe provoca certo estranhamento. Enquanto Sáez e Carrascosa discutem a contradição de a renúncia à penetração masculinizar a *butch* ao mesmo tempo em que a condena a ser vista como uma mulher doente, feminilizando-a, na narrativa de Flávia podemos ver uma contradição diferente. Flávia equaciona a masculinidade com o fato de sempre querer ser tocado nas relações sexuais (linha 124), reforçando o estereótipo segundo o qual o homem tem maior libido que a mulher, nunca recusando relações sexuais e sempre se preocupando com o próprio prazer. Isso resulta, porém, numa contradição: se o homem sempre quer ser tocado, preocupando-se com seu próprio prazer, Dani não seria tão "masculina" nesse aspecto, pois ela nunca quis ser tocada, preocupando-se predominantemente com estimular sua companheira (embora isso não queira dizer que Dani não sinta prazer durante as relações). Se Flávia diz que Dani "era praticamente um homem", mas o homem heterossexual estereotípico sempre quer ser tocado e sempre se preocupa com seu próprio prazer em detrimento do prazer da parceira, Dani não seria tão "homem" neste aspecto por preferir não ser tocada e focar-se em estimular sua esposa. Como observa Halberstam, ela complica mais ainda a ideia de que lésbicas "masculinizadas" sejam imitações de homens cisgêneros e ilustra a observação do autor sobre as diferenças entre os papéis sexuais dos homens cisgêneros e das *butch*.

Mais adiante em sua narrativa, Flávia levanta outra questão: nas relações íntimas do casal, Dani também usava um dildo acoplado em um cinto para penetrar sua companheira (linhas 144-145). Esta afirmação leva Flávia a repetir, mais uma vez, "ela era praticamente um homem" (linha 145), indicando que o uso do dildo nas relações sexuais fortalece a "masculinização" de Dani.

Essa ideia provavelmente surge da associação ideológica entre o dildo e o pênis do homem cisgênero. Porém, como já vimos, a lésbica *butch* não é uma imitação de um homem, nem almeja ser homem: "a *butch* toma a iniciativa e produz corpos" (Preciado, 2014, p. 209) de uma variedade de maneiras a partir de suas estilizações corporais e do uso do dildo. Preciado (2014, 2008) nos lembra que todo corpo — seja a lésbica *butch* ou o homem cisgênero heteronormativo "machão" — é uma produção prostética, pois, em diferentes graus, indivíduos contemporâneos usam drogas, hormônios, implantes, tecnologias, dildos e outras próteses que servem para produzir o gênero. Assim, "a *butch*, enquanto corpo prostético, não é exceção, e sim parte de um processo generalizado de produção de identidade" (Preciado, 2014, p. 210). Dessa maneira, o uso que Dani faz do dildo nas relações sexuais não deveria ser visto como algo que a faz ser "praticamente um homem" (linha 145), como afirma Flávia, mas como algo que contribui para produzir sua performance específica de lésbica com uma "masculinidade feminina" ou *butch*.

Porém, nesse contexto, Flávia, que se identificava publicamente como lésbica durante os anos de relacionamento com Dani, observa "aí eu me sentia como se (.) "então não sou lésbica", sabe? [...] só pelo fato- por ela ser uma mulher" (linhas 141, 143). Ao início do trecho, Flávia tinha se construído como uma pessoa muito decidida, segura de si e dos seus desejos, frisando sua própria agência na decisão de namorar uma mulher pela primeira vez: "botei na minha cabeça, >eu quero isso para mi::m<, já entendi o que eu que::ro, >é isso o que eu que::ro<, vou assumi:r, e não <intere::ssa>, sabe?, quem seja contra" (linhas 74-76). A construção dessa agência e segurança foi reforçada pelos paralelismos de ênfase e alongamento dos sons (e.g., "mi::m", "que::ro", "assumi:r" etc.) e pelo uso da fala reportada para contar seu monólogo interior. Apesar disso, Flávia expressa uma dúvida sobre sua sexualidade: relacionar-se com uma mulher seria "suficiente" para se identificar como lésbica? Nesse contexto, o uso da fala reportada do monólogo interior ("então não sou lésbica") serve não para frisar a própria agência, mas para reforçar essa dúvida.

Já que a penetração com um dildo pela companheira caracterizada diversas vezes como "masculinizada" faz com que Flávia duvide de sua identificação enquanto lésbica, podemos inferir que ela acha que seu relacionamento se aproxima ao modelo heterossexual. Como vimos anteriormente, embora uma performance *butch* envolva uma identificação com certos elementos ideologicamente associados à masculinidade e aos homens cisgêneros, isso não quer dizer que uma lésbica *butch* deseje ser homem. De modo parecido, uma lésbica *femme* com uma parceira *butch* não está manifestando um desejo latente de estar com um homem cisgênero; simplesmente é atraída por uma mulher com uma performance de gênero "masculinizada". De acordo com Butler, "essa masculinidade, se é que podemos chamá-la assim, é sempre salientada em contraste com um 'corpo feminino' culturalmente inteligível. É precisamente essa justaposição dissonante e a tensão sexual gerada por sua transgressão que constituem o objeto do desejo" (2003, p. 177). Flávia, porém, não reconhece a possibilidade de mulheres "masculinizadas" serem objetos de desejo específicos; confunde seu desejo por uma lésbica "masculinizada" com o desejo por um homem cisgênero e começa a ter dúvidas sobre sua identificação como lésbica.

 Apesar do que foi exposto no parágrafo anterior, em certas teorias feministas as identidades *butch/femme* são vistas como uma apropriação acrítica dos papéis sexuais estereotípicos de casais heterossexuais, como se a lésbica *butch* fosse simplesmente uma "imitação" de um homem e como se todo casal lésbico com estilizações corporais *butch* e *femme* fosse simplesmente uma "imitação" de um casal heterossexual. No contexto brasileiro, Meinerz (2011) mostra como esse discurso pode fazer com que certas lésbicas rejeitem como objeto do desejo tanto as "caminhoneiras", por "parecerem" homens e supostamente se conformarem a padrões de masculinidade,[10] quanto lésbicas "ultrafemininas", por aparentemente aceitarem padrões de feminilidade e de opressão da mulher. A estética e os comportamentos valorizados acabam "resultando numa preferência pelo andrógino" (Meinerz, 2011, p. 107), mas um tipo de androginia ainda marcada pela oposição masculino/feminino que, portanto, não contesta realmente o sistema binário de gênero.

---

10. É importante observar também que, segundo Meinerz, "[d]entre as características que compõem o estereótipo [da caminhoneira], destaca-se a forma física: as *caminhoneiras* são sempre identificadas por suas formas avantajadas" (2011, p. 105-106, grifos da autora). Assim, com frequência, a rejeição às lésbicas "caminhoneiras", no Brasil, também tem um elemento gordofóbico entrelaçado com o desprezo da "masculinização".

Halberstam (2008, p. 146) faz uma crítica às feministas lésbicas que fomentaram essa visão do casal *butch/femme* como uma "imitação" de um casal heterossexual, afirmando que o repúdio à *butch* tem produzido a "patologiza[ção d]o único significante visível do desejo lésbico *queer*", enquanto o repúdio à *femme* "produziu uma limitação da expressão da feminilidade lésbica" em favor de uma estética mais andrógina, como Meinerz também observou no Brasil. Halberstam (2008, p. 146) assevera que o repúdio aos papéis *butch/femme* nas relações sexuais por supostamente serem cópias das relações heterossexuais também resultou na eliminação de "uma linguagem do desejo que tinha sido elaborada e codificada cuidadosamente por lésbicas *butch* e *femme*".

Butler também discute o desejo de casais *butch/femme* e considera problemática e simplista a visão que reduz esses casais a imitações da heterossexualidade. Embora reconheça que esses casais possam, de certa maneira, "evocar o cenário heterossexual", insiste que "também o deslocam ao mesmo tempo" (Butler, 2003, p. 178). Os casais *butch/femme* não imitam casais heterossexuais, mas deslocam e desnaturalizam o ideal do casal heterossexual cisgênero. Para a autora, a "fonte de significação erótica" (Butler, 2003, p. 178) na relação *butch/femme* é o fato de essas performances identitárias colocarem em questão a ideia de uma identidade natural ou original. Se a masculinidade *butch* "nem foi nem pode ser encarnada pelos homens", é algo que "só uma sapa pode representar e imitar com sucesso" (Preciado, 2014, p. 208).

Assim, o desejo nas relações *butch/femme* não deve ser visto como uma imitação do desejo heterossexual, mas uma manifestação de um desejo específico. Isso inclui o uso do dildo, que não contribui para produzir somente performances de gênero, como vimos anteriormente, mas também prazeres específicos para casais *butch/femme*. Em sua narrativa, Flávia, porém, não reconhece nem a possibilidade de sentir um desejo específico por mulheres "masculinizadas" ou mulheres que usam dildos, nem a possibilidade de estar vivendo uma performance da sexualidade que vai além dos binários homem/mulher e heterossexual/homossexual; assim, a narradora começa a duvidar de sua identificação como lésbica devido às associações ideológicas entre lésbicas "masculinizadas" e homens e entre o dildo e o pênis do homem cisgênero. A confusão de Flávia, embora problemática, é, portanto, compreensível.[11] Essa confusão talvez tenha ficado maior devido ao fato de ela ainda sentir desejo por homens cisgêneros (linha 147) num mundo no qual a bissexualidade ainda é invisibilizada e pouco aceita.

Aqui, podemos ver a importância de uma LQ que analise discursos sobre práticas sexuais, prazeres e desejos frequentemente invisibilizados pelo binário heterossexual/homossexual, tal como a penetração com dildos entre mulheres lésbicas e bissexuais. A LQ, em conexão com uma política narrativa (Threadgold, 2005) que visibilize tais práticas, pode contribuir para mudar discursos ideológicos dominantes e fazer com que uma gama maior de performances identitárias e experiências sexuais seja possível para todas as pessoas. No caso da narrativa acima, o uso do dildo, pelo menos na visão da narradora, contribuiu para produzir um sujeito masculinizado (Dani) e um sujeito heterossexualizado ou "menos lésbica" (Flávia). Porém, vimos também que esses tipos de generificação e sexualização são fortemente influenciados pelo senso comum, no qual operam associações ideológicas que aproximam a lésbica *butch* ou caminhoneira ao homem cisgênero, de um lado, e o dildo ao pênis, de outro. Assim, podemos oferecer uma narrativa alternativa que desestabiliza essas associações ideológicas cis-heteronormativas: o dildo generifica e sexualiza de formas específicas, mas também pode produzir um sujeito com uma "masculinidade feminina" própria (Dani) e uma sexualidade lésbica particular. Se, de acordo com a ideia da contrassexualidade de Preciado (2014), o uso do dildo não reforça, mas parodia e subverte o sistema dominante de sexo/gênero, essa prática sexual faz de Flávia um sujeito "subversivo" e contrassexual e não uma pessoa "mais heterossexual e menos lésbica".

---

11. Ademais, é importante salientar o fato de que equiparar o uso do dildo entre mulheres com uma prática heterossexual não é algo que se limita às "confusões pessoais" de Flávia sobre a sexualidade. Durante as chamadas guerras do sexo feministas dos anos 1980, certas vertentes do feminismo radical afirmavam que o uso do dildo em relações sexuais entre lésbicas era uma imitação das relações heterossexuais ou, pior ainda, uma manifestação do poder heterossexista sobre o corpo das lésbicas (Preciado, 2014; Gregori, 2011, 2016; Pereira, 2008). Algumas feministas radicais separatistas até chegaram "a afirmar que um ato sexual entre duas lésbicas no qual há intervenção de um dildo 'não é verdadeiramente lésbico'" (Preciado, 2014, p. 78) — uma alegação que se parece com as dúvidas de Flávia sobre sua identificação enquanto lésbica.

"Pensei que seria gay se o fizéssemos": quando o dildo "homossexualiza" e "feminiza"

A segunda pesquisa cujos dados são analisados aqui (Lewis, 2016a)[12] trata das narrativas digitais de praticantes de *pegging*, uma prática sexual na qual uma mulher coloca um dildo acoplado em um cinto para penetrar o ânus de um homem. A pesquisa envolveu uma etnografia virtual (Hine, 2000, 2005) realizada entre 2014 e 2016 na comunidade on-line *Pegging 101* ("Introdução ao Pegging", em tradução livre) do site www.tribe.net, uma rede social pública e gratuita que existiu entre 2003 e 2017. A comunidade era voltada para pessoas interessadas em trocar informações, conselhos e histórias sobre o *pegging*. Tinha aproximadamente 1600 participantes de uma grande variedade de identidades de gênero e sexualidade, idades, países etc., embora, de acordo com os perfis no site, a maioria era composta por homens cisgêneros, brancos, com idade entre 40 e 49 anos, residentes nos Estados Unidos de América.

Em narrativas sobre preconceitos relacionados à prática, vários membros da comunidade on-line *Pegging 101* falaram de dificuldades em abordar o assunto com seus/suas parceiros/as. Vamos olhar agora para uma narrativa sobre este tema do usuário Jack (pseudônimo), cujo perfil diz que é homem, mora no Estado do Arizona nos EUA e tinha 27 anos no momento da publicação de sua postagem. A narrativa foi publicada numa página de discussão na qual a moderadora tinha iniciado a conversa perguntando se os homens tinham dúvidas sobre sua masculinidade ou virilidade depois de ter experimentado o *pegging*. Jack, como a maioria dos usuários que respondeu, publicou uma postagem falando sobre sua *heterossexualidade*. Em seu *post*, ele não fala sobre *masculinidade* ou *virilidade*, como a moderadora havia pedido, o que mostra a força da associação ideológica entre o prazer anal dos homens e a homossexualidade.

---

12. Pesquisa financiada com uma bolsa do CNPq e ganhadora de uma menção honrosa no Prêmio CAPES de Tese, edição 2017 (Edital n° 018/2017).

Excerto 2 (texto fonte)

01 I was afraid to ask to be pegged just because I didn't want my
02 wife to think I was secretly gay. I threw that out of my head and just went for
03 talking to her about it explaining I wasn't gay lol. She even
04 googled "signs my husband is gay". lol. So we had a
05 longer talk after the first pegging.
06 She was into girls for a while before we got together,
07 and she admitted to me that she kinda wondered what it would be like to be with
08 a girl. So that made me wonder if she was looking at me
09 like I was "the girl" when we pegged. She said yes,
10 but that she thought that's what I wanted out of it.
11 We had another talk lol
12 Once I explained to her that I want to be ME, and her to [be]
13 HER, just doing THAT, she was happier doing it, and I
14 enjoyed it more without questions. I even noticed the change in the way
15 she used the strap on after we cleared that up.
16 I still wonder if she gets off on pretending she['s] fucking a girl.
17 I think she will say no even if it is yes, just so I dont
18 feel like a bitch or something.
19 I certainly did feel weird attempting to suck the dildo. Both of us didn't
20 like that. She didn't like seeing it, I didn't like doing it or the
21 way it felt. I'd rather eat an ass.

Excerto 2 (tradução)

01 Eu tinha medo de pedir pra fazer *pegging* só porque não queria que minha
02 esposa pensasse que eu fosse, secretamente, gay. Descartei essa ideia e optei
03 por simplesmente falar com ela explicando que eu não era gay rs. Ela até
04 procurou "sinais que meu marido é gay" no google. rs. Então tivemos uma
05 conversa mais longa depois da primeira sessão de *pegging*.
06 Ela tava interessada em meninas por um tempo antes da gente começar a sair,
07 e ela admitiu pra mim que tava um pouco curiosa sobre como seria ficar com
08 uma menina. Então isso me fez me perguntar se ela tava olhando pra mim
09 como se eu fosse "a menina" quando a gente fazia *pegging*. Ela disse que sim,
10 mas que ela pensava que era isso que eu queria.
11 Tivemos outra conversa rs
12 Uma vez que expliquei pra ela que eu quero ser EU mesmo, e que ela seja
13 ELA mesma, só que fazendo AQUILO, ela ficou mais feliz de fazer, e eu
14 desfrutei mais sem perguntas. Até percebi a mudança na maneira em que
15 usava o dildo e cinto depois da gente ter esclarecido aquela coisa.
16 Ainda me pergunto se ela se excita fingindo que está comendo uma menina.
17 Acho que ela dirá que não mesmo se [a resposta] é sim, só para que eu não
18 me sinta como sua putinha ou algo assim.
19 Com certeza senti estranho quando tentei chupar o dildo. Nós dois não
20 gostamos disso. Ela não gostou de ver, eu não gostei de fazer nem da
21 sensação. Prefiro lamber um cu.

Jack, como muitos usuários da comunidade *Pegging 101*, também temia que sua companheira achasse que ele fosse gay (linhas 1-2). Interessantemente, em uma postagem anterior em outra página de discussão, Jack tinha abordado o mesmo tema, porém admitia que ele mesmo associava o *pegging* a uma prática homossexual: "I kinda always wanted to try it, but I thought it was gay if we did it" ("Sempre tive vontade de experimentar, mas pensei que seria gay se o fizéssemos"). As dúvidas da esposa e do próprio narrador mostram a forte associação ideológica entre o prazer anal masculino e a homossexualidade. Como observam Sáez e Carrascosa, para os homens, ser penetrado é "algo que transforma sua identidade, que te transforma de maneira essencial" (2016, p. 27). No senso comum, é como se a penetração homossexualizasse o homem penetrado de maneira essencial e imediata, quando na verdade são os discursos sobre o ato que produzem sujeitos sexualizados e não a realização do ato em si. O uso dos insultos na citação ilustra vivamente a experiência dos homens penetrados: não são simplesmente vistos como homossexuais; são o alvo de preconceitos homofóbicos (ver Bonfante, neste volume). Isso acontece não somente com homens que se identificam como homossexuais ou bissexuais, mas também com aqueles heterossexuais que gostam de estimulação anal em suas relações com mulheres — particularmente quando essa estimulação envolve não simplesmente um dedo, mas um dildo, como é o caso de Jack.

Para explicar essa associação ideológica e preconceito, é necessário contemplar como ideias sobre masculinidade e heterossexualidade são construídas, naturalizadas e inextricavelmente vinculadas na contemporaneidade. Como vimos anteriormente, na teoria da performatividade, a matriz cis-heteronormativa exige que o homem faça uma performance de gênero masculino que se alinhe com seu "sexo biológico" e o desejo por pessoas do "outro sexo". Antes de Butler formular essa teoria, Fry observara algo parecido numa etnografia no Brasil, mas com um detalhe adicional interessante: "se espera do 'homem normal' que seja do sexo masculino, que desempenhe o papel de gênero masculino, *que seja 'ativo' sexualmente* e que tenha uma orientação sexual heterossexual" (1982, p. 91, grifos meus). O discurso que impele o homem não simplesmente a ter que performar a heterossexualidade, mas também a ser "ativo" é muito importante. O homem deve sempre penetrar, não ser penetrado: "Fechar o ânus é desfeminizar o corpo. [...] Para aprender, e para ensinar (a ser heterossexual), portanto, é necessário fechar o ânus, evitar a passividade" (Preciado, 2009, p. 166-167). Assim, como frisei anteriormente, ao realizar suas teorizações, Butler parece não ter considerado um elemento importante: como a penetração anal também produz sujeitos generificados e sexualizados. A identificação com o gênero que lhe foi atribuído ao nascer e o desejo por mulheres, ou seja, o alinhamento prescrito na matriz cis-heteronormativa, não são suficientes para o homem cisgênero ser visto como heterossexual. Quando é penetrado ou deseja sê-lo, mesmo por uma mulher, ele é visto como homossexual; no senso comum, a penetração, ou mesmo admitir fantasiar sobre ela, produz um sujeito homossexualizado.

Ao longo da narrativa, Jack fala de duas dúvidas principais: primeiro, como já vimos acima, a preocupação da esposa com a ideia de seu marido ser gay (linhas 3-4) e, segundo, a ideia de que o marido quisesse ser tratado como uma mulher (linhas 8-10). Como vimos na citação de Preciado acima, a feminilidade e a homossexualidade frequentemente estão ideologicamente vinculadas. A penetração do homem cisgênero não produz somente um sujeito sexualizado como homossexual, mas também um sujeito generificado como feminino. A categoria "passivo" é "simbolizada na imagem da penetração anal, [supostamente] feminizando assim o homem", enquanto o "ativo" e "penetrador não perde, pelo facto, masculinidade" (Almeida, 2000, p. 68 e 189). Sáez e Carrascosa observam algo parecido, mas acrescentando um corolário interessante: "um homem penetrado já não é um homem, é uma mulher. Uma mulher não penetrável é masculina, e o sistema machista a sanciona e persegue por não se submeter ao esquema que se aplica às bio-mulheres (penetráveis)" (2016, p. 181).

Assim, podemos ver um paralelo entre Jack e Dani, a esposa "masculinizada" de Flávia que apareceu na primeira narrativa analisada. Pelo fato de Jack, um homem cisgênero, querer ser penetrado, sua esposa se pergunta se ele, no fundo, deseja ser uma mulher; pelo fato de Dani, uma mulher cisgênero, *não* querer ser penetrada, sua esposa a caracteriza como "praticamente um homem". Assim, a lógica da penetração afeta a percepção da identidade de gênero: "É o ser passivo ou ativo que determina a identidade sexual, não a genitalidade" (Sáez e Carrascosa, 2016, p. 181). Acredito que Sáez e Carrascosa exageraram um pouco ao dizer "determina a identidade sexual", pois a penetração não necessariamente *determina* essa identidade, mas sim influencia como esse indivíduo será percebido e categorizado por outras pessoas. Ademais, no caso de Jack, o desejo de ser penetrado parece feminilizá-lo "de vez" aos olhos da sua esposa; contudo, no caso de Dani, a preferência por não ser penetrada *contribui* para masculinizá-la devido à presença simultânea de outros fatores complementares, como as estilizações corporais e o uso do dildo; isso talvez indique uma sanção social mais forte ao homem que foge das normas de penetração. De qualquer maneira, podemos ver que o fato de ser penetrado/a ou recusar a penetração é algo que produz sujeitos generificados como mulheres ou homens, femininos ou masculinos.

Jack não explica exatamente quais táticas discursivas ele usou para convencer a esposa da sua heterossexualidade. Porém, em relação à dúvida sobre se ele queria ser mulher, ele esclarece sua argumentação: "I explained to her that I want to be ME, and her to [be] HER, just doing THAT" ("expliquei pra ela que eu quero ser EU mesmo, e que ela seja ELA mesma, só que fazendo AQUILO") (linhas 12-13). Aqui, o uso de paralelismos sintáticos e maiúsculas nos pronomes contribui para insistir na "preservação" das identidades de gênero das pessoas envolvidas. Assim, Jack expressa um desejo de fazer somente uma "inversão de papéis" sexuais, mas não de performance de gênero, desestabilizando discursos cis-heteronormativos ideológicos que afirmam que ser penetrado é algo submisso e feminizante. O narrador se aproxima, também, da ideia de um prazer específico vinculado a uma prática sexual específica, como discuti na análise das narrativas de Flávia. Jack não deseja ser mulher, nem ser penetrado por um homem; ele deseja realizar a prática sexual específica de ser penetrado por uma mulher usando um dildo.

A dúvida sobre a esposa classificar Jack como se fosse uma menina quando fazem *pegging* é algo que ainda o preocupa hoje em dia: "I still wonder if she gets off on pretending she['s] fucking a girl" ("Ainda me pergunto se ela se excita fingindo que está comendo uma menina") (linha 16). O que é particularmente interessante em relação a essa dúvida é que Jack parece levar a associação ideológica entre o homem que quer ser penetrado e a homossexualidade para seu "corolário contrário": uma mulher que quer penetrar talvez seja lésbica ou bissexual, querendo "na verdade" penetrar uma mulher e não um homem. Da mesma maneira, na visão cis-heteronormativa estereotipada, o homem que quer ser penetrado com um dildo "na verdade" quer ser penetrado por um homem. Embora Jack tenha de certa maneira superado a associação ideológica entre o prazer anal masculino e a homossexualidade em relação à sua própria sexualidade (como vimos ao início da seção), ele acaba por projetar a mesma associação, só que "invertida", sobre a sexualidade de sua esposa. Essa projeção também está relacionada à hipersexualização da bissexualidade: o estereótipo no qual uma pessoa bissexual sempre precisa ter relações com pessoas de "ambos os sexos" (Lewis, 2012). Nesse sentido, a penetração com o dildo é associada à penetração com o pênis de um homem cisgênero, resultando em dúvidas sobre a identidade sexual e produzindo um sujeito sexualizado de formas bastante específicas. Aqui podemos enxergar, novamente, a importância de conjugar a proposta da LQ a uma política narrativa: o fato de Jack desconstruir certa associação ideológica entre penetração, gênero e sexualidade não é suficiente para ele questionar outra associação ideológica parecida envolvendo sua esposa. Precisamos analisar tais casos e visibilizá-los para intervir no social e mudar discursos ideológicos cis-heteronormativos dominantes.

Considerações finais: penetração, generificação, sexualização

Como mencionei anteriormente, de acordo com Borba (2015), a segunda fase da LQ analisa como performances linguísticas situadas são influenciadas por discursos cis-heteronormativos dominantes. O presente capítulo certamente dialoga com essa tendência, pois olha para como discursos situados sobre penetração com dildos generificam e sexualizam certos sujeitos dentro da lógica binária da matriz cis-heteronormativa e do dispositivo que regula os usos de certas partes do corpo. Mas, ao mesmo tempo, este capítulo, ao olhar para as performances narrativas de uma mulher bissexual e de praticantes do *pegging* em histórias envolvendo o uso de dildos em práticas sexuais específicas, tenta preencher uma das lacunas sistêmicas deixadas pelos estudos *queer*: a falta de estudos focados em atos sexuais e os sentimentos e identificações que esses atos provocam.

As análises ilustram como discursos sobre penetração com dildos podem produzir sujeitos generificados e sexualizados. De acordo com Preciado, "[o] dildo transforma o transar [...] em um ato paradoxal ao não poder ser identificado como órgão na oposição tradicional homem/ativo ou mulher/passiva. A totalidade do sistema heterossexual dos papéis de gênero, confrontada a esse pequeno objeto, perde seu sentido" (2014, p. 86). Com certeza, a partir de uma perspectiva *queer* que visa desconstruir a associação ideológica entre o pênis e o dildo assim como binários cis-heteronormativos, o dildo tem o potencial de fazer exatamente isso. O estilo de escrita de Preciado tende a enfatizar as possibilidades, o potencial, a utopia. Isso com certeza tem suas vantagens, pois nos inspira, nos faz ver o mundo de outra maneira; porém, não devemos focar no ideal de como as coisas poderiam ser sem olhar para as condições e problemas atuais. Precisamos criar inteligibilidades sobre essas questões se quisermos mudá-las, indo em direção ao mundo diferente que Preciado enxerga.

Olhando para os dados discutidos neste capítulo, vemos que o que Preciado sugere na citação acima não é precisamente o que acontece. O dildo parece "transforma[r] o transar" sim, e, para as pessoas envolvidas no ato, o sistema heterossexual dos papéis de gênero é desestabilizado e *começa a* "perde[r] o sentido", como o autor disse. Isso produz uma série de dúvidas: a minha identificação de gênero (ou aquela das pessoas com quem me relaciono sexualmente) é diferente do que eu pensava? Minha orientação sexual (ou aquela de meu/minha parceiro/a) é diferente do que eu pensava? Flávia, ao sempre ser penetrada pela esposa com um dildo, começou a vê-la como "praticamente um homem" e a questionar-se se era realmente lésbica. Nesse caso, o uso do dildo contribuiu para processos ideológicos de "masculinização" e "heterossexualização", respectivamente. Jack, ao desejar estimulação anal com um dildo, perguntou-se se não seria homossexual, uma dúvida compartilhada por sua esposa (um processo que poderíamos chamar de "homossexualização"). A esposa também ficou na dúvida se seu marido talvez quisesse ser tratado como uma menina (i.e., "feminização"), enquanto Jack começou a questionar se sua esposa não preferiria usar o dildo com uma mulher (i.e., "bissexualização" ou "lesbianização").

Todos esses questionamentos e processos de generificação e sexualização estão relacionados a ideias cis-heteronormativas e histórias dominantes sobre quem deve penetrar ou ser penetrado/a e sobre o dildo enquanto suposta imitação do pênis do homem cisgênero. Assim, por causa de estereótipos e associações ideológicas cis-heteronormativas dominantes, assim como a falta de visibilidade de narrativas alternativas, a desestabilização da "totalidade do sistema heterossexual dos papéis de gênero" mencionada na citação de Preciado acima produziu uma série de tentativas de reencaixar as identificações de gênero e sexualidade das pessoas dentro da lógica binária e não num desfecho total do sistema heterossexual dos papéis de gênero, como Preciado propõe. Assim, discursos sobre o dildo podem generificar e sexualizar com base na lógica binária da cis-heteronormatividade, mas a realização bem-sucedida ou "feliz", para utilizar uma terminologia austiniana, dessa generificação e/ou sexualização depende das pessoas envolvidas. A generificação e/ou sexualização podem ser realizadas por uma pessoa sobre si mesma, seguindo a lógica do senso comum. Ou podem ser realizadas por alguém sobre um indivíduo que as aceita ou as rejeita.

"A lógica do dildo prova que os próprios termos do sistema heterossexual masculino/feminino, ativo/passivo não passam de elementos entre muitos outros de um sistema arbitrário de significação" (Preciado, 2014, p. 84) e, como linguistas, sabemos que qualquer signo ou sistema arbitrário é passível de mudança. No caso do sistema arbitrário da matriz cis-heteronormativa e suas normas de penetração, com este capítulo, ao desvelar as ideologias em discursos sobre penetração com dildos e criar inteligibilidades sobre seus efeitos, espero ter realizado uma política narrativa (Threadgold, 2005) e contribuído para fomentar mudança. Que as pessoas, ao invés de sofrerem preconceitos ou experimentarem dúvidas paralisantes quanto aos seus desejos e identificações, possam sentir-se mais livres para experimentar (desde que haja consentimento das pessoas envolvidas) diversos prazeres.

ANEXO — CONVENÇÕES DE TRANSCRIÇÃO

(1.0)	pausa medida (de um segundo ou mais)
(.)	pausa não medida, breve (menos de um segundo)
.	entonação descendente ou final de elocução
?	entonação ascendente
,	entonação de continuidade
-	parada súbita
=	elocuções contíguas, enunciadas sem pausa entre elas
sublinhado	ênfase
MAIÚSCULA	fala em voz alta ou muita ênfase
↑	subida de entonação
↓	descida de entonação
°palavra°	fala em voz baixa
>palavra<	fala mais rápida ou acelerada
<palavra>	fala mais lenta
: ou ::	alongamentos
[ ]	sobreposição de falas
( )	fala não compreendida
(palavra)	fala duvidosa
((palavra))	comentário da analista, descrição de atividade não verbal
"palavra"	fala relatada
hh	aspiração ou riso

CAPÍTULO 12

O CORPO EM CENAS DE (RE)CONSTRUÇÃO DA SEXUALIDADE: UMA PERSPECTIVA *QUEER* DE LEITURA

Ismar Inácio dos Santos Filho

> (...) a identidade sexual é apenas um aspecto da sexualidade: a investigação da linguagem e da sexualidade precisa ir além de um foco exclusivo na identidade, se quiser ser capaz de explicar as maneiras como a sexualidade é materializada e veiculada por meio da linguagem.
>
> (Cameron e Kulick, 2003, p. 133)

Introdução

O objetivo deste capítulo é problematizar a ideia de "sexualidade" como intransitiva, pronta e, com base nisso, pontuar a necessidade de construção epistemológica de uma postura *queer* nos estudos linguístico-discursivos. Nesse sentido, é importante considerar a premissa de que no contexto brasileiro atual há uma forte tensão discursiva em torno das identidades sexuais e de gênero que se materializa em atitudes de violência simbólica e/ou física contra aqueles e aquelas cujas vidas não importam segundo parâmetros de inteligibilidade da cis-heteronorma para os quais há a expectativa de coerência interna entre sexo, gênero e sexualidade (Butler, 2003). Desse modo, como sugerem os capítulos reunidos nesta coletânea, faz-se relevante refletirmos a respeito da possibilidade de práticas de pesquisa nas quais os estudos em língua(gem) construam diálogos com um paradigma *queer* (Lewis *et al.*, 2017).

Dessas considerações, trago a leitura de cenas de uma telenovela[1] na qual dois homens adultos, amigos e recém-separados de suas esposas interagem e questiono o que acontece ali, naqueles momentos enunciativos entre os dois personagens. Nessa discussão, interessa interpretar a participação dos corpos desses dois homens na enunciação que realizam. A análise se fundamenta nas reflexões de Goffman (2002 [1964]) sobre a órbita microecológica da interação, assim como na proposta de Bucholtz e Hall (2016) e Bonfante e Borba (2018) de uma perspectiva corporificada para os estudos linguísticos, que nos levam a compreender que o corpo fornece uma "gramática" para a enunciação (ver Bonfante, neste volume). Nessa leitura, a questão proposta é: De que maneira os corpos dos dois homens nas cenas da telenovela participam do alinhamento (ou realinhamento ou desalinhamento) da sexualidade? Alinhamento aqui é compreendido como a posição do "eu" em suas interações com o outro, consigo mesmo e com as

---

1. A telenovela é "Sete Vidas", escrita por Lícia Manzo e Daniel Adjafre, narrativa baseada nas relações humanas, nos dramas do dia a dia, conforme explica Santana (2017). Foi exibida no horário das 18 horas, na TV Globo, em 2015, com permissão para a faixa etária a partir dos 10 anos.

ações comunicativas em curso (Goffman, 2002 [1979]). Analiso os recursos não verbais mobilizados pelos participantes na cena e seu papel no processo comunicativo, entendendo que essas enunciações estão imbricadas a questões de sexualidade e de gênero, que são aqui compreendidos como transitivos, ou seja, fluidos e em mudança.

Deve-se deixar claro que o propósito não é o de estudar como gays e lésbicas falam — uma tendência que foi e ainda é comum em muitos trabalhos sociolinguísticos que focalizam essa relação. Dessa feita, afastamo-nos da compreensão de que há uma linguagem (específica) falada ou escrita por pessoas LGBT. Filio-me à argumentação de Kulick (2000, p. 243) para quem "a linguagem gay e lésbica não existe e não pode existir da maneira como é amplamente imaginada". Afastamo-nos dessa ideia porque essa perspectiva acaba reduzindo a sexualidade à identidade sexual (ver Borba, neste volume). Essa essencialização reducionista é efeito de uma visão de linguagem como fenômeno derivado de uma identidade (i.e., "ela fala assim porque é gay") na qual se acredita que os recursos linguístico-discursivos estariam atrelados à orientação sexual. Por esse ângulo, a identidade sexual se daria como um estado completo, como um pacote, inclusive com um código linguístico-discursivo exclusivo. Está nessa crença uma perspectiva de essencialização e generalização da sexualidade e da linguagem.

Diferentemente, preocupamo-nos em estudar, tal como propõe Kulick (2000), formas pelas quais a linguagem está ligada e constrói a sexualidade, aqui entendida como constituída de práticas, desejos, medos, fetiches e diversos outros aspectos que figuram os modos sexuais (Kulick, 2000; Miskolci, 2017). São esses aspectos que nos interessam interpretar nas cenas televisivas em análise neste capítulo. Logo, situamo-nos em uma abordagem conceitual e procedimental sustentada pela noção de performatividade (Butler, 2003) com o objetivo de investigar como certas práticas linguístico-discursivas (ou semióticas de modo geral) constroem interlocutores como gays, lésbicas ou outra identidade sexual. Pretende-se com isso problematizar as relações entre linguagem e categorias identitárias sexuais (e de gênero). Por essa compreensão, não partimos da ideia de "ser", mas de "tornar-se", no sentido de que os sujeitos se materializam como LGBT através de formas de uso da linguagem, construindo histórica e culturalmente suas identidades. Conforme entendemos com Austin (1990), Butler (2003), Livia e Hall (1997), Kulick (2000) e Borba (2014a), a noção de performatividade sugere que as pessoas, ao usarem a língua(gem), realizam ações no mundo e constroem seus modos de viver/experienciar através das próprias enunciações. Nesse arcabouço epistemológico, as enunciações realizam ações porque são citações, repetições de enunciados/discursos anteriores, no sentido de que incorporam formas convencionais de linguagem a partir das quais os sentidos propostos são tomados como obrigatórios, necessários de serem seguidos, válidos. Mas é certo que muitas pessoas podem não seguir os significados propostos nos enunciados, sendo a ação e a identificação (sexual ou de gênero) não concretizadas, fato que abre espaço para outros sentidos, outros modos de reconhecimento e de viver (ver Borba, neste volume). No tocante à sexualidade, os efeitos produzidos nos corpos e nos comportamentos podem fugir da regra, podem mudar, se reconfigurarem, pois eles são transitivos (Kulick, 2000).

Faz-se necessário pontuar algumas questões que guiam esta proposta de leitura *queer*, quais sejam:

1. O que é esse contexto de tensão discursiva em torno das identidades sexuais e de gênero?
2. O que é essa postura *queer* nos estudos linguístico-discursivos?
3. De que modo essa postura *queer* favorece as práticas sociais e discursivas e/ou vivências/experiências sexuais (e de gênero) no atual contexto?

Sobre o contexto de tensão discursiva, respondendo à questão (1), entendemos que em nossos dias está bem visível (e de modo mais incisivo) uma guerra discursiva cujo objeto de disputa está centrado em indagações: "O que é ser homem?", "O que é ser mulher?". Sendo assim, interessa-nos interpretar cenas enunciativas televisivas que participam dessa luta discursiva, pois entendemos que essa interpretação possibilita criar inteligibilidade sobre a vida em sociedade (Moita Lopes, 2016), por um lado, e sobre o funcionamento discursivo dessa produção textual/ enunciativa, por outro. Nessa compreensão, a disputa discursiva se torna possível porque há grupos de sujeitos que entendem a vida por um viés biologizante e religioso para o qual deve haver nas pessoas uma coerência produzida automaticamente entre os cromossomos e a materialidade sexual (as genitálias), o gênero e a sexualidade, gerando a masculinidade e a feminilidade (de modo essencial, universal e binário) e a heterossexualidade, como única sexualidade possível e legítima: é a inteligibilidade do gênero (e da sexualidade), a inteligibilidade do humano (Butler, 2003). Nesses parâmetros regulatórios, a sexualidade é instinto, atributo genético e permanente nos sujeitos (Fabrício e Moita Lopes, 2008), sendo, assim, intransitiva e fixa (Kulick, 2000).

Segundo essa compreensão, os seres inteligíveis importam, sofrem luto, são o centro, a norma, conforme Butler (2003) e Moita Lopes e Baynham (2017) explicam. Os sujeitos não heterossexuais (gays, lésbicas, travestis, bissexuais, pessoas trans etc.) não importam; são pessoas não válidas, porque são desviantes, são periféricas, matáveis (e não são dignas de luto), porque não são inteligíveis. Desse modo, os desejos e as afetividades tornam-se constrangidos por restrições morais e político-culturais (Miskolci, 2017). Nesse contexto, certamente, é possível argumentar que a lei, a polícia e a medicina também constrangem os desejos e as afetividades, constrangem a sexualidade (Borba, 2016). Assim, é possível afirmar que a cultura que tem a heterossexualidade como a norma está bem evidente em nosso país atualmente. É o que podemos denominar de "cultura [cis-]heteronormativa" ou "ditadura [cis-]heteronormativa" (Colling, 2015), na qual as pessoas consideradas ininteligíveis são colocadas em condição de precariedade, de risco (Butler, 2009). É um regime regulatório dos afetos, dos desejos e dos poros. E, tal como afirma Pelúcio (2017, p. 12), "ainda hoje se humilha, agride e mata quem ousa viver fora da [cis-]heteronorma". Essa cultura pode tornar-se "autoridade moral vinculante" (Butler, 2009), isto é, pode ser vista como instituindo sentidos obrigatórios. Contudo, nela pode haver "insurgências", como resistência à polaridade centro-periferia para os desejos, as práticas e identidades sexuais, por exemplo (Lewis et al., 2017).

Embebido pela compreensão contextual antes esboçada, na sequência, proponho uma postura/leitura *queer* nos estudos linguístico-discursivos, analisando a enunciação corporal entre dois homens em (re)construção da sexualidade e, para finalizar, discuto acerca da necessidade e da importância da *queerização* dos estudos em linguagem (ver, nesse sentido, Borba, 2015). Assim, pretendo responder às questões (2) e (3) antes formuladas.

Órbita microecológica e enunciação incorporada em cenas de "Sete Vidas"

A leitura aqui desenvolvida é de cenas da telenovela "Sete Vidas", com foco em uma cena exibida no último capítulo dessa narrativa televisiva, em 2015, pela TV Globo. Nas cenas sob análise, os personagens Renan e Eriberto (vividos pelos atores Fernando Eiras e Fábio Herford, respectivamente), dois homens adultos, amigos e recém-separados de suas esposas, iniciam interação de desejos afetivos e sexuais entre si. Esses diálogos são aqui compreendidos como um processo inicial de (re)construção, em fase adulta, da sexualidade masculina, da identidade sexual de cada um. Nessa discussão, interessa interpretar a participação dos corpos desses dois homens na performatização da sexualidade: desejos, medos etc. Na leitura, a questão proposta é: *De que maneira os corpos dos dois homens na cena televisiva participam do realinhamento ou desalinhamento da sexualidade?* Objetiva-se compreender quais recursos verbais e não verbais são mobilizados e sua participação no processo enunciativo.

Na discussão, a cena da telenovela é entendida como discurso midiático, na condição de dispositivo pedagógico, visto que educa os corpos, levando os sujeitos a se identificarem ou a se desidentificarem com os sentidos propostos. Nesse aspecto, a análise focaliza a órbita microecológica (Goffman, 2002 [1964]) da cena estudada: são investigadas a enunciação incorporada e a sintaxe televisiva (Santos Filho, 2016) através do conceito de performatividade (Butler, 2003), que põe em foco o processo de "citação" (Borba, 2014a). Inicialmente, é relevante entendermos que as cenas de telenovela são aqui estudadas como um gênero discursivo mediado, pois suportado pela TV, no qual há a oralização de um roteiro, ou a "performance" de atores a partir de um roteiro, construindo conversas face a face, cotidianas, entre dois homens adultos. Se acaso não considerássemos que essas são cenas televisivas, ficaríamos apenas com a ideia de conversa cotidiana. Essa compreensão possibilita-nos a análise do corpus por dois vieses, quais sejam, inicialmente na condição de conversa cotidiana e, na sequência, como cena televisiva de telenovela, figurando, assim, um esquema didático para a análise.

Para essa leitura, estamos considerando o conceito de órbita microecológica proposto por Goffman (2002 [1964]) no qual as nossas conversas cotidianas, as interações face a face, emergem de uma situação de enunciação. Dessa maneira, é essa situação de enunciação que denominamos de órbita microecológica, no sentido de que, numa enunciação face a face o que conta como válido não são as categorias sociais como algo fixo, mas sim a forma como interagentes as relacionam a valores através dos quais produzem os alinhamentos, ou posicionamentos, sobre essas categorias no instante da enunciação. Ou seja, a órbita microecológica se refere ao ambiente humano e material que se constitui como esfera de ação, no qual há um jogo complexo e reflexivo de ação discursiva e sua interpretação. De acordo com Goffman (2002 [1964]), na enunciação face a face ocorre a "gestão de si" de maneira situada, na qual as ações corporais são constitutivas dessa enunciação a partir de valores aceitos e considerados justos. Logo, a enunciação é composta pela ação verbo-corporal produzida em interação durante a qual são gerados alinhamentos, realinhamentos ou desalinhamentos referentes a determinado objeto de disputa e/ou a interlocutores. Nesse sentido, os significados propostos para si e para a interlocução são/estão incorporados, constituindo o corpo e os sujeitos na interação. Nessa compreensão, o corpo produz a linguagem e a linguagem produz o corpo (Bucholtz e Hall, 2016; Bonfante e Borba, 2018). Essa perspectiva dialoga com a noção de performatividade para a qual as práticas discursivas constroem ações, forjam os sujeitos, corpos, sexualidade e gênero.

Mas, como esse processo se efetiva? Partindo de Bucholtz e Hall (2016), podemos estender essa noção e afirmar que o corpo produz a linguagem e a linguagem produz, por sua vez, desejos, sexualidade e gênero (ver, nesse sentido, Bonfante e Borba, 2018).

Essa compreensão interessa à LQ e seu projeto de subverter conhecimentos linguísticos "bem-comportados" e saberes fundados na compreensão biologizante da vida e da língua de modo a problematizar a interface língua(gem), sexualidade e gênero. É uma abordagem necessária no atual contexto em que há lutas discursivas em relação às identidades sexuais e de gênero.

Corpo, linguagem e produção de afeto, desejo e prazer

As cenas sob análise são de interação entre Renan e Eriberto.[2] Em "Sete Vidas", Renan é um homem de meia-idade, dentista bem-sucedido e casado com Mariinha, que é amiga de Marta, esposa de Eriberto, leiloeiro. Na trama, os dois homens são apresentados por suas respectivas esposas e tornam-se amigos, pois percebem que têm as mesmas afinidades, principalmente afinidade estética. No decorrer da telenovela, vamos compreendendo o eterno desencontro entre Renan e Mariinha, justamente pelo pouco interesse da esposa por obras de arte, filmes, museus, concertos etc. Porém, é apenas nos últimos capítulos da narrativa que os dois homens se separam de suas esposas e constroem entre si uma relação para além da amizade fundada em seus interesses em comum. Na análise, são tomadas três cenas, nas quais

---

2. A chave de sinais usada para a transcrição é a seguinte: i) *barra inclinada para a direita* (/) tem a função de indicar interrupção de palavras e truncamento de sentenças, ii) *letras em caixa alta*, a exemplo de "... bo**BAGEM**..." indicam entoação enfática, fala mais alta, iii) *dois pontos repetidos* (::) indicam alongamento de fonemas, vogais ou consoantes, iv) *sinal de interrogação* (?) indica questionamento, v) *um sinal de adição entre parênteses* (+) indica qualquer pausa, vi) *três sinais de adição entre parênteses* (+++) indicam uma pausa longa, e vii) *colchete virado para a esquerda* (]) indica superposição de vozes.

há (re)construção da sexualidade. Na Cena 1, motivado por uma amiga, Eriberto decide declarar-se ao amigo, ação que deixou Renan possivelmente desconcertado, provocando certo distanciamento entre eles. A Cena 2 é um encontro, que havia sido proposto por Renan, visando conversar sobre o fato de Eriberto ter esboçado seus sentimentos. Nessas duas cenas, para quem acompanha a telenovela, os personagens são amigos, embora haja índices discursivos que sugerem que a relação entre eles possa ser outra, não apenas de amizade, mas de afetos e desejos sexuais. Já a Cena 3 se configura como a confirmação de um encontro acordado entre esses dois homens para assistirem a Chaplin no cinema. Essa cena foi exibida como parte do último capítulo da telenovela e torna-se nosso foco de leitura. Contudo, para fins de contextualização da relação entre os dois faz-se necessário trazer para a análise uma breve descrição das Cenas 1 e 2.

Citações incorporadas e a performatização da sexualidade e do gênero: uma perspectiva *queer* de leitura

Se considerarmos a cultura cis-heteronormativa em que vivemos, faz-se necessário questionar: O que está acontecendo nessas cenas? Que citações são realizadas/incorporadas pelos dois homens? Que performatização está sendo construída pelos interagentes? Será que, na cena 03, a escolha pelo cinema para o encontro é apenas uma "desculpa" para expressarem um novo alinhamento sexual, ou um desalinhamento sexual, mesmo que apenas corporalmente? O silêncio da verbalização de afetos e desejos entre os dois homens se dá pelo contexto enunciativo ser público? Esse silenciamento verbal estaria para as sexualidades que se distanciam da cis-heteronorma? Vamos às cenas!

Cena 1

O que acontece na Cena 1, exibida no capítulo 104, em 8 de julho de 2015? Na transcrição dessa cena, "R" é para Renan e "E" é para Eriberto. A cena acontece em um contexto em que os dois amigos estão sentados à mesa em um restaurante. A interação é interrompida quando Renan encontra uma desculpa e abandona a conversa, afastando-se de Eriberto:

Excerto 1

07'40" R: pelo tom de sua voz (+) eu (+) eu deduzi que a coisa era grave mesmo (+) e (+++) mas diante disso (+) por que que você não me ligou antes?
07'49" E: é que eu (+) eu me levei um tempo até que eu conseguisse me recobrar (+++) concatenar as ideias (+) e (+) estar minimamente apresentável
07'58" R: bobagem (+) diante dos grandes amigos podemos também mostrar nosso lado avesso (+) né? (+++) afinal (+) o que houve com marta (+) alguma coisa súbita?
08'08" E: na hora me pareceu que sim (+) era vil (+) truculento demais para ser verdade (+) mas (+) mas depois (+) pensando melhor (+) me surpreende não ter acontecido antes (+++) não porque a distância entre nós fosse enorme (+) isso não me assustava (+) frequentemente as diferenças são complementa::res (+) enriquecedo::ras (+++) mas (+) no nosso caso (+) eram diferenças de valores (+) de princípios (+) e essas diferenças são intransponíveis
08'41" R: humm (+) eu entendo
08'44" E: ainda assim (+) talvez eu me obrigasse a permanecer (+) naquela prisão por anos (+) não fosse a morte de papai me libertar
08'52" R: era tão pesada assim (+) para você (+) a expectativa de seu pai?
08'56" E: em absoluto (+) a presença de papai (+) sempre foi doce em minha vida (+) foi a ausência dele que (+) que me disparou um alarme (+) o fechar de olhos de papai (+) abriu os meus pra determinadas coisas (+) por exemplo (+) a percepção do quanto a vida é fugaz (+) do quanto a vida pa::ssa (+) escorre entre os dedos (+) mais do que permanecer fiel ao meu casamento (+) eu me dei conta do quanto não sou fiel a mim mesmo (+++) e essa é a pior das traições
09'31" R: nada do que você viveu foi em vão (+) acredite (+) estou diante de um homem livre (+) corajoso (+) a caminho do seu destino (+++) a caminho de encontrar alguém que (+) que possa dar valor a a a a delicadeza dos seus sentimentos

                                          [
09'49" E: na verdade (+) renan (+) eu acho que já encontrei (+++) desculpe (+) me perdoe se eu tiver (+) pisando num terreno delicado ao falar sobre isso (+) mas/ mas a experiência de me sentir acolhido (+) de me sentir aceito (+) sem restrições (+) sem nada a esconder ou a omitir (+++) finalmente à vontade na frente do outro (+++) a alegria (+) de partilhar uma área (+) um poema (+) um/ um perfume exótico (+) tudo isso eu descobri que eu já tenho (+) a única coisa que falta saber (+) é se esse sentimento é recíproco
10'34" R: ah (+) desculpe-me (+) perdão (+) ai perdão
                                                                                                                  [
10'37" E: eu é que peço perdão (+) se eu estiver
                                                                                                                      [
10'38" R: perdão (+) eu
                                                                                                                      [
10'39" E: é que peço perdão se eu estiver sendo íntimo (+) eu quero que você saiba (+) que essas/ que essas descobertas também me desconcertam (+) e você mais do que ninguém (+) que/ que me conhece (+) sabe que eu sou um homem tradicional
                                                                                                                    [
10'51" R: se/ seja como for (+) se/ seja o que for (+) é um movimento sincero (+) e/ e merece todo o respeito (+) e (+++) bem (+) eu (+) eu/ eu desejo a você (+) meu amigo (+) to/ toda a sorte do mundo (+) nessa nova jornada (+) e que ela te traga um (+++) um (+) esqueci (+) esqueci (+) esqueci de te dizer (+) desculpe (+) in::felizmente eu/ eu (+) infelizmente eu/ eu não tenho tempo (+) eu tô/ eu tô com um (+) eu/ eu tenho compromisso (+) eu me esqueci de te dizer (+) desculpe (+) eriberto (+) meu neto faz ano hoje (+) francisco (+) eu já te falei dele
                                                                                           [

```
11'33" E:                                                      claro
                                                               [
11'34" R:                                          faz   aniversário   (+)
           mariinha está me esperando em casa (+) porque nós vamos conversar com ele através do
           computador (+) e
                                                               [
11'39" E:                              claro (+) fique à vontade (+) claro
                                                               [
11"40" R:                                          não (+) eu (+) me desculpe (+) é (+) eu
           devia ter dito (+) é (+) bom (+) é (+) bom (+) nós nos falamos (+) né (+) nos falamos (+++)
           me desculpe (+++) eu espero que você fique bem (+) nós nos vemos (+) né (+) a qualquer
           momento (+) a qualquer hora nós nos falamos (+++) fique bem
```

O que acontece na Cena 1, transcrita anteriormente? Entendemos que Eriberto e Renan se encontram, a pedido de Eriberto, a quem Renan dá apoio, para que aquele fale de sua separação de Marta, sua esposa. Esse assunto se torna o tópico da conversa, até 9'49", momento a partir do qual Eriberto redireciona o tópico de fala e esboça uma declaração de seu afeto pelo amigo Renan, que, diante daquela situação, fica nervoso, deixa a xícara cair sobre a mesa, em 10'34", logo após Eriberto ter dito que já encontrou alguém que possa dar valor aos seus sentimentos, mas que "a única coisa que falta saber é se esse sentimento é reciproco", referindo-se a se sentir acolhido, aceito, sem restrições, à vontade, pelo amigo. Até esse momento, o diálogo entre eles é cheio de muitas pausas, leves e longas, marcando hesitações, trocas de olhares fixos, respirações profundas, figurando tensão entre os dois homens. A enunciação de Eriberto visa expor o que ele denomina de "descoberta", mas que nós podemos compreender como identificação com outras possibilidades afetivas. Ele está alinhando-se a outras possibilidades de relacionamento.

Após o momento da queda da xícara, que é o momento em que a fala de Eriberto se torna mais explícita quanto aos seus afetos em relação a Renan, as respirações são perceptivelmente mais profundas, as palavras se tornam entrecortadas, há sobreposições de falas, indicando cortes um na fala do outro. Renan parece não querer saber dos sentimentos de Eriberto, que o interrompe para insistir em dizer de sua afeição. Há roubo de turnos, configurando nervosismo entre eles, constituindo tensão mais forte. Nitidamente Renan recusa-se a ouvir/participar daquela conversa com aquele tópico em discussão. Há um desalinhamento entre eles, pois se Eriberto está se identificando com outras possibilidades de afetos, isso certamente não ocorre com Renan, que, por isso, abandona a conversa, para decepção de Eriberto, que fica desolado, mas com a promessa, pelo amigo, de que se falarão. Renan solicita ao amigo que fique bem.

Essa interpretação da cena é possível porque os recursos linguísticos/ semióticos usados estão disponíveis em nossa sociedade, convencionados, fato pelo qual podemos reconhecê-los e interpretá-los no contexto da órbita microecológica interacional em questão. Tais recursos constituem-se como léxico dessa enunciação: a significação não se dá apenas pelos recursos linguísticos; a significação ganha movimento (Dionísio, 2005). O que levou Eriberto a autonomear-se de "homem tradicional", como vemos na sequência no trecho destacado, logo após a explícita recusa de Renan em continuar a conversa, conforme lemos a seguir?

```
                                                                    [
                                                                    eu
10'39" E:    é que peço perdão se eu estiver sendo íntimo (+) eu quero que você saiba (+) que essas/ que
             essas descobertas também me desconcertam (+) e você mais do que ninguém (+) que/ que
             me conhece (+) sabe que eu sou um homem tradicional
```

Certamente, a resposta ao questionamento anterior está no fato de, mesmo estando apenas os dois na cena, o que configura uma conversa reservada, o jogo enunciativo se torna complexo porque provavelmente paira sobre seus modos de ser, principalmente para Renan, o regime regulatório da inteligibilidade do humano no qual esses sentimentos, afetos e sexo entre dois homens não podem existir. Assim, ao autonomear-se de "homem tradicional" está se construindo como homem, mas já "desconcertado" por suas "descobertas", por seus interesses por outro homem. Desse modo, o personagem parece não transitar em seu gênero, apenas na sexualidade. Essa leitura já nos aponta para a relação complexa e indireta entre linguagem e sexualidade.

Cena 2

Há um novo encontro, na Cena 2, exibida no capítulo seguinte, 105, no dia 9 de julho de 2015, para que Renan informasse ao amigo que ficou afetado por ele ter falado de sua relação com a esposa como "falta de afinidade e de eternos desencontros". Renan afirma, respirando profundamente, que reconheceu ali traços do próprio casamento no sentido de que, assim como Eriberto, também nutria "o desejo de uma vida nova", livre de ideias e regras que não eram dele. Vemos que, com a voz incisiva, com o olhar focado para Eriberto e com a respiração profunda, portanto, com seu corpo, Renan produz sentidos de que ficou "tocado" e "contaminado" pelas palavras do amigo. Dessa maneira, parece estar se afastando do regime de controle da inteligibilidade. Verbal e corporalmente, Renan está se alinhando aos sentidos, ou melhor, aos sentimentos, propostos por Eriberto no encontro anterior. Os corpos de Renan e de Eriberto estão produzindo linguagem (verbal e não verbal), significações; estão produzindo afetos entre si; estão produzindo outra possibilidade de sexualidade.

Sem mais tanto nervosismo e a tensão do encontro anterior (Cena 1), Renan diz, então, que está separado também de sua esposa, o que vai confirmando um desalinhamento à cis-heteronorma, que se configura em um realinhamento dos afetos e da sexualidade. Argumenta que poder contar com o apoio e a companhia de Eriberto é para ele algo muito valioso. Eriberto responde com um semblante alegre através de um sorriso. Renan realiza um convite para irem no final de semana ao cinema assistir a Charles Chaplin, porque, segundo defende, será uma oportunidade de contemplar um olhar, um gesto, um silêncio, que dizem mais do que mil palavras. Renan, ao se referir ao filme, certamente, fazendo-se delicado, cavalheiro, falava a respeito deles, construía a si e a seu amigo; construía aquele momento, muito mais do que falar, de fato, a respeito do filme de Chaplin. Essa leitura é possível porque no momento final da cena, é a contemplação do outro que eles constroem, com os olhos marejados de lágrimas.

São os sorrisos, ora mais expansivos, ora mais leves, juntamente aos meneios da cabeça, por Renan e das lágrimas mais evidentes de Eriberto que nos levam a interpretar que eles, no silêncio verbal, enunciam um ao outro, e para si mesmos (com o corpo), uma proximidade afetiva e, provavelmente, sexual entre eles. É a proposta da "vida nova" já anunciada. Dão início, de modo gentil, à construção de afetos e enunciados construídos pelas linguagens verbal e corporal. Dessa maneira, nessa Cena 2, constroem para si de maneira sutil a possibilidade de mobilidade do desejo sexual entre eles, entre dois homens adultos amigos, subvertendo o interesse apenas ao sexo oposto, ao qual estiveram filiados durante décadas de suas vidas, pois parecem esboçar um afastamento do que era a única possibilidade sexual, a heterossexualidade. Essas citações se configuram como indícios semióticos de que, de fato, os personagens estão realinhando sua sexualidade. Nas lágrimas não há choro; é a emoção da permissão que estão se dando para novas experiências.

Cena 3

Na Cena 3, exibida no último capítulo da novela, vemos Renan e Eriberto sentados, assistindo ao filme, no cinema, com o olhar para frente, leve sorriso e semblante de calmaria. Os personagens estão se alinhando na mesma proposta de significação costurada inicialmente na última conversa que tiveram, discutida anteriormente (Cena 2). Reconhecem-se nessa calmaria e leveza, o que é indicado pelo sorriso leve e o semblante. Percebe-se aqui que quando falaram em uma "nova vida" na Cena 2 referiam-se a uma nova experiência afetiva e sexual. Logo, podemos inferir que estão em/com seus corpos construindo derivas de seus desejos através de recursos não verbais cinésicos (Dionísio, 2005), como olhares e sorrisos. Esse realinhamento afetivo-sexual se configura como uma deriva já que, em uma cultura cis-heteronormativa, o desejo e o sentimento afetivos e sexuais entre pessoas do mesmo sexo são constrangidos por restrições morais religiosas (Miskolci, 2017) e policialescas.

Na cena, vemos Renan inclinando a cabeça para contemplar o amigo. Em seu rosto, há um sorriso curto. A junção entre olhar e sorriso parecem indicar que Eriberto ali passa a ser mais que seu amigo, mas sim seu sujeito/"objeto" de desejo. Agora, na órbita microecológica interacional, sob a penumbra da sala de cinema, o desalinhamento à cis-heteronorma vai ganhando forma. Em uma ação coordenada, Eriberto abre os dedos e Renan entrelaça seus dedos aos dele. Dessa maneira, se antes, na Cena 2, foram a visão de mundo e os interesses em comum que os aproximavam para a nova relação, agora é o corpo do outro, tomado pelo rosto e pela mão, como em processo de metonímia, que serve a essa função. Na sequência da cena, Eriberto olha para as mãos entrelaçadas e esboça expressão de leve susto, engolindo a saliva ao final.

No decorrer da cena, essa significação corporificada por Renan não acontece sem medo, pois, de repente, enuncia um leve susto, ao direcionar o olhar para a mão do, até então, amigo. Porém, o medo imediatamente se desfaz. Não há medo, não há traumas, pois continua alinhado às derivas do desejo. Entretanto, de que Renan poderia ter medo? Com certeza ele deve saber que está se desalinhando aos desejos considerados normais para um homem (adulto, avô, recém-separado, economicamente equilibrado). Está se afastando da cis-heteronorma. Porém, esse fantasma regulatório não o impede, pois Renan coloca sua mão esquerda sobre o braço direito de Eriberto e avança para a mão do amigo. Em continuidade à cena, Eriberto olha para Renan. As mãos se entrelaçam e Renan engole saliva e expressa calma através do olhar. Ambos esboçam leve sorriso e expressão de paz com o olhar direcionado para a frente. Eriberto fecha os olhos! É a contemplação do desejo e do prazer por outro homem? São homossexuais? Bissexuais? Homens que fazem sexo com outro homem (HSH)? A categorização da orientação sexual depende do próprio sujeito e seu reconhecimento/identificação a uma identidade sexual (e de gênero).

Como descrito, nesses recortes da cena, Renan coloca a mão sobre o braço e logo sobre a mão de Eriberto, que abre os dedos para o entrelaçamento. Com esse movimento, Renan constrói para si e para o amigo que o corpo dele é desejado, não bastando a contemplação; é preciso o toque, o prazer. Ao avançar nesse alinhamento, ele sabe/espera que não haverá recusas por parte de Eriberto. Ele está certo. De pronto, a resposta de Eriberto é a de abrir seus dedos para o entrelaçamento. É a performatização do desejo, a performatização de si como homens que podem e sentem afetos, carinhos, desejos e prazer com outro homem. Fez-se necessário o uso do recurso tacêsico (Dionísio, 2005); o toque se fez necessário na interação. Assim, entendemos que do interesse, Renan e Eriberto foram à "prática", ao toque, ao prazer, construindo o desejo, construindo-se a partir do prazer. Com a abertura dos dedos e a inserção para o entrelaçamento, os dois agora produzem no e pelo corpo que são mais que amigos, a partir dessa construção metafórica do intercurso sexual. É a expressão de subversão à cis-heteronorma na dimensão da sexualidade.

Eriberto, por sua vez, expressa certo medo na expressão facial, que se efetiva porque engole a saliva, como em um gesto de que algo estava obstruindo a passagem em sua garganta. Seria a ausência da enunciação verbal? Certamente não, pois essa não se fez necessária para os sentidos de desejo e prazer que eles construíram. Em resposta, Renan olha para o amigo. É a sinalização de que há apoio e companhia entre eles, tal como já falaram na Cena 2. É certo afirmar que Renan e Eriberto corporificam afastamento do desejo afetivo e sexual e do prazer considerados normais aos homens dentro dos marcos regulatórios considerados aceitos de nossa cultura sexual. Nessa, a heterossexualidade é imperativa, pois aos homens restariam o desejo e o prazer direcionados ao sexo oposto. Os olhares, os meneios de cabeça, os suspiros, os sustos, os semblantes calmos, os sorrisos leves e o entrelaçamento de mãos produzem linguagem e a linguagem está produzindo desejos sexuais e afetivos transitivos, subversivos, indecentes; estão construindo o afeto e o prazer entre homens em fase adulta. Agora, são mais que amigos. São parceiros afetivo-sexuais em uma nova vida. No tocante ao gênero, os personagens se constroem como homens ("tradicionais") em derivas sexuais.

Cena de TV: dispositivo pedagógico da sexualidade e de gênero

Entendemos as cenas entre Renan e Eriberto como dispositivos pedagógicos de educação sexual, pois visam recontextualizar os sentidos produzidos acerca das sexualidades masculinas consideradas desviantes, interpelando seus interlocutores e interlocutoras. Os desalinhamentos afetivo-sexuais produzidos nessas cenas legitimam para o grande público esse modo de se reconhecer enquanto homens e viver afetos, desejos e prazeres em deriva. De acordo com a indicação etária da telenovela, o público que a assiste engloba de pré-adolescentes a adultos. Logo, compreendemos a escolha da sutileza e da delicadeza com as quais as cenas foram construídas, visto que os afetos, desejos e prazeres entre eles não são explícitos, mas subentendidos, pois provavelmente a produção da telenovela deve estar preocupada em não sofrer constrangimentos devido à discussão acerca de sexualidade e gênero.

Poderíamos numa discussão mais ampla refletir sobre a sintaxe televisiva, seu processo de construção e seus elementos semântico-pragmáticos (Santos Filho, 2016). No eixo sintático horizontal, vemos que os enquadramentos são quase todos em closes e propõem "mostrar" a emoção dos dois personagens. No eixo sintático vertical, aquele em que se sobrepõe som às imagens, por exemplo, as imagens são exibidas ao som de *Blowin' in the wind* ("Soprando ao vento"), de Bob Dylan, a exemplo do trecho em que Dylan canta "quantas estradas um homem precisará andar até que possa ser chamado de homem?". Esses elementos contribuem para a produção de cenas televisas nas quais sentidos inauditos para a sexualidade dos dois homens são projetados e legitimados, pois aí eles performatizam/validam outras compreensões acerca de seus afetos, desejos e prazeres. É a telenovela dando-nos lições de sexualidade (e gênero) de modo a desconstruir perspectivas conservadoras, produzindo, assim, *visibilidades* e fomentando espaços de *(r)existências* dissidentes.

Considerações acerca da leitura em perspectiva *queer*: linguagem, corpo e sexualidade

De acordo com Kulick (2000), para que entendamos a relação entre linguagem e sexualidade devemos levar em consideração como "objeto de estudo" os fenômenos que compõem a sexualidade, tais como o desejo, o afeto e o prazer. A proposta aqui é a de compreender esses fenômenos sendo forjados em língua(gem) incorporada. Nessa necessidade conceitual e procedimental, saímos da noção de sexualidade como identidade autoproclamada simplesmente, tomada como intransitiva. Também, conforme explica Kulick (2000), não basta afirmarmos que sexualidade (ou gênero) é construída; é necessário "mostrar" o que é realizado como sexualidade (ou gênero) a partir dos fenômenos de sua constituição. Nesse sentido, a LQ toma para si o desafio de investigar como as pessoas constroem *o sentido* de quem são a partir da análise empírica de como as semioses são corporalmente empregadas (Borba, 2015), o que contribui para que entendamos como o sujeito/corpo se produz e produz o outro ao produzir linguagem (Bonfante e Borba, 2018; ver também Bonfante, neste volume). A sexualidade de Renan e Eriberto, dois homens adultos em processos iniciais de derivas sexuais, está composta de muitos aspectos, tais como alegrias, medos, desejos, prazeres. Não é apenas a identificação sexual. Essa é constituída desses aspectos mencionados.

Uma perspectiva de leitura *queer* de fenômenos socioculturais e discursivos implica no entrelaçamento entre linguagem, sexualidade, desejo e corpo, assim como materializados em práticas semióticas culturalmente fundamentadas. Por essa perspectiva, o desejo não é individual, mas sociocultural, construído em processos de iterabilidade ("processo de citação"), no sentido de que "recirculam" na vida social (por isso reconhecíveis, mesmo que sejam outros, recontextualizados). Esses sentidos, assim, têm historicidade (ver Barrett, neste volume). Dessa maneira, passamos a compreender que os processos supostamente internos, tais como afetos, desejos e prazeres, só ganham vida quando materializados em atividades discursivas (Billig, 1997 apud Kulick, 2000), que performativamente os constroem. Corroborando essa compreensão, entendemos com Miskolci (2017) que o desejo sexual é moldado nas interações sociais. É situado, não determinado, não assujeitado, tampouco puramente biopsicológico. Nesse processo de leitura *queer*, precisamos compreender que "assim como os corpos produzem a linguagem o inverso também se aplica: a linguagem produz os corpos" (Bucholtz e Hall, 2016, p. 173). Esse entendimento é útil para pensarmos em processos semióticos de indexicalidade que visam a performatividades de sexualidade (e de gênero).

De que modo essa postura *queer* favorece as práticas e ou vivências/ experiências no atual contexto? Essa postura de "estranhamento" e problematização da relação entre língua(gem) e sexualidade se faz necessária para compreendermos a participação dos enunciados na luta discursiva em torno das sexualidades, por exemplo. Nas leituras com essa postura, construímos saberes sobre a vida social em imbricamento às práticas discursivas, tal como fizemos acerca dessas cenas da telenovela e seus propósitos discursivos no contexto atual de luta sobre e entre sujeitos e suas sexualidades, principalmente as consideradas desviantes.

REFERÊNCIAS

ABE, Hideko. *Queer Japanese*: gender and sexual identity through linguistic practices. New York: Palgrave MacMillan, 2010.

AGHA, A. *Language and social relations*. Cambridge: Cambridge University Press, 2007.

AHMED, S. *Queer phenomenology:* orientations, objects, others. Durham: Duke University Press, 2006.

ALLAN, J. A. *Reading from behind:* a cultural "anal"ysis of the anus. London: Zed Books, 2016.

ALMEIDA, A. N. *A construção de masculinidades na fala-em-interação em cenários escolares*. Tese (Doutorado em Linguística Aplicada) — Instituto de Letras, Universidade Federal do Rio Grande do Sul (UFRGS), Porto Alegre, 2009.

ALMEIDA, A. N. Dominação, submissão e agressão física: a construção discursiva de masculinidades em uma sala de aula de ensino fundamental. *Interletras*, Dourados, n. 24, p. 1-20, 2016.

ALMEIDA, M. L. L.; GONÇALVES, C. A. *Polissemia sufixal*: o caso das formas X-eiro — propostas e problemas, 2007. Disponível em: http://www.letras.ufrj.br/posverna/ docentes/72520-3.pdf. Acesso em: 15 set. 2017.

ALMEIDA, M. V. *Senhores de si:* uma interpretação antropológica da masculinidade. 2. ed. Lisboa: Fim de Século Edições, 2000 [1995].

ALTHUSSER, L. Ideologia e aparelhos ideológicos do Estado. *In:* ZIZEK, S. (org.). *Um mapa da ideologia*. Rio de Janeiro: Contraponto, 1996. p. 102-152.

ALVES E. O diminutivo no português do Brasil: funcionalidade e tipologia. *Estudos Linguísticos*, Campinas, v. XXXV, p. 694-701, 2006.

ARAÚJO, M. C. *Brasileiros possuem uma dívida histórica com as travestis*. 2016. Disponível em: http://www.blogueirasnegras.org/2016/12/08/brasileiros-possuem-uma--divida-historica-com-as-travestis/. Acesso em: 3 out. 2017.

ARRIAZÚ, R.; BLANCO, R.; CARO, G.; ESTALELLA, A.; CRUZ, E. G. Intalados en la cresta de la web 2.0.? Cinco autores em busca de la 'big.two.dot.zero'. *In:* SÁBADA, I.; GORDO, A. (orgs.). *Cultura digital y movimientos sociales*. Madri: Catarata, 2008. p. 198-221.

AUSTIN, J. *How to do things with words*. Clarendon: Oxford, 1975.

AUSTIN, J. *Quando dizer é fazer*. Trad. Danilo Marcondes de Souza Filho. Porto Alegre: Artes Médicas, 1990.

BADINTER, E. *XY. Sobre a identidade masculina*. Rio de Janeiro: Nova Fronteira, 1993.

BAGNO, M. Presidenta, sim! *Carta Capital*. 2011. Disponível em: https://www.cartacapital.com.br/politica/presidenta-sim. Acesso em: 8 jun. 2018.

BAKHTIN, M. M. *The dialogic imagination:* four essays. Austin: University of Texas Press, 1981.

BAKHTIN, M. M. *Problems of Dostoevsky's poetics*. Minneapolis: University of Minnesota Press, 1984.

BAPTISTA, L. A. dos S. *A cidade dos sábios*: reflexões sobre a dinâmica social das grandes cidades. São Paulo: Summus, 1999.

BARBAI, M. A. O fracasso do intervalo semântico: significante, sentido e corpo. *In:* INDURSKY, F.; FERREIRA, M. C. L.; MITTMANN, S. (orgs.). *Análise do discurso:* dos fundamentos aos desdobramentos: 30 anos de Michel Pêcheux. Campinas: Mercado de Letras, 2015. p. 209-222.

BARBOSA, G. *Grafitos de banheiro*. São Paulo: Brasiliense, 1984.

BARBOZA, R. *Sentidos e(m) movimento:* a construção discursiva de espaços e identidades pelos grafitos de banheiro. Dissertação (Mestrado em Linguística Aplicada) — Programa Interdisciplinar de Pós-graduação em Linguística Aplicada, Faculdade de Letras, Universidade Federal do Rio de Janeiro (UFRJ), Rio de Janeiro, 2018.

BARRETT, R. The "Homo-genius" speech community. *In:* LIVIA, A.; HALL, K. (eds.). *Queerly phrased:* language, gender, and sexuality. New York: Oxford University Press, 1997. p. 181-201.

BARRETT, R. Markedness and styleswitching in performances by African American drag queens. *In:* MYERS-SCOTTON, C. (ed.). *Codes and consequences:* choosing linguistic varieties. New York: Oxford University Press, 1998. p. 139-161.

BARRETT, R. Indexing polyphonous identity in the speech of African American drag queens. *In:* BUCHOLTZ, M.; LIANG, A. C.; SUTTON, L. (eds.). *Reinventing identities:* the gendered self in discourse. New York: Oxford University Press, 1999. p. 313-331.

BARRETT, R. Is *queer* theory important for sociolinguistic theory? *In:* CAMPBEL-KIBLER, K.; PODESVA, R.; WONG, A. (eds.). *Language and sexuality:* contesting meaning in theory and practice. Stanford: CSLI Press, 2002. p. 25-43.

BARRETT, R. The emergence of the unmarked: queer theory, language ideology, and formal linguistics. *In:* ZIMMAN, L.; DAVIS, J.; RACLAW, J. (eds.). *Queer excursions:* retheorizing binaries in language, gender, and sexuality research. Oxford: Oxford University Press, 2014. p. 195-223.

BARRETT, R. *From drag queens to leathermen:* language, gender and gay male subcultures. Oxford: Oxford University Press, 2017.

BARNARD, I. *Queer race:* cultural interventions in the racial politics of queer theory. Nova York: Peter Lang, 2004.

BASKHAR, R. *A realist theory of science.* Brighton: Harvester, 1978.

BASTOS, L. C. Contando estórias em contextos espontâneos e institucionais — uma introdução ao estudo da narrativa. *Calidoscópio*, São Leopoldo, v. 3, n. 2, p. 74-87, 2005.

BASTOS, L. C. Diante do sofrimento do outro — narrativas de profissionais de saúde em reuniões de trabalho. *Calidoscópio*, São Leopoldo, v. 6, n. 2, p. 76-85, 2008.

BASTOS, L. C.; BIAR, L. A. Análise de narrativa e práticas de entendimento da vida social. *D.E.L.T.A.*, v. 31, número especial, p. 97-126, 2015.

BATESON, G. *Naven.* Stanford: Stanford University Press, 1936.

BAUMAN, R. *Story, performance and event:* contextual studies of oral narrative. Cambridge: Cambridge University Press, 1986.

BAUMAN, R. Language, identity, performance. *Pragmatics*, v. 10, n. 1, p. 1-6, 2000.

BAUMAN, Z. *Vida para consumo*. Trad. Carlos Alberto Medeiros. Rio de Janeiro: Jorge Zahar Ed., 2008.

BELL, A. Language style as audience design. *Language in Society*, n. 13, p. 145-204, 1984.

BEN-RAFAEL, E.; SHOHAMY, E.; BARNI, M. (orgs.). *Linguistic landscape in the city*. London: Multilingual Matters, 2010.

BENTO, B. *A reinvenção do corpo:* sexualidade e gênero na experiência transexual. Rio de Janeiro: Garamond, 2006.

BENTO, B. *Transviad@s:* gênero, sexualidade e direitos humanos. Salvador: EdUFBA, 2017.

BENVENISTE, E. *Problemas de lingüística geral I*. 4. ed. Campinas: Pontes, 1995.

BENWELL, B.; STOKOE, E. *Discourse and identity*. Edinburg: Edinburgh University Press, 2009.

BERGER, P. L.; LUCKMANN, T. *A construção social da realidade*: tratado de sociologia do conhecimento. 24. ed. Trad. Floriano de Souza Fernandes. Petrópolis: Vozes, 2004.

BERLANT, L. *The queen of America goes to Washington city:* essays on sex and citizenship. Durham: Duke University Press, 1997.

BERLANT, L.; WARNER, M. Sex in public. *Critical Inquiry*, v. 24, n. 2, p. 547-566, 1998.

BILLIG, M. *Banal nationalism*. London: Sage, 1995.

BLOMMAERT, J. Context is/as critique. *Critique of Anthropology*, London, v. 21, n. 1, p. 13-32, 2001.

BLOMMAERT, J. Sociolinguistic scales. *Working Papers Urban Language & Literacies*, London: King's College, 2006.

BLOMMAERT, J. *The sociolinguistics of globalization*. Cambridge: Cambridge University Press, 2010.

BLOMMAERT, J.; DONG, J. *Ethnographic fieldwork:* a beginner's guide. Bristol: Short Run Press, 2006.

BONFANTE, G. M. O ocaso do racionalismo e a perspectiva erótica no empreendimento científico: por uma ciência do tesão. *Temáticas: Revista dos Pós-graduandos em Ciências Sociais*, ano 23, n. 44, p. 141-176, 2014.

BONFANTE, G. M. *Erótica dos signos:* performances íntimo-espetaculares de si. Rio de Janeiro: Multifoco, 2016.

BONFANTE, G. M.; BORBA, R. Distensões e contorções do corpo e do discurso no *bareback. In:* JESUS, D. M.; CARBONIERI, D.; MELO, G. (orgs.). *Corpos transgressores:* homenagem à Dandara dos Santos. São Paulo: Pontes, 2018. p. 81-106.

BORBA, R. Discurso e (trans)identidades: interação, intersubjetividade e acesso à prevenção de DST/Aids entre travestis. *Revista Brasileira de Linguística Aplicada*, v. 9, n. 2, p. 441-473, 2009.

BORBA, R. Narrativas orais e (trans)masculinidades: (re)construções da travestilidade. *Bagoas*, n. 6, p. 181-210, 2011.

BORBA, R. A linguagem importa? Performance, performatividade e peregrinações conceituais. *Cadernos Pagu*, v. 43, p. 441-474, 2014a.

BORBA, R. *(Des)Aprendendo a "ser":* trajetórias de socialização e performances narrativas no processo transexualizador. Tese (Doutorado em Linguística Aplicada) — Programa Interdisciplinar de Pós-graduação em Linguística Aplicada, Faculdade de Letras, UFRJ, Rio de Janeiro, 2014b.

BORBA, R. Linguística *queer*: uma perspectiva pós-identitária para os estudos da linguagem. *Revista Entrelinhas*, v. 9, n. 1, p. 91-107, 2015.

BORBA, R. The semiotic politics of affect in the Brazilian political crisis. *Working Papers in Urban Language and Literacy*. London: King's Colllege, 2017.

BORBA, R.; LEWIS, E. S.; FABRÍCIO, B. F.; PINTO, D. A *queer* postcolonial critique of (*queer*) knowledge production and activism. *In:* LEWIS, E. S.; BORBA, R.; FABRÍCIO, B. F.; PINTO, D. (eds.). *Queering Paradigms IV:* South-North dialogues on queer epistemologies, embodiments and activism. Oxford: Peter Lang, 2014 p. 1-10.

BORBA, R.; LIMA, F. Por uma educação rizomática: sobre as potências *queer*, a política menor e as multiplicidades. *Revista Periodicus*, n. 2, p. 1-14, 2015.

BORBA, R.; MILANI, T. M. The banality of evil: crystalized structures of cisnormativity and tactics of resistance in a Brazilian gender clinic. *Language and Discrimination*, v. 1, n. 1, p. 7-33, 2017.

BORBA, R.; OSTERMANN, A. C. Do bodies matter? Travestis' embodiment of (trans) gender identity through the manipulation of the Brazilian Portuguese grammatical gender system. *Gender and Language,* v. 1, n. 1, p. 131-147, 2007.

BORBA, R.; OSTERMANN, A. C. Gênero ilimitado: a construção discursiva da identidade travesti através da manipulação do sistema de gênero gramatical. *Estudos Feministas,* v. 16, n. 2, p. 409-431, 2008.

BORGES, Z. N.; MEYER, D. E. Limites e possibilidades de uma ação educativa na redução da vulnerabilidade à violência e à homofobia. *Ensaio: Aval. Pol. Públ. Educ.,* Rio de Janeiro, v. 16, n. 58, p. 59-76, jan./mar., 2008

BORILLO, D. Homofobia. *In:* LIONÇO, T.; DINIZ, D. (orgs.). *Homofobia e educação.* Brasília: UnB, 2009. p. 15-46.

BOURDIEU, P. *Outline of a theory of practice.* Cambridge: Cambridge University Press, 1977.

BOURDIEU, P. *Language and symbolic power.* Cambridge: Harvard University Press, 1991.

BOURDIEU, P.; PASSERON, J. C. *A reprodução.* Elementos para uma teoria do sistema de ensino. 7. ed. Rio de Janeiro: Francisco Alves, 2014.

BRANDÃO, L. V. M. *Uma análise sociodiscursiva do sufixo -inho em materiais didáticos*: uma contribuição para a constituição de sentidos no ensino de português para estrangeiros. Dissertação (Mestrado em Linguística) — Universidade de Brasília, Brasília, 2010.

BRAUN, V.; KITZINGER, C. The perfectible vagina: size matters. *Culture, Health and Sexuality,* v. 3, n. 3, p. 263-277, 2001.

BRIGGS, C. *Learning how to ask:* a sociolinguistic appraisal of the role of the interview in Social Science research. Cambridge: Cambridge University Press, 1986.

BRIGGS, C. (org.). *Disorderly discourse:* narrative, conflict and inequality. Oxford: Oxford University Press, 1996.

BRIGGS, C.; BAUMAN, R. Genre, intertextuality, and social power. *In:* BLOUNT, B. (ed.). *Language, culture, and society.* Prospect Heights: Waveland Press, 1995. p. 567-608.

BROCKMEIER, J.; OLSON, D. R. The literacy episteme. *In:* OLSON, D. R.; TORRANCE, N. (eds.). *The Cambridge handbook of literacy.* Cambridge: Cambridge University Press, 2009. p. 03-23.

BRONCKART, J. P. *Atividade de linguagem, textos e discursos:* por um interacionismo sociodiscursivo. Trad. Anna Raquel Machado e Péricles Cunha. 2. ed. São Paulo: Educ, 2007 [1999].

BROWNE, K. Genderism and the bathroom problem: (re)materialising sexed sites, (re) creating sexed bodies. *Gender, Place and Culture*, v. 11, n. 3, p. 331-346 2004.

BUCHOLTZ, M. Borrowed blackness: African-American vernacular English and European-American youth identities. Tese (Doutorado) — Department of Linguistics, University of California, Berkeley, 1997.

BUCHOLTZ, M. 'Why be normal?': language and identity practices in a community of nerd girls. *Language and Society*, v. 28, n. 2, p. 203-223, 1999.

BUCHOLTZ, M. Sociolinguistic nostalgia and the authentication of identity. *Journal of Sociolinguistics,* v. 7, n. 3, p. 398-416, 2003.

BUCHOLTZ, M.; HALL, K. Theorizing identity in language and sexuality research. *Language in Society*, v. 33, n. 4, p. 449-515, 2004.

BUCHOLTZ, M.; HALL, K. Identity and interaction: a sociocultural linguistic approach. *Discourse Studies*, v. 7, n. 4-5, p. 585-614, 2005.

BUCHOLTZ, M.; HALL, K. Embodied Sociolinguistics. *In:* COUPLAND, N. (ed.). *Sociolinguistics:* theoretical debates. Cambridge: Cambridge University Press, 2016. p. 173-200.

BUTLER, J. Performative acts and gender constitution: an essay on phenomenology and feminist theory. *Theatre Journal*, v. 40, n. 4, p. 519-531, 1988.

BUTLER, J. *Gender trouble:* feminism and the subversion of identity. New York: Routledge, 1990.

BUTLER, J. Imitation and gender insubordination. *In:* FUSS, D. (ed.). *Inside/out:* lesbian theories, gay theories. New York: Routledge, 1991. p. 13-31.

BUTLER, J. *Bodies that matter:* on the discursive limits of 'sex'. New York: Routledge, 1993.

BUTLER, J. Against proper objects. *Differences. A Journal of Feminist Cultural Studies*, v. 6, n. 2-3, p. 1-26, 1994.

BUTLER, J. *Excitable speech:* a politics of performative. London: Blackwell, 1997.

BUTLER, J. Fundamentos contingentes: o feminismo e a questão do pós-modernismo. *Cadernos Pagu*, n. 11, p.11-42, 1998.

BUTLER, J. Corpos que pesam: sobre os limites discursivos do 'sexo'. *In:* LOURO, G. (org.). *O corpo educado*: pedagogias da sexualidade. Belo Horizonte: Autêntica, 1999. p. 151-172.

BUTLER, J. *Los mecanismos psíquicos del poder:* teorías de la sujeción. Madrid: Ediciones Cátedra, 2001.

BUTLER, J. Como os corpos se tornam matéria: entrevista com Judith Butler. *Estudos Feministas*, v. 10, n. 1, p. 155-167, 2002a.

BUTLER, J. *Cuerpos que importan:* sobre los límites materiales y discursivos del "sexo". Trad. A. Bixio. Buenos Aires: Paidós, 2002b.

BUTLER, J. *Problemas de gênero* — feminismo e subversão da identidade. Rio de Janeiro: Civilização Brasileira, 2003.

BUTLER, J. *Undoing gender*. New York: Routledge, 2004.

BUTLER, J. *Deshacer el género*. Trad. A. Bixio. Barcelona: Paidós, 2006.

BUTLER, J. *Frames of war*. New York: Verso, 2009.

BUTLER, J. *Notes towards a performative theory of assembly*. Cambridge: Harvard University Press, 2015a.

BUTLER, J. *Relatar a si mesmo:* crítica da violência ética. Belo Horizonte: Autêntica, 2015b.

BUTLER, J. *Quadros de guerra:* quando a vida é passível de luto? Trad. Sérgio Lamarão e Arnaldo Marques da Cunha. Rio de Janeiro: Civilização Brasileira, 2015c.

CÂMARA JÚNIOR, J. M. *Estrutura da língua portuguesa*. Petrópolis: Vozes, 1970.

CAMERON, D.; KULICK, D. *Language and sexuality*. Cambridge: Cambridge University Press, 2003.

CAMPBEL-KIBLER, K.; PODESVA, R.; WONG, A. (eds.). *Language and sexuality:* contesting meaning in theory and practice. Stanford: CSLI Press, 2002.

CARLSON, D. Who am I? Gay identity and a democratic politics of the self. *In:* PINAR, W. (ed.). *Queer theory in Education.* New Jersey: Lawrence Erlbaum Associates, Inc. 1998. p. 107-120.

CAVALCANTE, M.; PINHEIRO, C.; LINS, M. da P. P.; LIMA, G. Dimensões textuais nas perspectivas sociocognitiva e interacional. *In:* BENTES, A. C.; LEITE, M. Q. *Linguística de texto e análise da conversação.* São Paulo: Cortez, 2010. p. 225-261.

CAVALCANTI, V.; FERRAZ, C. Corpo e geografia: introdução à questão do lugar da sexualidade feminina a partir dos escritos de banheiro. *In: Anais do XVI Encontro Brasileiro de Geógrafos,* Porto Alegre, 2010.

CAVANAGH, S. *Queering bathrooms:* gender, sexuality and the hygienic imagination. Toronto: University of Toronto Press Incorporated, 2011.

CHIGNOLA, S. Sobre o dispositivo: Foucault, Agamben, Deleuze. Trad. S. D. Onder. *Cadernos IHU Ideias,* v. 12, n. 214, p. 3-18, 2014.

CHOMSKY, N. *Aspects of the theory of syntax.* Cambridge: MIT Press, 1965.

CHOULIARAKI, L.; FAIRCLOUGH, N. *Discourse in late modernity:* rethinking critical discourse analysis. Edinburgh: Edinburgh University Press, 1999.

CLARKE, V.; PEEL, E. *Out in Psychology:* lesbian, gay, bisexual, trans, queer perspectives. London: Wiley, 2007.

COACCI, T. Encontrando o transfeminismo brasileiro: um mapeamento preliminar de uma corrente em ascensão. Dossiê (In)visibilidade trans. *História Agora,* São Paulo, edição especial, v. 1, n. 14, p. 134-161, 2013.

COHEN, L. The pleasures of castration. *In:* ABRAMSON, P. R.; PINKERTON, S. D. (eds.). *Sexual nature, sexual culture.* Paul R. Chicago: University of Chicago Press, 1995. p. 276-304.

COLLING, L. *Que os outros sejam o normal:* tensões entre o movimento LGBT e o ativismo *queer.* Salvador: EdUFBA, 2015.

COLLING, L.; NOGUEIRA, G. Relacionados mas diferentes: sobre os conceitos de homofobia, heterossexualidade compulsória e heteronormatividade. *In:* RODRIGUES, A.; DALLAPICULA, C.; FERREIRA, S. (orgs.). *Transposições:* lugares e fronteiras em sexualidade e educação. Vitória: EdUFES, 2015. p. 171-184.

COLLINOT, A.; MAZIÈRE, F. A língua francesa: pré-construído e acontecimento linguístico. *In:* ORLANDI, E. (org.). *Gestos de leitura:* da história no discurso. 3. ed. Campinas: Editora da Unicamp, 2010. p. 185-200.

CONNELL, R. W. Políticas de masculinidade. Trad. Tomaz Tadeu da Silva. *Educação e Realidade*, v. 20, n. 2, p. 185-206, 1995.

CONNELL, R. W. *The men and the boys.* Berkeley/Los Angeles: University of California Press, 2000.

CONNELL, R. W.; MESSERSCHMIDT, J. W. Hegemonic masculinity: rethinking the concept. *Gender & Society*, v. 19, n. 6, p. 829-859, 2005.

CONNELL, R. W.; PEARSE, R. *Gênero*: uma perspectiva global. São Paulo: nVersos, 2015.

CORWIN, A. Emerging genders: semiotic agency and the performance of gender among genderqueer individuals. *Gender and Language,* v. 11, n. 2, p. 255-277, 2017.

COSTA NETO, F. *Banheiros públicos:* os bastidores das práticas sexuais. Dissertação (Mestrado em Ciências Sociais) — UFRN, Natal, 2005.

CUNHA, C.; FELIX-SILVA, A. O que te alucina? Banheiros, pichações e processos de subjetivações em gênero. *Periodicus,* v. 1, n. 6, p. 166-178, 2017.

DERRIDA, J. *Writing and difference.* Chicago: University of Chicago Press, 1978.

DERRIDA, J. Signature context event. *In:* DERRIDA, J. *Limited Inc.* Evanston: Northwestern University Press, 1997. p. 1-24.

DEVOR, H. *Gender blending:* confronting the limits of duality. Bloomington: Indiana University Press, 1989.

DIONÍSIO, A. P. Multimodalidade discursiva na atividade oral e escrita. *In:* MARCUSCHI, L. A.; DIONÍSIO, A. P. (orgs.). *Fala e escrita*. Belo Horizonte: Autêntica, 2005. p. 177-204.

DUBOIS, A. *Hindu manners, customs, and ceremonies,* New Delhi: Cosmo, 1999 [1816]. v. I.

DUCROT, O. *Le dire et le dit.* Paris: Éditions de Minuit, 1986.

DUCROT, O. *O dizer e o dito.* Campinas: Pontes, 1987.

DUGGAN, L. The new homonormativity: the sexual politics of neoliberalism. *In:* CASTRONOVO, R.; NELSON, D. (eds.). *Materializing democracy:* toward a revitalized cultural politics. Durham: Duke University Press, 2002. p. 175-194.

DURANTI, A. *Linguistic anthropology.* Cambridge: Cambridge University Press, 1997.

EAGLETON, T. *Ideology:* an introduction. London: Verso, 1991.

ECKERT, P. The whole woman: sex and gender differences in variation. *Language Variation and Change,* n. 3, p. 245-269, 1989.

ECKERT, P. *Linguistic variation as social practice:* the linguistic construction of identity in Belten High. Malden: Blackwell Publishers, 2000.

ECKERT, P.; MCCONNELL-GINET, S. Constructing meaning, constructing selves: snapshots of language, gender and class from Belten High. *In:* HALL, K.; BUCHOLTZ, M. (eds.). *Gender articulated:* language and the socially constructed self. New York: Routledge, 1995. p. 469-508.

EDELMAN, E. The cum shot: trans men and visual economies of ejaculation. *Porn Studies,* v. 2, n. 2-3, p. 150-160, 2015.

EPSTEIN, D.; JOHNSON, R. *Schooling sexualities.* Buckigham: Open University Press, 1998.

ERICKSON, F. *Talk and social theory:* ecologies of speaking and listening in everyday life. Cambridge: Polity Press, 2004.

FABRÍCIO, B. F. Linguística aplicada como espaço de "desaprendizagem": redescrições em curso. *In:* MOITA LOPES, L. P. da (org.). *Por uma linguística aplicada (in) disciplinar.* São Paulo: Parábola Editorial, 2006. p. 45-63.

FABRÍCIO, B. F. A "outridade lusófona" em tempos de globalização: identidade cultural como potencial semiótico. *In*: MOITA LOPES, L. P. da (org.). *O português no século XXI:* cenário geopolítico e sociolinguístico. São Paulo: Parábola Editorial, 2013. p. 144-168.

FABRÍCIO, B. F. Linguística aplicada e visão de linguagem: por uma INdisciplinaridade radical. *Revista Brasileira de Linguística Aplicada,* v. 17, n. 4, p. 599-617, 2017.

FABRÍCIO, B. F.; MOITA LOPES, L. P. da "A guerra dos carneiros gays": a (re)construção do fantasma da eugenia sexual no discurso midiático. *Matraga,* v. 15, p. 64-84, 2008.

FABRÍCIO, B. F.; MOITA LOPES, L. P. da A dinâmica dos (re)posicionamentos de sexualidade em práticas de letramento escolar. *In:* MOITA LOPES, L. P. da; BASTOS, L. C. (orgs.). *Para além da identidade:* fluxos, movimentos, trânsitos. Belo Horizonte: Editora UFMG, 2010. p. 283-314.

FABRÍCIO, B. F.; SANTOS, D. The (re-)framing process as a collaborative locus for change. *In:* EDGE, J. (ed.). *Relocating TESOL in an age of empire.* London: Palgrave Macmillan, 2006. p. 65-83.

FAIRCLOUGH, N. Critical and descriptive goals in discourse analysis. *Journal of Pragmatics*, n. 9, p. 739-763, 1985.

FAIRCLOUGH, N. *Discurso e mudança social.* Trad. Maria Izabel Magalhães. Brasília: UnB, 2001.

FAIRCLOUGH, N. *Analysing discourse:* textual analysis for social research. London: Routledge, 2003.

FARIDI, K. Musalmans. *Gazetteer of the Bombay Presidency.* Bombay, Government Central Press, v. 9, p. 21-22, 1899.

FEDATTO, C. P. Inconsciente e ideologia nas formulações linguísticas do conflito: a propósito da denegação. *In:* INDURSKY, F.; FERREIRA, M. C. L.; MITTMANN, S. (orgs.). *Análise do discurso:* dos fundamentos aos desdobramentos: 30 anos de Michel Pêcheux. Campinas: Mercado de Letras, 2015. p. 81-94.

FELBERG, E. *O sexo nu:* bareback e outras reflexões. Curitiba: Appris 2015.

FOUCAULT, M. *A arqueologia do saber.* Petrópolis: Vozes. 1972.

FOUCAULT, M. *The history of sexuality:* an introduction. New York: Vintage Books, 1980 [1978]. v. 1.

FOUCAULT, M. Des espaces autres. *In: Dits et écrits: 1954-1988.* Paris: Éditions Gallimard, 1984.

FOUCAULT, M. *A história da sexualidade 1:* a vontade de saber. 19. ed. Rio de Janeiro: Graal, 1988.

FOUCAULT, M. *As palavras e as coisas:* uma arqueologia das ciências humanas. São Paulo: Martins Fontes, 2000.

FOUCAULT, M. *Os anormais*. Trad. E. Brandão. São Paulo: Martins Fontes, 2010.

FOUCAULT, M. *O corpo utópico, as heterotopias*. São Paulo: N-1 edições, 2013.

FOUCAULT, M. *A ordem do discurso*. 24. ed. São Paulo: Loyola, 2014.

FREEMAN, J. M. *Untouchable:* an Indian life history. Stanford: Stanford University Press, 1979.

FREIRE, P. *Pedagogia da autonomia*: saberes necessários à prática educativa. São Paulo: Paz e Terra, 2007.

FREUD, S. A significação antitética das palavras primitivas. *In:* FREUD, S. *Obras completas*. Rio de Janeiro: Imago, 1996. v. XI.

FREUD, S. A negação. *In:* FREUD, S. *Obras completas. O eu e o id, "autobiografia" e outros textos (1923-1925)*. São Paulo: Companhia das Letras, 2011. p. 249-255. v. 16.

FROSH, S.; PHOENIX, A.; PATTMAN, R. *Young masculinities:* understanding boys in contemporary society. New York: Palgrave, 2002.

FRY, P. *Para inglês ver:* identidade e política na cultura brasileira. Rio de Janeiro: Zahar, 1982.

GARCEZ, P. M.; BULLA, G. S.; LODER, L. L. Práticas de pesquisa microetnográfica: geração, segmentação e transcrição de dados audiovisuais como procedimentos analíticos plenos. *D.E.L.T.A.*, v. 30, n. 2, p. 257-288, 2014.

GARCIA-CANCLINI, N. *Leitores, espectadores e internautas*. São Paulo: Iluminuras, 2008.

GARFINKEL, H. *Studies in ethnomethodology*. Englewood Cliffs: Prentice-Hall, 1967.

GARFINKEL, H.; SACKS, H. On formal structures of practical action. *In:* MCKINNEY, J. C.; TIRYAKIAN, E. A. (orgs.). *Theoretical sociology*: perspectives and developments. New York: Appleton-Century-Crofts, 1970. p. 337-366

GAUDIO, R. P. Not talking straight in Hausa. *In:* LIVIA, A.; HALL, K. (eds.). *Queerly phrased:* language, gender and sexuality. New York: Oxford University Press, 1998. p. 416-429.

GEE, J. *Social Linguistics and literacies*: ideology in discourses. 2. ed. Brighton: Falmer Press, 1999.

GEE, J. *Situated language and learning. A critique of traditional schooling.* New York: Routledge, 2004.

GEERTZ, C. *Local knowledge:* further essays in interpretive Anthropology. New York: Basic Books, 1983.

GIDDENS, A. *As consequências da modernidade.* São Paulo: Editora Unesp, 1991.

GOFFMAN, E. *The presentation of self in everyday life.* New York: Anchor Books, 1959.

GOFFMAN, E. *Frame analysis:* an essay on the organization of experience. New York: Harper and Row, 1974.

GOFFMAN, E. *Forms of talk.* Philadelphia: University of Pennsylvania Press, 1981.

GOFFMAN, E. A situação negligenciada. *In:* RIBEIRO, B. T.; GARCEZ, P. M. (orgs.). *Sociolinguística interacional.* São Paulo: Loyola, 2002 [1964]. p. 13-43.

GOFFMAN, E. Footing. *In:* RIBEIRO, B. T.; GARCEZ, P. M. (orgs.). *Sociolinguística interacional.* São Paulo: Loyola, 2002 [1979]. p. 107-148.

GONZALEZ, C. *Fotografia e seu valor icônico e perlocucionário:* o caso Verônica Bolina e a 'monstrualização' semiótico-discursiva de performances de gênero não hegemônicas em narrativas noticiosas. Dissertação (Mestrado em Linguística Aplicada) — Programa Interdisciplinar de Pós-graduação em Linguística Aplicada, Faculdade de Letras, UFRJ, Rio de Janeiro, 2017.

GRAMSCI, A. *A concepção dialética da história.* Rio de Janeiro: Civilização Brasileira, 1995.

GREGORI, M. F. Usos de *sex toys*: a circulação erótica entre objetos e pessoas. *Mana*, v. 17, n. 2, p. 313-336, 2011.

GREGORI, M. F. *Prazeres perigosos:* erotismo, gênero e limites da sexualidade. São Paulo: Companhia das Letras, 2016.

GREGSON, N.; ROSE, G. Taking Butler elsewhere: performativities, spatialities and subjectivities. *Sage Journals*, v. 18, n. 4, p. 433-452, 2000.

GUARESCHI, P. *Sociologia crítica:* alternativas de mudança. 58. ed. Porto Alegre: EDIPUCRS, 2005.

GUSTAVSON, M. Bisexuals in relationships: uncoupling intimacy from gender ontology, *Journal of Bisexuality*, v. 9, n. 3-4, p. 407-429, 2009.

HALBERSTAM, J. *In a queer time and place:* transgender bodies, subcultural lives. New York: New York University Press, 2005.

HALBERSTAM, J. *Masculinidad femenina*. Trad. J. Sáez. Madri: Egales, 2008.

HALL, D. *Queer theories*. New York: Palgrave MacMillan, 2003.

HALL, K. "Go suck your husband's sugarcane!": hijras and the use of sexual insult. *In:* LIVIA, A.; HALL, K. (eds.). *Queerly phrased:* language, gender, and sexuality. New York: University of Oxford Press, 1997. p. 430-460.

HALL, K. Performativity. *Journal of Linguistic Anthropology*, v. 9, n. 1-2, p. 184-187, 2000.

HALL, K. Intertextual sexuality: parodies of class, identity and desire in liminal Delhi. *Journal of Linguistic Anthropology*, v. 15, n. 1, p. 125-144, 2005.

HALL, K. Commentary I: 'It's a hijra!'. Queer Linguistics revisited. *Discourse & Society*, v. 24, n. 5, p. 634-642, 2013.

HALL, K.; BARRETT, R. (eds.). *The Oxford handbook of language and sexuality.* Oxford: Oxford University Press. (no prelo).

HALL, K.; O'DONOVAN, V. Shifting gender positions among Hindi-speaking hijras. *In:* BERGVALL, V.; BING, J.; FREED, A. (eds.). *Rethinking language and gender research:* theory and practice. London: Longman, 1996. p. 228-266.

HALL, S. *A identidade cultural na pós-modernidade.* Trad. Tomaz Tadeu da Silva e Guacira Lopes Louro. 11. ed. Rio de Janeiro: DP&A, 2006.

HALPERIN, D. *One hundred years of homosexuality:* and other essays on Greek love. New York: Routledge, 1990.

HALPERIN, D. *Saint Foucault:* towards a gay hagiography. New York: Oxford University Press, 1995.

HALPERIN, D. The normalization of queer theory. *Journal of Homossexuality*, v. 45, n. 2-4, p. 339-343, 2003.

HALTMANN, H. *Verdades e pedagogias na educação sexual em uma escola*. Rio de Janeiro: PUC-Rio, 2005.

HANEY, P. C. Sol, sombra, y media luz: history, parody, and identity formation in the Mexican American carpa. *Pragmatics*, v. 10, n. 1, p. 99-124, 2000.

HARDT, M.; NEGRI, A. *Multidão:* guerra e democracia na era do Império. Trad. C. Marques. Rio de Janeiro: Record, 2005.

HAROCHE, C. *Fazer dizer, querer dizer*. São Paulo: Hucitec, 1992.

HAROCHE, C.; PÊCHEUX, M.; HENRY, P. A semântica e o corte saussuriano: língua, linguagem, discurso. *Linguasagem. Revista Eletrônica de Popularização Científica em Ciências da Linguagem,* São Carlos, UFSCar, n. 3, 2008.

HARVEY, D. *A condição pós-moderna:* uma pesquisa sobre as origens da mudança cultural. São Paulo: Loyola, 1992.

HENRIQUE, C. Reconstrução: uma abordagem sócio-histórica sobre o racismo à brasileira. *Revista Urutágua,* Maringá, abr./jul., 2007. Disponível em: http://www.urutagua.uem.br/012/12henrique.pdf. Acesso em: 15 dez. 2017.

HENRY, P. Construções relativas e articulações discursivas. *Cadernos de Estudos Linguísticos,* v. 19, p. 43-64, 1990.

HENRY, P. *A ferramenta imperfeita*: língua, sujeito e discurso. Campinas: Editora da Unicamp, 1992.

HILL, J. H. Is it really 'No Problemo'?: junk Spanish and Anglo racism. *In:* QUEEN R.; BARRETT, R. (eds.). *SALSA I: Proceedings of the First Annual Symposium about Language and Society. Texas Linguistic Forum 33*, Austin: University of Texas, v. 33, p. 1-12, 1993.

HILL, J. H. *Mock Spanish*: a site for the indexical reproduction of racism in American English, 1995. Disponível em: http://www.cs.uchicago.edu/ discussion/l-c. Acesso em: 15 dez. 2017.

HILL, J. H. Language, race, and white public space. *American Anthropologist*, v. 100, n. 3, p. 125-34, 1998.

HINE, C. *Virtual ethnography.* London: Sage Publications, 2000.

HILL, J. H. *Virtual methods:* issues in social research on the internet. Oxford: Berg Publishers, 2005.

HIRSCHFELD, M. *Women East and West: impressions of a sex expert.* London: William Heinemann, 1935.

HOPPER, R.; LEBARON, C. How gender creeps into talk. *Research on Language and Social Interaction*, v. 31, n. 1, p. 59-74, 1998.

HOWITT, D.; CRAMER, D. *Introduction to research methods in Psychology.* 3. ed. Essex: Person Education Limited, 2011.

HUTCHINSON, E. O. My gay problem, your black problem. *In:* CABADO, D. W. (ed.). *Black men on race, gender and sexuality.* New York: New York University Press, 1999. p. 303-305.

HYMES, D. Breakthrough into performance. *In:* BEN-AMOS, D.; GOLDSTEIN, K. S. (eds.). *Folklore:* performance and communication. The Hague: Mouton, 1975. p. 11-74.

IBBETSON, D.; MACLAGAN, E.; ROSE, H. A. Hijra. *In: A glossary of the tribes and castes of the Panjab and North-West Frontier Province.* Lahore, Pakistan: Civil and Military Gazette Press, v. 2, p. 331-333, 1911.

ILARI, R.; GERALDI, J. W. *Semântica.* São Paulo: Ática, 2006.

INDURSKY, F. Polêmica e denegação: dois funcionamentos discursivos da negação. *Cadernos de Estudos Linguísticos*, v. 19, p. 117-122, 1990.

JACKSON, S. Interchanges: gender, sexuality and heterosexuality: The complexity (and limits) of heteronormativity. *Feminist Theory*, v. 7, n. 1, p. 105-121, 2006.

JAFFE, A. Comic performance and the articulation of hybrid identity. *Pragmatics*, v. 10, n. 1, p. 39-60, 2000.

JAGOSE, A.M. *Queer theory:* an introduction. New York: New York University Press, 1996.

JAWORSKI, A.; THURLOW, C. Introducing semiotic landscapes. *In:* JAWORSKI, A.; THRULOW, C. (eds.). *Semiotic landscapes:* language, image, and space. Londres: Bloomsbury, 2010. p. 1-40

JENKINS, H. *Cultura da convergência.* São Paulo: Aleph, 2008.

JESUS, J. G. Género sem essencialismo: feminismo transgênero como crítica do sexo. *Universitas Humanística*, n. 78, p. 241-257, 2014.

JESUS, J. G.; ALVES, H. Feminismo transgênero e movimentos de mulheres transexuais. *Cronos*, Natal, v. 11, p. 8-19, 2010.

JOHNSTON, L.; LONGHURST, R. *Space, place and sex:* geographies of sexuality. New York: Rowman and Littlefield Publishers, 2010.

JOHNSTONE, B. *The linguistic individual:* self-expression in language and linguistics. New York: Oxford University Press, 1996.

KELLERMAN, M. *Um discurso clandestino sobre sexo na escola*. Dissertação (Mestrado em Educação) — Universidade Federal de Pelotas, Pelotas, 2005.

KIESLING, S. Hegemonic identity-making in narrative. *In:* DE FINA, A.; SCHIFFRIN, D.; BAMBERG, M. (orgs.). *Discourse and identity*. Cambridge: Cambridge University Press, 2006. p. 261-287.

KITTIS, D.; MILANI, T..The performativity of the body: turbulent spaces in Greece. *Linguistic Landscape*, v. 1, n. 3, p. 268-290, 2015.

KITZINGER, C. "Speaking as a heterosexual": (how) does sexuality matter for talk-in--interaction? *Research on Language and Social Interaction*, v. 38, n. 3, p. 221-265, 2005.

KLEIMAN, A. Introdução: o que é letramento? Modelos de letramento e as práticas de alfabetização na escola. *In:* KLEIMAN, A. (org.). *Os significados do letramento. Uma nova perspectiva sobre a prática social da escrita*. 6. ed. Campinas: Mercado de Letras, 2003. p. 15-64.

KNIGHT, K. Placeless places: resolving the paradox of Foucault's heterotopia. *Textual Practice*, v. 31, n. 1, p. 1-18, 2016.

KOCH, I. *Introdução à linguística textual*. 2. ed. São Paulo: Martins Fontes, 2013.

KULICK, D. Transgender and language. *GLQ: A Journal of Lesbian and Gay Studies*, v. 5. n. 4, p. 605-622, 1999.

KULICK, D. Gay and lesbian language. *Annual Review of Anthropology*, n. 29, p. 243-285, 2000.

KUMARAVADIVELU, B. Dangerous liaison: globalization, empire and TESOL. *In:* EDGE, J. (ed.). *Relocating TESOL in an age of empire*. London: Palgrave Macmillan, 2006. p. 1- 26.

LABOV, W. *The social stratification of English in New York City*. Cambridge: CUP, 1966.

LABOV, W. *Sociolinguistic patterns*. Philadelphia: University of Pennsylvania Press, 1972.

LACAN, Jacques. *O seminário, livro 4:* a relação do objeto. Rio de Janeiro: Zahar, 2013.

LAGAZZI, S. *O desafio de dizer não*. Campinas: Pontes, 1988.

LAKOFF, R. Linguagem e lugar da mulher. *In:* OSTERMANN, A. C.; FONTANA, B. (orgs.). *Linguagem, gênero, sexualidade* — clássicos traduzidos. São Paulo: Parábola Editorial, 2010. p. 13-30.

LAL, V. Not this, not that: the hijras of India and the cultural politics of sexuality. *Social Text*, v. 17, n. 4, p. 119-140, 1999.

LANDRY, R.; BOURHIS, R. Linguistic landscape and ethnolinguistic vitality: an empirical study. *Journal of Language and Social Psychology*, v. 16, n. 1, p. 23-49, 1997.

LANGELLIER, K. M. "You're marked": breast cancer, tattoo, and the narrative performance of identity. *In:* BROCKMEIR, J.; CARBAUGH, D. (orgs.). *Narrative and identity:* studies in autobiography, self and culture. Amsterdam: John Benjamins, 2001. p. 145-184.

LAPYAI, S. *Scratching protest:* a study of graffiti as communication in universities in Thailand. Tese (Doutorado em Filosofia) — Edith Cowan University, Perth, 2003.

LARA, G. M. P. Discurso, mídia e representação da língua. *In:* SILVA, D. H. G.; LEAL, M. C. D.; PACHECO, M. C. N. (orgs.). *Discurso em questão. Representação, gênero, identidade, discriminação*. Goiânia: Cânone Editorial, 2009. p. 27-38.

LEAP, W. *Word's out:* gay English in America. Minneapolis: University of Minnesota Press, 1996.

LEAP, W. Commentary II: queering language and normativity. *Discourse & Society*, v. 24, n. 5, p. 643-648, 2013.

LEAP, W.; MOTSCHENBACHER, H. Launching a new phase in language and sexuality studies. *Journal of Language and Sexuality*, v. 1, n. 1, p. 1-14, 2012.

LEFEBVRE, H. *La producción del espacio*. Madrid: Capitán Swing Libros, 2013.

LEVINSON, S. C. *Pragmática*. Trad. Luiz Carlos Borges e Aníbal Mari. São Paulo: Martins Fontes, 2007.

LEWIS, E. S. "This is my girlfriend, Linda": translating queer relationships in film. A case study of the subtitles for Gia and a proposal for developing the field of queer translation studies. *In Other Words*, n. 36, p. 3-22, 2010.

LEWIS, E. S. *Não é uma fase:* construções identitárias em narrativas de ativistas LGBT que se identificam como bissexuais. Dissertação (Mestrado em Letras) — Programa de Pós-graduação em Letras, Faculdade de Letras, PUC-Rio, Rio de Janeiro, 2012.

LEWIS, E. S. Queer subversion or heteronormative enforcement? Linguistic performativity in identity constructions of a young bisexual-identified Brazilian LGBT activist. *In:* O'MARA, K.; MORRISH, L. (eds.). *Queering paradigms III:* queer impact and practices. Oxford: Peter Lang, 2013. p. 201-235.

LEWIS, E. S. *"Acho que isso foi bastante macho pra ela":* reforço e subversão de ideologias heteronormativas em performances narrativas digitais de praticantes de *pegging*. Tese (Doutorado em Estudos da Linguagem) — Programa de Pós-graduação em Estudos da Linguagem, Faculdade de Letras, PUC-Rio, Rio de Janeiro 2016a.

LEWIS, E. S. Pegging, masculinities and heterosexualities: how narratives of men who enjoy being penetrated by women can contribute to social transformation and to queering the hidden homosexual norm in queer studies. *In:* VITERI, M. A.; PICQ, M. (eds). *Queering paradigms V:* queering narratives of modernity. Oxford: Peter Lang, 2016b. p. 241-263.

LEWIS, E. S. Teoria(s) *queer* e performatividade: mudança social na matriz heteronormativa. *In:* MACEDO, E.; RANNIERY, T. (orgs.). *Currículo, sexualidade e ação doente*. Petrópolis: DP et Alii, 2017. p. 157-186.

LEWIS, E. S. Do léxico gay à linguística *queer*: desestabilizando a norma homossexual oculta nas teorias *queer. Revista de Estudos Linguísticos do Grupo de Estudos Linguísticos do Estado de São Paulo*, n. 47, 2018.

LEWIS, E. S.; BORBA, R.; FABRÍCIO, B. F.; PINTO, D. Cu-irizando desde o Sul. *In:* LEWIS, E. S.; BORBA, R.; FABRÍCIO, B. F.; PINTO, D. (eds.). *Queering paradigms IVa:* insurgências queer ao sul do equador. Oxford: Peter Lang, 2017. p. 1-12.

LIM, S. How to be *queer* in Taiwan: translation, appropriation and the construction of a *queer* identity in Taiwan. *In:* MARTIN, F.; JACKSON, P.; MCLELLAND, M.; YUE, A. (eds.). *Asia PacifiQueer:* rethinking gender and sexuality. Champaign: University of Illinois Press, 2008. p. 235-250.

LIMA, A.; CERQUEIRA, F. A. Identidade homossexual e negra em Alagoinhas. *Bagoas. Estudos Gays: Gêneros e Sexualidades*, v. 1, n. 1, p. 269-286, 2007.

LIPPI-GREEN, R. *English with an accent:* language, ideology and discrimination in the United States. New York: Routledge, 1997.

LIVIA, A.; HALL, K. "It's a girl!" Bringing performativity back to linguistics. *In:* LIVIA, A.; HALL, K. (eds.). *Queerly phrased:* language, gender and sexuality. Oxford: Oxford University Press, 1997. p. 3-18.

LIVIA, A.; HALL, K. "É uma menina!" A volta da performatividade à linguística. *In:* OSTERMANN, A. C.; FONTANA, B. (orgs.). *Linguagem, gênero, sexualidade:* clássicos traduzidos. São Paulo: Parábola Editorial, 2010. p. 109-128.

LODER, J. L. *Análises de fala-em-interação institucional:* a perspectiva da análise da conversa etnometodológica. Campinas: Mercado de Letras, 2009.

LODER, J. L.; JUNG, N. M. (orgs.). *Fala-em-interação social:* introdução à análise da conversa etnometodológica. Campinas: Mercado de Letras, 2008.

LOPES, A. C. *Funk-se quem quiser:* no batidão negro da cidade carioca. Rio de Janeiro: Bom Texto/FAPERJ, 2011.

LOPES, T. *Diálogos, closes, atraques e babados:* identidades delineadas na e pela linguagem sob uma perspectiva bakhtiniana. Dissertação (Mestrado em Estudo da Linguagem) — Programa de Pós-graduação em Estudos da Linguagem, Instituto de Linguagens, UFMT, Cuiabá, 2013.

LOURO, G. L. *Gênero, sexualidade e educação:* uma perspectiva pós-estruturalista. Petrópolis: Vozes, 1997.

LOURO, G. L. (org.). *O corpo educado:* pedagogias da sexualidade. Belo Horizonte: Autêntica, 2000.

LOURO, G. L. Teoria *queer*: uma perspectiva pós-identitária para a educação. *Estudos Feministas*, v. 9, n. 2, p. 541-553, 2001.

LOURO, G. L. *Um corpo estranho*: ensaios sobre sexualidade e teoria *queer*. Belo Horizonte: Autêntica. 2004.

LOURO, G. L. Discursos de ódio. *In:* SEFFNER, F.; CAETANO, M. (orgs.). *Discurso, discursos e contradiscursos latino-americanos sobre a diversidade sexual e de gênero*. Rio Grande: EdFURG, 2016. p. 271-282.

LUCAS LIMA, C. H. *Linguagens pajubeyras:* re(ex)sistência cultural e subversão da heteronormatividade. Salvador: Devires, 2017.

LUGARINHO, M. C. Antropofagia crítica para uma teoria *queer* em português. *Revista Olhar*, ano 12, n. 22, p. 106-112, 2010.

MACDONALD, M. Beyond the pale: the whiteness of sports studies and queer theory. *In:* CAUDEWELL, J. *Sport, sexualities and queer/theory.* London/New York: Routledge, 2006. p. 33-46.

MÄDER, G.; MOURA, H. O masculino genérico sob uma perspectiva cognitivo-funcionalista. *Revista do Gelne*, v. 17, n. 1/2, p. 33-54, 2015.

MANUCCI, N. *Mogul India.* London: John Murray, 1907. v.1-4.

MARANDIN, J. M. Sintaxe, discurso: do ponto de vista da análise do discurso. *In:* ORLANDI, E. (org.). *Gestos de leitura:* da história no discurso. 3. ed. Campinas: Editora da Unicamp, 2010. p. 119-144.

MARKUS, T.; CAMERON, D. *The words between the spaces:* buildings and language. London & NewYork: Routledge, 2002.

MARX, K.; ENGELS, F. *A ideologia alemã.* São Paulo: Boitempo Editorial, 2007.

MATÊNCIO, M. L. M. *Leitura, produção de textos e a escola*: reflexões sobre o processo de letramento. Campinas: Mercado de Letras, 2002.

MBEMBE, A. *Crítica da razão negra.* Trad. Marta Lança. Lisboa: Antígona, 2014.

MEINERZ, N. E. *Entre mulheres:* etnografia sobre relações homoeróticas femininas em segmentos médios urbanos na cidade de Porto Alegre. Rio de Janeiro: EdUERJ, 2011.

MELO, G. C. V. DE; ROCHA, L. L. Linguagem como performance: discursos que também ferem. *In:* RODRIGUES, M. G.; ABRIATA, V. L. R.; MELO, G. C. V. de; MANZANO, L. C. G.; CÂMARA, N. S. (orgs.). *Discurso:* sentidos e ação. 10. ed. Franca: Universidade de Franca, 2015. v. 1, p. 97-116.

MELO, G. C. V.; MOITA LOPES, L. P. As performances discursivo-identitárias de mulheres negras em uma comunidade para negros na Orkut. *D.E.L.T.A.,* v. 29, p. 237-265, 2013.

MELO, G. C. V.; MOITA LOPES, L. P. A performance narrativa de uma blogueira: "tornando-se preta em um segundo nascimento". *Alfa Revista Linguística*, v. 58, n. 3, p. 541-569, 2014.

MELO, G. C. V.; MOITA LOPES, L. P. "Você é uma morena muita bonita": a trajetória textual de um elogio que fere. *Trabalhos em Linguística Aplicada*, v. 54, p. 53-78, 2015.

MELO, I. F. *Análise crítica do discurso*. Um estudo sobre a representação de LGBT em jornais de Pernambuco. Recife: EDUFPE, 2010.

MELO, I. F. *Ativismo LGBT na imprensa brasileira*: análise crítica da representação de atores sociais na *Folha de S. Paulo*. Tese (Doutorado em Letras) — USP, São Paulo, 2013.

MELO, I. F. *Corpos abjetos entre a escola e a universidade*. Recife (no prelo).

MERLEAU-PONTY, M. *Phenomenology of perception*. London: Routledge, 2002.

MILANI, T. M. Are "queers" really queer? Language, identity and same-sex desire in a South African on-line community. *Discourse and Society*, v. 24, n. 5, p. 615-633, 2013.

MILANI, T. M. Sexed signs — queering the scenery. *International Journal of the Sociology of Language*, v. 228, p. 201-225, 2014.

MILANI, T. M. Sexual citizenship: discourses, spaces and bodies at Joburg pride 2012. *Journal of Language and Politics*, v. 14, n. 3, p. 431–454, 2015.

MILANI, T. M. (ed.). *Queering language, gender and sexuality*. Shefield: Equinox, 2018.

MISKOLCI, R. A teoria *queer* e a sociologia: o desafio de uma analítica da normalização. *Sociologias*, v. 21, p. 150-182, 2009.

MISKOLCI, R. *Teoria queer:* um aprendizado pelas diferenças. Belo Horizonte: Autêntica, 2012.

MISKOLCI, R. Machos e brothers: uma etnografia sobre o armário em relações homoeróticas masculinas criadas on-line. *Revista de Estudos Feministas*, v. 21, n. 1, p. 301-324, 2013.

MISKOLCI, R. Queering geopolitics of knowledge. *In:* LEWIS, E. S.; BORBA, R.; FABRÍCIO, B. F.; PINTO, D. (eds.). *Queering paradigms IV: South-North dialogues on queer epistemologies, embodiments and activism*. Oxford: Peter Lang, 2014. p. 13-30.

MISKOLCI, R. *Desejos digitais:* uma análise sociológica da busca por parceiros on-line. Belo Horizonte: Autêntica, 2017.

MISKOLCI, R.; GOMES, P. P. P. Quem tem medo de Judith Butler? A cruzada moral contra os direitos humanos no Brasil. *Cadernos Pagu*, v. 53, p. 1-5, 2018.

MISKOLCI, R.; PELÚCIO, L. Aquele não mais obscuro negócio do desejo. *In:* PERLONGHER, N. *O negócio do michê. A prostituição viril em São Paulo.* São Paulo: Fundação Perseu Abramo, 2008. p. 9-25.

MISKOLCI, R.; PELÚCIO, L. Ao Sul da teoria: notas sobre teoria *queer* e geopolítica do conhecimento. *In:* LEWIS, E. S.; BORBA, R.; FABRÍCIO, B. F.; PINTO, D. (eds.). *Queering paradigms IVa:* insurgências queer ao sul do equador. Oxford: Peter Lang, 2017. p. 69-90.

MOITA LOPES, L. P. *Identidades fragmentadas. A construção discursiva de raça, gênero e sexualidade em sala de aula.* 2. ed. São Paulo: Mercado de Letras, 2002.

MOITA LOPES, L. P. *Discursos de identidades*: discurso como espaço de construção de gênero, sexualidade, raça, idade e profissão na escola e na família. Campinas: Mercado de Letras, 2003.

MOITA LOPES, L. P. Discursos sobre gays em uma sala de aula no Rio de Janeiro: é possível *queer* os contextos de letramento escolar? A questão social no novo milênio. *In: Anais do VIII Congresso Luso-Afro-Brasileiro de Ciências Sociais,* Coimbra, 2004.

MOITA LOPES, L. P. A construção do gênero e do letramento na escola: como um tipo de conhecimento gera o outro. *Investigações*, v. 17, n. 2, p. 47-68, 2005.

MOITA LOPES, L. P. "Falta homem até pra homem": a construção da masculinidade hegemônica no discurso midiático. *In:* HEBERLE, V.; OSTERMANN, A. C.; FIGUEIREDO, D. C. (orgs.). *Linguagem e gênero no trabalho, na mídia e em outros contextos.* Florianópolis: Editora da UFSC, 2006a. p. 131-157.

MOITA LOPES, L. P. Queering literacy teaching: analyzing gay-themed discourses in a fifth-grade class in Brazil. *Journal of Language, Identity, and Education,* v. 5, n. 1, p. 32-50, 2006b.

MOITA LOPES, L. P. On being white, heterosexual and male in a Brazilian school: multiple positionings in oral narratives. *In:* DE FINNA, A.; SHIFFRIN, D.; BAMBERG, M. (eds.). *Discourse and identity.* Cambridge: Cambridge University Press, 2006c. p. 288-313.

MOITA LOPES, L. P. Gêneros e sexualidades nas práticas discursivas contemporâneas: desafios em tempos *queer*. *In:* SILVA, A. DE P. D. da. (org.). *Identidades de gênero e práticas discursivas.* Campina Grande: EDUEP, 2008a. p. 13-19.

MOITA LOPES, L. P. Sexualidades em sala de aula: discurso, desejo e teoria *queer*. *In:* MOREIRA, A. F.; CANDAU, V. M. (orgs.). *Multiculturalismo:* diferenças culturais e práticas pedagógicas. Petrópolis: Vozes, 2008b.p. 125-148.

MOITA LOPES, L. P. Prefácio — A vida sociocultural em construção: interação, situacionalidade, alteridade e ética. *In:* PEREIRA, M. G. D.; BASTOS, C. R. P.; PEREIRA, T. C. (orgs.). *Discursos socioculturais em interação:* interfaces entre a narrativa, a conversação e a argumentação: navegando nos contextos da escola, saúde, empresa, mídia, política e migração. Rio de Janeiro: Garamond, 2009. p. 11-20.

MOITA LOPES, L. P. Os novos letramentos digitais como lugares de construção de ativismo político sobre sexualidade e gênero. *Trabalhos em Linguística Aplicada*, v. 49, n. 2, p. 393-417, 2010.

MOITA LOPES, L. P. Linguística aplicada e vida contemporânea: problematização dos construtos que têm orientado a pesquisa. *In:* MOITA LOPES, L. P. (org.). *Por uma linguística aplicada indisciplinar*. São Paulo: Parábola Editorial, 2011. p. 85-107.

MOITA LOPES, L. P. Em meio à multidão e seus desejos na web 2.0. *In:* SOUZA, E. M.; LA GUARDIA, A.; MARTINS, A. B. (orgs.). *Figurações do íntimo*. Belo Horizonte: Autêntica, 2013. p. 127-151.

MOITA LOPES, L. P. *Por uma linguística aplicada indisciplinar.* São Paulo: Parábola Editorial, 2016.

MOITA LOPES, L. P. *Queering applied linguistics*: framing race and sexuality performativities outside modernity's persistent delirium. Plenária de abertura do Congresso Mundial de Linguística Aplicada, AILA2017, Rio de Janeiro, 2017.

MOITA LOPES, L. P.; BAYNHAM, M. Introduction. *In:* MOITA LOPES, L. P.; BAYNHAM, M. (orgs.). Meaning making in the periphery. *AILA Review*, v. 30, p. v-xxii, 2017.

MOITA LOPES, L. P.; FABRÍCIO, B. F. Desestabilizações *queer* na sala de aula: táticas de guerrilha e a compreensão da natureza discursiva dos gêneros e sexualidades. *In:* PINTO, J.; FABRÍCIO, B. F. (orgs.). *Exclusão social e microrresistências:* a centralidade das práticas discursivo-identitárias. Goiânia: Cânone Editorial, 2013. p. 281-299.

MONDADA, L. Espace, langage, interaction et cognition: une introduction. *Intellectica*, n. 41-42, p. 7-23, 2005.

MONDADA, L.; DUBOIS, D. Construção dos objetos de discurso e categorização: uma abordagem dos processos de referenciação. *In:* CAVALCANTI, M. M; RODRIGUES, B. B; CIULLA, A. L. *Referenciação.* São Paulo: Contexto, 2003. p. 17-52.

MOON, L. *Counseling ideologies.* London: Ashgate, 2010.

MORGAN, M. No woman, no cry: claiming African American women's place. *In:* BUCHOLTZ, M.; LIANG, A. C.; SUTTON, L. (eds.). *Reinvenling identities:* the gendered self in discourse. New York: Oxford University Press, 1999. p. 27-46.

MORRIS, M. Understanding the curriculum: queer projects, queer imaginings. *In:* PINAR, W. (ed.). *Queer theory in Education.* New Jersey: Lawrence Erlbaum Associates, Inc., 1998. p. 275-286.

MORRIS, M. Queer life and school culture: troubling genders. *Multicultural Education,* v. 12, n. 3, p. 8-13, 2005.

MORRISH, E.; SAUNTSON, H. *New perspectives on language and sexual identity.* New York: Palgrave MacMillan, 2007.

MOTSCHENBACHER, H. *Language, gender, and sexual identity:* poststructuralist perspectives. Amsterdam: John Benjamins, 2010.

MOTSCHENBACHER, H. Taking *queer* linguistics further: sociolinguistics and critical heteronormativity research. *International Journal of the Sociology of Language,* n. 212, p. 149-179, 2011.

MOTSCHENBACHER, H. "Now everybody can wear a skirt": linguistic construction of non-heteronormativity at the Eurovision song contest press conferences. *Discourse and Society,* v. 24, n. 5, p. 590-614, 2013.

MOTSCHENBACHER, H. A poststructuralist approach to structural gender linguistics: initial considerations. *In:* ABBOU, J.; BAIDER, F. (eds.). *Gender, language and the periphery:* grammatical and social gender from the margins. Amsterdam: John Benjamins, 2016. p. 65-88.

MOTSCHENBACHER, H.; STEGU, M. Queer linguistic approaches to discourse. *Discourse & Society,* v. 24, n. 5, p. 519-535, 2013.

MOYLES, J. R. *Só brincar?:* o papel do brincar na educação infantil. Porto Alegre: Artmed, 2002.

MUFWENE, S. S. Ideology and facts on African American English. *Pragmatics*, v. 2, n. 2, p. 141-66, 1992.

MUNANGA, K. *Negritude:* usos e sentidos. São Paulo: Ática, 1986.

MUÑOZ, J. E. *Disidentifications:* queers of color and the performance of politics. Minneapolis: University of Minnesota Press, 1999.

MURPHY, M. L. The elusive bisexual: social categorization and lexico-semantic change. *In:* LIVIA, A.; HALL, K. (orgs.). *Queerly phrased:* language, gender and sexuality. Oxford: Oxford University Press, 1997. p. 35-57.

MYERS-SCOTTON, C. *Social motivations for codeswitching:* evidence from Africa. New York: Oxford University Press. 1993.

NANDA, S. *Neither man nor woman:* the hijras of India. Belmont: Wadsworth, 1990.

NELSON, C. A teoria *queer* em linguística aplicada: enigmas sobre 'sair do armário' em salas de aula globalizadas. *In:* MOITA LOPES, L. P. da. (org.). *Por uma linguística aplicada indisciplinar*. São Paulo: Parábola Editorial, 2006. p. 215-231.

NEUMANN, T. M. Deaf identity, lesbian identity: intersections in a life narrative. *In:* LIVIA, A.; HALL, K. (orgs.). *Queerly phrased:* language, gender and sexuality. Oxford: Oxford University Press, 1997. p. 274-286.

NOGUEIRA, G. O heterossexual passivo e as fraturas das identidades. *In:* COLLING, L; THURLER, D. (orgs.). *Estudos e políticas do CUS*. Salvador: EdUFBA, 2013. p. 17-44.

NORMAND, C. Metáfora e conceito: Saussure/Freud — sobre alguns problemas do discurso teórico. *In:* NORMAND, C.; FLORES, V.; BORGES, L. (orgs.). *Convite à linguística*. São Paulo: Contexto, 2009. p. 47-81.

NWOYE, O. Social issues on walls: graffiti in university lavatories. *Discourse & Society*, v. 4, n. 4, p. 419-442, 1993.

OCHS, E. Indexicality and socialization. *In:* STIGLER, J.; SHWEDER, R. A.; HERDT, G. (eds.). *Cultural Psychology*. Cambridge: Cambridge University Press, 1990. p. 287-308.

OCHS, E. Indexing gender. *In*: DURANTI, A.; GOODWIN, C. (orgs.). *Rethinking context:* language as an interactive phenomenon. Cambridge: Cambridge University Press, 1992. p. 335-358.

OCHS, E. Linguistic resources for socializing humanity. *In:* GOODWIN, C.; LEVINSON, S. (eds.). *Rethinking linguistic relativity.* Cambridge: Cambridge University Press, 1996. p. 407-437.

OLIVEIRA, J. M. *Desobediências de gênero.* Salvador: Devires, 2017.

OLIVEIRA, M. C. L.; BASTOS, L. C. A experiência de imigração e a construção situada de identidades. *Veredas*, v. 6, n. 2, p. 31-48, 2002.

OLUSOJI, O. Graffiti as a tool of students' communication. *International Review of Social Sciences and Humanities*, v. 5, n. 2, p. 1-11, 2013.

OSTERMANN, A. C. "No mam, you're heterosexual": Whose language? Whose sexuality? *Journal of Sociolinguistics*, v. 21, n. 3, p. 348-370, 2017.

OSTERMANN, A. C.; FONTANA, B. (orgs.). *Linguagem, gênero, sexualidade:* clássicos traduzidos. São Paulo: Parábola Editorial, 2009.

PAINTER, D. S. Recognition among lesbians in straight settings. *In:* CHESEBRO, J. W. (ed.). *Gay-speak:* gay male and lesbian communications. New York: The Pilgrim Press, 1981. p. 68-79.

PAREDES, A. On ethnographic work among minority groups: a folklorist's perspective. *In:* PAREDES, A.; BAUMAN, R. (eds.). *Folklore and culture on the Texas-Mexican border.* Austin: Center for Mexican American Studies, University of Texas, 1993 [1977].

PARREIRAS, C. Fora do armário... dentro da tela: notas sobre avatares, homossexualidades e erotismo a partir de uma comunidade virtual. *In:* DÍAZ-BENITEZ, M. E.; FIGARD, C. E. (orgs.). *Prazeres dissidentes.* Rio de Janeiro: Garamond, 2009. p. 343-372.

PATEL, G. Home, homo, hybrid: translating gender. *College Literature*, v. 24, n. 1, p. 133-150, 1997.

PÊCHEUX, M. The mechanism of ideological (mis)recognition. *In:* ZIZEK, S. (org.). *Mapping ideology.* London: Verso, 1995. p. 100-140.

PÊCHEUX, M. *Semântica e discurso:* uma crítica à afirmação do óbvio. 4. ed. Campinas: Editora da Unicamp, 2009.

PÊCHEUX, M. Análise automática do discurso (AAD-69). *In:* GADET, F.; HAK, T. (orgs.). *Por uma análise automática do discurso:* uma introdução à obra de Michel Pêcheux. 5. ed. Campinas: Editora da Unicamp, 2014. p. 59-158.

PELÚCIO, L. *Abjeção e desejo* — uma etnografia travesti sobre o modelo preventivo da Aids. São Paulo: Annablume, 2009.

PELÚCIO, L. Possible appropriations and necessary provocations for a teoria cu. *In:* LEWIS, E. S.; BORBA, R.; FABRÍCIO, B. F.; PINTO, D. (eds.). *Queering paradigms IV:* South-North dialogues on queer epistemologies, embodiments and activism. Oxford: Peter Lang, 2014. p. 31-52.

PELÚCIO, L. Um flerte com a normalidade. *In:* MISKOLCI, P. *Desejos digitais* — uma análise sociológica da busca por parceiros on-line. Belo Horizonte: Autêntica, 2017. p. 11-16.

PEÑALOSA, F. *Chicano sociolinguistics: a* brief introduction. Rowley: Newbury House Publishers, 1980.

PENELOPE, J. Homosexual slang. *American Speech*, v. 45, n. 1-2, p. 45-59, 1970.

PENNYCOOK, A. Uma linguística aplicada transgressiva. *In:* MOITA LOPES, L. P. da (org.). *Por uma linguística aplicada (in)disciplinar.* São Paulo: Parábola Editorial, 2006. p. 67-83

PENNYCOOK, A. *Global Englishes and transcultural flows.* New York: Routledge, 2007.

PENNYCOOK, A. Linguistic landscapes and the transgressive semiotics of graffiti. *In:* SHOHAMY, E.; GORTER, D. (eds.), *Linguistic landscapes:* expanding the scenery. Londres: Bloomsbury, 2009. p. 302-312.

PENNYCOOK, A. *Language as a local practice.* London & New York: Routledge, 2010.

PEREIRA, P. P. G. Corpo, sexo e subversão: reflexões sobre duas teóricas *queer. Interface — Comunicação, Saúde, Educação*, v. 12, n. 26, p. 499-512, 2008.

PEREIRA, P. P. G. *Queer* nos trópicos. *Contemporânea*, v. 2, n. 2, p. 371-394, 2012.

PEREZ, GABRIEL. *Mooi misi no taki "taki-taki"/ Moça bonita não fala "takı-taki":* gênero, práticas e representações linguísticas de imigrantes brasileiros no Suriname. Dissertação (Mestrado em Estudos de Linguagem) — Programa de Pós-Graduação em Estudos da Linguagem, Instituto de Letras, UFF, Niterói. 2017.

PEZATTI, E. G. A. Gramática da derivação sufixal: três casos exemplares. *Alfa*, v. 33, p. 103-114, 1989.

PINTO, J. P. O corpo de uma teoria: marcos contemporâneos sobre os atos de fala. *Cadernos Pagu*, v. 33, p. 117-138, 2009.

PINTO, J. P. Performatividade radical: ato de fala ou ato do corpo? *Gênero*, v. 3, n. 1, p. 101-110, 2012.

PRATT, M. L. *Linguistic utopias. In:* FABB, N.; ATTRIDGE, D.; DURANT, A.; MACCABE, C. (eds.). *The linguistics of writing:* arguments between writing and literature. Manchester: Manchester University Press, 1987. p. 48-66.

PRECIADO, P. B. *Texto Yonqui.* Madri: Espasa Calpe, 2008.

PRECIADO, P. B. Terror anal: apuntes sobre los primeros días de la revolución sexual. *In:* HOCQUENGHEM, G. *El deseo homosexual.* Trad. G. H. Marte. Espanha: Melusina, 2009 [1972]. p. 134-174.

PRECIADO, P. B. *Pornotopia:* arquitectura y sexualidad en playboy durante la guerra fria. Madrid: Anagrama, 2010.

PRECIADO, P. B. Multidões *queer*: notas para uma política dos "anormais". *Estudos Feministas*, v. 19, n. 1, p. 11-20, 2011.

PRECIADO, P. B. *Manifesto contrassexual.* Trad. Maria Paula Gurgel Ribeiro. São Paulo: N-1 edições, 2014.

PRECIADO, P. B. *Testo junkie:* sexo, drogas e biopolítica na era farmacopornográfica. São Paulo: N-1 edições, 2018.

QUEEN, R. "I don't speak Spritch": locating lesbian language. *In:* LIVIA, A.; HALL, K. (orgs.). *Queerly phrased:* language, gender and sexuality. Oxford: Oxford University Press, 1997. p. 233-256.

RAJAGOPALAN, K. *Nova pragmática. Faces e feições de um fazer.* São Paulo: Parábola Editorial, 2010.

RAMOS, H. S. G.; RODRIGUES, A. Gênero e sexualidade nas políticas de educação: aproximações possíveis dos Parâmetros Curriculares Nacionais com a temática. *Revista FACEVV*, n. 7, p. 47-58, 2011.

RAMPTON, B. Continuidade e mudança nas visões de sociedade em linguística aplicada. *In:* MOITA LOPES, L. P. da (org.). *Por uma linguística aplicada indisciplinar.* São Paulo: Parábola Editorial, 2016. p. 109-128.

REDDY, G. *With respect to sex:* negotiating hijra identity in South India. Chicago: University of Chicago Press, 2005.

RELPH, E Reflexões sobre a emergência, aspectos e essência de lugar. *In:* MARANDOLA, E.; HOLZER, W.; OLIVEIRA, L. *Qual o espaço do lugar? Geografia, epistemologia, fenomenologia.* São Paulo: Perspectiva, 2012.

RIESSMAN, C. K. *Narrative analysis.* Newbury Park: Sage, 1993.

RIO-TORTO, G. M. Organização de redes estruturais em morfologia. *In:* RIO-TORTO, G. M.; SILVA FIGUEIREDO, O. M.; SILVA, F. (orgs.). *Estudos em homenagem ao Professor Doutor Mário Vilela.* Porto: Universidade do Porto, 2005. p. 219-235.

ROBIN, R. *História e linguística.* São Paulo: Cultrix, 1973.

ROCHA, L. L. Letramentos *queer* na escola pública: performatizando uma pesquisa-ação. *In: Anais do III Simpósio Nacional Discurso, Identidade e Sociedade (III SIDIS). Dilemas e desafios na contemporaneidade.* Campinas, 2012.

ROCHA, L. L. *Teoria queer e a sala de aula de inglês na escola pública:* performatividade, indexicalidade e estilização. Tese (Doutorado em Letras) — Programa Interdisciplinar de Pós-graduação em Linguística Aplicada, Faculdade de Letras, UFRJ, Rio de Janeiro, 2013.

ROCHA, L. L. Queer literacies in the Brazilian public school. *In:* LEWIS, E.; BORBA, R.; FABRÍCIO, B. F.; PINTO, D. (eds.). *Queering paradigms IV South-North dialogues on queer epistemologies, embodiments and activisms.* Oxford: Peter Lang, 2014a. p. 95-115.

ROCHA, L. L. Pensar fora da caixa: teorias *queer* e a tradição do ensino de inglês na escola. *Ecos de Linguagem*, v. 3, p. 124-140, 2014b.

RODRIGUEZ, N. (Queer) youth as political and pedagogical. *In:* PINAR, W. (ed.). *Queer theory in education.* New Jersey: Lawrence Erlbaum Associates, Inc., 1998. p. 173-186.

ROSE, G. Performing space. *In:* MASSEY, D.; ALLEN, J.; SARRE, P. (eds). *Human Geography today* Cambridge: Polity Press, 1999. p. 247-259.

ROSISTOLATO, R. P. da R. *Sexualidade e escola*: uma análise da implantação de políticas públicas de orientação sexual. Dissertação (Mestrado em Sociologia e Antropologia) — Instituto de Filosofia e Ciências Sociais, UFRJ, Rio de Janeiro, 2003.

ROUDINESCO, E.; PLON, M. *Dicionário de psicanálise.* Rio de Janeiro: Zahar, 1998.

RUBIN, G. The traffic in women: notes on the 'political economy' of sex. *In:* REITER, R. (ed.). *Toward an Anthropology of women.* New York: Monthly Review Press, 1975. p. 20-37.

RUSSELL, R. V.; BAHADUR, R.; LAL, H. *Tribes and castes of the central provinces of India.* London: MacMillan and Co., 1916. v. 3.

RUTHER, J.; SMITH, G. Ethnographic presence in nebulous settings: a case study. *In:* HINE, C. (ed.). *Virtual methods*: issues in social research on the internet. Oxford: Berg Publishers, 2005. p. 81- 92.

RUTI, M. *The ethics of opting out. Queer theory's defiant subjects.* New York: Columbia University Press, 2017.

SACKS, H.; SCHEGLOFF, E. A.; JEFFERSON, G. A simplest systematics for the organization of turn-taking in conversation. *Language*, v. 50, n. 4, p. 696-735, 1974.

SÁEZ, J.; CARRASCOSA, S. *Por el culo:* políticas anales. Barcelona: Egales, 2011.

SÁEZ, J.; CARRASCOSA, S. *Pelo cu:* políticas anais. Trad. R. Leopoldo. Belo Horizonte: Letramento, 2016.

SANDMANN, A. J. A expressão da perjoratividade. *Letra*, v. 38, p. 67-82, 1980.

SANTANA, A. *Há dois anos, a novela Sete Vidas chegava ao fim.* 2017. Disponível em: https://observatoriodatv.uol.com.br/noticias/ha-dois-anos-a-novela-sete-vidas-chegava-ao-fim. Acesso em: 20 dez. 2018.

SANTOS FILHO, I. I. *A construção discursiva de masculinidades bissexuais:* um estudo em linguística *queer*. Tese (Doutorado em Letras) — Programa de Pós-graduação em Letras, Faculdade de Letras, UFPE, Recife, 2012.

SANTOS FILHO, I. I. Linguística *queer* — para além da língua(gem) como expressão do lugar do falante. *In:* SILVA, A. P. (org.). *Escrit@s sobre gênero e sexualidade.* São Paulo: Scortecci, 2015. p. 15-28.

SANTOS FILHO, I. I. *Leitura e produção de texto IV.* Natal: EDUFRN, 2016.

SANTOS FILHO, I. I. *Processos de pesquisa em linguagem, gênero, sexualidade e (questões de) masculinidades.* Recife: Pipa, 2017a.

SANTOS FILHO, I. I. Linguística *queer*: na luta discursiva, como/sobre prática de ressignificação. *In:* SILVA, D.; MELO, I.; CASTRO, L. (orgs.). *Dissidências sexuais e de gênero nos estudos de discurso.* 1. ed. Aracaju: Criação Editora, 2017b. p. 153-184.

SANTOS FILHO, I. I. *Linguística Queer*. Recife: Pipa comunicação, 2020.

SAPIR, E. *Selected writings in language, culture, and personality.* Berkeley and Los Angeles: University of California Press, 1949 [1915].

SAUSSURE, F. *Cahiers Ferdinand de Saussure*. Genebra: Librairie Droz, 1954. n. 12.

SAUSSURE, F. *Curso de linguística geral*. 32. ed. São Paulo: Cultrix, 2011.

SAWHNEY, S. Authenticity is such a drag! *In:* ELAM, D.; WIEGMAN, R. (eds.). *Feminism beside itself.* New York: Routledge, p. 197-215 1995.

SCHEGLOFF, E. A. *Sequence organization in interaction:* a primer in conversation analysis I. Cambridge: Cambridge University Press, 2007.

SCHEIFER, C. *Espaço-temporalidade, ressemiotização e letramentos:* um estudo sobre os movimentos de significação no terceiro espaço. Tese (Doutorado em Linguística Aplicada) — Universidade de Campinas, Campinas, 2014.

SCHEIFER, C. Pela (re)afirmação do espaço na e para além da linguística aplicada. *D.E.L.T.A.*, v. 31, número especial, p. 223-252, 2015.

SCHWARZ-FRIESEL, M. Indirect anaphora in text: a cognitive account. *In:* SCHWARZ-FRIESEL, M.; CONSTEN, M.; KNEES, M. (eds.). *Anaphors in text*. Philadelphia: John Benjamins, 2007. p. 3-20.

SCOLLON, R.; SCOLLON, S. *Discourses in place:* language in the material world. New York: Routledge, 2003.

SCOTT, J. Gênero: uma categoria útil de análise histórica. *Educação & Realidade*, v. 20, n. 2, p. 71-99, 1995.

SEDGWICK, E. K. Epistemologia do armário. *Cadernos Pagu,* n. 28, p. 19-54, 2007.

SEDGWICK, E. K. *Epistemology of the closet*. Berkeley: University of California Press, 1990.

SHARON, M. Eunuchs in Surat face cut in business. 2000. Disponível em: http://www.indian-express.com. Acesso em. 8 dez. 2002.

SHOHAMY, E.; BEN-RAFAEL, E; BARNI, M. (orgs.). *Linguistic landscape in the city*. Bristol: Multilingual Matters, 2010.

SHOHAMY, E.; GORTER, D. (eds.). *Linguistic landscape:* expanding the scenery. New York and London: Routledge, 2009.

SHORTT, J. The Kojahs of Southern India. *The Journal of the Anthropological Institute of Great Britain and Ireland*, v. 2, p. 402-407, 1873.

SIEGL, N. *Kommunikation am Klo. Graffiti von Frauen und Männern*. Viena: Verlagfür Gesellschaftskritik, 1993.

SILLIGURI BARTA *Eunuch impersonator arrested. July 13*. 2002. Disponível em: www.anova.com/news/story/sm_628176.html?menu=news.quirkies. Acesso em: 28 out. 2002.

SILVA JUNIOR, P. M. A construção social das masculinidades no ambiente escolar: uma visão de masculinidades possíveis nas periferias urbanas. *Revista Científica Sensus: Pedagogia*, n. 2, jul./dez., p. 47-59, 2011.

SILVA SOUZA, T. *Fazer banheirão*: as dinâmicas das interações homoeróticas nos sanitários públicos da estação da Lapa e adjacências. Dissertação (Mestrado em Antropologia) — UFBA, Salvador, 2012.

SILVA, D. da C. P. *Atos de fala transfóbicos no ciberespaço*: uma análise pragmática da violência linguística. Dissertação (Mestrado em Letras) — Universidade Federal de Sergipe, Aracaju, 2017.

SILVA, D.; MELO, I.; CASTRO, L. (orgs.). *Dissidências sexuais e de gênero nos estudos do discurso*. Aracaju: Criação Editora, 2017.

SILVA, J. P. de L.; SILVEIRA, E. L.; COSTA, L. C. S. A teoria *queer* e os muros da escola: tessituras entre práticas e (des)normalizações. *Textura*, v. 18, n. 38, p. 143-161, 2016.

SILVA, T. T. *Documentos de identidade:* uma introdução às teorias do currículo. Belo Horizonte: Autêntica, 2009 [1999].

SILVERSTEIN, M. Language and the culture of gender: at the intersection of structure, usage and ideology. *In:* MERTZ, E.; PARMENTIER, R. (orgs.). *Semiotic mediation:* sociocultural and psychological perspectives. New York: Academic Press, 1985. p. 219-259.

SILVERSTEIN, M. Indexical order and the dialectics of sociolinguistic life. *Language & Communication*, v. 23, n. 3, p.193-229, 2003.

SILVERSTEIN, M. Pragmatic indexing. *In:* MEY, J. (ed.). *Concise encyclopedia of pragmatics*. London: Elsevier, 2009. p. 759-761.

SILVERSTEIN, M.; URBAN, G. *Natural histories of discourse*. Chicago: University of Chicago Press, 1996.

SIMÕES, J.A.; FRANÇA, I. L.; MACEDO, M. Jeitos de corpo: cor/raça, gênero, sexualidade e sociabilidade juvenil no centro de São Paulo. *Cadernos Pagu*, n. 35, p. 37-78, 2010.

SINHA, A. P. Procreation among the Eunuchs. *Eastern Anthropologist*, v. 20, n. 2, p. 168-176, 1967.

SOJA, E. Taking space personally. *In:* WARF, B; ARIAS, S. *The spatial turn:* interdisciplinary perspectives. London & New York: Routledge, 2009. p. 11-35.

SOMMERVILLE, S. B. *Queering the color line. Race and the inventions of homosexuality in American culture.* Durham: Duke University, 2000.

SPEER, S. *Gender talk:* feminism, discourse and conversation analysis. London/New York: Routledge, 2005.

SPERLING, C. *Sexo forever:* corpo, sexualidade e gênero nos grafitos de banheiro em uma escola pública de Porto Alegre. Porto Alegre: UFRGS, 2011.

STREET, B. *Letramentos sociais. Abordagens críticas do letramento no desenvolvimento, na etnografia e na educação.* Trad. Marcos Bagno. São Paulo: Parábola Editorial, 2014.

STROUD, C. Turbulent linguistic landscapes and the semiotics of citizenship. *In:* BLACKWOOD, R. *et al.* (eds.). *Negotiating and contesting identities in linguistic landscapes.* London: Bloomsbury, 2016. p. 3-18.

SULLIVAN, N. *A critical introduction to queer theory*. New York: NYU Press, 2003.

SUNAOSHI, Y. Your boss is your 'mother': Japanese women's construction of an authoritative position in the workplace. *In*: SILBERMAN, P.; LOFTIN, J. (eds.). *SALSA II: Proceedings of the Second Annual Symposium about Language and Society. Texas Linguistic Forum 34.* Austin: University of Texas, 1995. p. 175-188.

TANNEN, D. The display of (gendered) identities in talk at work. *In:* BUCHOLTZ, M.; LIANG, A. C.; SUTTON, L. (eds.). *Reinventing identities:* the gendered self in discourse. New York: Oxford University Press, 1999. p. 221-240.

TANNEN, D. *Conversational style:* analyzing talk among friends. New York: Oxford University Press, 2005 [1984].

TEIXEIRA, A.; RAPOSO, A. *Banheiros escolares promotores de diferenças de gênero.* GT: Gênero, Sexualidade e Educação. 30ª Reunião Anual da ANPED — Associação Nacional de Pós-graduação e Pesquisa em Educação. Minas Gerais: Caxambu, 2007.

TEIXEIRA, R.; OTTA, E. Grafitos de banheiro: um estudo de diferenças de gênero. *Estudos de Psicologia*, v. 3, n. 2, p. 229-250, 1998.

THREADGOLD, T. Performing theories of narrative: theorizing narrative performance. *In:* THORNBORROW, J.; COATES, J. (2005). *The Sociolinguistics of narrative.* Amsterdam: John Benjamins, 2005. p. 261-278.

TIM, L. *The dictionary of homophobia.* Vancouver: Arsenal Pull Press, 2008.

TRECHTER, S. Contextualizing the exotic few: gender dichotomies in Lakhota. *In:* BUCHOLTZ, M.; LIANG, A. C.; SUTTON, L. (eds.). *Reinventing identities:* the gendered self in discourse. New York: Oxford University Press, 1999. p. 101-122.

TYLER, S. A. *India:* an anthropological perspective. Prospect Heights: Waveland Press, 1986 [1973].

VAN DIJK, T. *Cognição, discurso e interação.* São Paulo: Contexto, 2004.

VAN DIJK, T. *Ideología.* Barcelona: Gedisa, 2006.

VANDENBERGUE, F. *Teoria social realista:* um diálogo franco-britânico. Belo Horizonte: UFMG, 2010.

VELHO, G. Observando o familiar. *In:* VELHO, G. *Individualismo e cultura.* Rio de Janeiro: Zahar, 1988. p. 123-132.

VERGUEIRO, V. *Por inflexões decoloniais de corpos e identidades de gênero inconformes:* uma análise autoetnográfica da cisgeneridade como normatividade. Dissertação (Mestrado em Cultura e Sociedade) — Programa Multidisciplinar de Pós-graduação em Cultura e Sociedade, Instituto de Humanidades, Artes e Ciências, UFBA, Salvador, 2015.

VIANNA, C. Gênero, sexualidade e políticas públicas de educação: um diálogo com a produção acadêmica. *Pro-Posições*, v. 23, n. 2, p. 127-143, 2012.

VOLOSHINOV, V. N. *Marxism and the philosophy of language.* New York: Seminar Press, 1973 [1930].

VÖRÖS, F. Raw fantasies: an interpretative sociology of what barebacking pornography does and means to gay French male audiences. *In:* LEWIS, E; BORBA, R.; FABRÍCIO, B.; PINTO, D. (eds.). *Queering paradigms IV: South-North dialogues on queer epistemologies, embodiments and activisms.* Oxford: Peter Lang, 2014. p. 321-344.

WALLACE, C. Critical literacy awareness in the EFL classroom. *In:* FAIRCLOUGH, N. (ed.). *Critical language awareness.* London: Longman, 1992. p. 59-92.

WALTERS, K. Contesting representations of African American language. *In:* IDE, R.; PARKER, R.; SUNAOSHI, Y. (eds.). *SALSA III: Proceedings of the Third Annual Symposium about Language and Society. Texas Linguistic Forum 36.* Austin: University of Texas, 1995. p. 137-151.

WALTERS, K. 'Opening the door of paradise a cubit': educated Tunisian women, embodied linguistic practice, and theories of language. *In:* BUCHOLTZ, M.; LIANG, A. C.; SUTTON, L. (eds.). *Reinventing identities:* the gendered self in discourse. New York: Oxford University Press, 1999. p. 200-220.

WARNER, M. *Fear of a queer planet:* queer politics and social theory. Minneapolis: University of Minnesota Press, 1993.

WESTON, K. Lesbian/Gay studies in the house of Anthropology. *Annual Review of Anthropology*, v. 22, p. 339-367, 1993.

WIEGMAN, R.; WILSON, E. Antinormativity's queer conventions. *Differences: Journal of Feminist Cultural Studies,* v. 26, n. 1, p. 1-25, 2015.

WILCHINS, R. *Queer theory, gender theory:* an instant primer. Los Angeles: Alyson Books, 2004.

WODAK, R. The discourse-historical approach. *In:* WODAK, R.; MEYER, M. (eds.). *Methods of critical discourse analysis.* 2. ed. London: Sage, 2005. p. 63-94.

WOOD, K. M. Narrative iconicity in electronic-mail lesbian coming-out stories. *In:* LIVIA, A.; HALL, K. (orgs.). *Queerly phrased:* language, gender and sexuality. Oxford: Oxford University Press, 1997. p. 257-273.

WOOLARD, K. A.; SCHIEFFELIN, B. Language ideology. *Annual Review of Anthropology.* v. 23, p. 55-82, 1994.

WORTHAM, S. *Narratives in action.* New York: Teacher College Press, 2001.

ZENTELLA, A. C. The 'chiquitafication' of U.S. Latinos and their languages, OR why we need an Anthropolitical Linguistics. *In:* IDE, R.; PARKER, R.; SUNAOSHI, Y. (eds.). *SALSA III: Proceedings of the Third Annual Symposium about Language and Society.Texas Linguistic Forum 36.* Austin: University of Texas, 1995. p. 1-18.

ZIMMAN, L. The discursive construction of sex: remaking and reclaiming the gendered body in talk about genitals among trans men. *In:* ZIMMAN, L.; DAVIS, J.; RACLAW, J. (eds.). *Queer excursions:* retheorizing binaries in language, gender, and sexuality research. Oxford: Oxford University Press, 2014. p. 13-34.

ZIMMAN, L.; DAVIS, J.; RACLAW, J. *Queer excursions:* retheorizing binaries in language, gender and sexuality research. Oxford: Oxford University Press, 2014.

ZIVI, K. Rights and the politics of performativity. *In:* CARVER, T.; CHAMBERS, S. (2008). *Judith Butler's precarious politics:* critical encounters. London: Routledge, 2008. p. 157-169.

ZIZEK, S. (org.). *Mapping ideology*. London: Verso, 1995.

ZUIN, A. S.; PUCCI, B.; RAMOS-DE-OLIVEIRA, N. (orgs.). *A educação danificada:* contribuições à teoria crítica da educação. 2. ed. Petrópolis: Vozes; São Carlos: UFSCar, 1998.

UM COLETIVO DE LINGUISTAS *QUEER*

ALEXANDRE DO NASCIMENTO ALMEIDA é Doutor em Letras (Linguística Aplicada) pela Universidade Federal do Rio Grande do Sul (UFRGS) e especialista em Gênero e Sexualidade pelo Instituto de Medicina Social da Universidade do Estado do Rio de Janeiro (UERJ). Professor da Universidade Federal de Ciências da Saúde de Porto Alegre (UFCSPA), coordena o Núcleo de Estudos em Gênero, Sexualidade e Saúde (EGSS) desta instituição. Com experiência na área de Letras e Linguística em instituições de ensino superior e de educação básica, atua nos seguintes temas: fala-em-interação, gênero e sexualidade, ensino na saúde e formação de professores.

BEATRIZ PAGLIARINI BAGAGLI é Mestra pelo Programa de Pós-Graduação em Linguística na Universidade Estadual de Campinas. Escreve sobre questões transgêneras em blogs e redes sociais, como Transfeminismo.com; Blogueiras Feministas e TransAdvocate Brasil. Participa do grupo de pesquisa Mulheres em Discurso. Tem interesse na articulação teórica entre os campos dos estudos de gênero e do discurso.

EDUARDO ESPÍNDOLA é Mestre em Estudos de Linguagens pela Universidade Federal de Mato Grosso do Sul, especialista em Tradução pela Universidade Gama Filho (2012) e Doutor em Linguística Aplicada pela Universidade Federal do Rio de Janeiro. Seus interesses de pesquisa envolvem produções semiótico-discursivo-corpóreas de presença e intimidade na Web 2.0, sobretudo performances identitárias que constroem a ideia de uma natureza humana e, consequentemente, dicotomias entre natureza e cultura.

ELIZABETH SARA LEWIS é professora adjunta de Linguística no Centro de Letras e Artes da Universidade Federal do Estado de Rio de Janeiro (UNIRIO). Possui Doutorado e Mestrado em Estudos da Linguagem (ambos pela PUC-Rio), Mestrado em (Des)igualdade Social: Estudos de Gênero e Estudos das Mulheres pela *Università degli Studi di Roma Tre* e Mestrado em Antropologia Social e Etnologia pela *École des Hautes Études en Sciences Sociales*. Tem experiência nas áreas de Linguística, Antropologia e Filosofia, com ênfase em estudos de gênero e teoria *queer*, atuando principalmente nos seguintes temas: Linguística *Queer*, Análise da Narrativa, tradução *queer* e feminista, ensino igualitário.

GLEITON MATHEUS BONFANTE é pesquisador do Núcleo de Estudos sobre Discursos e Sociedade (NUDES/UFRJ). É linguista, formado pela Universidade Estadual de Campinas e Mestre pelo Programa Interdisciplinar de Pós-Graduação em Linguística Aplicada da Universidade Federal do Rio de Janeiro, no qual atualmente realiza sua pesquisa de Doutorado sobre os discursos do desejo *bareback* em grupos de chat no aplicativo *Whatsapp®*. Gleiton é poeta e colunista mensal da revista *Flsh Mag*, na qual escreve sobre fetiches. É autor do livro *Erótica dos signos em aplicativos de pegação: processos multissemióticos em performances íntimo-espetaculares de si* (2016), que descreve os recursos e estratégias semióticas na estilização de indivíduos como sujeitos desejantes. Suas áreas de interesse são: discurso e mídias digitais, estilização e construção semiótica do corpo e as relações entre linguagem, desejo e afeto.

GLENDA CRISTINA VALIM DE MELO é professora permanente do Programa de Pós-Graduação em Memória Social na Universidade Federal do Estado do Rio de Janeiro (UNIRIO). É Doutora em Linguística Aplicada e Estudos da Linguagem pela PUC-SP. Realizou Pós-Doutorado em Linguística Aplicada na Universidade Federal do Rio de Janeiro. Participou da Diretoria da Associação de Linguística Aplicada do Brasil no biênio 2016/2017. Tem experiência na área de Linguística Aplicada, atuando principalmente nos seguintes temas: práticas identitárias (raça, gênero e sexualidade) e discurso, ensino de língua inglesa via internet, autonomia de aprendizes, autonomia e trabalho docente de professores de língua inglesa na universidade.

IRAN FERREIRA DE MELO é Doutor em Letras pela Universidade de São Paulo. Atualmente é professor de Língua Portuguesa da Universidade Federal Rural de Pernambuco (UFRPE), onde coordena o Núcleo de Estudos em Discurso e Descolonialidade. Desenvolve pesquisas sob os paradigmas da Linguística *Queer*, Análise Crítica do Discurso e Linguística Aplicada ao ensino-aprendizagem de língua portuguesa como idioma materno. Tem interesse por investigações sobre subalternidades, descolonialidades, movimentos sociais e abordagens pós-estruturalistas.

ISMAR INÁCIO DOS SANTOS FILHO é Doutor em Linguística pela Universidade Federal de Pernambuco (UFPE). Atua como professor adjunto do curso de Letras-Português da Universidade Federal de Alagoas (UFAL — campus do Sertão), onde leciona as disciplinas Linguística Aplicada, Morfologia do Português e Linguística *Queer*. Coordena o Grupo de Estudos em Linguística Aplicada em Questões do Sertão Alagoano, que possui duas linhas de pesquisa: Sertão, semiárido, Nordeste: concepções e estereótipos e Sujeitos (gêneros e sex(o)ualidades) no sertão alagoano. É autor do livro *Processos de pesquisa em linguagem, gênero, sexualidade e (questões de) masculinidades* (2017). Interessado em estudos sobre a interface língua(gem), gênero e sexualidade.

KIRA HALL é Doutora em Linguística pela Universidade da Califórnia em Berkeley. Atua como professora associada nos departamentos de Linguística e Antropologia na Universidade do Colorado em Boulder. É a atual presidenta da *Society for Linguistic Anthropology* dos Estados Unidos da América. Suas pesquisas examinam a relação entre língua, identidade social e globalização na Índia e nos Estados Unidos e investigam a construção de hierarquias de classe socioeconômica, gênero e sexualidade e suas modificações. Coorganizou os livros *Gender articulated: language and the socially constructed self* (1995) e *Queerly phrased: language, gender and sexuality* (1997). Em parceria com Rusty Barrett, está editando o *Oxford handbook of language and sexuality*. Suas inúmeras publicações sobre as relações entre linguagem e sexualidade foram centrais para o desenvolvimento da Linguística *Queer* como campo de investigação.

LUCIANA LINS ROCHA é Doutora pelo Programa Interdisciplinar de Pós-Graduação em Linguística Aplicada da Universidade Federal do Rio de Janeiro (UFRJ). Atualmente é professora de língua inglesa no Colégio Pedro II, um dos mais importantes Institutos Federais de Educação do Brasil. Participa na coordenação do Grupo de Estudos da Diversidade de Gênero do campus São Cristóvão III, tendo orientado, desde a criação do grupo (2015), estudantes do Ensino Médio no Programa de Iniciação Científica Júnior da instituição, em projetos vinculados ao Grupo de Estudos.

LUIZ PAULO DA MOITA LOPES é professor titular da Universidade Federal do Rio de Janeiro (UFRJ) e pesquisador do Conselho Nacional de Desenvolvimento Científico e Tecnológico (CNPq). Seu último livro se intitula *Global Portuguese: linguistic ideologies in late modernity* (Routledge, 2018, brochura) e é coorganizador de *Meaning making in the periphery*, volume do periódico *AILA Review* (John Benjamins, 2018) da Associação Internacional de Linguística Aplicada.

MATHEUS ODORISI MARQUES é Mestre e Doutor em Língua Portuguesa pela Universidade Federal do Rio de Janeiro (UFRJ). Atualmente, leciona no CEAT, escola da rede particular do Rio de Janeiro. Atua como pesquisador *queer* desde 2014, ano em que sua tese de doutorado o levou a Barcelona, cidade onde conheceu e trocou experiências com professores e pesquisadores teóricos *queer*, como Gerard Coll Planas e Beatriz Preciado. Atua nas áreas de pesquisa da Linguística Textual, Análise Crítica do Discurso e Linguística *Queer*.

PEDRO RIEGER é professor no curso de Letras-Inglês da Universidade Federal de Alagoas (UFAL). Graduado, Mestre e Doutor em Inglês: Estudos Linguísticos e Literários pela Universidade Federal de Santa Catarina (UFSC), concentra sua pesquisa em uma perspectiva crítica para análise do discurso, atuando principalmente como analista do discurso judicial e médico. Trabalha com questões envolvendo saúde mental, gênero e infância, com foco à patologização de gênero e infância através do dispositivo da saúde mental, bem como suas implicações para a efetivação de direitos à identidade de gênero e o direito universal à saúde.

RAFAEL DE VASCONCELOS BARBOZA é graduado em Design pela UERJ e Mestre em Linguística Aplicada pela UFRJ. Nesta mesma universidade, integra o NUDES — Núcleo de Estudos em Discursos e Sociedade, filiado ao Programa Interdisciplinar de Pós-Graduação em Linguística Aplicada. Sua pesquisa se debruça sobre as temáticas urbanas e espaciais em suas interseções com os estudos sociais, linguísticos e artísticos.

RODRIGO BORBA é Doutor pelo Programa Interdisciplinar de Pós-Graduação em Linguística Aplicada da Universidade Federal do Rio de Janeiro (UFRJ), onde atua como professor e orientador de pesquisas de mestrado e doutorado. Ganhador do Prêmio CAPES de Teses na grande área Letras/Linguística em 2015. Foi pesquisador visitante do *Centre for Language, Discourse and Communication* da *King's College* de Londres. Realizou estágios de pós-doutoramento no *Department of English Language and Applied Linguistics* da Universidade de Birmingham e na *Faculty of Linguistics, Philology, and Phonetics* da Universidade de Oxford, ambos na Inglaterra. Publicou inúmeros artigos em periódicos nacionais e internacionais. É autor do livro *O (des)aprendizado de si: transexualidades, interação e cuidado em saúde* publicado pela Editora Fiocruz em 2016.

RUSTY BARRETT é Doutor em Linguística pela Universidade do Texas em Austin. Atualmente, é professor associado do Departamento de Linguística da Universidade do Kentucky. Suas pesquisas investigam as relações entre linguagem, gênero e sexualidade. Publicou diversos artigos que influenciaram o desenvolvimento da Linguística *Queer* como campo de investigação. É autor do livro *From drag queens to leathermen: language, gender and male subcultures* publicado pela Oxford University Press em 2017. Em parceria com Kira Hall, está editando o *Oxford handbook of language and sexuality*.

leia também

coleção PRECONCEITOS

PRECONCEITO CONTRA HOMOSSEXUALIDADES
a hierarquia da invisiblidade

Marco Aurélio Máximo Prado e Frederico Viana Machado

2ª edição (2012) • 144 páginas
ISBN 978-85-249-1897-1

As sexualidades sempre foram um tema importante nas dicussões políticas da sociedade, estando hoje, inclusive, com forte presença na mídia. É nesse contexto que fica evidente o quanto os homossexuais tornaram-se um grupo influente, que luta por igualdade de direitos, e que têm imensa relevância no cenário cultural e político.

leia também

coleção
Temas Sociojurídicos

DIVERSIDADE SEXUAL E DE GÊNERO E O SERVIÇO SOCIAL NO SOCIOJURÍDICO

Guilherme Gomes Ferreira

1ª edição (2018) · 160 páginas
ISBN 978-85-249-2628-0

A obra pretende preencher a lacuna que tem sido mantida em relação às demandas sociais, cuja temática da diversidade sexual e de gênero aparece no interior das organizações de natureza sociojurídica, apontando para reflexões de caráter ético-político, teórico-metodológico e técnico-operativo baseadas em estudos de caso, em narrativas orais, em análises de conjuntura e em exercícios práticos.